国家教师资格考试

# 历年真题详解及预测试卷

综合素质·中学(真题题本)

**重要提示:**

为维护您的个人权益,确保考试的公平公正,请您帮助我们监督考试实施工作。

本场考试规定:监考人员要向本考场全体考生展示题本密封情况,并邀请2名考生代表验封签字后,方能开启试卷袋。

# 目　录

机密★启封前　　　　　　　　　　姓名__________　准考证号__________

# 2023 年下半年中小学教师资格考试
# 真题试卷(一)

## 综合素质(中学)

**注意事项:**

1. 考试时间为 120 分钟,满分为 150 分。

2. 请按规定在答题卡上填涂、作答,在试卷上作答无效,不予评分。

**一、单项选择题(本大题共 29 小题,每小题 2 分,共 58 分)**

**在每小题列出的四个备选项中只有一个是符合题目要求的,请用 2B 铅笔把答题卡上对应题目的答案字母按要求涂黑。错选、多选或未选均无分。**

1. 某中学增设了国学经典、体能运动、科技发明等校本课程,要求初三学生至少选修两门。此事遭到部分家长的反对,认为占用了学生的中考复习时间。该学校做法(　　)(常考)

A. 忽视了学生的个体差异

B. 关注了学生的学习需求

C. 忽视了学生的发展规律

D. 关注了学生的全面发展

2. 一所学校在“数字化”办学理念指导下,建立起“过程性数据”与“关键事件”相结合的学生评价系统,用以跟踪学生在品格、学业、体质等方面的发展。该校做法注重的学生发展规律是(　　)

A. 个别差异性　　　　B. 顺序性

C. 整体性　　　　D. 能动性

3. 马卡连柯说:“学生可以原谅老师的严厉、刻板甚至吹毛求疵,但不能原谅他的不学无术。”下列选项与这句话强调的内容**不相符**的是(　　)

A. 专业知识和专业态度是为师的基础

B. 专业知识和专业能力是为师的基础

C. 专业知识和专业精神是为师的基础

D. 专业知识和专业自主是为师的基础

4. 某校许多优秀校友在回忆录中都谈到“自己的成长凝聚着各学段许许多多教师的辛勤劳动”,这充分表明教师的劳动具有(　　)

A. 主体性　　B. 特殊性

C. 长期性　　D. 创造性

5. 下列选项中,无权改变或撤销本级人民代表大会常务委员会不适当决定的机构是(　　)(易混)

A. 乡镇人民代表大会　　B. 县级人民代表大会

C. 市级人民代表大会　　D. 省级人民代表大会

6. 某校在初三年级中考前进行摸底考试,取消低于一定分数线学生的中考资格。该校的做法(　　)

A. 正确,学校有自主管理学生的权利

B. 正确,学校有组织学生考试的权利

C. 不正确,学校侵犯了学生的受教育权

D. 不正确,学校侵犯了学生的人身自由权

7. 教师江某积极实施教学改革及实验,学校以影响升学率为由予以制止。该校的做法(　　)(易错)

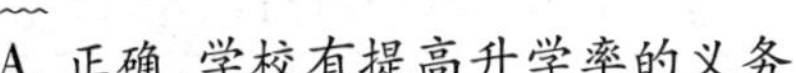

A. 正确,学校有提高升学率的义务

B. 正确,学校有自主管理教师的权利

C. 不正确,侵犯了教师的科学研究权

D. 不正确,侵犯了教师的教育教学权

8. 某中学班主任孙某规定,学生每迟到一次罚款 5 元,一学期下来总共收到罚款 135 元用于班级文化建设。班主任孙某的做法(　　)

A. 正确,有利于减少学生迟到的现象

B. 正确,有利于班级文化的建设

C. 不正确,教师没有罚款的权利

D. 不正确,应征得家长同意才能罚款

9. 熊某侵占了学校的校舍,用于经营活动。根据《中华人民共和国教育法》,熊某应依法承担(　　)

A. 刑事责任　　B. 民事责任

C. 行政责任　　D. 补偿责任

10. 中学生赵某在辅导老师的指导下，完成一件科技作品参加比赛并获奖，所获荣誉证书应归(　　)

A. 赵某本人　　B. 辅导老师

C. 所在学校　　D. 所在班级

11. 某县民政部门根据需要设立了未成年人救助保护机构，对流浪乞讨且暂时查找不到父母或者其他监护人的未成年人实施救助。依据《中华人民共和国未成年人保护法》，民政部门对这些未成年人承担(　　)

A. 临时照顾责任　　B. 临时监护责任

C. 教育责任　　D. 监护责任

12. 中学生郭某在上课时突发疾病，学校发现后未及时采取相应措施，导致不良后果。关于学校在此事故中承担的法律责任，下列说法正确的是(　　)

A. 不承担任何责任　　B. 承担部分法律责任

C. 仅承担道义责任　　D. 承担全部法律责任

13. 林老师是某公办中学的语文教研组组长，在一次期中考试中，他所带的班级没有取得理想成绩，于是他私下修改了本班成绩。此事被发现后，林老师受到警告处分。依据《中小学教师违反职业道德行为处理办法》，下列说法正确的是(　　)(易错)

A. 应由学校提出对林老师处分的建议

B. 对林老师的处分期限为 12 个月

C. 对林老师的处分要报上级人事部门备案

D. 林老师接受处分期间学校暂停其教师资格

14. 莎莎的语文成绩经常不及格，这次考试莎莎的成绩又下降了，她也着急，按照惯例，教语文的陈老师约她到办公室说话。陈老师的说法恰当的是(　　)

A. “你怎么又考这么差！明天把家长叫来！”

B. “你觉得在学习中哪些方面遇到了困难？”

C. “你成绩总提不上来，要不到校外机构培训一下？”

D. “我这里有些模拟试卷，你要不要拿回去做一些？”

15. 李老师和方老师是好朋友，学校每次组织教学评课时，李老师和方老师只评对方的优点，提到不足时往往轻描淡写。对于李老师和方老师的做法，说法不正确的是(　　)

A. 没有体现自由与责任的结合

B. 没有体现主观性与客观性的统一

C. 没有体现功利性与超功利性的统一

D. 没有体现个性发展与全面发展的结合

16. 子路问："闻斯行诸？"子曰："有父兄在，如之何其闻斯行之？"冉有问："闻斯行诸？"子曰："闻斯行之。"这启示我们在教学中要(　　)

A. 注重教育对象的差异性　　B. 突出教育方法的特殊性

C. 遵循教育过程的实践性　　D. 体现教育评价的多元性

17. 第一次世界大战是1914—1918年间帝国主义国家两大集团为瓜分世界而进行的战争，以同盟国的失败而告终，其规模最大的一次战役是(　　)

A. 索姆河战役　　B. 马恩河战役

C. 凡尔登战役　　D. 伊普尔战役

18. 有这样一位建筑学家，他毕生从事中国古建筑的研究和事业，系统地调查、整理了中国古代建筑的历史和理论，是国徽的主要设计人。他是(　　)

A. 李诫　　B. 童寯　　C. 梁思成　　D. 吴良镛

19. 科普著作以尽可能通俗易懂的表达方式和语言，将深奥的科学原理介绍给普罗大众，对于提升科学素质、培育理性精神具有不可替代的作用。下列选项中，属于史蒂芬·霍金的科普著作的是(　　)

A.《上帝的指纹》　　B.《时间简史》

C.《生命是什么》　　D.《未来时速》

20. 地理标志是在具有特定地理来源并因该来源而拥有某些品质声誉的产品上使用的一种标志。下列选项中，中国地理标志产品与原产地所在地区匹配**不正确**是(　　)

A. 福鼎白茶—福建安溪　　B. 郫县豆瓣—四川成都

C. 文登苹果—山东威海　　D. 兴隆咖啡—海南万宁

21. 素三彩始于明正德年间，在未上釉的素胎上，施以三色而烧成。之所以称"素"，是因不用某一种颜色，这种颜色是(　　)

A. 绿色　　B. 紫色　　C. 黄色　　D. 红色

22. 悲剧是戏剧类型之一，发源于古希腊，由春季祭祀酒神仪式上的酒神颂演变而成。古希腊产生了三大悲剧作家，下列选项中，**不属于**古希腊悲剧作家的是(　　)

A. 埃斯库罗斯　　B. 欧里庇得斯　　C. 阿里斯托芬　　D. 索福克勒斯

23. "号子"是劳动歌的一种。号子伴随劳动的动作歌唱，节奏感很强，具有协调劳动动作、鼓舞和调剂情绪的作用。下列歌曲中，**不是**根据民间号子创作的是(　　)

A.《码头工人歌》　　B.《黄河船夫曲》　　C.《军民大生产》　　D.《沂蒙山小调》

24. 第24届冬季奥林匹克运动会于2022年在中国北京市和张家口市举办，比赛共设7个大项，15个分项，109个小项。下列图标中，标识“冬季两项”的是(　　)(易混)

A. 　B. 　C. 　D. 

25. 化学纤维又称人造纤维，随着世界人口增长与耕地减少，棉、麻、毛、丝等天然纤维的生产无法满足人类生活和生产需要，化学纤维的地位日渐重要。下列人物中，被誉为“人造纤维之父”的是(　　)

A. 爱迪生　　B. 海厄特

C. 卡罗瑟斯　　D. 夏尔多内

26. 如下图所示，在Excel中单击单元格E2，欲求出甲班20名学生成绩的中位数，应输入的公式是(　　)

| | A | B | C | D | E |
|---|---|---|---|---|---|
| 1 | 甲班 | 乙班 | | | 中位数 |
| 2 | 78 | 76 | | 甲班 | |
| 3 | 79 | 77 | | 乙班 | |
| 4 | 80 | 80 | | | |
| 5 | 65 | 79 | | | |
| 6 | 82 | 80 | | | |

A. =SUM(A2:A21)　　B. =MEDIAN(A2:A21)

C. =MODE(A2:A21)　　D. =AVERAGE(A2:A21)

27. 在PowerPoint的幻灯片中，通过对其母板的设置，可实现的功能是(　　)

A. 统一整套幻灯片风格　　B. 统一标题内容

C. 统一所有图片的格式　　D. 统一正文内容

28. 下列选项中，与“出席—缺席”的逻辑关系一致的是(　　)

A. “邮件”和“电邮”　　B. “灌篮”和“投篮”

C. “取件”和“派件”　　D. “网签”和“签到”

29. 根据所给图形的逻辑特点，下列选项中，填入空白处最恰当的是(　　)

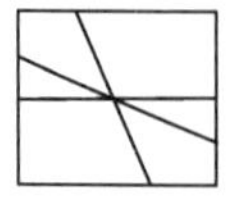  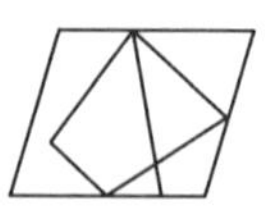 

A. 　B. 　C. 　D. 

**二、材料分析题(本大题共3小题,每小题14分,共42分)阅读材料,并回答问题。**

**30. 材料:**

韦老师是一名农村中学的物理特岗教师,尽管岗前培训时,教育局领导对山区教育的现状进行了比较详细的介绍,可眼前的景象还是让韦老师大吃一惊。实验室里有一些仪器设备因长期搁置无法使用,有些实验又因没有耗材而无法展开,所以韦老师在课上讲到某些内容时,虽然旁征博引、设喻举例,讲得口干舌燥,但由于无法做演示实验,学生还是一脸茫然,学生学习物理变成了背物理。

为了改变现状,韦老师虚心向老教师请教,查阅自制教具的文献,并收集矿泉水瓶、镜子、木条、气球等材料,设计了一些微型实验让学生动手实践。实验课上,学生们摆弄着这些自制实验器材,讨论实验现象背后的原理,忙得不亦乐乎。同时,韦老师指导学生观察身边的物理现象,探究物理奥秘,学生们学习物理的兴趣越来越浓了。

**问题:**

请结合材料,从教师观的角度,评析韦老师的教育行为。(14分)

31. 材料：

综合实践活动课上，初一(2)班的同学栽种了一盆玫瑰花，放在教室的窗台上，同学们都很珍爱它，轮流照顾着这盆花。

有一次课间，活泼好动的李超不小心把花给碰断了，班主任廖老师看大家辛勤劳动的成果就这样被破坏了，非常恼火，大声斥责了李超。事后，廖老师又组织同学们栽种了三盆玫瑰花，叮嘱同学们一定要用心看护，唯独不准李超参加这项集体活动，并让班长监督。

不久，李超变得不那么活泼了，话也少了。几天后的一个下午，放学了，李超和王方在教室准备把作业做完再回家，恰好廖老师也打算在教室里批改作业，廖老师坐在王方旁边改作业，只和王方说话，却不搭理李超。李超想起几天前廖老师斥责自己的事，便觉得很委屈，含着泪跑回家了。

问题：

请结合材料，从教师职业道德的角度，评析廖老师的教育行为。(14 分)

32. 材料：

清末民初，文言文与社会发展严重脱节，民众深感晦涩难懂。以黄遵宪、梁启超等为代表的知识分子掀起了一场"我手写我口""言文合一""崇白话废文言"的白话文运动，白话报刊由初期的几十种突增至370余种。这些白话报刊不仅谈论救亡图存、变法革新，同时也在语言使用中推广白话文、倡导语言变革。其中一个突出表现，是在成语使用上不断"破旧立新"，产生了大量异体成语。

笔者对清末民初近50种白话报刊进行统计发现，其使用的成语中有1200多个具有一个或多个异体形式。这些异体成语改换了原有成语的某些构成要素，而整体意义与用法保持不变。比如，"童叟无欺"在当时的白话报刊中被广泛变异为"老少无欺"，"见风使舵"被变异为"见风使船""看风使船""见风使帆"等。异体成语的大量涌现，从一个侧面反映出当时报人从语言运用方面冲破旧有文言格局、建立新文法的决心和尝试。正如胡适在《文学改良刍议》中所倡导的，文学可以"不用典，不讲对仗，不避俗字俗语"。当时白话报刊的成语运用充分体现了这一点。

在清末民初的白话报刊中产生如此之多的异体成语，并不只是当时报人"有意为之"，汉语的意合性为成语改换构成要素形成异体成语提供了客观基础。汉语以表意为主，不太拘泥于形式。表现在异体成语上，则是成语的整体意义取决于各构成要素的意义组合，即使结构有所变化，或个别语素有所变化，很多时候也不影响成语整体意义的表达。比如，"面红耳赤"中的"耳"被替换成"眼"，形成异体"面红眼赤"，字面意义发生了改变，但并不影响其"形容因激动或羞惭而脸色涨红的样子"的深层意义。

同时，这一时期正处于古代汉语向现代汉语的过渡期和文言与白话的激烈碰撞期。词汇上单音词的双音化发展迅速，成语构成语素中的单音语素受到双音化影响，极容易将此语素与其他语素组成的双音词带到成语中来，将成语中的其他语素替代掉，形成异体成语，如"感激不尽"受双音词"感情"的影响，产生了异体"感情不尽"。

清末民初的异体成语，虽有一些沿承了下来，成为现代汉语中的语言材料，但是大部分异体成语并未流传至今，而是渐渐回归到正体。

一方面，语言发展有社会性、时代性与经济性原则。社会不断发展，新事物不断产生，旧事物不断被取代，与此相应，新事物新现象的出现会产生新词，在语言表达上自然会产生更准确、更精细的词语来描绘客观事物。比如"见风使舵/见风使船/见风使帆"，"舵"是一种控制船方向的装置，古代社会人们熟悉"舵"这个装置的少，反而用"船、帆"更易理解，随着有舵的外来机械船更多传入，人们对舵的熟悉程度增加，"见风使舵"的表达更有生命力。此外，语言总是在追求更为经济的表达，因而人们在成语的正体与异体间不断抉择，逐渐淘汰了一部分异体成语。

另一方面,成语自身有均衡性与和谐性特征,以及通俗性与典雅性的相互作用。很多成语历经数千年发展,有其自身的特点与规律,一些构成要素不对称、韵律不和谐的往往遭到淘汰。比如“喜新厌旧”与异体“喜新厌古”,“新”与“旧”相对,工整对称,前者更容易让人接受;再如“坐立不安/坐立不定”的前者平仄更为和谐对称。并且,成语总是在典雅性与通俗性相互碰撞、相互制衡的条件下发展,过于通俗的成语往往会向典雅性靠拢,而过于文言典雅的成语在发展过程中也会向通俗性靠拢。

上述成语在清末民初白话报刊中的变异使用,仅仅是清末民初白话文运动的一个表现,但我们可以从中管窥当时白话文运动在语言改良方面的广度与深度,以及当时报刊语言转向白话的鲜明趋势。这场发轫于白话报刊的清末民初白话文运动,是一场规模空前的涉及思想、语言、文学与社会等各方面的革新运动,为后期五四运动与革命高潮的到来做了工具上和思想上的准备,并为现代汉语形成发展奠定了重要基础。

(选自刘卿、张文国的《“白话文运动”中的异体成语》,有删减)

**问题:**

(1)文章认为白话文运动中出现大量异体成语的原因是什么?(4分)

(2)文章主要阐述的语言现象体现了哪些语言发展的规律?请简要说明。(10分)

三、写作题（本大题1小题，50分）

33. 阅读下面的材料，按要求作文。

1865年奥地利的孟德尔发表论文《植物杂交实验》，提出植物杂交的规律，实验数据准确，结论新颖独到。但是直到1900年，荷兰的德弗里斯、德国的科伦斯、奥地利的丘歇马克几乎同时分别独立地重新发现了这一规律，才引起全世界的注意。不过，他们后来也都承认，孟德尔的研究比他们更早，也更深入细致。

综合上述材料所引发的思考和感悟，写一篇论说文。

要求：

用国家通用语言文字写作。角度自选，立意自定，标题自拟。不少于1000字。

机密★启封前　　　　　　　　　　　　　姓名＿＿＿＿＿＿　准考证号＿＿＿＿＿＿

# 2023 年上半年中小学教师资格考试<br>真题试卷(二)

## 综合素质(中学)

**注意事项:**

1. 考试时间为 120 分钟,满分为 150 分。

2. 请按规定在答题卡上填涂、作答,在试卷上作答无效,不予评分。

**一、单项选择题(本大题共 29 小题,每小题 2 分,共 58 分)**

**在每小题列出的四个备选项中只有一个是符合题目要求的,请用 2B 铅笔把答题卡上对应题目的答案字母按要求涂黑。错选、多选或未选均无分。**

1. 杨老师经常担心的问题是:“这些内容是学生们需要的吗?”“我这样教,学生能接受吗?”这表明杨老师所处的教师专业发展阶段是(　　)

A. 虚拟关注阶段　　　　B. 生存关注阶段

C. 自我更新关注阶段　　D. 任务关注阶段

2. 刘老师尝试用学生耳熟能详的流行歌曲旋律对学生需要掌握的学科知识进行重组,形成一系列别具特色的“教学工具包”,取得了良好的效果,还主动与同事分享。关于刘老师的做法,下列说法**不正确**的是(　　)

A. 体现了教学内容的关联性

B. 实现了学生发展的多样性

C. 注重了教学方法的艺术性

D. 尊重了学生认知的规律性

3. 教数学的陈老师根据学生上学期期末成绩将学生分为 A、B、C 三类,并对三类学生制定了不同的教学计划。陈老师的做法体现的是(　　)

A. 学生发展的个体差异性　　B. 学生发展的不平衡性

C. 学生发展的未完成性　　　D. 学生发展的阶段性

4. 围绕“利用乡土地理资源培养中学生区域认知素养”的主题，罗老师提炼出契合课程标准要求的“大单元整体教学”设计思路，用于指导青年教师团队深化教学理解实践转化。罗老师的行为体现的教师角色是（　　）

A. 咨询者　　　　B. 研究者

C. 领导者　　　　D. 评价者

5. 依据《中华人民共和国宪法》，下列选项**不属于**全国人民代表大会常务委员会职权的是（　　）（易混）

A. 制定行政法规　　　　B. 监督宪法的实施

C. 解释法律　　　　D. 解释宪法

6. 社会青年杨某到某中学寻衅滋事，扰乱学校的教育教学秩序。依据《中华人民共和国教育法》，应由（　　）

A. 公安机关给予治安管理处罚

B. 教育行政部门给予行政拘留

C. 公安机关给予行政记过处分

D. 教育行政部门给予行政处分

7. 某中学教师梁某因旷工被学校解聘。他对学校的处理决定不服，向当地教育行政部门提出申诉。教育行政部门应当（　　）

A. 在接到申诉的十日内作出处理

B. 在接到申诉的十五日内作出处理

C. 在接到申诉的二十日内作出处理

D. 在接到申诉的三十日内作出处理

8. 下列选项中，对我国中小学教科书价格的表述，正确的是（　　）（易错）

A. 由出版机构和教科书版权人按照市场主导原则共同协商确定

B. 由各级教育行政部门按照“市场为主，政府补贴”原则确定

C. 由各级价格行政部门会同同级出版主管部门按照微利原则确定

D. 由各级教育部门按照“价低质优”原则面向社会公开招标确定

9. 初中学生小航因有严重不良行为被送到专门学校接受教育。依据《中华人民共和国预防未成年人犯罪法》，下列说法正确的是（　　）

A. 学校可以开除小航的学籍

B. 学校应当保留小航的学籍

C. 学校应当为小航办理休学手续

D. 学校应将小航的学籍转至专门学校

10. 小周未完成义务教育就辍学了，班主任多次家访劝返都没有取得效果。依据《中华人民共和国未成年人保护法》，学校应当采取的措施是（　　）

A. 责令小周的父母接受家庭教育指导

B. 依法将小周交由民政部门进行监护

C. 及时向纪检监察部门书面报告

D. 及时向教育行政部门书面报告

11. 初二学生秦某厌学，想辍学打工，经家长同意后就独自外出打工了。该家长的做法（　　）

A. 正确，有助于锻炼秦某独立生活能力

B. 正确，有益于培养秦某工作能力

C. 不正确，家长应让秦某继续上学

D. 不正确，家长应让秦某就近打工

12. 高二学生孙某在学校放假期间翻墙进入学校玩耍，不慎摔伤。下列说法中，正确的是（　　）（易错）

A. 学校承担无过错责任　　B. 孙某本人承担过错责任

C. 孙某的监护人承担过错责任　　D. 孙某的班主任承担无过错责任

13. 班上一个学生最近严重失眠，李老师与当医生的妻子在家里讨论如何帮助该生，妻子建议直接到医院治疗即可，李老师觉得作为教师，还应给予该生更多的关爱。这表明教师的职业道德原则具有（　　）

A. 独特性　　B. 全面性　　C. 稳定性　　D. 基准性

14. 吴老师教学经验丰富，同事们经常向他取经。他并不满足现状，坚持积极了解所教学科的前沿知识，不断创新。下列选项与该案例所体现的教师职业道德相符的是（　　）

A. “不能正其身，如正人何？”

B. “后生可畏，焉知来者之不如今也？”

C. “可与言终日而不倦者，其惟学乎！”

D. “知之者不如好之者，好之者不如乐之者。”

15. 某中学教学楼旁的仓库突然起火，正在教学的何老师没有第一时间组织学生有序离开教室，受到记过处分。依据《中小学教师违反职业道德行为处理办法》，该处分期限为（　　）

A. 6 个月　　B. 12 个月

C. 24 个月　　D. 36 个月

16. 为了促进学生更好地完成作业,余老师经常将班上学生的优秀作业和不合格作业及名单公布在班级家长群里,引起部分家长的不满。余老师向家长耐心解释这样做的目的,并保持此作业发布方式。余老师的做法不妥,体现出他和家长的冲突是(　　)

A. 道德情感的冲突　　B. 道德意志的冲突

C. 道德认知的冲突　　D. 道德信念的冲突

17. 丘成桐是第一位获得"国际杰出数学发现奖"的华人数学家,该奖项被誉为"数学的诺贝尔奖",它的另一名称是(　　)

A. 海内肯奖　　B. 帕内蒂奖

C. 菲尔兹奖　　D. 齐格勒奖

18. 约公元前2000年代中期,波斯人从中亚细亚一带迁至伊朗高原西南部,于公元前550年建立了波斯帝国。建立该帝国的是(　　)

A. 居鲁士二世　　B. 大流士一世　　C. 阿育王　　D. 克洛维

19. 夏完淳是南明抗清将领、诗人。顺治二年清军下江南,14岁的夏完淳随父亲夏允彝、老师陈子龙起兵抗清,被捕后不屈被杀,年仅17岁。所作近400首诗词,慷慨悲壮,几乎字字血泪,多为人传诵。下列诗篇中,属于夏完淳作品的是(　　)

A.《别云间》　　B.《正气歌》

C.《秋日杂感》　　D.《己亥杂诗》

20. 世界文学人物画廊中,有许多经典的女性形象。下列人物形象中,由法国作家巴尔扎克塑造的是(　　)

A. 娜拉　　B. 卡门

C. 卡秋莎·玛丝洛娃　　D. 欧也妮·葛朗台

21. 我国的成语大多与历史事件和历史人物有关。"四面楚歌"比喻四面受敌,处于孤立危急的困境。这一成语出自《史记》,与这个成语相关的历史人物是(　　)

A. 毛遂与平原君　　B. 韩信与项羽

C. 廉颇与蔺相如　　D. 屈原与怀王

22. 宣纸是产自中国的一种书写绘画用纸,具有纯白、细密、均匀、柔软、经久不变色等特点,能更好地表现中国书法绘画艺术的神采和风韵。下列选项中,与宣纸名称由来有关的是(　　)

A. 材质　　B. 用途

C. 产地　　D. 工艺



23. 音乐通过一定形式的音响组合表现人们的思想情感和生活情态,有不同的流

派与风格。下列选项中,19 世纪末产生于美国新奥尔良,主要来源于黑人劳动歌曲等形式的音乐是(　　)

A. 古典音乐　　B. 爵士音乐　　C. 标题音乐　　D. 主调音乐

24. 雪山草地是红军长征中走过的极为艰难的路段,“草毯泥毡扎营盘”是当年红军过草地的真实写照。在我国现行的行政区划中,下列**不属于**红军当年过草地经过的是(　　)

A. 红原县　　B. 若尔盖县　　C. 平昌县　　D. 松潘县

25. 中位数是一组统计数据中的代表性数值。在一次考试后采集到一组数据{54,66,87,74,78,81,73,83,77},则这组数据的中位数是(　　)

A. 74　　B. 75　　C. 77　　D. 78

26. 如下图 Excel 数据表所示,可计算出各项目平均人数的函数是(　　)(常考)

|  | A | B | C | D | E |
|---|---|---|---|---|---|
| 1 | 人数统计表 | | | | |
| 2 | 序号 | 项目一 | 项目二 | 项目三 | 总人数 |
| 3 | 1 | 50 | 90 | 76 | |
| 4 | 2 | 53 | 78 | 82 | |
| 5 | 3 | 80 | 67 | 78 | |
| 6 | 4 | 59 | 81 | 75 | |
| 7 | 5 | 77 | 89 | 65 | |
| 8 | 6 | 67 | 93 | 93 | |
| 9 | 单项平均 | | | | |

A. MAX　　B. RANK　　C. COUNT　　D. AVERAGE

27. Word 中,若当前选定的文档中包含多种字号的文字,则工具栏的字号框所显示的内容是(　　)

A. 无显示内容　　B. 文档中最小的字号

C. 首字的字号　　D. 文档中最大的字号

28. 下列选项中,与“制服—服装”的逻辑关系相同的是(　　)

A. “语文”和“文学”　　B. “汽水”和“饮料”

C. “领带”和“围巾”　　D. “皮鞋”和“皮包”

29. 根据所给图形的逻辑特点,下列选项中,填入空白处最恰当的是(　　)

A. 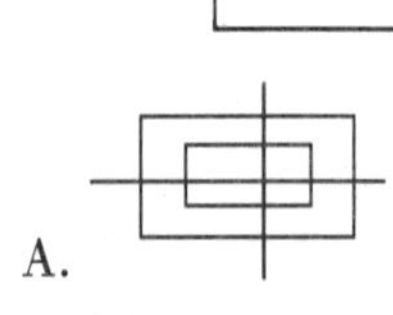　B. 　C. 　D. 

**二、材料分析题(本大题共3小题,每小题14分,共42分)阅读材料,并回答问题。**

**30.材料:**

某高级中学时有学生辍学,学校做了大量耐心细致的工作,但效果不佳。

刚参加工作的彭老师第一次担任班主任,自然对学生中途辍学不敢大意。一发现有辍学想法的学生,他就想方设法挽留,如找各科老师了解学生学习情况,帮助学生树立学习的信心,帮助他们解决生活上的困难等。即便如此,依然还有中途辍学的学生,彭老师感到很惋惜。

有一天,有二十年教龄的赵老师建议彭老师把辍学学生的联系电话记下来,彭老师想:“我们做了这么多工作都没能让他们回心转意,他们辍学后就不再是我们的学生了,还记电话号码有什么用呢?”但出于对赵老师的尊重,彭老师还是把辍学学生的电话号码随手记在了班主任工作日志上。

临近期末,赵老师问:“彭老师,跟辍学学生联系了没有?”

彭老师回答:“没有。”

赵老师说:“试着和他们联系一下,了解一下情况。”

彭老师找出电话号码一一打过去,有的学生已经联系不上,有的学生感到惊讶,有的学生接到电话时哭了:“老师,我一离开学校就后悔了,一直没有勇气再回到学校。您还挂念着我,其实我一直在等您的电话。”

在彭老师的鼓励下,陆续有学生返回了校园。

这让彭老师想了许多,他在班主任工作日志上分析了哪些方法是有效的,哪些方法是无效的,并写道:班主任工作的细节就是看似多余的那部分付出。

**问题:**

请结合材料,从教师观的角度,评析彭老师的教育行为。(14分)

31. **材料：**

初一时，晓斌经常逃课去网吧，还学会了抽烟。在学校，为了显示自己的“厉害”，他经常欺负其他同学，不遵守班级纪律。同学们对他避而远之。班主任说他“无药可救”，晓斌反驳说：“对啊，我没人管没人问的！我就是无药可救！不要你管！”

初二时，班主任换成了李老师。李老师一开学就认真了解班级每个同学的情况，给每个同学建立成长档案。通过跟班级同学和其他老师的交流，他发现晓斌“变坏”是从他父母离婚后开始的。李老师还发现，晓斌虽然有些坏毛病，但也有一些特长，比如他篮球打得好，曾经带领班级篮球队参加比赛获过奖，还喜欢做航模。李老师耐心与晓斌进行沟通，让晓斌担任篮球队队长并领头组建航模社团。在班级里，李老师安排学习委员做他的同桌，在学习上给他提供帮助。随后，李老师主动联系晓斌的父母，反映晓斌的情况，希望他们给予晓斌更多关爱。在李老师耐心地帮助和引导下，晓斌逐渐转变了态度，学习成绩也不断提高。

**问题：**

请结合材料，从教师职业道德的角度，评析李老师的教育行为。（14 分）

32. 材料：

涵泳古诗不只是获取知识，它还指向诗之情思的感悟、觉悟和体悟，是与诗人心灵深入沟通的桥梁。因此，多一次吟诵，便多一重体验。于是，吟诵的数量和质量便成为衡量读者之情与诗人之情融合程度的重要尺度。

吟诵之“吟”，是拉长了声音像歌唱似的读，“诵”是用抑扬顿挫的声调有节奏地读。“吟”之长调，“诵”之节奏，皆由古典诗文言语节律而来，运用“依字行腔”“依义行调”“平长仄短”“入短韵长”等规则，读者将诗歌平、仄、韵转化为吟诵腔调旋律，继而形成乐音。

音乐的音调结构与人类的情感形式——增强与减弱、流动与休止、冲突与解决等——在逻辑结构上惊人的一致。神经认知语言学认为，这种相同或相似的结构，更能有效进行神经元或微柱体之间在邻近原则基础上的神经联结。所以，来自诗文语言的吟诵腔调旋律更容易激发人们的情感，吟诵像唱歌似的反复咏唱，可以使负责发音的布洛卡区与负责听觉理解的韦尼克区之间的联结得以不断调整、确认和加强，诗歌情感由此在不断的涵泳中，深切地浸染读者，引发读者的情感共鸣。这是一般诗歌朗读所达不到的。对同一人朗读和吟诵五言律诗的比较研究显示，朗读多按“意义节奏”，而吟诵均以“韵律节奏”，吟诵对节奏、韵律句、韵脚句、平声字、仄声字、音步等的处理，在凸显古典诗歌音韵独特性的同时，更能超越一般思想内容的理解而具有较强的激情作用——直接打动人心。

朱熹要求吟诵，要读得字字响亮，不可误一字；要多诵遍数，自然上口，久远不忘，唐文治更是主张“三十遍读文法”：前十遍找“线索”，十遍求“命意”，十遍得“神气”。古诗吟诵为何强调一定遍数？遍数对诗歌情感与人之性情之间相互转化有何作用？

诗歌吟诵发出的声音是糅合诗歌情感的乐音。这种乐音与人的情感心理密切相关。对此，有学者从音乐心理学的角度指出，音调模块、情感基调与人的联觉心理是对应的。比如，频率高的声音让人感觉明亮、兴奋、灵巧，反之则让人感觉暗淡、抑制、迟钝。读者对声音的不同理解，会为之赋予一定的情感态度，这种声音被认为是神经认知科学中的“情感声音”。研究者认为，对情感语音加工主要经过三个阶段：情感显著性感知、相关语义处理及情感识别。这就是说，在不同阶段加工“情感语音”信息是不一样的。这样看来，十遍找“线索”、十遍求“命意”、十遍得“神气”是具有神经认知学理据的。再者，作为语言认知的诗歌吟诵，从神经认知语言学角度来看，语言认知也要经历初始阶段（神经冲动寻找通路）、加强阶段（相似或相同信息刺激而导致相同的神经通路得到进一步使用）和稳定阶段（同一神经通路反复使用，神经冲动自动进入神经通路）。

在此基础上，进一步的研究还得出了情感语音加工时间进程：在 0 ~ 150ms 期间，是对情感早期感觉加工；在 150 ~ 250ms 期间，是对情感韵律的编码；在 250 ~ 550ms 期间，则是对情感语义的加工。这表明，通过吟诵来融合诗我情感，需要一个反复熔铸的历程，并且在此过程中，各阶段对不同信息（如情感感觉、情感语义、情感韵律）的加工还需要达到一定熟练程度，因为人脑对熟悉的情感语音更具敏感性。在以诗情熔铸人情的过程中，吟诵的遍数及其不同指向的训练是必需的，只有这样，才能更有效促进诗情与人性之间的相互运转，从而达到净化心灵和熔铸品性的目的。

（摘编自李季《把握古典诗歌吟诵的神经科学机制》）

**问题：**

（1）朗读古典诗歌与吟诵古典诗歌有什么不同？请简要概括。（4 分）

（2）古人为何要强调诗歌的反复吟诵？请结合文章，简要分析。（10 分）

**三、写作题(本大题1小题,50分)**

33. 阅读下面的材料,按要求作文。

社会心理学家曾招募一群孩子参与一项实验,这些孩子各方面都很相似,此前互不相识。先把他们随机分成两队,各自开展活动,再组织两队开展一系列竞争性的比赛。不久,两队产生了激烈冲突。然后,研究者让他们想办法共同解决饮用水短缺问题,并全员参与推动陷入泥沼的卡车。最后,两队逐渐消除了冲突。

综合上述材料所引发的思考和感悟,写一篇论说文。

**要求:**

用国家通用语言文字写作。角度自选,立意自定,标题自拟。不少于1000字。

机密★启封前　　　　　　　　　　姓名__________　准考证号__________

# 2022年下半年中小学教师资格考试
# 真题试卷(三)

## 综合素质(中学)

**注意事项:**

1. 考试时间为120分钟,满分为150分。

2. 请按规定在答题卡上填涂、作答,在试卷上作答无效,不予评分。

**一、单项选择题(本大题共29小题,每小题2分,共58分)**

**在每小题列出的四个备选项中只有一个是符合题目要求的,请用2B铅笔把答题卡上对应题目的答案字母按要求涂黑。错选、多选或未选均无分。**

1. 肖老师认为:“教师在课堂教学中不能只关注学科层面的知识,还要关爱学生,建立和谐的师生关系。”她在日常工作中也以此为行动指南。这表明肖老师所处的教师专业发展阶段是(　　)(易混)

A.“虚拟关注”阶段　　　　B.“自我更新关注”阶段

C.“生存关注”阶段　　　　D.“任务关注”阶段

2. 初一(6)班的康老师跟同事抱怨:“有的学生学习习惯差,不论怎样也学不好,他们到了初二、初三肯定跟不上。”康老师的这种说法(　　)

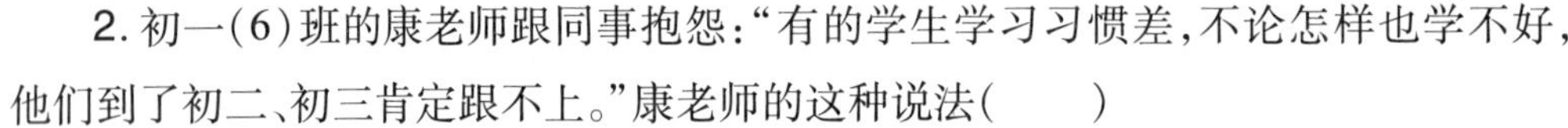

A. 忽视了学生发展的整体性　　　　B. 忽视了学生发展的不可逆性

C. 忽视了学生发展的阶段性　　　　D. 忽视了学生发展的未完成性

3. 某市教育行政部门组织市里的名师录制课堂教学视频,并提供给农村教师作为教学资源。该做法(　　)

A. 合理,有助于实现教育公平　　　　B. 合理,有助于教师流动

C. 不合理,忽略了学生差异　　　　D. 不合理,干扰了教学程序

4. 在现有教材的基础上,陈老师从大量名家名篇中为学生精选阅读材料。这表明陈老师具有(　　)

A. 良好的课程设计与评价能力　　　　B. 良好的课堂管理能力

C. 良好的课程开发意识与能力　　D. 良好的课堂观察能力

5. 下列选项中，由全国人民代表大会产生，对其负责，受其监督的是(　　)

A. 国家教材委员会　　B. 中央军事委员会

C. 国家发展和改革委员会　　D. 中央纪律检查委员会

6. 某县人民政府不顾薄弱学校的实际需求，将有限的教育资源投入到两所优质初中。该县政府的做法(　　)

A. 合法，有利于提高教育质量

B. 合法，县级政府有权自主管理

C. 不合法，应当均衡配置教育资源

D. 不合法，应当平均分配教育资源

7. 汪某就读于某师范大学全日制数学教育本科专业，依据《中华人民共和国教师法》，他可以享受(　　)(易错)

A. 医疗补贴　　B. 购房补贴

C. 专业奖学金　　D. 国家奖学金

8. 为改善办学条件，某中学要求所有在校师生按比例集资捐款，用于购买图书资料及教育设施设备。对于该校的行为，应由教育行政部门对直接负责的主管人员和其他直接责任人员给予(　　)

A. 民事制裁　　B. 行政处罚

C. 刑事处罚　　D. 行政处分

9. 因外出务工，初中生琳琳的父母不能履行对琳琳的监护职责。依据《中华人民共和国未成年人保护法》的有关规定，他们可以采取的做法是(　　)

A. 指定琳琳所在学校代为监护

B. 委托琳琳的伯父代为监护

C. 要求当地人民法院代为监护

D. 要求当地民政部门代为监护

10. 13岁的初中生王某为了购买网络游戏装备曾多次盗窃学校财物。对于王某的行为，可以采取的措施**不包括**(　　)(常考)

A. 给予警告或记过处分

B. 送专门学校进行矫治

C. 处以有期徒刑和罚金

D. 由家长和学校严加管教

11. 中学生小海逃课去网吧，正翻越围墙时，听到有同学说“老师来了”，由于精神

紧张从墙上掉了下来,导致右脚扭伤。关于这一事故中学校应当承担的法律责任,下列说法中正确的是(　　)

A. 学校不承担赔偿责任　　　　B. 学校应承担连带责任

C. 学校应承担补充责任　　　　D. 学校应承担赔偿责任

12. 因未能及时缴纳寄宿费,学生沈某被班主任陆老师取消了参加学校运动会的资格。陆老师的这种做法(　　)

A. 体现了学校对学生实施奖励或处分的权利

B. 体现了学校组织实施教育教学活动的权利

C. 侵犯了学生参加教育教学安排的各种活动的权利

D. 侵犯了学生在学业成绩和品行上获得公正评价的权利

13. 某中学在招聘新教师时,对新老师进行了心理健康测评。依据《关于加强和改进新时代师德师风建设的意见》,对该心理健康测评的结果,下列选项中正确的是(　　)

A. 应作为教师聘用的重要参考　　　　B. 应作为教师聘用的前提条件

C. 应作为教师聘用合同的内容　　　　D. 作为教师试用的直接依据

14. 孙晓波经常被王老师在课堂上点名批评"孙晓波又迟到了""孙晓波的试卷订正两次了还是有错误"。孙晓波跟同学说:"老师天天训我,让我很没面子,我就更要给他添点乱子。"该事例表明王老师应该注意(　　)

A. 优化处分的方法　　　　B. 重视学生的学习

C. 加大惩罚的力度　　　　D. 尊重学生的人格

15. 一年来,任老师的家人接二连三地生病住院,她每天下班后都要到医院去照顾。可是,她还是认真地上好每一堂课,耐心地解答学生的困惑。任老师的做法体现的教师职业行为选择标准是(　　)

A. 功利性与超功利性的统一　　　　B. 主观性与客观性的统一

C. 根本性与确定性的统一　　　　D. 全局性与稳定性的统一

16. 学生晓齐连续几天没有按时上交数学作业,李老师主动与家长联系,了解情况后提出优化家庭学习环境的具体建议。李老师的做法体现的家校合作要求是(　　)

A. 教师应承担对家庭教育的管理职责

B. 学校教育应保持根本利益的一致性

C. 家庭教育应成为学校教育的延伸

D. 家长应服从教师的教育要求

17. 图1是古代士大夫玩的一种投掷游戏,同时也是一种礼仪,在春秋战国时期就已经出现,直至明末都较为流行。该游戏是(　　)

图1

A. 射覆　　B. 藏钩

C. 投壶　　D. 击壤

18. 1972年10月17日至11月21日,联合国教科文组织在巴黎举行第17届会议,通过了《保护世界文化和自然遗产公约》,明确了文化遗产的定义和范围。下列选项中,**不能**作为“文物”系列申报世界文化遗产的是(　　)

A. 铭文　　B. 洞窟

C. 碑雕碑画　　D. 人类工程

19. 我国古人善用对联吟咏杰出历史人物。“志见《出师表》,好为《梁父吟》”这副对联所说的三国时期的人物是(　　)

A. 司马懿　　B. 诸葛亮　　C. 刘备　　D. 周瑜

20. 中国古代封建社会历经两千多年,下列近代历史事件,以推翻封建制度为目标的是(　　)(易混)

A. 戊戌变法　　B. 义和团运动

C. 辛亥革命　　D. 新文化运动

21. 北美殖民地人民宣告脱离英国,正式成立美利坚合众国的纲领性文件是(　　)

A.《权利法案》　　B.《独立宣言》

C.《人权宣言》　　D.《联邦宪法》

22. “五经”为五部儒家经典,其中有中国古代丰富的历史资料,是古代学子的必修科目。下列选项中,含有《吕刑》的经书为(　　)

A.《书》　　B.《诗》　　C.《礼》　　D.《易》

23.《论语》中有很多体现孔子教育思想的名言，下列教育名言**不是**出自《论语》的是(　　)

A. 博学而笃志，切问而近思　　B. 敏而好学，不耻下问

C. 闻道有先后，术业有专攻　　D. 学而不厌，诲人不倦

24. 导出分数是在原始分数的基础上，按照一定的规则推导出来的。其种类很多，最常用的是百分等级分数和标准分数。如果一名学生的物理测验成绩为 85 分，班级平均成绩为 82 分，标准差 12，则该生此次测验的标准分数是(　　)

A. 0.25　　B. 0.96　　C. 82　　D. 83

25. 在教学的学业测试中，老师们常用 Excel 来统计学生各科的平均成绩。图 2 中，在单元格 B5 处输入“=AVERAGE(B2:B4)”，如果直接复制粘贴到 D5 处，则下列数值显示正确的是(　　)

| | A | B | C | D |
|---|---|---|---|---|
| 1 | 姓名 | 数学 | 语文 | 英语 |
| 2 | 陈伟 | 87 | 91 | 90 |
| 3 | 伊思贤 | 90 | 88 | 96 |
| 4 | 鲁晓琴 | 78 | 90 | |
| 5 | | | | |

图 2

A. 93　　B. 62　　C. 30　　D. 0

26. 在 Word 编辑状态中，要输入特殊符号(如“℃”或“☆”)，下列选项中可实现此功能的是(　　)

A. 编辑　　B. 插入

C. 格式　　D. 视图

27. 在 Excel 中，用鼠标右键单击工作簿中的“Sheet1”标签(图 3)，**不能**实现的功能是(　　)

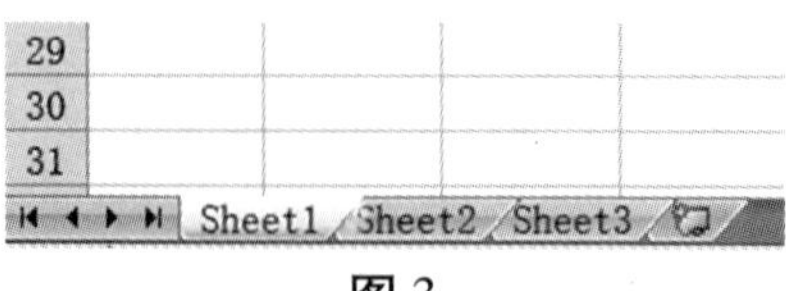

图 3

A. 插入一个工作表　　B. 删除一个工作表

C. 重命名一个工作表　　D. 打印一个工作表

28. 下列选项中，与“电视机”和“电话机”概念的关系一致的是(　　)(常考)

A.“自行车”与“摩托车”　　B.“红色”与“红墙”

C.“学生”与“青年”　　D.“教师”与“女教师”

29. 按照给出图形的逻辑特点，下列选项中，填入空白处的是(　　)

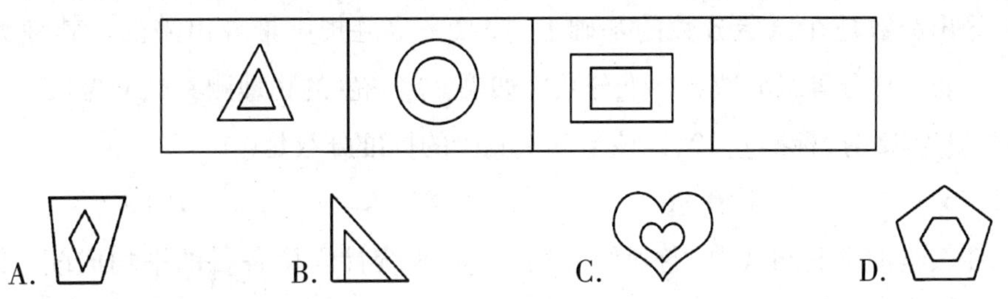

A.　　B.　　C.　　D.

**二、材料分析题(本大题共 3 小题，每小题 14 分，共 42 分)阅读材料，并回答问题。**

30. 材料：

为了改变历史教学过于强调死记硬背，学生不喜欢上历史课的情况，吕老师采用灵活多样的教学方法。

他在上课时没有拘泥于课本知识的灌输，而是让学生与历史人物做一次“身份互换”：假如你是张良，当一个老人让你到桥下捡鞋子时，你会怎么做？如果捡上来，又让你帮他穿鞋，你会怎么做？你和张良的选择是否一样？

在学习中国近代史时，吕老师引导学生分析共产党人、爱国志士等在重大历史事件中所发挥的重要作用，思考“如果我生活在那个时代，我会怎么办”等问题。

在吕老师的课堂上，同学们时而引经据典开展讨论，时而穿越时空“还原”历史或“重构”历史。吕老师的教学方法深受学生欢迎，很多学生因为吕老师而喜欢上了历史这门学科。

问题：

请结合材料，从教育观的角度，评析吕老师的教育行为。(14 分)

31. **材料：**

佟老师的物理课总是很受同学们欢迎。在教“物体间摩擦系数”这个主题时，他首先提出一个问题：“把一个铁球放在地上，一只蚂蚁能否推动它？”学生们感到新奇，饶有兴致地进行探索。有时候，他还带领学生去附近的企业参观，引导学生关注物理知识的实际应用。

在某次教学研讨中，同事向他请教教学经验时，他说：“想让学生喜欢你的课，教师应该做到‘四要’：要了解学生、要吃透教材、要调动学生积极性、要把握好教学节奏。这就要求教师善于学习，因为教学有法而无定法。”而后，他们围绕具体主题，分头提出教学实施思路，在商讨的基础上形成教学设计。年轻教师很喜欢这样的研讨。

佟老师坚持阅读物理教学的最新论著，还会利用寒暑假到大学和研究所参加相关研讨活动，有时还自费去参加前沿培训。有人问他：“您已经是名师了，还参加这些培训啊？”他说：“学习既能让学生受益，又能让自己快乐，何乐而不为呢？”

**问题：**

请结合材料，从教师职业道德的角度，评析佟老师的行为。（14 分）

32. 材料：

儒家伦理的原生形态是家庭伦理。这种说法包含两重意思：其一，它首先是针对家庭的人伦关系而提出的；其二，其核心观念后来被投射到对家庭以外的人际关系的理解。

儒家提倡“爱有差等”，最根本的爱是对已亲而言。它是血缘的，故爱人，首先就是亲亲。亲子之间的亲或爱，是人类的天性，它是自然的，不需要更高的理由。儒家从它提升出一种最基本的伦理规范，叫作孝。在具体的孝亲行为中，爱是无条件的。类此，不仅亲子之间，长兄（姐）与小弟（妹）之间，关系也依此而来。因此，在家庭中，悌也可以与孝相提并论。

然而家庭是变化的。从只有父母与子女的小家庭，发展为包括祖父母及其子孙在内的大家庭，结构变复杂了。同时，许多小家庭，又正是在大家庭中派生出来的。随着世代的延续，大家庭就成了大家族。而时代拉长，超大家庭或大家族壮大，就是民族共同体的形成。乡村中有宗祠的村落即血缘向地缘转化的象征。一般大家族的界限在于，共同祖宗在世。不仅纵向的关系清楚，第四代甚至第五代横向之间的关系也可明白。大家族内部的关系是广义的家庭关系。但是一旦世代延长，范围继续扩大，后代就只能记住共同祖先的名字或故事，横向之间的关系靠名字来确定辈序而已。在这种规模上，他们就不是家族而是构成了社会。费孝通在《乡土中国》中写道：

以“己”为中心，像石子一般投入水中，和别人所联系成的社会关系，不像团体中的分子一般大家立在一个平面上的，而是像水的波纹一般，一圈圈推出去，愈推愈远，也愈推愈薄。在这里我们遇到了中国社会结构的基本特性了。我们儒家最考究的是人伦，伦是什么呢？我的解释就是从自己推出去的和自己发生社会关系的那一群人里所发生的一轮轮波纹的差序。“释名”于沦字下也说“伦也，水文相次有伦理也”。

我们社会中最重要的亲属关系就是这种丢石头形成同心圆波纹的性质。亲属关系是根据生育和婚姻事实所发生的社会关系。从生育和婚姻所结成的网络，可以一直推出去包括无穷的人，过去的、现在的和未来的人物。

因此，虽然乡土社会或民族共同体包含家庭，但它毕竟超出了家庭，从伦理关系而言，需要有所不同的原则提出。也就是说，必须从家庭伦理转向社会伦理，亦即从面对亲人转向面对熟人的问题上来。

熟人不需定义，但类型是多样的。亲戚、邻里、同事、朋友、师生，都是熟人。亲戚是血缘关系的延伸，一旦关系疏远，亲人就向熟人转化。邻里就是地缘关系，没准是血缘关系转变而来的。同事是工作关系，朋友、师生则有精神关系的味道。儒家重家庭，但关怀没有局限于家庭。因此，除孝悌之外，《论语》还有其他社会伦理观念的提出，

如忠与信。“吾日三省吾身。为人谋而不忠乎？与朋友交而不信乎？”（《论语·学而》）“主忠信，无友不如已者。”（《论语·子罕》）忠是忠于职守，尽自己的能力为服务对象工作，无论对国君或国家，甚至某种团体，均要求如此。在孔孟时代，忠还不是对权力的无条件服从，士是否服务于具体对象，应当或者可以考虑道义上是否正当。一旦关系解除，这种服从尽职的要求就不存在。信则是可信赖的品行，要求心口如一、言行一致。它从朋友关系开始，意味着在平等的社会地位间的伦理要求。家庭关系基于血缘，是不可选择的，而君臣，特别是朋友，是选择的，是社会关系。因此，忠信的要求超越家庭，是社会伦理。

为什么亲亲或者无条件之爱不能成为处理所有人我关系的伦理原则？原因在于，这种伦理价值奠基在一种自然感情的基础上，而这种感情的作用是有局限的。这种限制包括自然与社会两个方面。自然方面，血缘关系的深浅会导致感情的亲疏之别，所以有费孝通“愈推愈远，也愈推愈薄”的说法。社会方面，则每个个体能力或拥有资源的不充分，也没法支持其全面施爱的行动。一个大家族内部尚且如此，遑论更广阔的社会。所以孔子认为“博施于民而能济众”，就不是一般仁人能做得到的。儒家强调“爱有差等”，是从亲情开始培养并落实爱的伦理。它就是仁，即种子的内核。但同时，又努力推广这种爱的范围，老吾老及人之老，幼吾幼及人之幼。从亲亲、仁民到爱物，让种子长成参天大树。

（摘编自陈少明《亲人、熟人与生人》，有删改）

**问题：**

（1）文章分别介绍了儒家的哪些家庭、社会伦理？请简要概括。（4 分）

（2）文章认为家庭伦理与社会伦理有联系和区别，请简要分析。（10 分）

三、写作题（本大题 1 小题，50 分）

33. 阅读下面的材料，根据要求写作。

《老子》："合抱之木，生于毫末。九层之台，起于累土。千里之行，始于足下。"

《中庸》："行远必自迩，登高必自卑。"意思是说，要想远行，就必须从近处开始登山，要想登上高山，就必须从低处起步。

综合上述材料所引发的思考和感悟，写一篇论说文。

**要求：**

用国家通用语言文字写作；角度自选，立意自定，标题自拟；不少于 1000 字。

机密★启封前　　　　　　　　　　　　姓名＿＿＿＿＿＿　准考证号＿＿＿＿＿＿

# 2022年上半年中小学教师资格考试真题试卷(四)

## 综合素质(中学)

注意事项：

1. 考试时间为120分钟,满分为150分。

2. 请按规定在答题卡上填涂、作答,在试卷上作答无效,不予评分。

### 一、单项选择题(本大题共29小题,每小题2分,共58分)

**在每小题列出的四个备选项中只有一个是符合题目要求的,请用2B铅笔把答题卡上对应题目的答案字母按要求涂黑。错选、多选或未选均无分。**

1. 冯老师批改作业时常常抱怨:“讲了多少遍,可还是答不上!真不知道现在的学生都怎么了!”这说明冯老师(　　)(常考)

A. 具有教学评价能力

B. 缺乏教学组织能力

C. 具有教学研究意识

D. 缺乏教学反思能力

2. 为满足学生的个性化学习需求,一所中学开发了一组研学旅行项目,安排本校地理老师作为研学导师全程指导学生完成相关的研学任务。该做法体现的教育观是(　　)

A. 关注学生的差异性　　B. 注重育人的实践性

C. 发挥学生的能动性　　D. 重视学生的操作性

3. 庄老师在教学日志中写道:“课前准备得好好的,就害怕学生提出一些问题打断我,学生一问问题我就感觉大脑一片空白……”庄老师所处的教师专业发展阶段是(　　)

A. 自我更新关注阶段　　B. 虚拟关注阶段

C. 关注学生阶段　　D. 关注生存阶段

4. 某校在初三年级实行两张课程表，一张公开的应对检查，一张不公开的实际执行，以提高升学率。对于该校做法，下列说法正确的是（　　）

A. 遵循了学科教学的基本规则　　B. 降低了学生学习的效率

C. 漠视了学生全面发展的需要　　D. 体现了学校办学的特色

5. 根据我国《宪法》规定，全国人民代表大会举行会议的召集者为（　　）（易错）

A. 全国人民代表大会的代表　　B. 全国人民代表大会常委会

C. 全国人民代表大会主席团　　D. 全国人民代表大会代表团

6. 张某为了找工作，购买了假冒硕士研究生毕业证书，构成了违反治安管理行为。依据《中华人民共和国教育法》，公安机关应对张某（　　）

A. 追究民事责任　　B. 予以治安管理处罚

C. 追究刑事责任　　D. 予以教育行政处分

7. 李某大学毕业后，应聘到一所民办中学任教。他的工资待遇应由（　　）

A. 国家确定并由举办者予以保障　　B. 国家确定并予以保障

C. 举办者确定并由国家予以保障　　D. 举办者自行确定并予以保障

8. 初三学生雷鸣因抢劫被判处有期徒刑。根据《中华人民共和国义务教育法》，其在服刑期间接受义务教育所需经费应由（　　）

A. 雷鸣本人承担　　B. 雷鸣父母承担

C. 人民政府予以保障　　D. 司法部门予以保障

9. 李某强迫未成年学生沈明装扮残疾人在地铁乞讨。对于李某的行为应当由（　　）

A. 公安机关依法给予处罚　　B. 人民法院依法提起公诉

C. 教育行政部门给予处罚　　D. 社会公益组织提起公诉

10. 依据《中华人民共和国预防未成年人犯罪法》，对未成年人的预防犯罪教育负有直接责任的是（　　）

A. 未成年人父母或其他监护人　　B. 当地社区矫正机构

C. 当地人民政府教育行政部门　　D. 未成年人所在学校

11. 初中生肖强在班里成绩总是倒数第一，被班主任劝退。该班主任的做法（　　）（常考）

A. 不正确，该教师侵犯了肖强的受教育权

B. 不正确，经家长同意后才可以劝退学生

C. 正确，教师有教育学生的权利

D. 正确，教师有管理学生的权利

12. 初一学生余亮离校后故意将同学赵刚打伤。依据《学生伤害事故处理办法》,应对赵刚所受伤害承担赔偿责任的是(　　)

A. 余亮的监护人　　　　B. 余亮的班主任

C. 余亮本人　　　　D. 学校

13. 张老师在上课时发现一名学生没认真听课,便停下讲课对该生进行批评教育直到下课。这件事被学生家长反映到校长那里,张老师受到了校长的严厉批评。该事件中,张老师没有处理好教师劳动中的利益关系。对此,下列说法**不正确**的是(　　)

A. 张老师没有处理好社会利益关系

B. 张老师没有处理好教育对象利益关系

C. 张老师没有处理好行政管理利益关系

D. 张老师没有处理好教师集体利益关系

14. 王老师就下周公开课的教学设计询问几位学生的想法,大家提出了不少令王老师意想不到的好建议。下列现象与该案例所体现的教师职业道德要求相符的是(　　)

A. "亲其师,信其道"

B. "君子博学而日参省乎己"

C. "学而不思则罔,思而不学则殆"

D. "是故弟子不必不如师,师不必贤于弟子"

15. 疫情期间,某民办学校王老师没有报备批准就自行前往疫情严重的国家旅游,造成严重后果。学校决定解除王老师的聘任合同。依据《中小学教师违反职业道德行为处理办法》,下列说法**不正确**的是(　　)

A. 学校在处理决定前应当听取王老师的申辩

B. 学校在处理决定前应当听取家长委员会的意见

C. 学校在处理决定前应当报请主管教育部门批准

D. 学校在处理决定前应当准许王老师举行听证要求

16. 校运动会报名时,喜欢跳绳的王伟报名参加跳绳比赛,喜欢跑步的李琪报名参加接力赛。考虑到王伟跳绳水平不如李琪,为了班级荣誉,高老师在确定参赛名单时指定李琪参加跳绳比赛,并劝说王伟放弃比赛。这表明高老师的行为选择原则是(　　)

A. 目的原则　　B. 功利原则　　C. 关怀原则　　D. 公正原则

17. 细菌是单细胞的微小原核生物,属于微生物的一大类,遍布于土壤、水、空气、有机体物质中及生物体内和体表,对自然界物质循环和全球生物平衡起着巨大作用。

有些细菌能引起人和动植物的病害。下列病害中,属于细菌引起的是(　　)(易混)

A. 疟疾　　B. 麻疹　　C. 乙型肝炎　　D. 百日咳

18. 对意大利民族语言的统一有着重大贡献,并被恩格斯称为"中世纪的最后一位诗人,同时又是新时代的最初一位诗人"的文艺复兴时期先驱性人物是(　　)

A. 但丁　　B. 薄伽丘　　C. 彼特拉克　　D. 马基雅维利

19. 太阳系中的一些行星在中国古代有独特的名称,这些名称反映了古人对其特征的认识。其中公转周期接近 12 年,因用以纪年而被称为"岁星"的是(　　)

A. 土星　　B. 木星　　C. 金星　　D. 水星

20. 世界文学人物画廊中,不乏经典的人物形象。下列人物中,由英国作家哈代塑造的是(　　)

A. 卡门　　B. 简·爱　　C. 娜拉　　D. 苔丝

21. 我国的成语常与历史传说和人物有关。成语"入木三分"原指字迹的墨汁透入木板有三分深,后来形容书法笔力遒劲,也常用以比喻见解、议论深刻确切。与这个历史传说有关的书法家是(　　)

A. 王献之　　B. 王羲之　　C. 颜真卿　　D. 柳公权

22. 古人用一些特殊的名称指代不同的年龄或年龄段,正确理解这些名称,有助于理解古代文化。下列选项中,**不用于**指代老年的是(　　)

A. 垂髫　　B. 耳顺

C. 耄耋　　D. 期颐

23. 国际电影节是国际性的电影展映评比活动,各大电影节都设置了自己的奖项。下列选项中,属于柏林国际电影节的最高奖项的是(　　)(易错)

A. 金狮奖　　B. 金鹰奖　　C. 金马奖　　D. 金熊奖

24. 下图为国家博物馆馆藏精品青铜冰鉴,是由一个方鉴和一件方尊缶组成的青铜套器,方尊缶置于方鉴内,是古人用来冰酒的,堪称世界上最早的冰箱。下列选项中,青铜冰鉴产生的时代是(　　)

A. 夏朝　　B. 战国　　C. 三国　　D. 唐朝

25. 中位数是一组统计数据中的代表性数值。在一次考试后采集到一组数据{54,66,87,74,69,76,81,78,73,83,77,71},则这组数据的中位数是(　　)

A. 73　　B. 74　　C. 75　　D. 76

26. 如 Excel 数据表所示,下列选项中,可使成绩单中只显示“科目二”成绩高于85分的运动员的操作是(　　)

| 成绩单 | | | | | |
|---|---|---|---|---|---|
| 序号 | 姓名 | 科目一 | 科目二 | 科目三 | 最终成绩 |
| 1 | 黄东 | 50 | 90 | 76 | |
| 2 | 张凡 | 53 | 78 | 82 | |
| 3 | 李青松 | 80 | 67 | 78 | |
| 4 | 夏小敏 | 59 | 81 | 75 | |
| 5 | 陆晓东 | 77 | 89 | 65 | |
| 6 | 史佳琪 | 67 | 93 | 93 | |
| | 单项平均 | | | | |

A. 排序　　B. 合并计算　　C. 筛选　　D. 分类汇总

27. 在 Word 文档中,出现了多处相同的错误,下列操作中,可一次性更正的是(　　)

A. 使用“修订”命令　　B. 使用“撤消”与“恢复”的命令

C. 使用“定位”命令　　D. 使用“编辑”中的“替换”命令

28. 下列选项中,与“大米—粮食”的逻辑关系一致的是(　　)(常考)

A. “蜂蜜”和“蜂巢”　　B. “花生油”和“食用油”

C. “面包”和“面粉”　　D. “冷却液”和“润滑液”

29. 根据所给图形的逻辑特点,下列选项中,填入空白处最恰当是的(　　)

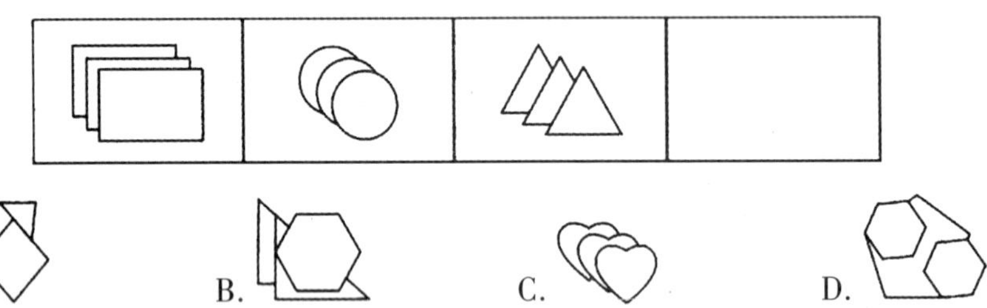


**二、材料分析题(本大题共 3 小题,每小题 14 分,共 42 分)阅读材料,并回答问题。**

**30. 材料:**

晓华学习成绩差,很多老师认为他学业上无可救药。有一天,张老师发现他的作文本里夹着一页纸,上面歪歪扭扭地写着“零分我的好朋友你在慢慢地向我靠近你如此多情难到你也把我当成一个无用的人不我不是一个无用的人我是人我也有一颗自尊心再见吧零分”。

张老师把晓华叫到办公室,帮助他改正了错别字并加上标点,重新组织成下面的

样子：

零分，我的好朋友，

你在慢慢地向我靠近。

零分，你如此多情，

难道你也把我当成一个无用的人？

不，我不是一个无用的人，

我是人，我也有一颗自尊心。

再见吧！零分！

张老师露出赞许的神情，说："看，这是一首很好的诗啊！"听到这句话，晓华原本紧绷的脸上露出了笑容。张老师又说："诗言志，从这首诗可以看出你是不甘心与零分为伍的人，你也有你的梦想。"这是诗？我也能写诗？晓华非常激动，他没想到老师会给他这样的评价。张老师热情的鼓励驱散了他心中的阴影，坚定了他奋发向上的信心。从此以后，晓华努力学习，取得了很大进步。两年后，他顺利考上了高中。

**问题：**

请结合材料，从学生观的角度，评析张老师的教育行为。（14 分）

31. 材料:

为了深入了解同学们的学习、生活状态,初三(6)班班主任熊老师趁同学们在操场上体育课时,去教室里仔细检查了每位同学的课桌和书包,果然“收获”颇丰,有好几个同学携带了游戏机、漫画书、娱乐杂志等与学习无关的物品,熊老师没收了这些物品,并对这些学生说:“为了防止你们学习分心,老师暂时替你们保管,期末考试之后再还给你们。”

此外,熊老师在男同学李伟的书包里,发现了一封信。出于对李伟的关心,熊老师拆阅了这封信。令熊老师震惊的是,这竟然是李伟写给班里女生王森的情书。熊老师十分生气,也很庆幸自己及时了解到这个情况。为了让其他同学引以为戒,杜绝早恋现象发生,他在班会上读了这封信,并且严厉批评了李伟。周末,熊老师还特意去了李伟家进行家访,和李伟的家长说明了情况,并强调了早恋对孩子学业的不良影响,要求家长配合学校对李伟进行教育。

问题:

请结合材料,从教师职业道德的角度,评析熊老师的教育行为。(14 分)

32. 材料：

英国诗人西格夫里・萨松曾写过一行不朽的警句，勉强译成中文便是："我心里有猛虎在细嗅蔷薇。"

如果一行诗句可以代表一种诗派，我就愿举这行诗为象征诗派艺术的代表。因为它具体而又微妙地表现出许多哲学家所无法说清的话。假使他把原诗写成了"我心里有猛虎雄踞在花旁"，那就会显得呆笨、死板，徒然加强了人性的内在矛盾。

原来人性含有两面：其一是男性的，其一是女性的；其一如苍鹰，如飞瀑，如怒马；其一如夜莺，如静池，如驯羊。所谓雄伟和秀美，所谓外向和内向，所谓戏剧型的和图画型的，所谓"金刚怒目，菩萨低眉"，所谓"静如处女，动如脱兔"，所谓"骏马秋风冀北，杏花春雨江南"，一句话，姚姬传所谓的阳刚和阴柔，都无非是这两种气质的注脚。两者粗看若相反，实则乃相成。实际上每个人多多少少都兼有这两种气质，只是比例不同而已。

人们常谓柳永词阴柔而东坡词豪放。其实东坡之词何尝都是"大江东去"？"笑渐不闻声渐杳，多情却被无情恼"；"绣帘开，一点明月窥人"；这些词句，恐怕也只合十七八女郎曼声低唱吧？而柳永的"长安古道马迟迟，高柳乱蝉嘶"，又是何等境界！就是"晓风残月"的上半阕那一句"暮霭沉沉楚天阔"，谁能说它竟是阴柔？其他如王维以清淡胜，却写过"一身转战三千里，一剑曾当百万师"的词句；辛弃疾以沉雄胜，却写过"罗帐灯昏，哽咽梦中语"的词句。再如浪漫诗人济慈和雪莱，无疑地都是阴柔的了。可是清啭的夜莺也曾唱过："或是像精壮的科德慈，怒着鹰眼，凝视在太平洋上。"至于那只云雀，他那《西风歌》里所蕴藏的力量，简直是排山倒海，雷霆万钧！

也就是因为人性里面，多多少少地含有这相对的两种气质，许多人才能够欣赏和自己气质不尽相同，甚至大不相同的人。辛弃疾欣赏李清照就是一个最好的例子。

但是平时为什么我们提起一个人，就觉得他是阳刚，而提起另一个人，又觉得他是阴柔呢？这是因为各人心里的猛虎和蔷薇所成的形势不同。有人的心原是虎穴，穴口的几朵蔷薇免不了猛虎的践踏；有人的心原是花园，园中的猛虎不免给那一片香潮醉倒。所以前者气质近于阳刚，而后者气质近于阴柔。然而踏碎了的蔷薇犹能盛开，醉倒了的猛虎有时醒来。所以霸王有时悲歌，弱女有时杀贼。

人生原是战场，有猛虎才能在逆流里立定脚跟，在逆风里把握方向，才能创造慷慨悲歌的英雄事业；涵蕴耿介拔俗的志士胸怀，才能做到孟郊所谓的"镜破不改光，兰死不改香"！同时人生又是幽谷，有蔷薇才能烛隐显幽，体贴入微；才能看到苍蝇搓脚，蜘蛛吐丝，才能听到暮色潜动，春草萌芽，才能做到"一沙一世界，一花一天国"。在人性的国度里，一只真正的猛虎应该能充分地欣赏蔷薇，而一朵真正的蔷薇也应该能充

分地尊敬猛虎。完整的人生应将这两种境界调和与统一，如此，能动也能静，能屈也能伸，能微笑也能痛哭，能像二十世纪人一样的复杂，也能像亚当夏娃一样的纯真，一句话，他心里已有猛虎在细嗅蔷薇。

（摘编自余光中《猛虎和蔷薇》，有删改）

**问题：**

（1）文中的“猛虎”和“蔷薇”各喻指什么？请结合文章，简要概括。（4 分）

（2）文章认为，“完整的人生应将这两种境界调和与统一”，其依据是什么？请结合文章，简要分析。（10 分）

**三、写作题（本大题1小题，50分）**

33. 阅读下面的材料，按要求作文。

有人说，我们所做的事情，无论好事还是坏事，99%都是习惯的杰作。在一个迅疾变化的时代，旧习惯和新规则同时并存。在新变化和新规则面前，有的人或无动于衷，或手足无措；而有的人却能与时俱进，驾轻就熟。

综合上述材料所引发的思考和感悟，写一篇论说文。

**要求：**

用国家通用语言文字写作；角度自选，立意自定，标题自拟。不少于1000字。

机密★启封前　　　　　　　　　　　　姓名__________ 准考证号__________

# 2021 年下半年中小学教师资格考试 真题试卷(五)

## 综合素质(中学)

**注意事项:**

1. 考试时间为 120 分钟,满分为 150 分。

2. 请按规定在答题卡上填涂、作答,在试卷上作答无效,不予评分。

**一、单项选择题(本大题共 29 小题,每小题 2 分,共 58 分)**

**在每小题列出的四个备选项中只有一个是符合题目要求的,请用 2B 铅笔把答题卡上对应题目的答案字母按要求涂黑。错选、多选或未选均无分。**

1. 李老师带领学生到社区了解当地的风土人情及地域文化,回校后指导学生上网查阅资料,并开发了以本土文化为题材的课程资源。这体现了李老师所具备的教育观是(　　)

A. 教师是课程资源的开发者　　B. 学生是教育过程的主导

C. 教师是学科知识的传授者　　D. 学生是教育活动的主体

2. 下课铃响了,按照教学设计还有一个教学环节没有实施,钱老师就延长了 5 分钟时间。钱老师的做法(　　)

A. 恰当,保证了学习的基本容量

B. 不恰当,忽视了学生的学习风格

C. 恰当,遵守了教学的基本规范

D. 不恰当,漠视了学生的学习效果

3. 授课过程中,李老师始终坐在讲台上操作多媒体,以展示课前准备的精美课件。从教师观的角度看李老师的教学行为,下列判断**不正确**的是(　　)

A. 忽视了学习习惯的培养　　B. 忽视了学生的主体性

C. 忽视了课堂效果的提升　　D. 忽视了教师的创造性

4. 吴老师将"基于现象和过程"可视化的学习原理与学情相结合,提出利用微型

化学实验室在“宏观辨识”与“微观探析”之间搭建桥梁的教学主张，并总结出指导学生展开微型实验设计与实施要注意的事项。从学生观的角度，吴老师的做法体现的是(　　)

A. 丰富课程资源　　B. 改善师生关系

C. 优化教学策略　　D. 注重学习体验

5. 小秦是初中二年级学生，父亲稍不顺心就对他进行打骂，甚至拿烟头烫他。学校了解情况后，可以采取的措施是(　　)

A. 对小秦的父亲给予警告或处分

B. 对小秦的父亲给予训诫或罚款

C. 向有关部门提出检举或者控告

D. 向有关部门提出申请或者诉讼

6. 为满足中小学法治教育工作的需要，某出版社策划出版了一套适合未成年人阅读的法制教育趣味丛书。对于该丛书的出版，国家应当给予(　　)(易错)

A. 扶持　　B. 奖励　　C. 保障　　D. 审定

7. 12 岁的杨盼因交通事故导致右腿残疾，入学时，学校工作人员看他走路一瘸一拐，便对他的父母说：“学校不接受身体有残疾的学生，你们把他带到特殊学校去吧。”该校工作人员的做法(　　)

A. 不正确，能否入学应由校长决定　　B. 不正确，杨盼有接受教育的能力

C. 正确，特殊教育学校条件更加便利　　D. 正确，学校是开展普通教育的机构

8. 张某大学毕业后，作为志愿者到农村地区学校任教两年，随后张某又应聘到一所公立学校，连续工作六年。根据《中华人民共和国义务教育法》，张某的工龄应为(　　)

A. 10　　B. 8　　C. 7　　D. 6

9. 教师张某因恶意透支信用卡，被人民法院判有期徒刑一年。根据《中华人民共和国教师法》的规定，下列选项中表述正确的是(　　)

A. 张某永远丧失教师资格

B. 学校可以依法撤销张某的教师资格

C. 张某两年以后方可重新申请认定教师资格

D. 张某必须再次通过教资考试才能获得教师资格

10. 李某想举办一所学校以践行自己的教学理念，根据《中华人民共和国教育法》的规定，下列选项中属于举办学校应当具备的基本条件的是(　　)

A. 有稳定的财政投入　　B. 有固定的办学场所

C. 有合格的教师　　　　　　　　　　D. 有充足的生源

11. 某中学教室的天花板因地震脱落，学生小林被吓得不敢动弹，刘老师见状急忙冲上前去保护小林，自己被砸伤，班上的另两名同学也受轻伤。对于这起事故，下列选项中说法正确的是(　　)(常考)

A. 学校应承担过错赔偿责任　　　　B. 学校应对教师给予适当补偿

C. 小林的监护人应承担赔偿责任　　D. 学校主管人员应承担刑事责任

12. 22 岁的李某在家待业，根据我国宪法规定，关于李某的权利义务，下列选项中说法**不正确**的是(　　)

A. 无接受义务教育的权利　　　　B. 无需承担纳税义务

C. 有依法服兵役的义务　　　　　D. 有科学研究的自由

13. 多年来，谭老师精心记录本校毕业生就业去向和升职情况，每当学校需要，谭老师总能非常方便找到相关学生帮忙。谭老师所犯的错误是(　　)

A. 权欲型错误　　B. 物欲型错误　　C. 名欲型错误　　D. 情欲型错误

14. 上课铃响后，侯老师看到赵亮同学衣衫不整地跑进教室，就叫住他说："快把衣服穿好，怎么不扣扣子呢？"赵亮刚想反驳，抬头看到侯老师整洁的衣着，便迅速扣好了扣子。这体现侯老师的职业道德修养特点是(　　)

A. 被动性　　B. 实在性　　C. 内在性　　D. 中介性

15. 教师节前夕，某班主任老师在班级群组织送礼投票，要求学生集资给老师送礼，否则转班。学校核实后，拟对该教师给予降低岗位等级处分。依据《中小学教师违反职业道德行为处理办法》，下列选项正确的是(　　)(易混)

A. 由学校提出建议，上级人事部门决定并备案

B. 由学校提出建议，同级人事部门决定并备案

C. 由学校提出建议，学校主管部门决定并报同级人事部门备案

D. 由学校提出建议，学校主管部门决定并报上级人事部门备案

16. 某班主任告知学生，如果迟到，第一节课就不要进校门，以免被值班老师发现，影响年终考核。为了不影响学生学习，事后班主任会找机会给迟到未进教室听课的学生补课。该班主任违背的教育公正原则是(　　)

A. 保证　　B. 补偿　　C. 对等　　D. 互换

17. 细菌是单细胞的微小原核生物，属于微生物的一大类，遍布土壤、空气、水、有机物质中及生物体内和体表，对自然界物质循环和全球生物平衡起着巨大作用。有些细菌能引起人和动植物的病害，下列病害中，**不属于**由细菌引起的是(　　)

A. 鼠疫　　B. 麻疹　　C. 败血症　　D. 破伤风

18. 为防止车辆车速违规，高速公路上设置了许多测速摄像头。摄像头监测车速所利用的是(　　)(易错)

A. 电磁效应　　B. 光电效应

C. 康普顿效应　　D. 多普勒效应

19. 严复是近代启蒙思想家、翻译家，他通过译述英国生物学家赫胥黎的《进化与伦理》宣传了“物竞天择，适者生存”的思想，对当时我国思想界有很大影响。其译作是(　　)

A.《原富》　　B.《天演论》

C.《社会通诠》　　D.《群己权界论》

20. “巢居”与“穴居”同为中华先民最早的居住方式，后来“巢居”逐渐发展，在基址上打木桩，加铺板，再加盖，成为“干栏式建筑”。下面所列“新石器时期”文化遗址中，居室采用干栏式建筑的是(　　)

A. 河姆渡文化遗址　　B. 仰韶文化遗址

C. 大汶口文化遗址　　D. 龙山文化遗址

21. 世界各地古代文明是世界历史谱系的有机组成部分，尊重和包容不同文明及其发展历史，是构建人类命运共同体的重要准则。下列古代文明中，产生的寓言经后人加工集结为《伊索寓言》的是(　　)

A. 古埃及　　B. 苏美尔　　C. 古希腊　　D. 古罗马

22. 我国的地方戏曲剧种多样、精彩纷呈，各个剧种都有自己的经典剧目，有些唱段甚至在民间广为传唱。《刘巧儿》塑造了一个反对包办婚姻、追求恋爱自由的农村女子形象，在国民中产生了极大的影响。该剧的剧种是(　　)

A. 越剧　　B. 评剧　　C. 黄梅戏　　D. 豫剧

23. 我国是一个多民族的国家，民族服饰多样优美，体现了各族人民对美的追求。下列剪纸画中的民族人物服饰，属于傣族的是(　　)

A. 　　B. 　　C. 　　D.

24. 近现代西方美术家因其主张题材风格不同，形成许多美术流派，每一流派都有自己的代表画家。法国莫奈属于(　　)

A. 印象派　　B. 学院派

C. 古典主义　　D. 浪漫主义

25. 有一组数据[68,76,89,95,100,103,107,110,112,115,122,125],它的中位数是(　　)

A. 104　　B. 105

C. 106　　D. 107

26. 如下图 Excel 数据表所示,可计算出张志刚总成绩的函数是(　　)

| | A | B | C | D | E | F |
|---|---|---|---|---|---|---|
| 1 | 成绩单 | | | | | |
| 2 | 序号 | 姓名 | 语文 | 数学 | 英语 | 总成绩 |
| 3 | 1 | 张　伟 | 90 | 89 | 80 | |
| 4 | 2 | 李　明 | 89 | 73 | 78 | |
| 5 | 3 | 范子涵 | 72 | 94 | 74 | |
| 6 | 4 | 周　彤 | 85 | 76 | 89 | |
| 7 | 5 | 郑　敏 | 69 | 89 | 79 | |
| 8 | 6 | 赵雨薇 | 78 | 67 | 94 | |
| 9 | 7 | 张志刚 | 94 | 87 | 77 | |
| 10 | | 单科平均 | | | | |

A. SUM　　B. RANK　　C. COUNT　　D. AVERAGE

27. 在 Word 中,不缩进段落的第一行,而缩进其余的行,可实现这一功能的操作是(　　)

A. 悬挂缩进　　B. 首行缩进　　C. 左缩进　　D. 右缩进

28. 下列选项中,与"医生—军人"逻辑关系一致的是(　　)

A."青年"和"少年"　　B."中年"和"老年"

C."青年"和"干部"　　D."明星"和"影星"

29. 根据所给图形的逻辑特点,下列选项中,填入空白处最恰当的是(　　)

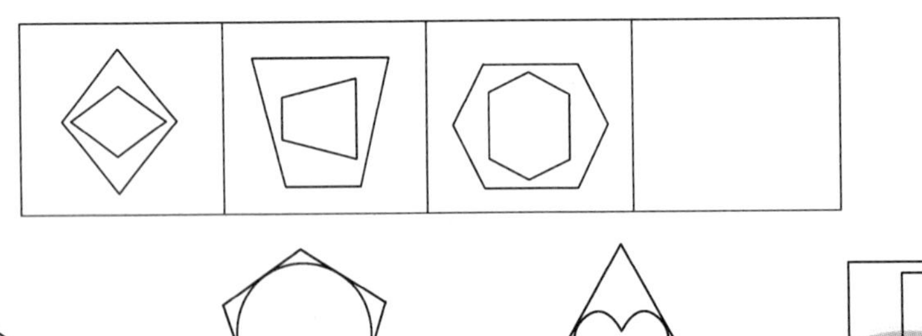

A. 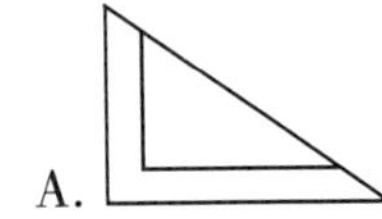　　B. 　　C. 　　D. 

**二、材料分析题(本大题共 3 小题,每小题 14 分,共 42 分)阅读材料,并回答问题。**

**30. 材料:**

董老师和王老师是师徒关系,有一次上课时,王老师发现一个细节:董老师从头到

尾都拿着教科书,而且上课过程中还时不时瞄上几眼。经过观察,王老师发现师傅瞄的并不是教科书本身的内容,而是她事先就粘贴在书中的小纸片。通常,董老师会在分析这篇课文的单词或句型时看一眼,在讲到有关课文的文化背景时看一眼,又或者是在讲评学生作业时看一眼,这些卡片上都记的什么呢?

课后,得到董老师的允许,王老师翻看了师傅所使用的教科书中的小纸片,发现这些纸片主要分为三类:绿色纸片是知识拓展类,黄色纸片是考点讲解类,蓝色纸片是错题分析类。

王老师向董老师请教:“这样的小纸片密密麻麻,会不会不利于教学知识的梳理?”董老师回答道:“不会呀,这是在分析学生认知规律和学习特点的基础上想出来的方法。其中,知识拓展类纸片可以帮助学生解决知识的连贯性、整体性问题,考点讲解类纸片可以帮助学生解决知识的理解性、应用性问题,错题分析类纸片可以帮助学生解决知识的巩固性、综合性问题。所以,咱们的教学不仅要观察可以怎么做,还要去琢磨为什么这样做。”

**问题:**

请结合材料,从教师观的角度,评析董老师的教育行为。(14 分)

31. 材料：

2020 年 1 月 24 日，正值大年三十，准备开车回乡下与父母团聚的王老师接到了居委会的疫情防控电话，二话没说立即报名了社区志愿服务岗位，主动承担防疫值班工作。值班期间，王老师耐心细致地做好防疫宣传和小区进出人员的排查，帮助邻居订购生活物品。他还通过电话、微信等方式每天询问、记录、上报班上学生的动向、身体情况，并叮嘱、指导他们做好防护。

因为疫情，学生不能正常到校上课。初次线上教学的王老师遇到了设备、网络、教学资源等方面的许多困难，他便就地取材，自制教学用具，布置好“直播间”。为了保证教学效果，王老师精心设计和讲解直播课，引导学生互动，他还建立了班级学习群，引导大家讨论，气氛特别活跃。王老师坚持在线批改作业，并关注学生的心理状况。

他调侃自己是“新晋十八线主播”“又学到了许多新技能”。总结会上，王老师说：“我是党员，要起到带头作用，无论什么情况下，都要对学生负责，对教育负责，把初心写在行动上，把使命落在岗位上。”

问题：

请结合材料，从教师职业道德的角度，评析王老师的行为。（14 分）

32. 材料：

“礼”，这个笔画简单的字眼，解释起来却有些复杂。

这世上本来没有“礼”，只是因为集体生存、社会发展的需要，才产生了“礼”的仪式，造出了“礼”的汉字。因此，“礼”也是社会生态的描摹。“礼”字的繁体是“禮”，本字为“豊”，一看便知与祭祀有关。在甲骨文中，“豊”的顶部就像两串美玉，底部就像有支架的建鼓。合起来会意，就是击鼓奏乐，用美玉敬奉祖先和神灵。上升到定义，就是履行敬神祈福的仪式。这托盘状的“豆”，后来也被视作食器或祭器。在人类文明早期，食器和祭器可不是普通物件，而是很重要的符号。食器象征基本的物质寄托，祭器象征诚敬的精神寄托，融汇起来恰巧与“民以食为天”的理念相吻合。

《礼记》有云：“经礼三百，曲礼三千”，大的礼仪准则有三百，小的礼仪规范有三千，可见礼仪数量之多。于是有人说，怪不得中国人太累，是被“礼”压的。其实，这么多“礼”是根据时间、场合和对象制订的，并不需要时时、处处、人人都去掌握，你只要知道什么场合注意什么问题就可以了。外交上有个术语叫“国际惯例”，社交场合的“礼”也是约定俗成的惯例，大家都按惯例行事，就习以为常了。庄重的场合需要彬彬有礼，宽松的场合可以不拘礼数。

在今人字典里，“礼”也分虚实两类，虚的如礼节、礼仪、礼貌、礼俗等，实的如礼品、礼金、礼服、礼花等。还包括与“礼”相关的人事和行为，如礼宾、礼遇、礼聘、礼让等。先贤把夫妻同房看作人伦之大常，文称“敦伦”，戏称“周公之礼”。委婉含蓄之至，诙谐幽默之至。由此可见，大到国家和社团，小到街邻和家庭，“礼”无处不在，所以有“礼尚往来”，所以说“来而不往非礼也”。单“礼多人不怪”这句俗语，只能用在中国人身上，若用在外国人特别是西方人身上，他们会感到莫名其妙。满桌子美味佳肴，却说“略备薄馔，不成礼敬”，外国人怎能不奇怪呢？钱穆先生在会见美国学者邓尔麟时曾说：中国文化的特质是“礼”，“西方语言中没有‘礼’的同义词；它是整个中国人世界里一切习俗行为的准则，标志着中国的特殊性”。我们常说，中国是文明礼仪之邦，因为礼仪与文明是相统一的，礼仪是文明的载体，文明是礼仪的内涵，没有了礼仪，文明也就无所依附。总之，现代的“礼”，主要体现在外交与社交领域。

与现代有所不同的是，“礼”在古代还被看作是核心价值观，用来调整社会关系，具有制度属性和法律属性，是社会的典章制度和道德规范，即所谓“礼法”。“礼”的本意是“别尊卑，等贵贱”，其本质是对奴隶主中不同等级的人所享有不同礼遇的规定。先秦诸子都强调“礼”的作用在于维持建立在等级制度和亲属关系基础上的社会差异，这也正是“礼”的本质内涵。荀子说：“人道莫不有辨，辨莫大于分，分莫大于礼。”每个人都要按照自己的社会地位去选择合乎身份的“礼”，否则就是非“礼”。在《论

语》中，颜渊问孔子什么是仁。子曰："克己复礼为仁。一日克己复礼，天下归仁焉。为仁由己，而由人乎哉？"颜渊曰："请问其目。"子曰："非礼勿视，非礼勿听，非礼勿言，非礼勿动。"春秋时，鲁季氏以卿的身份行天子之礼，孔子愤慨地说："是可忍也，孰不可忍也？"

鲁迅有个著名的立论叫"礼教吃人"。他所抨击的"礼教"，兴起于封建社会，其实质是封建礼法。有人把"礼教吃人"与孔子联系起来，其实记错了账。孔子曰："敦礼教，远罪疾，则民寿矣。"孔子倡导的"礼教"与封建"礼法"有着本质的区别。封建卫道士从孔子那里取火，不是去爱人而是害人，这关孔子什么事？

"礼"经夏、殷、周三代沿革，到周公的时代已经比较完善。因此孔子说，"郁郁乎文哉，吾从周"。孔子遵从的就是周朝的典章礼制，这是他的政治理想。从某种意义上说，孔子是为"礼"而生并为"礼"奋斗了一生。孔子为何给儿子取名孔鲤，"鲤"者，礼也。他让儿子自小就要学诗、学礼，并说："不学诗，无以言。""不学礼，无以立。""诗"和"礼"是古人教育后代最基本的功课，所以有"诗礼传家"之说，这是中国独有的历史文化传统。有的学者把文化分成观念形态、制度形态和物质形态，而在中国传统文化中，礼是把价值观念、制度设计、物质载体统合在一起，并且包含了风俗习惯的文化形态。邹昌林先生认为，文明产生在国家之前，礼仪产生在文字之前，文化的传承不仅依靠语言、文字，还依靠礼仪。中国文化作为唯一没有间断的原生文化，是以"礼"为标志和根源的。

（摘编自王兆贵《言之有"礼"》）

**问题：**

（1）文章为什么说在我国"礼仪是文明的载体"？请简要概括。（4 分）

（2）请根据文章简要分析，"礼"的发展进程及其存在的意义。（10 分）

三、写作题(本大题 1 小题,50 分)

33. 阅读下面的材料,按要求作文。

**材料一**　汉朝董遇云:“当以‘三余’。”或问“三余”之意。遇言:“冬者岁之余,夜者日之余,阴雨者时之余也。”意思是“冬天是一年的多余时间,夜晚是一天中的多余时间,下雨的日子是平时的多余时间”。这些时间正好可以用来读书。

**材料二**　画家齐白石曾以“余”“鱼”同音作《三余图》并题识:三余者,皆人故事,余字不能画,借鱼之形,取其音。白石有三余,曰:画者工之余,诗者睡之余,寿者劫之余。

综合上述材料引发的联想和感悟,写一篇论说文。

**要求:**

用国家通用语言文字写作,角度自选,立意自定,标题自拟;不少于 1000 字。

机密★启封前　　　　　　　　　　　　姓名＿＿＿＿＿＿　准考证号＿＿＿＿＿＿

# 2021年上半年中小学教师资格考试
# 真题试卷(六)

## 综合素质(中学)

**注意事项:**

1. 考试时间为120分钟,满分为150分。

2. 请按规定在答题卡上填涂、作答,在试卷上作答无效,不予评分。

**一、单项选择题(本大题共29小题,每小题2分,共58分)**

**在每小题列出的四个备选项中只有一个是符合题目要求的,请用2B铅笔把答题卡上对应题目的答案字母按要求涂黑。错选、多选或未选均无分。**

1. 素质教育注重对学生创新精神的培养。下列方法**不适合**培养学生创新精神的是(　　)

A. 继承与开拓　　　　B. 学习与创造

C. 思考与想象　　　　D. 熟练与传承

2. 工作多年的张老师有较高水平的教学能力和技巧,班级管理得井井有条,还注重激发自我潜能。张老师所处的教师发展阶段是(　　)(易混)

A. 专家生涯阶段　　　　B. 退缩生涯阶段

C. 更新生涯阶段　　　　D. 预备生涯阶段

3. 陶行知说:“活的人才教育不是灌输知识,而是将开发文化宝库的钥匙,尽我们知道的交给学生。”这句话隐含的学生观**不包括**的是(　　)

A. 教师要重视学生的完整性　　　　B. 教师要重视学生的主体性

C. 教师要重视学生的发展性　　　　D. 教师要重视学生的独立性

4. 张老师选择用诗歌《我用残损的手掌》的教学开展课例研究,并写成课例研究报告提供给青年教师学习。张老师的角色是(　　)

A. 教学过程的管理者　　　　B. 同侪共进的合作者

C. 学生成长的示范者　　　　D. 校本课程的开发者

5. 李丁的妈妈情绪一直不好,经常拿李丁撒气,李丁身上总是青一块紫一块。马老师为此多次找李丁妈妈谈话,李丁妈妈就找校长撒泼。了解真相后,校长批评马老师“多管闲事”。校长的做法(　　)

A. 正确,管教孩子是家长的权利,与学校无关

B. 正确,马老师只要管好学校里的事情就行了

C. 不正确,学校应当最大限度地为教师提供条件保障

D. 不正确,学校应当支持教师制止有害于学生的行为

6. 某中学将操场租借给当地一个企业主为其女儿办婚事,体育课改在教室上自习。学校的行为(　　)

A. 合法,学校有自主安排教学场地的权利

B. 合法,学校有创收增加教育经费的义务

C. 不合法,学校侵犯了学生的受教育权

D. 不合法,学校侵犯了学生的财产权

7. 派出所的两位警察来到一所中学,要求找该中学 12 岁的小华了解情况。得知警察没有联系小华的父母,班主任拒绝了他们当面询问小华的要求。该班主任的做法(　　)

A. 正确,依法履行了保护未成年人的职责

B. 正确,依法保护了小华的人格尊严权利

C. 不正确,公民有配合公安机关办案的义务

D. 不正确,干扰了公安机关的行政执法

8. 小刚父母离异,法院判决其随母亲一起生活。小刚学习不太好,母亲多次要求小刚的父亲关心小刚学习,小刚的父亲却认为自己只负担小刚的生活费用,教育问题应由小刚母亲全部负责。下列说法正确的是(　　)

A. 小刚母亲应该全权承担监护职责　　B. 小刚父亲已尽到法律规定的责任

C. 离异父母对子女都有教育的义务　　D. 小刚的学习应该由学校全权负责

9. 班主任李某怀疑班里学生张某早恋,为掌握张某的思想动向,多次翻看张某书包。李某的做法(　　)(常考)

A. 正确,教师有管理学生的责任　　B. 正确,教师有教育学生的权利

C. 不正确,侵犯了学生的财产权　　D. 不正确,侵犯了学生的隐私权

10. 依据《中华人民共和国宪法》的规定,地方各级人民代表大会每届任期(　　)

A. 六年　　B. 五年　　C. 四年　　D. 三年

11. 李某开设的营业性电子游戏厅,没有在显著位置设立未成年人禁入标志。责

令其改正的管理机关是(　　)

A. 检察机关　　B. 公安机关

C. 文化行政部门　　D. 教育行政部门

12. 14 岁的初中生崔某借爸爸的名义买烟,扫码支付后,烟酒店老板王某给了崔某一包烟。王某的行为(　　)

A. 合法,因为王某有经营自主权

B. 合法,因为崔某说是替父亲买的

C. 不合法,任何经营场所不得向未成年人出售烟酒

D. 不合法,如果是高中生购买就可以向其出售烟酒

13. 姜老师在担任班主任期间,经常资助家庭困难的学生,并有针对性地对学生在学习中出现的心理压力进行疏导。姜老师的教育行为选择是(　　)

A. 基于关怀　　B. 基于直觉

C. 基于原则　　D. 基于关注

14. 《关于加强和改进新时代师德师风建设的意见》提出,要定期开展教师思想政治轮训,增进对中国特色社会主义的(　　)(易错)

A. 政治认同、思想认同、理论认同、知识认同

B. 政治认同、思想认同、理论认同、情感认同

C. 政治认同、思想认同、理论认同、意志认同

D. 政治认同、思想认同、理论认同、行为认同

15. 暑假来临,王老师找到主管校长说:"我教了几十年书,虽说已经有了比较丰富的经验,也获得过不少奖励,而且过几年就退休了,但学无止境,我还是希望和几位年轻老师一起外出参加培训。"这表明王老师(　　)

A. 重视教师道德荣誉　　B. 善于核算教育行为利益

C. 关注教师集体利益　　D. 注重公平分配教育资源

16. 某中学规定:教师在课堂上不能穿超短裙、破洞牛仔裤等服装。这一规定是(　　)(常考)

A. 对教师着装个性的规范　　B. 对教师教学行为的规范

C. 对教师仪表得当的规范　　D. 对教师举止文明的规范

17. 随着佛教在中国的发展,人们对佛经译文的质量要求日益提高。有一位僧人有感于中国经律残缺,西行求法,前后凡十四年游历三十余国,带回大量梵本佛经并进行翻译,又将其旅行见闻撰成《佛国记》。这位僧人是(　　)

A. 法显　　B. 玄奘　　C. 朱士行　　D. 竺法护

18. 指南针是中国古代四大发明之一。中国人很早就认识到磁石指南的特性，先后发明了磁针和罗盘。指南针经阿拉伯传到欧洲，大大促进了世界远洋航海技术的发展。下列选项中，中国最早使用指南针航海的朝代是（　　）

A. 唐朝　　B. 北宋

C. 元朝　　D. 明朝

19. 信息系统的安全关系到国家机关的运行、企业的经营和人们的日常生活。如果对信息系统安全掉以轻心，对安全风险置之不理，就可能给个人、企业、国家带来难以估量的损失甚至灾难。下列操作中，可能泄露个人信息的是（　　）

A. 在公共区域中关闭免费 Wi－Fi 的自动连接

B. 包含个人信息或隐私内容的文件加密发送

C. 在电子邮件客户端直接打开附件文件查看

D. 不轻易更改防火墙的入站规则和出站规则

20. “地理标志”是在具有特定地理来源并因该来源而拥有某些品质或声誉的产品上使用的一种标志。地理标志可使原产地生产者提升商品的质量和信誉，也使消费者免受假冒伪劣坑害。下列选项中，地理标志产品与原产地所在地区**不对应**的是（　　）

A. 香槟——比利时　　B. 帕尔玛火腿——意大利

C. 杜奥——葡萄牙　　D. 蒙切哥乳酪——西班牙

21. 法国作家司汤达的长篇小说《红与黑》塑造了一个野心勃勃、个人奋斗的经典形象，这一人物形象是（　　）

A. 于连　　B. 杜洛瓦

C. 莫罗　　D. 拉斯蒂涅

22. 古人在交际或著述中，谈及年龄，除了直接用数量词，还常使用隐喻、转喻和借助诗词、典故来代称。下列选项中，代称与所表示的年龄对应**不正确**的是（　　）（易错）

A. 豆蔻年华—13 岁　　B. 桃李年华—30 岁

C. 知天命—50 岁　　D. 古稀—70 岁

23. 彩塑是中国民间手工艺品之一，以黏土加上纤维物、河沙、水揉合的胶泥为材质，在木制骨架上进行形体塑造，阴干后填缝、打磨，再着色描绘。我国的彩塑到盛唐达到了顶峰，这一时期的代表作品是（　　）

A. 云冈石窟像　　B. 山西晋祠像

C. 麦积山石窟像　　D. 甘肃敦煌塑像

24. 第 24 届冬季奥林匹克运动会将于 2022 年在中国北京和张家口举办,共设 7 大项、15 个分项、109 个小项的比赛。下列体育图标中,“高山滑雪”的标识是(　　)(易错)

A. 
B. 
C. 
D. 

25. 在一次测试中,高分组通过某试题的百分比为 85%,低分组通过该试题的百分比为 25%,则该试题的区分度是(　　)

A. 0.25　　B. 0.55

C. 0.60　　D. 0.85

26. 如下图所示,在 Excel 中单击单元格 E2,欲求出甲班 20 名学生成绩的标准差,应输入的公式是(　　)

|  | A | B | C | D | E | F |
|---|---|---|---|---|---|---|
| 1 | 甲班 | 乙班 |  |  | 标准差 |  |
| 2 | 78 | 76 |  | 甲班 |  |  |
| 3 | 79 | 77 |  | 乙班 |  |  |
| 4 | 80 | 80 |  |  |  |  |
| 5 | 65 | 79 |  |  |  |  |
| 6 | 82 | 80 |  |  |  |  |

A. =SUM(A2:A21)　　B. =STDEVP(A2:A21)

C. =MODE(A2:A21)　　D. =AVERAGE(A2:A21)

27. 下列选项中,属于商业机构网址后缀名的是(　　)

A. .gov　　B. .edu

C. .org　　D. .com

28. 下列选项中,与“大学生—志愿者”的逻辑关系**不一致**的是(　　)

A. 英文书和教材　　B. 铅笔和画笔

C. 老年人和科学家　　D. 医生和护士

29. 根据所给图形的逻辑特点,下列选项中,填入空白处最恰当的是(　　)

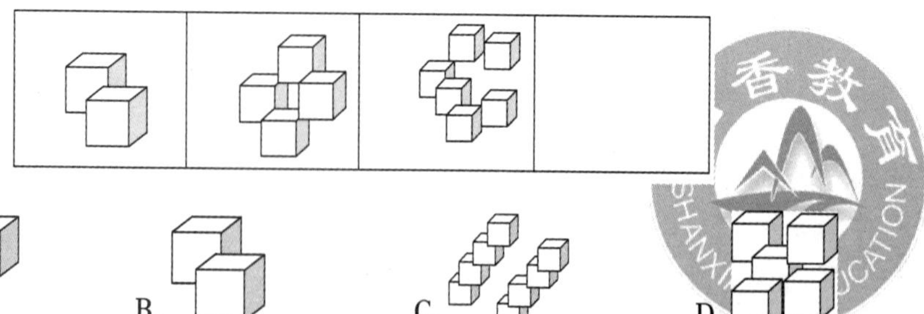

**二、材料分析题(本大题共 3 小题,每小题 14 分,共 42 分)阅读材料,并回答问题。**

**30. 材料:**

有一天,李老师在多媒体教室上英语公开课,听课的一位教研员发现坐在教室最后一排的学生无精打采,也不跟着课堂的节奏走。趁学生做练习的时候,教研员悄声问坐在最后一排的那几个学生怎么回事,那几个学生不好意思地说明了缘由,原来那几个学生都是班上的英语“差生”,上课之前,李老师特意安排那几个学生坐在最后面,以免影响公开课的效果。下课之后,在与李老师的交谈中,教研员说:“既然那几个学生英语学习跟不上,为什么不给那几个学生另外布置适合他们的学习任务呢?哪怕让他们记几个单词也比干坐一节课好啊!”李老师一脸茫然,并不认可这个建议,只是勉强地点点头。

**问题:**

请结合材料,从学生观的角度分析李老师的行为,并提出另一种对“差生”的正确处理方式。(14 分)

31. 材料：

刚毕业的邹老师被安排担任我们这个“难管”班级的班主任。我们可高兴了，因为从年龄、性格上看，他是我们这些“顽皮生”不难对付的老师。我们决定给他来个“下马威”。于是，我们不断制造各种无聊的“难题”，出乎意料的是，他并不生气，还总是不厌其烦地解决这些“难题”。他不仅在课堂上对我们难懂的问题一遍又一遍地解释，直到我们弄懂为止，还利用课余时间跟我们聊生活、学习，甚至还带我们到校外参观、郊游。我们平时有什么意见和要求，他总能站在我们的角度去理解，或进行解释，或尽量满足。

我曾悄悄问邹老师：“您为什么不像别的老师那样呢？为什么我们犯了错误，您也不严厉地惩罚我们呢？”他说：“你觉得我是惩罚你们管用，还是现在这样更好呢？你们犯了错误，我帮你们指出来，你们改正了，我就高兴。老师和学生也是可以成为朋友的吧？”

其实我们也不是冷血动物。一段时间过去，邹老师终于把我们都感动了。慢慢地，我们真把他当成了好朋友，不好意思再“为难”他，甚至为了表达对他的“哥们”情谊，在他生日的时候，我们这些“顽皮”学生还凑钱买了一条名牌领带送给他。可是，这回他不乐意了，执意不要，坚持和我们一起到商场把领带退了。

问题：

请结合材料，从教师职业道德的角度，评析邹老师的教育行为。(14分)

32. 材料：

在漫长的历史进程中，非洲社会大体上与自然环境保持着良好关系，疟疾和昏睡病的发病率较低。15 世纪起，葡萄牙等欧洲国家开始向非洲进行殖民扩张，非洲与外部世界的联系日益密切，使得外来寄生虫和疾病开始传播至非洲。在长达数世纪的奴隶贸易期间，欧洲、北非、南亚的殖民者和商人将麻疹、水痘、肺结核和梅毒等传染病带到非洲各地。随着奴隶贸易从东、西两个方向逐渐深入非洲中部地区，这些传染病也从沿海渗透到内陆地区。不过，与欧洲殖民征服导致天花和麻疹传入美洲的情况不同，疟疾和黄热病在数个世纪里使得非洲内陆并未遭受欧洲殖民者的直接征服。直至 19 世纪中叶，热带非洲一直被称作“白人坟墓”。

随着西方医学和科学技术的发展，尤其是奎宁被用于疟疾防治，19 世纪中叶起，欧洲殖民者得以深入非洲内陆地区。19 世纪末，帝国主义国家掀起了瓜分世界狂潮，非洲被欧洲列强瓜分殆尽，殖民征服加剧了传染病在非洲的传播。1881 年，意大利人将牛瘟传入非洲之角，导致非洲东部和南部 90% 以上的牲畜死亡。牛畜在当地社会中是财富与社会地位的象征，因此，这场牛瘟不仅加剧了一系列传染病的蔓延，而且破坏了非洲东部和南部的社会经济结构。19 世纪 20 年代，英国军队和军舰将霍乱从印度带到东非；60 年代以后，霍乱又对塞内加尔等西非殖民地造成了严重冲击。

19 世纪 90 年代，欧洲列强基本上完成了对非洲的殖民瓜分。此后直至 20 世纪 60 年代，非洲处于殖民统治时期，微观生态体系和传统社会关系遭受严重破坏。在殖民统治下，非洲经历了前所未有的生态、社会与经济变动。这方面的典型案例是 20 世纪上半叶昏睡病在东非的蔓延。殖民者在非洲进行矿山开采、橡胶采集、修筑公路和铁路以及军事招募，都需要大量非洲劳动力。殖民政府通过征税、工资以及强制等手段，迫使非洲人离开农村外出务工。强制劳动以及公路和铁路交通使得非洲民众的流动更为频繁，在客观上加剧了传染病在不同地区之间的传播。

理解当代非洲面临的传染病问题，离不开对传染病历史维度的认知。当前非洲所面临的很多传染病，早在 19 世纪和 20 世纪之交就已经存在于非洲。一百多年来，非洲传染病的传播过程与非洲生态变迁和社会历史进程密切相关。殖民主义导致很多外来传染病在非洲的传播，殖民主义还打破了非洲社会与自然环境之间长期的平衡关系，从而引发了昏睡病等疾病的蔓延。通过研究殖民主义对于非洲传染病传播所造成的影响，有助于我们深入理解当前非洲所面临的传染病状况。例如，艾滋病作为非洲国家独立后才出现的传染病，由于其严重的社会破坏性而受到国际社会高度关注。近年来，非洲学家的研究表明，当前艾滋病在非洲的传播模式，与殖民时代梅毒等性病的传播模式之间，有着很大相似性，是“旧危机，新病毒”。更严重的是，欧洲殖民者关于

非洲疾病的偏见根深蒂固。殖民者认为，非洲面临的传染病主要是由非洲自身的“愚昧”“落后”造成的，他们将非洲标签化为“疾病横生的”“黑暗的”大陆，只有欧洲“文明使命”才能将非洲社会从这一状态中“拯救”出来。殖民时代的这种错误观念，至今仍然影响着一些欧美国家对非洲的认知。

（摘自李鹏涛《殖民统治加剧非洲传染病传播》，有删减）

**问题：**

（1）文章认为当代非洲传染病有哪两个来源？请简要概括。（4 分）

（2）总体来看，造成一个地区传染病传播加剧的原因是哪些？请结合文本，简要分析。（10 分）

## 三、写作题(本大题 1 小题,50 分)

33. 阅读下面的材料,按要求作文。

**材料一** 湖南留守女孩小钟高考成绩优秀,考取北京大学冷门的考古专业,引发热议。女孩发微博称从小就喜欢历史和文物,把"敦煌的女儿"樊锦诗当作自己的偶像,所以才考取北大考古专业。樊锦诗得知后,特意把自己的《我心归处是敦煌:樊锦诗自述》赠送给她。

**材料二** 樊锦诗 1963 年北大毕业后在敦煌坚持工作 40 余年,被评为"感动中国 2019 年度人物"。现为敦煌研究院名誉院长。

综合上述材料引发的联想和感悟,写一篇论说文。

**要求:**

用国家通用语言文字写作,角度自选,立意自定,标题自拟;不少于 1000 字。

机密★启封前　　　　　　　　　　姓名＿＿＿＿＿＿　准考证号＿＿＿＿＿＿

# 2020年下半年中小学教师资格考试<br>真题试卷(七)

## 综合素质(中学)

**注意事项:**

1. 考试时间为120分钟,满分为150分。

2. 请按规定在答题卡上填涂、作答,在试卷上作答无效,不予评分。

**一、单项选择题(本大题共29小题,每小题2分,共58分)**

**在每小题列出的四个备选项中只有一个是符合题目要求的,请用2B铅笔把答题卡上对应题目的答案字母按要求涂黑。错选、多选或未选均无分。**

1. 开学了,为把素质教育落到实处,某中学语文老师为同学们确定了学期素质教育目标:"每个月读一本名著,识两位名人,听三首名曲,品四幅名画,背五首古诗。"该教师的做法(　　)

A. 干扰了学生学习的节奏　　B. 优化了学生学习的方法

C. 窄化了素质教育的内涵　　D. 指明了素质教育的途径

2. 入职工作满两年的教师在专业发展中需要解决的主要问题是(　　)

A. 适应教育教学环境　　B. 熟练掌握教育教学方法

C. 凝练教育教学经验　　D. 系统学习基础理论知识

3. 年轻的男老师王勇在课堂上与男生互动多,与女生互动很少,理由是"避免别人认为我与女生太亲近"。王老师的做法(　　)

A. 合理,体现教育智慧　　B. 合理,符合传统观念

C. 不合理,违背因材施教的原则　　D. 不合理,有违公平待生的理念

4. 每次实施新的教学设计之后影老师都会问自己:"有没有必要? 是不是最好? 能不能改进? 要不要调整?"这说明影老师(　　)(常考)

A. 善于自我反思　　B. 善于自我激励

C. 缺乏教育自信　　D. 缺乏学习方法

5. 下列选项中,**不属于**我国《宪法》所规定的公民自由的是(　　)

A. 出版自由　　B. 纳税自由

C. 宗教信仰自由　　D. 科学研究自由

6. 沈某购买用于考试作弊的隐形耳机,以每副 1000 元的价格向参加高考的考生出售,累计获利 1 万元。依据《中华人民共和国教育法》,当地公安机关可对沈某处以罚款的金额是(　　)

A. 1 千元以上,5 千元以下　　B. 5 千元以上,1 万元以下

C. 1 万元以上,5 万元以下　　D. 5 万元以上,10 万元以下

7. 姜某前往一所初中后勤部门求职,陈校长了解到姜某曾因为故意犯罪被剥夺政治权利,拒绝了姜某的求职。陈校长的做法(　　)

A. 不合法,侵犯了姜某的隐私权

B. 不合法,侵犯了姜某的平等就业权

C. 合法,学校没有自主聘任教师及其他职工的权利

D. 合法,姜某不具备从事义务教育工作的基本条件

8. 教师何某时常在微信朋友圈暗示学生家长送礼,还在家长群里展示家长送的礼物,造成了不良影响。依据《中华人民共和国教师法》,当地教育行政部门可对何某采取的措施是(　　)(常考)

A. 给予行政处分或解聘

B. 给予行政拘留或者罚款

C. 责令退还礼物,加倍罚款

D. 责令停课,永久取消教师资格

9. 某次体育课上因老师迟迟未到,班长刘某组织同学到操场踢足球,在踢球时,学生宋某突然昏倒在地,经抢救无效死亡。经调查得知,宋某患有先天性心脏病,而学校事先并不知晓。在这次事故中,应依法承担责任的是(　　)(易混)

A. 学校和宋某的监护人　　B. 学校和刘某的监护人

C. 刘某和宋某的监护人　　D. 刘某的监护人和宋某的监护人

10. 寒假期间,某中学要求所有教师加班两周,对于不加班的教师予以扣发工资处理。学校的做法(　　)

A. 正确,学校有权给教师布置工作任务

B. 正确,学校可以合理使用教师的时间

C. 不正确,学校侵犯了教师自由发展权

D. 不正确,学校侵犯了教师带薪休假权

11. 孤儿陈明常年在外过着流浪乞讨的生活，好心人士发现后把陈明送到了当地的未成年人救助机构。依据《中华人民共和国未成年人保护法》，该救助机构可以采取的措施是（　　）

A. 将陈明交儿童福利机构收留抚养

B. 将陈明送专门学校接受教育改造

C. 将陈明送当地学校完成义务教育

D. 将陈明交当地人民政府收容教养

12. 周老师在某地一所高级中学负责招生录取工作，在招生录取工作中，周老师发现学生张晓的分数比较高，但有过在专门学校就读的经历，于是做了退档处理，周老师的做法（　　）

A. 合法，学校有招生录取的自由

B. 合法，不妨碍张晓选择第二志愿

C. 不合法，侵犯了张晓的学习自由权

D. 不合法，侵犯了张晓的平等升学权

13. 上课铃响后，章老师走进教室准备上课，发现黑板上有一幅丑化自己的画像，同学们在座位上窃窃私语。面对这样的情境，章老师应该（　　）

A. 立即停课，查出捣乱分子　　B. 继续上课，留待课后处理

C. 召开班会，开展批评教育　　D. 压制怒火，等待学生检举

14. 作为班长，晓月成功组织了很多班级活动。可是，晓月的妈妈担心班级事务影响晓月的学习，私下对班主任范老师说："不要让晓月担任班干部了。"范老师二话没说就照办了。范老师的做法（　　）

A. 体现了对家长意见的尊重　　B. 体现了教师与家长的合作

C. 忽视了学生发展的完整性　　D. 忽视了班级管理的差异性

15. 新入职的丁老师和同事们不熟悉，经常独来独往。王校长推荐他参加学校教职工排球队，并建议他和队友交流排球技巧。在教育局组织的运动会上，大家齐心协力，获得排球比赛第一名，丁老师也迅速地融入了集体。这表明王校长（　　）

A. 注意引导教师克服道德信念构成中的心理障碍

B. 重视教师道德情感生成的基础性要素构建

C. 强调教师集体利益高于个人利益

D. 注重对教师非道德行为的引导

16. 晓甜上课经常开小差，有时还不交作业。乔老师发现她喜欢写作，就经常在班上表扬她作文写得好，还经常给她推荐阅读书目。慢慢地，晓甜开始信赖乔老师，学

习也认真起来。乔老师的做法体现的教师关怀特点是(　　)

A. 非对等性　　B. 可互换性

C. 方法性　　D. 形式性

17. 人的血液成分中,主要功能为吞噬异物和产生抗体,以帮助机体防御感染的是(　　)

A. 白细胞　　B. 红细胞　　C. 血小板　　D. 蛋白质

18. 有些世界性的科技竞赛,是该学科在国际上影响最大、水平最高的大赛,只在中学生里开展。下列选项中,**不属于**国际性中学生科技竞赛的项目是(　　)

A. 数学奥林匹克竞赛　　B. 物理奥林匹克竞赛

C. 化学奥林匹克竞赛　　D. 电子奥林匹克竞赛

19.《汉谟拉比法典》是世界迄今完整保存下来的最早的法典,其中包括了诉讼、财产、家庭以及买卖奴隶等内容。这部法典的呈现形式是(　　)

A. 刻在岩石上　　B. 刻在甲骨上

C. 写在羊皮上　　D. 写在绢绸上

20. 古人在炼丹过程中,了解到一些矿物学和化学知识,对我国古代化学的发展做出了一定的贡献,《抱朴子》一书对此有过记载。这部著作的作者是(　　)

A. 许逊　　B. 魏伯阳　　C. 葛洪　　D. 陶弘景

21. "都云作者痴,谁解其中味"言简意赅,意味深长。它出自中国四大古典文学名著之一,这部著作是(　　)

A.《红楼梦》　　B.《水浒传》

C.《西游记》　　D.《三国演义》

22. 音乐通过一定形式的音响组合,表现人们的思想情感和生活情态,有不同的流派与风格。下列选项中,泛指过去时代具有典范意义或代表性音乐的是(　　)

A. 爵士音乐　　B. 古典音乐

C. 标题音乐　　D. 主调音乐

23. "八仙过海"的故事流传广泛,民间有"八仙过海,各显神通"的俗语,用来比喻各有各的本领,各有各的办法。下列剪纸画中,韩湘子是(　　)

A. 　　B. 　　C. 　　D.

24. 在教育测量中,题目难度计算常用极端分组法。现共有 200 人回答了某道试题,总分排名最前面的 54 人中有 45 人答对,总分排名最后面的 54 人中有 9 人答对,则这道题的难度是(　　)

A. 0.83　　B. 0.58

C. 0.50　　D. 0.32

25. 信度是用来反映某测试题在测量学生相应水平时的一致性程度,它受题目的类型和数量的影响。现有针对某知识点的考试,要从题库中抽题组成标准化试卷,因考试时间限制,总题数不得超过 60 道。下列四种组卷题数,信度最高的是(　　)

A. 45 道　　B. 50 道

C. 55 道　　D. 60 道

26. 在 Word 中,下列关于表格操作的表述**不正确**的是(　　)

A. 两个连续单元格可合并成一个单元格

B. 两张表格可以合并成一张完整的表格

C. 一张表格可拆分成多张表格

D. 表格的外框可加上实线边框

27. 在 Excel 中,下列函数表达式可完成计算工作表中数据平均值的是(　　)

A. =SUM(A1:A6)

B. =COUNTIF(A1:A6)

C. =MIN(A1:A6)

D. =AVERAGE(A1:A6)

28. 下列选项中,与"绿茶—茶叶"的逻辑关系相同的是(　　)

A. "蔬菜"和"水果"　　B. "雨伞"和"雨具"

C. "跑鞋"和"跑道"　　D. "面粉"和"面包"

29. 找规律填数字是一个很有趣的活动,特别锻炼观察和思考能力。将选项中的数填入"8、10、20、32、________、88"空缺处,符合该组数字排列规律的是(　　)

A. 50　　B. 52

C. 54　　D. 56

**二、材料分析题(本大题共 3 小题,每小题 14 分,共 42 分)阅读材料,并回答问题。**

**30. 材料:**

崔老师刚工作就担任了副班主任。

崔老师对学生很"宽容",有的学生偏科,他说:"没有关系,很多天才都偏科。"有

的学生不喜欢体育锻炼，他也表示理解："人有自己喜欢的事情，也有自己不喜欢的事情，不可能什么都喜欢。"

崔老师很喜欢学习好的学生，经常召集这些学生谈话，告诉他们要有远大的理想，并引导他们树立正确的人生目标。对于成绩不太好的同学，他也不加干预，还说："学习上的差异古今中外都存在，十个手指头还不一样长呢。"

班主任与崔老师商量，打算分头联系家长，了解学生的基本情况，敦促家长为学校工作提供支持，但崔老师觉得没有必要，理由是："家长平时都很忙，我们应该理解家长。教育孩子是我们老师的责任，不能给家长增加负担。"

很多老师对崔老师的做法很不理解。

**问题：**

请结合材料，从教育观的角度，评析崔老师的教育行为。（14 分）

31. 材料：

预备铃已响，很多同学仍三五成群在教室里说着、笑着、吃着、闹着，嘈杂无章，一片混乱。班主任毕老师气不打一处来，使劲把教材往地上一摔，大声训斥道："孙涛，你这个班长能不能管点事？当不了班长，就别当啊！"孙涛一脸委屈，一言不发。

下课后，孙涛的辞职信就放在了毕老师的办公桌上，他辞职的理由是当班长影响学习。毕老师想："这不是故意拆我的台吗？"他不由得火冒三丈，怒气冲冲地跑到教室，宣布罢免孙涛的班长职务。

平静下来以后，毕老师意识到罢免孙涛的做法很不妥当。第二天，毕老师找孙涛进行了一次长谈。毕老师首先表达了歉意，接着给孙涛讲了上一届班长学习和班级工作相互促进的故事。讲着讲着，毕老师发现孙涛已沉浸在故事中，便心平气和地说："你想想，为什么他能学习和班级工作双丰收？"孙涛说："他把当班长变成学习的动力了。"毕老师点头称赞道："只要你努力认真，就一定能做好！"孙涛答应重新当班长。

问题：

请结合材料，从教师职业道德的角度，评析毕老师的教育行为。(14 分)

32. 材料：

地方性写作是一个视角，无名或隐名的写作也是一个视角。早在前几年，我们就后者进行过讨论，我们认为后者支撑起了一种“泛文学”的写作。人们早就应该注意到，随着国民教育程度的普遍提高，每个人都具有相当的写作潜能，市场经济又使得每个人获得了文学的权利，表达意识的觉醒使大众有了交流与自我表现的欲望，而技术最终使这一切得以实现。技术对这个世界的影响还没有充分地被估计到，即以写作而言，正是因为技术支持下的新兴媒体才催生出新的写作形态，如博客、电子杂志、微博和微信等。在现实中，文学几乎以日常生活的样态存在着，只不过在现代发表体制看来，它们并不是文学罢了。而如今，计算机、网络、移动终端、电视互动等一系列新媒体，将这些自然的、自在的、丰富多样的文学呈现出来了，将其从匿名状态中彰显出来。它们与传统的出版或发表方式虽然有着本质上的区别，但是它们所呈现的内容已经不是私人性的了，它们同样进入了与他者的交流，进入了公共领域。我们不能因为散文家们的创作散文就否定了普通人日常表达的价值，比如现在每时每刻都在出现的微信，我们不妨称那些原创的微信为“微散文”或“微文”。微信圈有大有小，但一则原创微文哪怕只感动了几个人甚至一个人，我们都不能无视它的价值。村上春树曾经叙述过日常生活中许多微小但确切的幸福，他简称为“小确幸”，文学之于人有太多这样的关系与状态，我们不能因经典带给人们巨大的感动就否认那些难登大雅之堂的文字所给予的微小而确切的幸福，这已经关系到文学的人道主义了。事实上，在我们固守的传统文体以外，文学的边缘或模糊地带已经越来越广阔，文学泛化的局面已经形成。这种局面产生的一个根本原因是美化时代的到来，美化已经成为这个社会的重要表征与生活方式，它渗透到各个领域。我们的一切文字表达无不在如何美化上努力，广告、招聘、求职、策划书、纪实报道、即时新闻，以及几乎所有的文字出版物，连同原先严格规整的人文社会学科甚至自然科学的表达都莫不如此。在当今，人们可以在更多的空间进入文学的氛围，也可以从更多的媒介和更多的文字作品中获得文学生活的满足。

但这一切又确实很少进入专业的文学研究领域，也常常不入所谓纯文学作家们的法眼。究其原因，应该是文学专业化带来的结果。应当心平气和地承认这些，而不是相反，像一些理论仍然在做的一样，或者视当今的文学现实状况于不顾，或者以自己过时的理论和立场强作解人。不可否认，古代的文人文化，现在的知识分子文化都对俗文化、对大众文化抱有成见甚至敌意。除了美学趣味上的分歧之外，可能还有对权力、地位与利益的占有欲和对这些可能失去的恐惧。约翰·凯里早就认为，自教育普及化和报刊业兴盛后，读写不再是精英的特权，特别是报刊培养出了市民趣味后，知识分子被冷落了，“大众报纸构成了一种威胁，因为它造就了一种新的文化，完全忽视知识分

子，并使他们成为多余的人。”当他们不可能阻止大众文化时，只能加大写作的难度，从而将自己与大众区别开来，并运用自己在教育、制度与学术上的话语权贬低大众文化，造成后者的自卑，以达到保存自己的脸面与利益的目的。事实上，专业与职业的文学并不只是因为其审美优势而获得地位，许多非文学的因素一直是文学的支撑力量，所谓“纯文学”就一直没有纯过，各种权力和利益一直是文学的潜在或显在的影响力。而文学也参与了社会资源的再分配。

行文到此，我表达了两层意思，一是客观地描述地方与无名或隐名状态中蓬勃的文学生态，二是对这一客观存在的文学生态长期被忽视的原因略作分析。毫无疑问，我对地方与无名或隐名状态的文学存在是抱有同情态度的。但这并不意味它们没有问题，也不意味它们无需反思。事实上，在这方面确实需要警惕民粹主义与反智倾向。也就是这些年的调查和观察，我以为地方与无名或隐名写作存在着不少令人忧虑的状况。当我们为海量的地方与无名或隐名写作所欣喜时又不得不承认它们在思想质量上的差强人意。我不是在所谓文学质量上来衡量他们的写作，而首先是在价值层面上表达我的遗憾。价值是客体与主体需要之间的一种关系，它关系到主客体方方面面许多要素。因为社会在变，人在变，人们的实践活动也在变，所以价值也在变。特别是社会发展迅速的时期，价值的变化也更为剧烈。如今的情形是，不管是从社会还是从个体来说，物质价值的创造与拥有在相当大的程度上压倒了精神价值的创造与实现。功利主义的价值观占据了主流。这必然导致价值与价值观的复杂和混乱，一些社会与个体发展的根本性的价值被悬置了，碎片化了，空心化了。社会的建设、连续与进步被畸形地理解和推进，大大小小不同类型的人类生命与文化共同体面临分化和解体，个体的物质与欲望被开发和放大，而精神与心灵的完善则弃之如敝履……如此的价值失衡特别是负面价值与伪价值的生成已经近乎一场人文灾难。如果揆诸历史，民间常常守护着传统的价值，或者会提出新价值观，但在目前的中国民间，确实缺少这样的力量与动因。这在地方与无名或隐名写作中就可以看出来，一种常见的现象就是宣泄式、怨怼式甚至破坏式写作成为潮流。而事实上，溃败与沉沦不是我们生活的全部，批判、怨怼与绝望也不是我们全部的态度。我们还应该有更为积极的方式，那就是探讨或肯定理想与价值。人与社会都是自觉的生活主体，他们按照自己设定的目标来设计和规约自己的生活，并且认为只有这样的生活才是有意义和有价值的。所以，人们对生活的权衡，也必定从这些意义和价值出发。也正因为此，我们当下生活所出现的问题并不在现象与问题本身，而在于意义与价值出现了偏差。当人与社会在意义与价值这些根本性的基准出现偏差以后，个体的生活方式，人与人的关系，人与自然的关系，社会的结构与动作模式，一直到人与社会形而下的技术层面都随之发生变化。所以，不少学

者与社会管理者都在呼吁重建社会，不是说社会不存在了，而是说这个社会不是原先的社会，也不是理想的或好的社会。如前所述，我之所以强调民间写作的意义就是它的功能不仅在于文学，而且在于它们可以转换成社会建设的路径，但恰恰在这方面，目前不管是地方抑或是无名或隐名写作，都还不能说能够担此重任。

（选自汪政，晓华《文学以外的文学》，有删改）

**问题：**

（1）第三段中加点短语“思想质量上的差强人意”指的是什么？请简要概括。（4分）

（2）文章认为目前的地方与无名或隐名写作，有哪些不足？对于地方性写作，作者所期望的理想状态是怎样的？（10分）

## 三、写作题(本大题1小题,50分)

33. 阅读下面的材料,按要求作文。

"抢红包"是近年来流行的话题之一。各类抢红包活动此起彼伏,好不热闹。

与此同时,有关"抢红包"的争议也越来越大,有人认为是高科技时代的民俗变化,值得发扬;有人认为把亲情友情晾在一边,只认钱,坏了社会风气,也有人认为玩点游戏并没有错。

综合上述材料引发的联想和感悟,写一篇论说文。

**要求:**

用国家通用语言文字写作,角度自选,立意自定,标题自拟,不少于1000字。

机密★启封前　　　　　　　　　　　姓名＿＿＿＿＿＿＿　准考证号＿＿＿＿＿＿＿

# 2019 年下半年中小学教师资格考试<br>真题试卷(八)

## 综合素质(中学)

**注意事项:**

1. 考试时间为 120 分钟,满分为 150 分。

2. 请按规定在答题卡上填涂、作答,在试卷上作答无效,不予评分。

**一、单项选择题(本大题共 29 小题,每小题 2 分,共 58 分)**

**在每小题列出的四个备选项中只有一个是符合题目要求的,请用 2B 铅笔把答题卡上对应题目的答案字母按要求涂黑。错选、多选或未选均无分。**

1. 下列关于素质教育的表述中,**不正确**的是(　　)(易错)

A. 素质教育更要重视德育

B. 素质教育主要适用于基础教育

C. 素质教育应遵循教育规律

D. 素质教育不要求学生平均发展

2. 吴老师在指导青年教师时说道:“我们是生物老师,自己就知道生物的多样性和保护这种多样性的重要,所以对各有所长的学生,我们可不能做一个把学生修剪得整整齐齐的园丁。”这种说法表明教师劳动具有(　　)

A. 差异性　　　　B. 协作性

C. 复杂性　　　　D. 示范性

3. 每周五,崔老师都会带领老师们研讨并反思学校教学中出现的问题,经常通过电子邮件、电话和登门拜访等形式向大学教授请教,或是与校外名师共同探讨,以找到解决问题的方法。该做法体现的教师专业发展途径是(　　)

A. 校本研修　　　　B. 自主学习

C. 行动研究　　　　D. 专业支援

4. 某校将成绩较好的学生单独编班,并组织优质师资对这个班进行重点辅导,提

高了中考优秀率，得到了该班学生家长的好评。该校的做法（　　）（常考）

A. 违反了义务教育的公平原则

B. 践行了因材施教的教学原则

C. 弱化了学校办学的鲜明特色

D. 遵循了长善救失的教学原则

5.《中华人民共和国宪法》规定，上级监察委员会对下级监察委员会的工作进行（　　）

A. 监督　　B. 监察　　C. 领导　　D. 指导

6. 某高中对严重违反校纪的学生张某处以留校察看处分，并将处分文件在学校宣传栏公开张贴。该学校的行为（　　）

A. 侵犯了张某的名誉权　　B. 保障了师生的财产安全

C. 侵犯了张某的隐私权　　D. 履行了学校的管理职责

7. 下列做法中没有违反相关法律规定的是（　　）（易错）

A. 学生王某不遵守课堂纪律，被任课教师罚站 3 小时

B. 初中生李某偷窃了王老师 500 元钱，学校将其开除

C. 赵某为减轻家庭经济负担，让 13 岁的儿子辍学打工

D. 人民法院对 17 岁的张某抢劫一案进行了不公开审理

8. 依据《中华人民共和国未成年人保护法》，依法设置的专门学校（　　）

A. 由公安机关进行管理　　B. 由司法部门进行管理

C. 由教育行政部门进行管理　　D. 由地方人民政府进行管理

9. 中学生熊某曾经偷拿过同学的财物，班主任总是以此为由，不让他参加班级活动。该班主任的做法（　　）

A. 正确，可以督促学生改正错误　　B. 不正确，不得歧视犯错误学生

C. 正确，班主任有管理学生的权利　　D. 不正确，侵犯了熊某的名誉权

10. 初中生付某与同学钱某放学后在校外餐馆就餐，席间付某与钱某发生争执，付某拿起餐馆的菜刀砍伤了钱某。针对此次伤害事件，下列说法正确的是（　　）

A. 付某的监护人应承担主要赔偿责任　　B. 付某的监护人应承担全部赔偿责任

C. 付某所在学校应承担主要赔偿责任　　D. 餐馆应承担主要赔偿责任

11. 16 岁的蒋某因抢劫被公安机关抓获，当地电视台将蒋某接受审讯的清晰画面在当地新闻节目中播出。该电视台的行为（　　）

A. 不违法，如实报道没有构成侵权　　B. 不违法，传播正能量不构成侵权

C. 违法，侵犯了蒋某的隐私权　　D. 违法，侵犯了蒋某的名誉权

12. 13 岁的初中生张某伙同校外青年抢劫本校女教师。学校可以对张某采取的措施是(　　)

A. 开除学籍并送公安机关　　B. 申请将其送到工读学校

C. 记大过处分并处以罚款　　D. 通知家长并强制其退学

13. 近一段时间,班上流行大操大办过生日的风气,孩子过生日家长们纷纷比阔。在班会上,班主任孙老师对这种情况进行了批评,要求大家厉行节约。孙老师的做法体现了教师是(　　)

A. 文化知识的传播者　　B. 高尚情操的塑造者

C. 社会风气的改造者　　D. 学生品行的引导者

14. 王老师在教学中总是尝试新的教学方法。在音乐课上,王老师鼓励同学们给经典音乐重新填词,评选"最美歌词"和"最具创意奖",同学们对音乐课的兴趣大增。下列选项中是孔子所说,且与王老师做法相符的是(　　)

A."吾生也有涯,而知也无涯"　　B."学而不已,阖棺乃止"

C."古人于为学,终生与之俱"　　D."朝闻道,夕死可矣"

15. 李老师发现一些学生卫生习惯不好,经常在教室里面乱扔废纸。面对这种情况,李老师恰当的做法是(　　)

A. 严肃教育学生,严重时将学生赶出教室

B. 建立惩罚机制,罚扔废纸的学生扫走廊

C. 不再强调卫生,只要学生成绩好即可

D. 批评教育学生,督促学生养成好习惯

16. 班主任田老师鼓励同学们开展兴趣小组活动,却招来了一些科任教师的反对,因为他们觉得这样做会影响学生的考试成绩。面对这种情况,田老师恰当的做法是(　　)

A. 取得同事支持,继续指导学生活动

B. 尊重同事意见,暂停兴趣小组活动

C. 利用校长威信,平息同事反对意见

D. 接受科任老师意见,重视考试成绩

17. 下列不是因地球公转而产生的现象是(　　)

A. 昼夜的变化　　B. 四季的变化

C. 日食　　D. 月食

18."北斗卫星导航系统"是中国自主研发、独立运行的卫星导航系统,已成功应用于测绘、电信、交通、减灾等诸多领域,产生了显著的经济效益和社会效益。下列关

于“北斗卫星导航系统”的表述中,**不正确**的是(　　)

A. 尚未正式进入民用市场　　B. 具有定位和通信双重功能

C. 定位精度正在不断地提高　　D. 已覆盖中国本土的全部区域

19. 下列选项中,**不属于** 15 世纪到 17 世纪地理大发现时期的航海家是(　　)

A. 哥伦布　　B. 迪亚士

C. 阿蒙森　　D. 麦哲伦

20. 下列选项中,**不是**美国作家马可·吐温的作品的是(　　)

A.《竞选州长》　　B.《老人与海》

C.《汤姆·索亚历险记》　　D.《哈克贝里·费恩历险记》

21. 楚辞在中国诗歌史上被视为浪漫主义传统的源头,最有代表性的诗人是屈原。下列选项中,属于屈原作品的是(　　)

A.《九辩》　　B.《风赋》

C.《高唐赋》　　D.《湘夫人》

22.《世界记忆遗产名录》是经联合国教科文组织世界记忆工程国际咨询委员会确认的文献遗产项目。下列选项中,关于《世界记忆遗产名录》的表述正确的是(　　)

A. 收录具有世界意义的文献遗产　　B. 包含文物、建筑群、遗址三类

C. 首批世界记忆遗产包含中国昆曲　　D. 由联合国大会评估、审查、公布

23. 公元前 221 年,秦始皇统一中国后,颁布诏书统一度量衡。下列选项中,刻有这一诏书的是(　　)

A.  秦半两钱　　B.  秦铜马车

C.  阳陵虎符　　D.  商鞅方升

24. 古希腊罗马文化,深刻地影响了西方世界的文明进程。下列选项中,**不是**产生于古希腊、罗马的是(　　)

A. 公民教育　　B. 陪审法庭

C. 君主立宪　　D. 全民公决

25. 甲乙两地各抽取 100 名初中一年级的学生进行了体重测量,相关的统计结果

见下表。下列选项中，对这次测量结果的解释，最恰当的是（　　）

| 地别 | 人数 | 平均体重(kg) | 标准差 | 标准差系数 |
|---|---|---|---|---|
| 甲地 | 100 | 37.3 | 11 | 0.295 |
| 乙地 | 100 | 38.2 | 13 | 0.340 |

A. 甲地的标准差为11，甲地学生的体重更具有代表性

B. 乙地的标准差为13，乙地学生的体重更具有代表性

C. 甲地的标准差系数为0.295，甲地学生的体重更具有代表性

D. 乙地的标准差系数为0.340，乙地学生的体重更具有代表性

26. 在Word的编辑状态下，选择整个表格，执行“表格”菜单中的“删除行”命令，对其结果表述正确的是（　　）

A. 表格中一行被删除　　B. 整个表格被删除

C. 表格中一列被删除　　D. 表格没有被删除

27. 如下图所示，在Excel中单击单元格F2，欲求出表中所列6名学生的总成绩排名，应输入的公式是（　　）

|  | A | B | C | D | E | F |
|---|---|---|---|---|---|---|
| 1 | 学 号 | 语 文 | 数 学 | 外 语 | 总 分 | 排 名 |
| 2 | 001 | 75 | 73 | 68 | 216 |  |
| 3 | 002 | 82 | 89 | 83 | 254 |  |
| 4 | 003 | 70 | 72 | 79 | 221 |  |
| 5 | 004 | 85 | 82 | 79 | 246 |  |
| 6 | 005 | 92 | 87 | 91 | 270 |  |
| 7 | 006 | 78 | 81 | 84 | 243 |  |

A. =RANK(E1, $E$1: $E$7)　　B. =RANK(E1, $E$2: $E$7)

C. =RANK(F2, $E$1: $E$7)　　D. =RANK(E2, $E$2: $E$7)

28. 下列选项中的概念关系，与“教授”和“科学家”一致的是（　　）（常考）

A. 夹克—衬衫　　B. 中文书—英文书

C. 足球—篮球　　D. 大学生—运动员

29. 找规律填数字是一项很有趣的游戏，特别锻炼观察和思考能力。按照“1 = 4”“2 = 8”“3 = 24”的规律，下列选项中，应填入“4 = (　　)”空缺处的是（　　）

A. 88　　B. 96

C. 104　　D. 112

**二、材料分析题（本大题共3小题，每小题14分，共42分）阅读材料，并回答问题。**

**30. 材料：**

多年来，徐老师一直坚持还课堂于学生。他安排的“课前五分钟”深受好评。其

做法是在每堂课的开始安排一名学生上台演讲，主要程序是：学生讲述——大家评论——师生共同给出成绩。此项活动让学生得到了多方面的锻炼。除了这项活动，徐老师鼓励学生开展的自编课本剧活动、班级读书交流活动、创办文学刊物等活动都收到了很好的效果。

徐老师的教学方式别具一格。他尝试过用分析讨论法讲议论文、用欣赏分析法讲小说、用朗读品味法讲诗歌、用形象体会法讲散文等。他重视利用各种教学手段尤其是现代教育技术手段，不断变换教学思路，寻找最佳切入口。大家评价说："徐老师玩转了课堂！"

徐老师说，当老师要舍得"折腾"自己。为此，他每天梳理自己的课堂，写教学日志。多年下来，他积累的教学日志多达二十多万字，还被学校当作校本培训的资料。

**问题：**

请结合材料，从教师观的角度，评析徐老师的教学行为。(14分)

31. 材料：

我刚担任初一(2)班班主任时，班上的晓义经常打架、抽烟、旷课，一开学就和科任老师发生冲突。几次家访后，我掌握了晓义的基本情况：他从小就调皮，爸爸经常打他，而且家长对他的学习不抱希望，久而久之，他的毛病越来越多。

我该怎么办呢？

我注意到晓义精力充沛，喜欢运动，于是决定让他担任体育委员来试一下。这个决定宣布后，学生们一片哗然，当晚就有家长打电话表达不满。我耐心地向家长解释说："我会对所有孩子负责的。请您给我时间，也给晓义一个机会。"

刚开始，晓义并没有因为做了体育委员而格外兴奋，甚至有时在带领大家跑操时还有些满不在乎。一次跑操时，有个同学不小心摔了一跤，晓义马上过去扶了他一把。我抓住时机表扬了他，看得出来，晓义有所触动。

初三时，他代表学校参加了区运动会，还获得了铅球比赛第二名的好成绩，全班都为他欢呼，他不好意思地笑了。这是我第一次在他脸上看到这样的表情。

初中三年，我和晓义的谈话不计其数，我还经常与其家长沟通，希望他们多鼓励晓义。

初中毕业三年后的一天，晓义再次出现在我面前，兴高采烈地告诉我："老师，我已经应征入伍了！"那一刻，我知道当初的决定是正确的。

问题：

请结合材料，从教师职业道德的角度，评析"我"的教育行为。(14 分)

32.材料：

最近偶然看《红楼梦》，书中讲到有个丫鬟很喜欢陆放翁的两句诗"重帘不卷留香久，古砚微凹聚墨多"，林黛玉却对她说："这种诗千万不能学，学作这样的诗，你就不会作诗了。"黛玉又说："你应当读王摩诘、杜甫、李白跟陶渊明的诗。每一家读几十首，或是一两百首，得了了解以后，就会懂得作诗了。"这一段话讲得很有意思。

放翁这两句诗，对得很工整，其实则只是字面上的堆砌，而背后没有人。若说它完全没有人，也不尽然，到底该有个人在里面。这个人，在书房里烧了一炉香，帘子不挂起来，在那里写字，或作诗，有很好的砚台，磨了墨，还没用。则是此诗背后原是有一人，但这人却教什么人来当都可，因此人并不见有特殊的意境与特殊的情趣，这就算作俗。高雅的人则不然，应有他一番特殊的情趣和意境。

此刻先拿黛玉所举三人王维、杜甫、李白来说，他们恰巧代表了三种性格，也代表了三派学问。王摩诘是释，是禅宗；李白是道，是老庄；杜甫是儒，是孔孟。禅宗常讲"无我、无住、无着"。后来人论诗，主张要"不著一字，尽得风流"。但作诗怎能不著一字，又怎能不著一字而尽得风流呢？我们可选摩诘一联句来作例。这一联是大家都喜欢的：

雨中山果落，灯下草虫鸣。

此一联拿来和上引放翁一联相比，两联中都有一个境，境中都有一个人。放翁一联的境中人如何，上面已说过。现在且讲摩诘这一联。在深山里有一所屋，有人在此屋中坐，晚上下了雨，听到窗外树上果子给雨一打，朴朴地掉下。草里很多的虫，都在雨下叫。那人呢？就在屋里雨中灯下，听到外面山果落，草虫鸣，当然还夹着雨声。这样一个境，有情有景，拿来和陆联相比，便知一方是活的动的，另一方却是死而滞的了。

这一联中重要字面在"落"字和"鸣"字。在这两字中透露出天地自然界的生命气息来。大概是秋天吧，所以山中果子都熟了。给雨一打，禁不起在那里朴朴地掉下。草虫在秋天正是得时，都在那里叫。这声音和景物都跑进这屋里人的视听感觉中。那坐在屋里的这个人，这时顿然感到此生命，而同时又感到此凄凉。生命表现在山果草虫身上，凄凉则是在夜静的雨声中。我们请问当时作这诗的人，他碰到那种境界，他心上感觉到些什么呢？我们如此一想，就懂得"不著一字，尽得风流"这八个字的含义了。正因他所感觉的没讲出来，这是一种意境。而妙在他不讲，他只把这一外境放在前边给你看，好让读者自己去领略。若是接着在下面再发挥了一段哲学理论，或是人生观，或是什么杂感之类，那么这首诗就减了价值，诗味淡了，诗格也低了。

但我们看到这两句诗，我们总要问，这在作者心上究竟感觉了些什么呢？我们也会因为读了这两句诗，在自己心上，也感觉出了在这两句诗中所含的意义。这是一种

设身处地之体悟。亦即所谓欣赏。我们读上举放翁那一联,似乎诗后面更没有东西,没有像摩诘那一联中的情趣与意境。摩诘诗之妙,妙在他对宇宙人生抱有一番看法,他虽没有写出来,但此情此景,却尽已在纸上。这是作诗的很高境界,也可说摩诘是由学禅而参悟到此境。

(摘编自钱穆《中国文学论丛》,有删改)

**问题:**

(1)为何黛玉认为不能学“重帘不卷留香久,古砚微凹聚墨多”这样的诗?请结合文本,简要概括。(4分)

(2)文章认为“雨中山果落,灯下草虫鸣”体现了王维怎样的作诗境界?请简要分析。(10分)

**三、写作题(本大题1小题,50分)**

33. 阅读下面的材料,按要求作文。

一位老人上了公交车,发现忘带老年卡,对司机说:我没带老年卡,让我上车行吧?

司机说:抱歉。按规定,您不出示老年卡,就必须投币。

有位乘客听到,怒了:你这人咋这么不通情达理?人家都已经说明了,你还刁难。

司机说:公司规定,我不能违背;你既然这么好心,要不替老人把车费付了吧?

这位乘客后退,说:凭什么?

司机自己掏出钱来,替老人投了币。

综合上述材料所引发的联想和感悟,写一篇论说文。

**要求:**

用国家通用语言文字写作;角度自选,立意自定,标题自拟;不少于1000字。

机密★启封前　　　　　　　　　　　　　　姓名__________　准考证号__________

# 2019年上半年中小学教师资格考试
# 真题试卷(九)

## 综合素质(中学)

**注意事项:**

1. 考试时间为120分钟,满分为150分。
2. 请按规定在答题卡上填涂、作答,在试卷上作答无效,不予评分。

**一、单项选择题(本大题共29小题,每小题2分,共58分)**

**在每小题列出的四个备选项中只有一个是符合题目要求的,请用2B铅笔把答题卡上对应题目的答案字母按要求涂黑。错选、多选或未选均无分。**

1. 某中学校长对素质教育检查组说:“我们学校对素质教育十分重视,课外活动开展得丰富多彩,有科技小组、美术小组、音乐小组……但现在学生正在上课,下午课外活动时,请你们指导。”该校长对素质教育的理解(　　)(常考)

A. 不正确,素质教育不等于课外活动　　B. 不正确,素质教育不包括兴趣小组

C. 正确,素质教育要开展课外活动　　D. 正确,素质教育要组建兴趣小组

2. 陈涛成绩不太好,但上课时总是爱举手回答问题。有时老师问题还没说完,他便把手高高举了起来,让他回答时他又不会,不时被其他同学讥笑。老师课下向陈涛问明原因后给予鼓励。老师的做法(　　)

A. 正确,不得罪每一个学生

B. 正确,不放弃每一个学生

C. 不正确,挫伤了其他同学的主动性

D. 不正确,伤害了其他同学的正义感

3. “孟母三迁”是我国历史上著名的故事,它说明了环境对人的成长具有重要作用。关于学校优化育人环境,下列说法**不恰当**的是(　　)

A. 促进了人的认识的发展　　B. 促进了人的气质的发展

C. 促进了人的精神的发展　　D. 促进了人的实践的发展

4. 张老师在教学中经常考虑的问题是:“对班上不同层次的学生,我用哪些方法教学更有效呢?”“这些材料适不适合所有学生?”张老师所处的教师专业发展阶段是( )

A. 关注发展阶段　　B. 关注生存阶段

C. 关注情境阶段　　D. 关注学生阶段

5.《中华人民共和国宪法》规定,我国的根本制度是( )

A. 人民民主协商制度　　B. 民主专政制度

C. 人民代表大会制度　　D. 社会主义制度

6. 某初中向学生收取练习本费用,未向社会公开收费项目。该校做法( )

A. 不合法,义务教育学校不能收费　　B. 不合法,学校必须公开收费项目

C. 合法,学校有自主管理权　　D. 合法,学校是按规定收费

7. 某中学教师黄某认为自己的学历和能力都已达标,拒绝参加教育行政部门利用假期组织的教师培训活动。黄某的做法( )

A. 正确,教师可以放弃个人权利

B. 不正确,教师不能放弃培训的权利

C. 正确,教师享有专业自主权利

D. 不正确,提升业务水平是教师义务

8. 大学毕业的陈某曾因故意犯罪被判处有期徒刑 1 年。刑满释放后,他前往某初级中学应聘。学校( )

A. 不得聘用　　B. 可以聘用

C. 应当聘用　　D. 暂缓聘用

9. 15 岁的李明经常纠集他人结伙滋事,扰乱治安。其监护人提出申请,将李明送往工读学校进行矫治和接受教育。对于这一申请具有审批权的是( )

A. 当地公安部门　　B. 教育行政部门

C. 李明所在学校　　D. 当地人民政府

10. 17 岁的高中生江某涉嫌犯罪被采取刑事强制措施,案件尚在审理阶段,所在学校以此为由取消了其学籍。该校做法( )

A. 合法,学校可以取消江某学籍

B. 合法,学校有处罚学生的权力

C. 不合法,判决生效学校也不得取消江某学籍

D. 不合法,判决生效前学校不得取消江某学籍

11. 初中生林某在参加学校组织的春游时不慎摔伤。经认定,学校有一定过错。对于该起事故,学校应当(　　)

A. 对林某补偿经济损失　　B. 对林某补偿精神损失

C. 对林某依法赔偿损失　　D. 与林某平均分担损失

12. 某私人企业在某省投资兴建了一所中学,学校拟聘请一位外籍人士担任学校校长。这所学校的做法(　　)(易错)

A. 正确,我国学校的校长可以由外籍人士担任

B. 正确,外籍人士经过许可可以担任民办学校的校长

C. 错误,中国学校的校长只能由具有中国国籍的公民担任

D. 错误,外籍人士必须在中国居住一段时间才可担任校长

13. 初一语文单元测验中,王老师发现某学生抄袭了一道1分的题目。阅卷时,他在这个学生的试卷上打分为"90－1"。该生拿到试卷后非常惭愧,要求改为89分。王老师给他批了一个"89＋1",并对他说:"知错能改就好。这1分是对你能认识和改正错误的奖励。"王老师的做法所体现的教师劳动特殊性**不包括**(　　)

A. 阶段的特殊性　　B. 任务的特殊性

C. 对象的特殊性　　D. 工具的特殊性

14. 教师"廉洁从教"要求的具体内容**不包括**(　　)

A. 不在学生面前抱怨自己的薪酬　　B. 不收取学生及家长的任何礼物

C. 校外兼职不得影响本职工作　　D. 不贪占公共和他人钱物

15. 方老师和家长联系紧密,要求家长每天检查孩子的学习情况,还从专业的角度要求家长完全按老师说的方法教育孩子。每当学生犯错,就把家长请到学校,共谋对策。方老师的做法(　　)

A. 不可取,不应把家长当作教师的"助教"

B. 不可取,不应把教育的责任推卸给家长

C. 值得提倡,共同教育学生可以增强教育的效果

D. 值得肯定,发挥了"闻道在先,学有专攻"的优势

16. 新学期开学,王老师在点名时,被"肖德杺"这个名字难住了。前两个字已经读出口了,第三个字到底读什么呢?"杺"字虽然能看清但恰好打印不如前两字清晰,他想凭感觉读一下,又怕读错了,一时间觉得非常尴尬。王老师的做法恰当的是(　　)

A. 承诺课后查字典　　B. 当场用手机查询

C. 立即向学生请教　　D. 借打印不清掩饰

17. 大航海时代，长期在海上航行的水手经常得坏血病，有些水手上岸后吃一些柑橘、蔬菜，坏血病就痊愈了。科学家研究发现，果蔬中存在着一种可治愈坏血病的物质。该物质是(　　)

A. 叶酸　　B. 维生素 C

C. 谷氨酸　　D. 维生素 B

18. 直角三角形两直角边的平方和等于斜边的平方，这是平面几何的一条定理。下列选项中，**不是**用来指称这一定理的是(　　)

A. 毕达哥拉斯定理　　B. 欧几里得定理

C. 勾股定理　　D. 商高定理

19. 1974 年，考古学家发掘出一艘南宋时期的"福船"，发掘地点为"海上丝绸之路"的起点、当时世界上著名的大港口。这一发掘地所在的城市是(　　)

A. 广州　　B. 福州　　C. 泉州　　D. 汕头

20. 德国历史上长期处于城邦分治的封建割据状态，直至 1871 年才统一。下列人物中，领导德意志经过三次王朝战争实现统一的是(　　)

A. 拿破仑　　B. 俾斯麦

C. 黑格尔　　D. 希特勒

21. 中国是丝绸的故乡。下列传说人物中，首创种桑养蚕之法、抽丝织绢之术，被后世奉为"先蚕圣母"的是(　　)

A. 黄帝　　B. 神农　　C. 女娲　　D. 嫘祖

22. 右图是《鲁迅小说插图集》中的一幅，与这一插图相关的小说是(　　)

A.《故乡》　　B.《社戏》

C.《孔乙己》　　D.《祝福》

23. 甲骨文的发现极大地推动了殷商史的研究，学界将中国近代四位研究甲骨文的著名学者合称为"甲骨四堂"。下列人物中，属于"甲骨四堂"的是(　　)

A. 王国维　　B. 孙诒让

C. 季羡林　　D. 陈寅恪

24. 1987 版电视连续剧《红楼梦》的插曲《枉凝眉》《红豆曲》《葬花吟》等，风格各异而又主题鲜明。这些作品的曲作者是(　　)

A. 谭盾　　B. 王立平

C. 苏聪　　D. 徐沛东

25. 某试题得分分布如下表所示，该试题得分的众数是(　　)

| 分值 | 0 | 1 | 2 | 3 | 4 | 5 |
|---|---|---|---|---|---|---|
| 频数 | 7 | 121 | 489 | 256 | 196 | 18 |

A. 1　　B. 2

C. 3　　D. 4

26. 在 Word 中，要实现在文档中添加特殊符号“※”。在默认设置下，首先选择的功能菜单是(　　)

A.“文件”　　B.“编辑”

C.“格式”　　D.“插入”

27. 在 Excel 中，点击编辑栏上的功能按钮，可实现在工作表中插入的是(　　)

A. 图表　　B. 数字

C. 函数　　D. 文字

28. 找规律填数字是一个很有趣的活动，特别锻炼观察和思考能力。下列选项中，填入数列“101、169、305、577、________、2209”空缺处的数字，正确的是(　　)

A. 1118　　B. 1119

C. 1120　　D. 1121

29. 下列表述，与“并非‘只有本地人当经理，才能把企业搞好’”的判断一致的是(　　)

A. 要想把企业搞好，必须由本地人当经理

B. 只要把企业搞好了，谁来当经理都可以

C. 不由本地人当经理，也可以把企业搞好

D. 不由本地人当经理，就不能把企业搞好

**二、材料分析题(本大题共 3 小题，每小题 14 分，共 42 分)阅读材料，并回答问题。**

30. 材料：

下面是李老师的教学札记中的一篇。

上学期，在我任教的初三(2)班上，有一位男生特别聪明，但对我所教的物理不感兴趣，成绩较差。他特别喜欢操作计算机，有时装载一些新软件，有时诊断一下计算机运行中的问题，还时不时编写一些小程序……如果我能对这位学生加以引导，应该能

调动其学习的积极性。恰好我也正在学习现代教育技术，于是我利用课间特意跑到班级，向他请教计算机方面的问题。一次又一次，时间长了，他被我这样努力学习的精神所感动，我借机开导他："计算机方面你是老师，我是学生，在问你之前我对计算机方面的这些问题一窍不通，觉得很难，无从下手，但我觉得只要我多问多学，就一定能掌握计算机知识。同样的，如果你能把学习计算机的那股劲放在学习物理上，你的成绩也一定会像我的计算机水平一样突飞猛进。"经过多次谈心，他终于有所触动，不仅学习上积极主动，而且经常与我探讨物理知识。期末时他的物理竟考了 95 分。

**问题：**

请结合材料，从教师观的角度，评析李老师的教育行为。(14 分)

**31. 材料：**

初一新生刚刚离开小学，进入陌生的新环境，往往摸不着头绪。为了让他们尽快适应，我在接新班时，反复琢磨，采取了下列措施：

1. 建立家长微信群。一拿到学生信息，我马上建立了班级家长微信群，让家长第一时间了解孩子所在班级和班主任的情况，我也提前了解了学生和家长的情况。

2. 招募学生“志愿者”提前布置教室。为了让孩子和家长第一次进教室就能有一种温馨的感觉，我在班级里招募“志愿者”。请住得较近的孩子提前一天来校打扫布置教室，还特别招募几名有特长的学生为班级出第一期黑板报，呈现我的带班理念及经家长和学生讨论通过的班训和班名。劳动过程中，我一一拍照，并将照片发到微信群里。

3. 引导学生树立集体观念。对一个新班而言，让孩子们树立集体观念是首要任务。开学前，我在微信群里发起讨论和交流，耐心听取家长的意见。开学第一天，我不急于向孩子们宣布班规，而是先讲解我们的班训和班名。

同时，我还设立了各种为班级服务的“志愿者”岗位，如领取教材“志愿者”、领取校服“志愿者”……孩子们积极报名认领岗位，每个学生都成了班级“志愿者”，班级每一项工作都有“志愿者”在服务。

这样，我班学生的几十颗心很快就凝聚在一起，成为一个有灵魂的集体。

**问题：**

请结合材料，从教师职业道德的角度，评析“我”的教育行为。(14 分)

32. 材料：

人的认识能力在很大程度上是受制于思想环境。不同的人会被不同的见识簇拥和包围，我们会发现，有些人一辈子也没有接触过重要的思想，那些在看历史上具有划时代意义的重要的思想家的著作，几乎没有稍稍深入地阅读。他们长期以来依赖和接受的所谓“思想”，不过是来自平时生活中人与人之间的交流，或者从各种小报、娱乐媒体上得到的各种“见解”。就是这些构成了一个人最基本的“思想”资源。虽然这其中也可能包含和掺杂了一些重要观念，如古老传统中的先哲思想之类，但大致都是多次转手之物，是凌乱的或被他人改造过的、与种种世俗见解搅拌和嫁接在一起的。所有这一切都可以影响所谓的“思想”的形成，左右日常生活观念。长此以往，一个人看待事物的角度和高度，遵循的标准，不过是取自庸常的似是而非，对社会的判断，对文学艺术的判断，对人的判断，对时事的判断，对诸多问题的判断，不可能具备更高、更清晰的思维坐标。

人的力量来自思想。一般来说，我们需要最起码的阅读，否则就不知道世界之大、历史之长、思想之多，难免将自己封闭在平庸的见识中。求知者的痛苦来自交流的障碍，比如不能阅读其他民族的思想原著，或不能顺畅无碍地接受中国古典。有些译品的确难懂，只好勉强吞咽。许多思想家的原作是平易流畅的，经过译者翻译就变得疙疙瘩瘩了。获取古今中外的思想是我们的权利，获得这样的权利需要一些条件，比如语言的条件，好在我们生活在一个译事发达的时代，孔子、孟子、荀子、韩非子、墨子、程颢、朱熹、王阳明，这些古代哲人的著作虽然难懂，好在都有译文。这些重要的思想家说过什么，主要的观点是什么，当然应该知道。在生活中，有时我们会自认为有了深刻的发展，却不知早在几千年前他人就已经说过了。国外的思想家，康德、海德格尔、弗洛伊德、达尔文，世界上的几大宗教等，其阅读意义与中国先哲相同。总之争取机会跟人类历史上最高的思想对话，哪怕是浅浅的理解，都是极其有益的事情。我们不会容忍自己的茫然无知，形同懵懂，不知道我们人类历史上有过这么多杰出的思想家、这么多了不起的见解和发现。

思想和知识与艺术理解紧密相连，比如谈到西方文学，有人读得很熟，开口即可历数其中的情节人物，但听起来总有点“隔”，总让人觉得不对劲。为什么？因为读者对基督教、天主教知识并没有入门，而西方文学大都滋生于基督教、天主教的文化土壤上，哪怕是反对这些宗教的人也同样如此。有人曾发出感慨：过去读托尔斯泰、陀思妥耶夫斯基，觉得一切都懂了，后来深入接触过基督教，回头再看他们的著作就有了更大的自由和方便，简直就是豁然开朗，这是因为真正的理解还要从文化开始。

生活中最重要的是反省，问自己是否闭塞和懒惰，是否错过了一些了不起的思想

与智慧。检点下来，我们会发现整体听来的一些见解、主意和方法，都是在世俗风尘中转来递去之物，它们几乎无不带有实用主义的目的、个人的欲望和自私狭隘的认识。即便是转引于思想家的，也往往没能真正地全面地传达出思想家的本意。就精神层面而讲，我们极容易生存在庸俗社会学、市井意识和浅薄机灵交织而成的所谓“见识”之中，并以此构造其个人的思想基础，成为我们的思想来源。思想环境一旦破坏了，也就意味着长期处于低微的精神水准之下。

（摘编自张炜《海边兔子有所思》）

**问题：**

（1）文章第一段所言“见解”指什么？依据这些“见解”形成的“思想”来为人处世，有什么“后果”？请根据文意，分别做出简要概括。（4分）

（2）文章认为理想的“思想环境”是怎样的，有何意义？请简要分析。（10分）

三、写作题(本大题1小题,50分)

33. 阅读下面的材料,按要求作文。

丹麦队与伊朗队的一场足球赛进行到第45分钟时,场上响起了清晰和响亮的结束哨声。伊朗队后卫队员在球门区内捧起足球,准备交给裁判,裁判却立刻判他手球犯规,并示意丹麦队罚点球。原来,此前的哨音是球迷造假的"杰作"。

伊朗队队员追着裁判理论,企图说服裁判改变初衷。丹麦队主教练奥尔森悄悄把队长韦格斯特招到场边,告诉他这个点球的来龙去脉和怎样处理这个球。韦格斯特重新回到罚球点,飞起一脚,将球故意踢飞,全场顿时一片哑然,继而爆发出雷鸣般的掌声。在掌声中,裁判吹响了上半场结束的哨音。

综合上述材料所引发的联想和感悟,写一篇论说文。

要求:

用国家通用语言文字写作;角度自选,立意自定,标题自拟;不少于1000字。

机密★启封前　　　　　　　　　　　　　　姓名＿＿＿＿＿＿　准考证号＿＿＿＿＿＿

# 2018年下半年中小学教师资格考试
# 真题试卷(十)

## 综合素质(中学)

**注意事项:**

1. 考试时间为120分钟,满分为150分。

2. 请按规定在答题卡上填涂、作答,在试卷上作答无效,不予评分。

**一、单项选择题(本大题共29小题,每小题2分,共58分)**

**在每小题列出的四个备选项中只有一个是符合题目要求的,请用2B铅笔把答题卡上对应题目的答案字母按要求涂黑。错选、多选或未选均无分。**

1. 李老师坚持写“作业札记”,其中记录了学生做作业过程中的一些有趣、特殊的现象,并据此分析学生在完成作业过程中的心理变化,然后再将自己的判断结果作为设计、布置、批改和反馈作业的重要依据。从学生观的角度分析,该教师的做法(　　)

A. 注重了学生发展的差异性　　　B. 发挥了教学的专业自主性

C. 注重了学生发展的主体性　　　D. 提升了布置作业的有效性

2. 关于图1反映的情形,正确的说法是(　　)

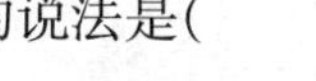

图1

A. 忽视了学生的智力发展　　　B. 忽视了学生的全面发展

C. 忽视了学生的主动发展　　　D. 忽视了学生的个性发展

3. 桂老师专门找朱松谈话，告诉他：“你这段时间虽然学习效果不太好，但比以前刻苦多了，只要你改进学习方法，会有明显进步的。”桂老师的做法(　　)

A. 有利于激发朱松的学习动力　　B. 不利于保护学生的自尊心

C. 有利于激发朱松的合作意识　　D. 不利于发展学生的个性

4. 青年教师王老师为提高教学水平，从课堂教学设计、教学方法，乃至教学语言都严格认真模仿特级教师李老师的做法，但教学效果仍然不佳。导致王老师教学效果不佳的原因**不包括**(　　)

A. 王老师缺乏反思意识　　B. 王老师忽视了学生的差异性

C. 王老师缺乏教学创新　　D. 王老师缺乏诚恳学习态度

5. 某中学非法招生获利 80 多万元。依据《中华人民共和国教育法》，教育行政部门或其他有关行政部门可以对该校采取的措施是(　　)

A. 对直接负责的主管人员追究民事责任

B. 责令其退回所招学生并退还所收费用

C. 对其他直接责任人员处以罚款

D. 没收其非法所得的财物

6. 某中学规定，教师因休产假不能工作的，其工资由学校扣除用作其他代课教师的代课费用。该学校的做法(　　)

A. 不合法，侵犯了教师享受国家规定的福利待遇的权利

B. 不合法，代课教师的工资应由学校自筹经费予以保障

C. 合法，学校享有对教师实施奖励或处分的权利

D. 合法，学校享有按照章程进行自主管理的权利

7. 某足球学校是专门招收适龄儿童、少年进行足球专门训练的学校，依据《中华人民共和国义务教育法》，对该学校自行对适龄儿童、少年实施义务教育具有审批权的主体是(　　)(易混)

A. 市级人民政府　　B. 市级人民政府教育行政部门

C. 县级人民政府　　D. 县级人民政府教育行政部门

8. 为防止学生受到网络伤害，班主任李老师要求班上所有学生将手机上交接受检查，以便及时了解情况。李老师的这种做法(　　)

A. 合法，班主任对学生有管教权

B. 合法，班主任对学生有监护权

C. 不合法，侵犯了学生的隐私权

D. 不合法，侵犯了学生的财产权

9. 人民法院依法对14岁的赵某涉嫌违法犯罪案件进行审理,依据《中华人民共和国预防未成年人犯罪法》,对于这一类型的案件(　　)

A. 一律不公开审理　　B. 公开审理

C. 经人民政府批准可公开审理　　D. 经检察机关批准可公开审理

10. 在李老师的课上,中学生顾某起立回答问题时,后排的陈某悄悄将顾某的座椅移开,导致顾某坐下时重重地摔在地上。后经医院检查发现其尾椎骨裂,需要长期治疗。在这起事故中,应当依法承担相应法律责任的是(　　)

A. 陈某　　B. 李老师　　C. 陈某和学校　　D. 陈某和李老师

11. 依据《中华人民共和国教育法》,学校及其他教育机构中的管理人员应当实行(　　)

A. 教学辅助人员职务制度　　B. 管理职员制度

C. 专业技术职务聘任制度　　D. 教育职员制度

12.《中华人民共和国宪法》规定,国家的法律监督机关是(　　)

A. 中华人民共和国人民检察院　　B. 中华人民共和国监察委员会

C. 全国人民代表大会常务委员会　　D. 中华人民共和国人民法院

13. 一直受学生喜欢的韩老师每次板书后,都习惯性地将剩余粉笔头"潇洒地"投向教室后面的垃圾桶,只要一投中就会引起学生啧啧称赞。此举被很多学生模仿,现已成为学生们课后常玩的一个游戏——"旋风粉笔"。这表明韩老师要注重(　　)(易错)

A. 加强职业归属感　　B. 道德心理优化

C. 增强职业安全感　　D. 道德行为内化

14. 初三(1)班的李凡考试成绩一直不佳。班主任召开家长会时说:"我们班有几个像李凡这样的孩子,考试成绩一直落在全班后面,他们今后的发展很令人担忧啊!"这位班主任的做法(　　)

A. 不恰当,应私下提醒家长做好心理准备

B. 不恰当,应综合评价之后再与家长沟通

C. 恰当,能帮助家长正确预期孩子的发展

D. 恰当,能帮助李凡等学生准确定位自己

15. 高二(1)班的历史课上,杨老师与张军发生了语言冲突,双方争执不下。杨老师便把张军拉到班主任办公室。班主任应该(　　)

A. 请政教处老师处理　　B. 问清缘由再行处理

C. 先让张军道歉再了解缘由　　D. 建议他们相互道歉握手言和

16. 上课时，程老师发现后排的一名学生在偷偷吃零食，刚开始程老师没有理会，但这名学生吃了很长时间也没停下。程老师忍无可忍，便快速走到这名学生跟前，抢过零食扔出窗外。程老师的做法（　　）

A. 恰当，体现教师的严格要求　　B. 恰当，符合学校的管理规定

C. 不恰当，不应简单粗暴处理问题　　D. 不恰当，不应干预学生个人行为

17. 豆腐原产于中国，以它为原材料的菜肴，做法多种多样。“文思豆腐”是将柔软脆弱的豆腐切成毛发粗细制作而成，以刀工见长。下列菜系中，擅长制作“文思豆腐”的是（　　）

A. 鲁菜　　B. 苏菜　　C. 粤菜　　D. 徽菜

18. 望远镜的发明推动了近代天文学的发展。1609 年，伽利略亲手制造和改进了望远镜，并用来巡视天空。他的国籍是（　　）

A. 法国　　B. 英国　　C. 意大利　　D. 奥地利

19. “二战”结束后，在亚洲和欧洲分别对主要战犯进行了审判，亚洲审判史称“东京审判”，欧洲审判被称为（　　）

A. “伦敦审判”　　B. “柏林审判”

C. “纽伦堡审判”　　D. “波茨坦审判”

20. 战国时期，诸侯间的兼并战争愈演愈烈，产生了多种外交、军事策略。下列人物中，主张“远交近攻”策略的是（　　）

A. 孙膑　　B. 苏秦　　C. 张仪　　D. 范雎

21. 农历中的二十四节气，反映气候、物候的变化，用以指导农事。下列节气中，白昼最长的是（　　）

A. 春分　　B. 夏至

C. 秋分　　D. 冬至

22. 1972 年，考古学家在发掘一座汉墓时发现一具女尸，不仅千年不腐，而且各部位和内脏器官的外形相当完整，各组织细微结构保存较好，为世所罕见。该墓葬的名称是（　　）

A. 满城汉墓　　B. 狮子山汉墓

C. 西汉南越王墓　　D. 马王堆汉墓

23. 为纪念卫国战争胜利 70 周年，俄罗斯 2015 年推出了根据同名小说改编的电影《这里的黎明静悄悄》新版。该小说的作者是（　　）

A. 肖洛霍夫　　B. 瓦西里耶夫

C. 法捷耶夫　　D. 帕斯捷尔纳克

24. 图 2 的人像雕塑出自组雕《地狱之门》,原是法国雕塑家奥古斯特·罗丹为巴黎装饰艺术博物馆大门而作。此雕塑后来被放大三倍复制,成为独立作品,作品的通行名称是(　　)

图 2

A. 诗人　　B. 守门人

C. 瞭望　　D. 思想者

25. 下列选项中,对图 3 的解释**不正确**的是(　　)

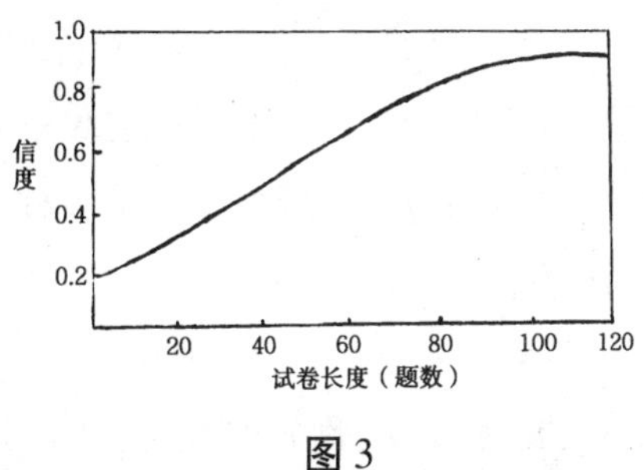


图 3

A. 在一定的试卷长度范围内,改变题量能够明显改变考试结果的信度

B. 当试卷长度达到一定程度后,增加题量不会明显改变考试结果的信度

C. 试卷题量少于 80 时,题量与信度正相关,题量越少考试的信度越低

D. 当试卷长度达到某一极高的程度后,考试结果的信度也会达到极值 1

26. 在 Word 中,要实现对文档中的文字进行"替换",在默认设置下,首先选择的功能菜单是(　　)

A. "工具"　　B. "文件"　　C. "视图"　　D. "编辑"

27. 在 Excel 工作表中,单元格区域 B3: E5 所包含的单元格的个数是(　　)

A. 11　　B. 12　　C. 13　　D. 14

28. 找规律填数字是一个很有趣的活动,特别锻炼观察和思考能力。下列选项中,填入数列"11、55、187、583、________、5335"空缺处的数字,正确的是(　　)

A. 1771　　B. 1772　　C. 1773　　D. 1774

29. 下列表述，与“以事实为根据，以法律为准绳”**不属于**同类判断的是（　　）

A. 团队重要，平台也很重要　　B. 品德看言行，知识看谈吐

C. 若想人不知，除非己莫为　　D. 善人必勤俭，恶人必奢华

**二、材料分析题（本大题共3小题，每小题14分，共42分）阅读材料，并回答问题。**

30. 材料：

陈老师在语文教学中，总是先让学生明确学习目标，然后提出问题，让学生围绕问题各自探索，并在小组内进行交流。大家都解决不了的问题，就由陈老师讲解，一学期下来，很多学生觉得不但收获了知识，解决问题的能力也增强了。

当然，陈老师也会遇到一些“意外”情况，有的同学老是找不到学习的方法，也不愿意发言，习惯当听众，王春就是这样的孩子。陈老师有一次点名让王春发言，王春站起来紧张得面红耳赤，陈老师示意王春坐下。课后，陈老师把王春叫到办公室说：“你既然不愿意在班上公开讲，那我们就私下聊吧，现在只有我们两个人，你就补上你的课堂发言吧。”在陈老师的多次鼓励下，王春慢慢克服了胆怯，也敢上台发言了。

作为班主任，陈老师号召学生扩大阅读面，他给学生推荐了很多书目，包括古今中外的文学名著，也包括科技史、通俗哲学读物、成功者的励志故事……他还经常组织学生交流阅读体会，一学期下来，学生的视野明显开阔了，知识面也明显扩宽了。

问题：

请结合材料，从学生观的角度，评析陈老师的教育行为。（14分）

31. 材料：

葛华和李强在课间因为一件小事吵架，葛华挨了两拳，刚要还手，上课铃响了，李强迅速跑进教室。葛华觉得吃了亏，怒不可遏。他站在教室门口指着李强大声叫嚷："有本事你给我出来，我非把你揍扁不可！"此时，正好来上数学课的于老师看到了这一幕，于老师愣了一下，马上和蔼地对葛华说："葛华，你看老师拿了这么多作业本，你能帮老师发给同学们吗？"葛华虽然还在生气，但还是很快接过作业本发了下去，于老师又对全班同学说："刚才葛华虽然和别人闹了点小矛盾，可是他为了不影响上课，愉快地帮助我发作业，这很好！我相信他下课后会正确处理这件事的。"葛华听到老师的表扬，转怒为喜，上课也非常认真。

下课后，于老师请李强帮他把教具拿回办公室，趁机问明了事件发生的过程。听完李强的诉说，于老师耐心地对他说："虽然双方都有责任，但打人给别人造成了伤害，如果是你被打了，你会感觉怎样？我们已经是中学生了，要学会用自己的智慧，友好地解决与他人的冲突，老师相信你会处理好这件事的。"之后，李强主动找葛华道歉，两人重归于好。

问题：

请结合材料，从教师职业道德的角度，评析于老师的教育行为。(14 分)

32. 材料：

中国古典文学很善于用意象表达作者的思想情感。特别是古典诗词，利用意象传神达意，是诗人的一项重要的艺术手法，历代不乏这方面的大家高手。例如李白的《忆秦娥·箫声咽》，被后人誉为“怀古咏史诗中无与伦比的典范之作”。这首词运用意象体现作者的所感、所思、所想时，可谓驾轻就熟、出神入化，达到了炉火纯青的程度。作者选择的几个意象，原本有些风马牛不相及，但在作者的大手笔中，不仅活了起来，还一脉相承为一首千古绝唱：

箫声咽，秦娥梦断秦楼月。秦楼月，年年柳色，灞陵伤别。乐游原上清秋节，咸阳古道音尘绝。音尘绝，西风残照，汉家陵阙。

不难看出，这首词中有十个意象：箫声、秦娥、秦楼月、柳色、灞陵、乐游原、咸阳古道、西风、残照、汉家陵阙。围绕着这些意象，几幅生机盎然的画面，随着深夜的箫声渐次浮现出来。

现代学者浦江清在其《词的讲解》一文中认为，李白的这首《忆秦娥·箫声咽》，是“几幅长安素描的合订本”。所谓“合订本”，显然意指词中的画面都是“独立成篇的”，看上去这是事实。然而每吟诵这首《忆秦娥·箫声咽》，‘秦楼月”的悲苦幽怨中，总是升起一股荡尽千古风尘的浩气，将词中画面一气呵成为色彩浓烈的悲剧，从而使人并不觉得那些画面是支离散乱的，甚至并不感到它们是“独立成篇的”，那些画面在读者的心神体会中，成为一个密不可分的有机整体，所谓“素描的合订本”中的合订，其实是一种血肉相连的内在联系。这种内在联系是审美的结果。也就是说，词中的十个意象，实质上是作者“阅尽人间春色”后的怀古伤今中的审美选择。没有崇高的审美情操，没有敏锐的审美判断及娴熟的文学技巧，是不可能有这种恰到好处的意象选择的。这是只有李白这样的大诗人才有的天才的艺术想象的结果。

诗词家常说，意象选择是诗词创作的主要方法，这是经验之谈。然而意象选择的原则是什么？换言之，是什么指导了意象选择？从《忆秦娥·箫声咽》中可以看出，作者选择的十个意象，能在一首小令中得到淋漓尽致的体现。诚然，这里的思想不是理性思考的结果，而是善感于外界产生的浮想联翩中的看法。毋宁说，一个心智正常的人，这种“看法”绝无可能前后矛盾，而是一以贯之的。这种一以贯之的“看法”，才是《忆秦娥·箫声咽》中十个意象之间内在联系的灵魂。也就是说，唯思想才是诗词创作中意象选择的主导。严格说没有思想的主导，则不会有正确的意象选择，整篇诗词创作也就失败了。李白之所以能在《忆秦娥·箫声咽》中将十个意象完美无缺地排列组合成一首意义深远、气势磅礴的精妙好词，主要得力于他那气贯古今的思想。说实在的，《忆秦娥·箫声咽》中的十个意象，在一般人那里，都是司空见惯的平常物，但这

些平常物在李白思想的驾驭中，都有了非同寻常的意义，都在思想的指挥下发挥自身的“音阶”功用，汇成了一支既悲苦凄清又威武苍凉的乐曲。

（摘自李工《古典文学意象的示范》，有删减）

**问题：**

（1）文章认为中国古典诗词意象选择的原则是什么？请简要概括。（4 分）

（2）请结合文章，对中国古典诗词意象是“合订本”这一特征予以分析。（10 分）

## 三、写作题(本大题1小题,50分)

33. 阅读下面的材料,按要求作文。

“木桶原理”认为,一个木桶能装多少水,取决于最短的那个板。(图4)

近来又有人提出了“新木桶原理”,认为当木桶倾斜一定角度后所能装的水,才是它的真正容量,也就是说,木桶的长板越长,装的水越多。(图5)

图4

图5

综合上述材料所引发的联想和感悟,写一篇论说文。

**要求:**

用国家通用语言文字写作,角度自选,立意自定,标题自拟,不少于1000字。

国家教师资格考试

# 历年真题详解及预测试卷

综合素质·中学(预测题本)

**重要提示:**

为维护您的个人权益,确保考试的公平公正,请您帮助我们监督考试实施工作。

本场考试规定:监考人员要向本考场全体考生展示题本密封情况,并邀请2名考生代表验封签字后,方能开启试卷袋。

# 目　录

机密★启封前　　　　　　　　　　　　　姓名＿＿＿＿＿＿　准考证号＿＿＿＿＿＿

# 国家教师资格考试预测试卷(十一)

## 综合素质(中学)

**注意事项:**

1. 考试时间为120分钟,满分为150分。

2. 请按规定在答题卡上填涂、作答,在试卷上作答无效,不予评分。

**一、单项选择题(本大题共29小题,每小题2分,共58分)**

**在每小题列出的四个备选项中只有一个是符合题目要求的,请用2B铅笔把答题卡上对应题目的答案字母按要求涂黑。错选、多选或未选均无分。**

1. 某学校校长曾说:"随着学校办学规模的不断扩大,学校将根据学生需要开设更多适合学生多元发展的课程,如攀岩、足球、功夫扇、盐雕、手工制作等。"这类课程的设计遵循了学生发展的(　　)

A. 社会性　　B. 不平衡性　　C. 顺序性　　D. 个别差异性

2. 陆老师认为作为一名老师,不仅要做好"教书匠",还需做好教育教学的(　　),运用各种理论知识分析总结教学实践中遇到的各种问题并寻求解决方法。

A. 实践者　　B. 示范者　　C. 组织者　　D. 研究者

3. 一中学广泛开展"快乐进课堂"活动,鼓励学生在课堂上多看、多做、多议,亲身体验探究式学习带来的无穷乐趣。这种做法能够(　　)

A. 激发学生的兴趣,发挥学生的潜能

B. 分散学生的注意力,影响学生的学习

C. 因材施教,使学生各方面都得到均衡发展

D. 拉近师生距离,建立良好的师生关系

4. 万老师教学很认真,经常辛辛苦苦地从上课讲到下课,嗓门特别大,被同事戏称为"全天候广播员",可教学效果一直不好。万老师需要反思的是(　　)

A. 教学态度　　B. 教学方式

C. 教学目的　　D. 教学条件

5. 兰兰擅长绘画,多次获得大奖,学校在没有征得兰兰和她家长同意的情况下,将兰兰在学校课堂上创作的画拿给出版社出版。该学校的做法( )

A. 合法,学校有权处理学生课堂画作
B. 合法,任何人不得干涉学校的决定
C. 不合法,学校侵犯了兰兰的财产权
D. 不合法,学校侵犯了兰兰的著作权

6. 小孙是个流浪儿童,相关部门一直没有找到小孙的父母或者其他监护人。对于小孙的监护问题,下列说法正确的是( )

A. 应当由民政部门对小孙进行长期监护
B. 应当由教育部门对小孙进行长期监护
C. 应当由福利机构对小孙进行长期监护
D. 应当由公安机关对小孙进行长期监护

7. 依据《中华人民共和国宪法》,下列表述**不正确**的是( )

A. 县级以上的地方各级人民政府设立审计机关
B. 地方各级人民政府是地方各级国家权力机关
C. 地方各级人民政府对本级人民代表大会负责并报告工作
D. 全国地方各级人民政府都是国务院统一领导下的国家行政机关

8. 学生陈某逃课去网吧上网,学校在得知消息后,最恰当的做法应当是( )

A. 及时与陈某的监护人取得联系
B. 及时向当地教育行政部门报告情况
C. 及时在当地电视台发布寻人启事
D. 及时向当地公安机关报告情况

9. 某学校教室的天花板脱落,造成三名学生受伤。此次事故中应当承担责任的是( )

A. 学校
B. 学生家长
C. 学校和学生家长
D. 学生

10. 学生们都很讨厌田老师,原因在于他经常讽刺学生、说话刻薄,严重伤害了学生的自尊心。按照《中华人民共和国教师法》的规定,学校可以( )

A. 给予行政处罚
B. 给予行政处分
C. 取消教师资格
D. 撤职留校察看

11. 依据相关法律和行政法规,下列情形应当予以行政处罚的是( )

A. 招用十五周岁的初中学生的
B. 学校分设重点班和非重点班的
C. 向学校非法收取或者摊派费用的
D. 改变或者变相改变公办学校性质的

12.《中华人民共和国教育法》规定,国务院和地方各级人民政府领导和管理教育工作的原则是( )

A. 集中管理、分工负责
B. 分类管理、分工负责

C. 授权管理、分工负责　　　　D. 分级管理、分工负责

13. 某次考试成绩出来后，班主任老师把班里所有学生的成绩进行排名，对其中一名学生说："这次又是你倒数第一，总是影响班级成绩，你真是没救了。"此老师的行为违反了(　　)的教师职业道德规范。

A. 爱国守法、终身学习　　　　B. 关爱学生、教书育人

C. 为人师表、廉洁公正　　　　D. 爱岗敬业、终身学习

14. 许多优秀的边远地区教师，不怕条件艰苦，不计个人得失，坚定不移地战斗在教育岗位上，其中的一个重要原因就是(　　)

A. 有高尚的职业道德目标　　　　B. 有良好的职业道德行为习惯

C. 有稳定的职业道德情感　　　　D. 有坚定的职业道德信念

15. 张老师与同事之间相互尊重、相互理解、相互学习、相互帮助，在解决同学们的成绩和纪律问题时，张老师很重视其他任课教师或班主任的意见，这种做法(　　)

A. 正确，有利于处理好师生关系

B. 错误，张老师这样做缺乏主见

C. 正确，是一种良好的师师互动关系

D. 错误，教师间缺乏竞争意识，不利于教师专业发展

16. 法国文学家加缪获得诺贝尔文学奖后，第一时间给他的小学老师写了一封信表示感谢。这反映了教师劳动具有(　　)

A. 复杂性　　　　B. 长期性

C. 创造性　　　　D. 示范性

17. 下列关于安全常识的表述，**不正确**的是(　　)

A. 煤气泄漏充满室内时，应首先打开门窗通风

B. 当汽车因燃油泄漏着火时，应立即用水浇灭

C. 电器因短路着火时，可用干粉灭火器扑灭

D. 当森林发生火灾时，可用覆土方式扑救

18. "小满"是二十四节气之一，这时，江南大麦进入黄熟期，油菜籽成熟，蚕开始结茧，古时有"小满动三车"的习俗。下列选项中，**不属于**"三车"的是(　　)

A. 纺车　　B. 滑车　　C. 油车　　D. 水车

19. 印象派绘画代表作之一《日出・印象》的作者是(　　)

A. 雷诺阿　　B. 高更　　C. 毕沙罗　　D. 莫奈

20. 阿尔卑斯山脉是欧洲最高大的山脉，其主干向东延伸为喀尔巴阡山脉，向东南延伸为迪纳拉山脉，向南延伸为亚平宁山脉，向西南延伸为比利牛斯山脉。下列选

项中,境内没有阿尔卑斯山脉及其支脉的国家是(　　)

A. 法国　　B. 意大利　　C. 瑞士　　D. 挪威

21. 据记载,候风地动仪以精铜制成,圆径八尺,合盖隆起,形似酒樽。下列选项中,与候风地动仪有关的是(　　)

A. 徐霞客　　B. 毕昇　　C. 张衡　　D. 郭守敬

22. “穷则独善其身,达则兼济天下”是哪一家的主张(　　)

A. 儒家　　B. 法家　　C. 道家　　D. 墨家

23. 俗话说“一寸光阴一寸金”。这里的“寸”是用古代哪种计时器量出的时间单位(　　)

A. 日晷　　B. 漏刻　　C. 钟表　　D. 漏壶

24. 汉武帝时,张骞出使西域,开辟了著名的“丝绸之路”,下列**不是**经此路传入我国的是(　　)

A. 石榴　　B. 良马　　C. 葡萄　　D. 大豆

25. 下图是某工厂对一批新产品长度(单位:mm)检测结果的频率分布直方图,这批产品长度的中位数为(　　)

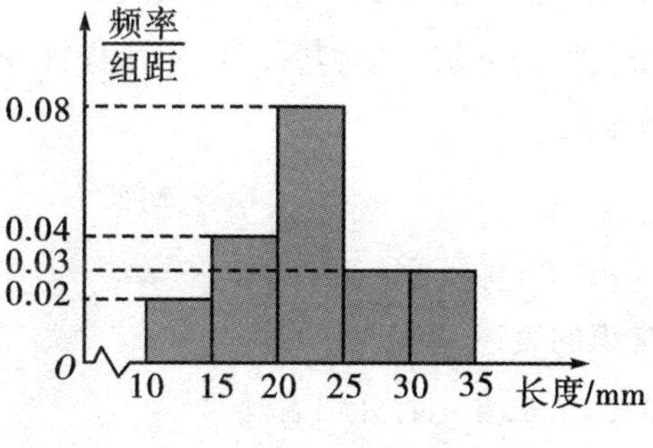

A. 20　　B. 25　　C. 22.5　　D. 22.75

26. 下列选项中,关于 Word 文档“页码”功能的表述中,**不正确**的是(　　)

A. 文档中的页眉、页脚区域可以插入页码

B. 文档中左右边距不可以插入页码

C. 可通过设置“首页显示页码”实现首页不显示页码

D. 可通过设置“奇偶数”不同,实现奇数页和偶数页页码位置不同

27. 在 PowerPoint 的浏览视图下,在多张幻灯片中选定一张并拖动,可实现的操作是(　　)

A. 复制幻灯片　　B. 选定幻灯片

C. 删除幻灯片　　D. 移动幻灯片

28. 找规律填数字是一项很有趣的活动，特别锻炼观察力和思考力。下列选项中，填入数列“2、4、9、16、________、47”空缺处的数字，正确的是(　　)

A. 28　　B. 29　　C. 30　　D. 31

29. 根据所给图形的逻辑特点，下列选项中，填入问号处最恰当的是(　　)

?

A. 　　B. 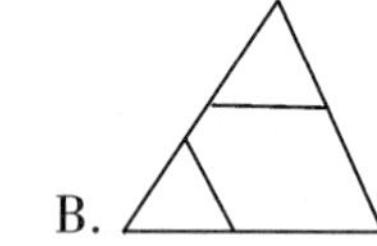　　C. 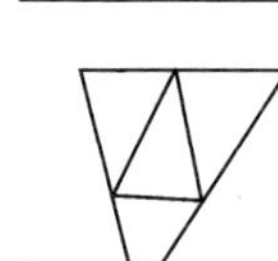　　D. 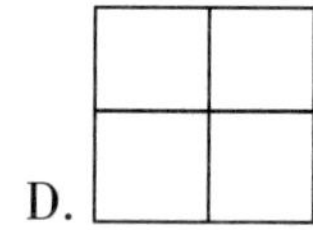

**二、材料分析题(本大题共 3 小题，每小题 14 分，共 42 分)阅读材料，并回答问题。**

**30. 材料：**

当学生在课堂上回答不出问题时，不同的老师有不同的处理方式，下面是两位老师的处理方式：

李老师不耐烦地对学生说：“一上课就发呆、开小差，你到学校干什么来了，这么简单的问题你都不会，真是一个笨蛋。”之后，学生非常沮丧地坐下，整节课都无心学习。

吴老师和蔼地对学生说：“不着急，我们一起回忆学过的内容和昨天的实验课，昨天你们小组的实验很成功，你还能想起来实验的过程吗?”学生思考片刻，答出了一部分，吴老师鼓励他说：“对，只要我们动脑筋，就有思路，再想想，还有补充吗?”学生思考了片刻，做了补充，老师又点了点头：“很好，请坐！其他同学还有不同看法吗?”之后，这位学生整节课都听得很认真。

**问题：**

请结合材料，从学生观的角度，评析两位老师的教育行为。(14 分)

31. 材料:

张老师小时候非常内向寡言,后来遇到了擅长教隶书的李老师。在李老师的启发下,她走进书法这道门,人也变得开朗起来,隶书也成为张老师最喜欢的一种书体。

成为教师后,为了教育学生,她不断尝试各种书体的临摹,并依据班上学生的个性特点开展“因生习‘书’”“以‘书’育人”等系列书法练习活动。

针对行为有些散漫的学生,她教以楷书,让他们在楷书的法度谨严中一撇一捺地揣摩领悟,进而学会自我调控。

针对身体有些孱弱的学生,她教以魏碑,让他们先感受魏碑书体的雄浑大气,待他们产生兴趣后,慢慢引导他们在魏碑的遒劲、峻挺中体悟气势。

针对顽皮不守规矩的学生,她教以篆书,让他们感受篆书的“有提无顿,有转无折,无粗无细”,在篆书线条的书写中学会不偏不倚,进而遵规守纪。

针对性格内向的学生,她则教以隶书,和他们分享自己儿时的经历,并现场展示隶书的书写,勉励他们尝试练习,让他们在“蚕头燕尾”“一波三折”的隶书临习中,感受舒展与快乐。

问题:

请结合材料,从教师职业道德的角度,评析张老师的教育行为。(14 分)

32. 材料：

无论中外，也无论古今，大家都要求“老实话”，可见“老实话”是不容易听到见到的。大家在知识上要求真实，他们要知道事实，寻求真理。但是抽象的真理，打破砂锅问到底，有的说可知，有的说不可知，至今纷无定论，具体的事实却似乎或多或少总是可知的。况且照常识上看来，总是先有事后才有理，而在日常生活里所要应付的也都是些事，理就包含在其中，在应付事的时候，理往往是不自觉的。因此强调就落到了事实上。常听人说“我们要明白事实的真相”，既说“事实”，又说“真相”，叠床架屋，正是强调的表现。说出事实的真相，就是“实话”。买东西叫卖的人说“实价”，问口供叫犯人“从实招来”，都是要求“实话”。

人们为什么不能、不肯说实话呢？归根结底，关键是在利害的冲突上。自己说出实话，让别人知道自己的虚实，容易制自己。就是不然，让别人知道底细，也容易比自己抢先一着。在这个分配不公平的世界上，生活好像战争，往往是有你无我；因此各人都得藏着点儿自己，让人莫名其妙。于是乎钩心斗角，捉迷藏，大家在不安中猜疑着。向来有句老话，“知人知面不知心”，还有“逢人只说三分话，未可全抛一片心”，这种处世的格言正是教人别说实话，少说实话，也正是暗示那利害的冲突。我有人无，我多人少，我强人弱，说实话恐怕人来占我的便宜；强的要越强，多的要越多，有的要越有。我无人有，我少人多，我弱人强，说实话也恐怕人欺我不中用；弱的想变强，少的想变多，无的想变有。人与人如此，国与国又何尝不如此！

人们在情感上要求真诚，要求真心真意，要求开诚相见或诚恳的态度。他们要听“真话”，“真心话”，心坎儿上的，不是嘴边儿上的话，这也可以说是“老实话”。但是“心口如一”向来是难得的，“口是心非”恐怕大家有时都不免，读了奥尼尔的《奇异的插曲》就可恍然。“口蜜腹剑”却真成了小人。真话不一定关于事实，主要的是态度。可是，如前面引过的，“知人知面不知心”，不看什么人就掏出自己的心肝来，人家也许还嫌血腥气呢！所以交浅不能言深，大家一见面儿只谈天气，就是这个道理。所谓“推心置腹”，所谓“肺腑之谈”，总得是二三知己才成；若是泛泛之交，只能敷敷衍衍，客客气气，说一些不相干的门面话。这可也未必就是假的，虚伪的。他至少眼中有你。有些人一见面冷冰冰的，拉长了面孔，爱理人不理人的，可以算是“真”透了顶，可是那份儿过了火的“真”，有几个人受得住！本来彼此既不相知，或不深知，相干的话也无从说起，说了反容易出岔儿，乐得远远儿的，淡淡儿的，慢慢儿的，不过就是彼此深知，像夫妇之间，也未必处处可以说真话。“人心不同，各如其面”，一个人总有些不愿意教别人知道的秘密，若是不顾忌着些个，怎样亲爱的也会碰钉子的。真话之难，就在这里。

（摘编自朱自清《论老实话》，有删减）

**问题:**

(1)文章画线句子说“也无论古今,大家都要求‘老实话’”的理由是什么?请简要概括。(4分)

(2)在“说老实话”这一问题上,文章有哪些看法?请简要分析。(10分)

**三、写作题(本大题1小题,50分)**

33. 阅读下面的材料,按要求作文。

读万卷书,行万里路。有人认为读万卷书不如行万里路,有人认为读万卷书胜过行万里路。

根据以上文字所引发的联想和思考,写一篇论说文。

**要求:**

请用规范的现代汉语写作,角度自选,立意自定,标题自拟,不少于1000字。

机密★启封前　　　　　　　　　　　　姓名＿＿＿＿＿＿　准考证号＿＿＿＿＿＿

# 国家教师资格考试预测试卷(十二)

## 综合素质(中学)

**注意事项:**

1. 考试时间为120分钟,满分为150分。

2. 请按规定在答题卡上填涂、作答,在试卷上作答无效,不予评分。

**一、单项选择题(本大题共29小题,每小题2分,共58分)**

**在每小题列出的四个备选项中只有一个是符合题目要求的,请用2B铅笔把答题卡上对应题目的答案字母按要求涂黑。错选、多选或未选均无分。**

1. 张老师在某班级授课的过程中,发现总有几名学生喜欢上课的时候乱接和课堂无关的话,逗得其他同学哈哈大笑,影响教学秩序,影响教学效果。遇到这种情况,张老师的最佳处理方法是(　　)

A. 接过话茬并借题发挥对乱接话的几名学生冷嘲热讽

B. 先幽默地将话题引回课堂,课后再找相关学生谈心

C. 当着全班学生的面直接对接话的几名同学展开教育

D. 课后跟班主任反馈几名学生上课时乱接话的这一情况

2. 孟老师说:“不能用同样的水准要求学生,也不能揠苗助长,我一直都坚定不移地相信学困生是‘迟开的花朵’,早晚都会开放。”下列选项中与孟老师的说法**不一致**的是(　　)

A. 注重学生发展的整体性　　　　B. 关注到学生具有差异性

C. 注重学生发展的顺序性　　　　D. 关注到学生具有发展性

3. 为了讲好一堂课,教师经常要“绞尽脑汁”地考虑教学方法的灵活运用及教学方法的有效组合,因为“教学有法,教无定法”。这集中体现了教师劳动的(　　)

A. 复杂性　　　　B. 创造性

C. 示范性　　　　D. 广延性

4. 李老师把作业从难到易分成了ABC三类,他在班上特意交代:学优生只能做A

类作业,中等生只能做B类,学困生只能做C类。李老师的做法(　　)

A. 遵循了因材施教的原则　　B. 减轻了学生的学习负担

C. 违背了教学相长的原则　　D. 忽视了学生的学习潜力

5. 某市一中学老师张敏为照顾体弱多病的父母主动要求调往父母所在山区的一所偏远中学任教。依据《中华人民共和国教师法》规定,当地政府应当对张敏(　　)

A. 提高工资待遇　B. 给予奖励　C. 增加教龄津贴　D. 予以补贴

6. 下列选项中,**不符合**我国《宪法》规定的公民基本权利的有(　　)

A. 公民张某享有合法出版其绘画的自由

B. 少数民族自治地方的工作人员必须信仰当地宗教

C. 干部王某和农民工李某的孩子都有受教育的权利

D. 厂长和工人都有在国家法定节假日休息的权利

7. 教育惩戒须有法可依,教师依法行事,明确职责边界,才能在教育教学和管理中有章可循。下列情形中,属于教师**不应该**进行教育惩戒的情形是(　　)

A. 学生小明故意扰乱课堂秩序　　B. 学生小强欺凌同学

C. 学生小慧因生病无法完成作业　　D. 学生小龙在同学聚餐时过度饮酒

8. 某学校安排音乐教师兼职讲授法治教育知识,该学校的行为(　　)

A. 正确,节约了教学资源

B. 正确,有利于教师发展

C. 不正确,学校应聘请从事法治教育的专职或者兼职教师

D. 不正确,学校应取消法治教育课

9. 未经父母同意,15岁的小张利用课余时间在校外餐厅打工。餐厅的做法(　　)

A. 合法,给学生提供了勤工俭学的机会

B. 合法,餐厅里的工作很安全

C. 不合法,违反了《中华人民共和国未成年人保护法》

D. 不合法,餐厅应先征得小张父母的同意

10. 某班主任在填写期末成绩单时,为了节约时间,仅凭自己的主观喜恶快速填写成绩单。该教师的做法(　　)

A. 正确,教师有评定学生成绩的权利

B. 正确,体现了教师的教育教学管理权

C. 错误,侵犯了学生的人格权

D. 错误,侵犯了学生在学业成绩上获得公正评价的权利

11. 李浩今年 13 岁,一次放学回家过程中发生了交通事故,需要休学一个学期进行治疗,李浩的父母提出了休学申请,此申请的审批者是(　　)

A. 市级人民政府或省级人民政府教育行政部门

B. 学校行政管理部门或学生管理部门

C. 乡镇人民政府或者县级人民政府教育行政部门

D. 班主任老师或年级组长

12. 发生学生伤害事故,属于重大伤亡事故的,教育行政部门应当按照有关规定及时向(　　)报告。

A. 同级人民政府和上一级教育行政部门　B. 主管教育行政部门及有关部门

C. 上级人民政府和主管教育行政部门　D. 教育管理委员会和公安部门

13. 汪老师在班级设立“坏学生”榜,那些爱打闹、不能按时交作业的学生都榜上有名。汪老师的做法(　　)

A. 不合理,没有认真备课上课　B. 不合理,没有尊重学生人格

C. 合理,体现了对学生的严格要求　D. 合理,有助于维护教师权威

14. 苏霍姆林斯基认为:“教师成为学生道德上的指路人,并不在于他时时刻刻都在讲大道理,而在于他对人的态度,能为人师表,在于他有高度的道德水平。”这句话说明教师职业道德应具有(　　)

A. 鲜明的继承性　B. 强烈的责任性

C. 独特的示范性　D. 严格的标准性

15. 李老师和朋友在回家的路上,遇到了几名向路人卖花的儿童,李老师趁机询问这些儿童的信息,但被朋友劝阻,并让她不要多管闲事,李老师回答:“这些都是应该上学的适龄儿童,我一定要了解情况,因为我是教师!”李老师的言行表明她(　　)

A. 逾越了教师权限　B. 不虚心听取他人意见

C. 具有较强的人际沟通能力　D. 自觉履行教师职责

16. 作为班主任的李老师隔三岔五给学生家长打电话,每次都把学生家长狠狠地批评一顿,还经常让家长到学校听他训话。李老师的做法(　　)

A. 错误,教师应该与学生家长平等　B. 错误,教师应对学生发展负全责

C. 正确,家长要配合学校教育学生　D. 正确,教师应主动寻求家长支持

17. 张仲景是东汉名医,被后人尊称为“医圣”,他的著作(　　)中记载有“人工呼吸法”。

A.《千金要方》　B.《本草纲目》

C.《伤寒杂病论》　D.《神农本草经》

18. 黄金分割是由公元前 6 世纪古希腊的数学家毕达哥拉斯发现的，被公认为是最能引起美感的比例。其比例是(　　)

A. 1∶0.418　　B. 1∶0.518

C. 1∶0.618　　D. 1∶0.718

19.《潇湘图》的作者是五代画家(　　)

A. 荆浩　　B. 关仝　　C. 董源　　D. 巨然

20. 朦胧诗兴起于 20 世纪 70 年代末 80 年代初，是伴随着文学全面复苏而出现的一个新的诗歌艺术潮流。下列属于"朦胧诗"代表诗人的是(　　)

A. 舒婷和顾城　　B. 北岛和莫言

C. 马原和格非　　D. 池莉和刘震云

21. 2022 年 11 月 29 日，我国非物质文化遗产项目又一次申遗成功，并列入联合国教科文组织人类非物质文化遗产代表作名录。该非物质文化遗产项目是(　　)

A. 送王船　　B. 中秋节

C. 藏医药浴法　　D. 中国传统制茶技艺及其相关习俗

22. 我国(　　)最后一台百万千瓦机组投产发电，标志着世界最大清洁能源走廊全面建成。

A. 岷江水电站　　B. 白鹤滩水电站

C. 三峡水电站　　D. 小浪底水电站

23. 中日两国"一衣带水，一苇可航"，两国间文化交流的历史悠久。唐朝时，中日文化交流最杰出的使者是(　　)

A. 张骞　　B. 玄奘　　C. 鉴真　　D. 甘英

24. 为了方便记忆我国古时历法中的二十四节气，我国古代劳动人民编有二十四节气歌。第三句"秋处露秋寒霜降"中"处"的意思为(　　)

A. 秋季结束　　B. 正当秋季

C. 霜降之际　　D. 暑天结束

25. 被认为是"开天辟地、敢为人先的首创精神；坚定理想、百折不挠的奋斗精神；立党为公、忠诚为民的奉献精神，是中国革命精神之源"的革命精神是(　　)

A. 井冈山精神　　B. 红船精神

C. 长征精神　　D. 西柏坡精神

26. 在 Word 中，下列操作**不能**实现的是(　　)

A. 在页眉中插入日期　　B. 建立奇偶页内容不同的页眉

C. 在页眉中插入分页符　　D. 在页眉中插入剪贴画

27. 在 Excel 中,如果没有预先设置整张工作表的对齐方式,则字符型数据和数值型数据分别默认以(　　)方式存放。

A. 左对齐、右对齐　　B. 右对齐、左对齐

C. 中间对齐　　D. 视具体情况而定

28. 下列选项中,与"影星—江西人"逻辑关系相同的是(　　)

A. 蔬菜—种植　　B. 专家—军人

C. 鼓手—乐队　　D. 社会—自然

29. 找规律填数字是一项很有趣的活动,特别锻炼观察和思考能力。下列选项中,填入数列"36、45、70、119、200、________"空缺处的数字,正确的是(　　)

A. 321　　B. 340　　C. 421　　D. 441

**二、材料分析题(本大题共 3 小题,每小题 14 分,共 42 分)阅读材料,并回答问题。**

**30. 材料:**

学期开学,白老师班上转来一名新生小楷。小楷以前在农村上学,今年随外出打工的父母来到城市读初中。因为从小生活在农村,小楷担心自己说话有口音,不愿意开口说话,非常腼腆。白老师给予小楷耐心细致的关怀,夸赞他说话的声音好听,逐步引导小楷表达。慢慢地小楷愿意多说话了。白老师还找到小楷的家长,建议家长多鼓励小楷说话,让小楷多和同龄人玩耍。小楷越来越愿意和他人交流,性格开朗多了。

**问题:**

请结合材料,从教育观的角度,评价白老师的行为。(14 分)

31. 材料：

冯老师针对学生的个体差异在班内开设了“读书报”“群星璀璨”“数学乐园”“精彩作文赏析”“我爱发明”等专栏，展示学生作品，激励学生。同时，她为每一名学生建立了成长档案，记录他们的成长过程，并将成长档案作为评优的参考，深受家长的认同。

小华的爸爸是位戍边军人，常年不在家。冯老师将小华的成长档案整理寄给他，收到冯老师寄来的成长档案后，小华爸爸很激动。他给冯老师回信道：“因为您的倾情教育、精心培养，小华进步很大，看到孩子成长的点点滴滴，愧疚之余，更是对您的感激！您的付出难以回报，现寄上边疆的一点土特产，聊表心意！”冯老师读着小华爸爸的来信很是高兴，随后也收到了小华爸爸寄来的土特产，她以小华爸爸的名义将土特产悄悄地寄给了小华的奶奶。

问题：

请结合材料，从教师职业道德的角度，评析冯老师的教育行为。(14 分)

32. 材料：

一部《西游记》，是一部孙悟空的英雄史，记录了他的出生、成长、奋斗，直到成为“斗战胜佛”的全过程，探求他追求自由、追求平等、追求成功的人生意义。

《西游记》小说写孙悟空的出生，有一点和普通人大不一样的地方：他是天生地长的，从石头缝里蹦出来的神猴。

孙悟空从石头里蹦出来，他就摆脱了人与生俱有的社会关系。美猴王没有家庭的束缚，也就意味着他一开始就不受任何的社会束缚，用小说的话，就是“不服麒麟辖，不服凤凰管，又不服人间王位拘束”，成为一个摆脱一切社会关系的原生态的人。

那么，作为一个原生态的人，是不是就获得了真正的“自在”呢？这还不行，石猴有一天突然发现，自己生活的环境太狭隘了，来来回回的就是在花果山上，交往的就是那些个猴哥猴弟，他想要拥有更大的空间和世界，所以他就去寻仙问道，有了种种法力。这既提升了个人能力，同时也拓展了无穷的生存空间。一个筋斗云就可以翻出十万八千里，生活空间如此之大，可以为所欲为，来去自如。

有了这么广阔的生存空间，人就能获得真正的“自在”了吗？还是不行。孙悟空有一天忽然悲叹起来，他看到老猴子一个个死去，想到自己迟早也要死去，孙悟空努力超越，到阎罗殿去，把自己的名字从生死簿中勾掉。

孙悟空对精神自由的追求是被唤醒的，原来他只有对空间自由和时间自由的追求，但一旦上了天庭，孙悟空就变化了，他有对“名”的追求。原来他是没有追求“名”的意识的，你叫他美猴王也罢，叫他悟空也罢，什么都行。所以当孙悟空第一次被收容到天庭时，让他当“弼马温”，他还挺高兴，可以天天管马。

可是，当他知道“弼马温”是个未入流品的官职的时候，他明白了人和人之间还有官职的区别，于是他又造反了，他给自己创造了响亮的名号——“齐天大圣”。

社会教给孙悟空知识的过程就是他个人的欲望不断膨胀的过程。最后他提出一个最极端的口号，就是“皇帝轮流做，明年到我家”。孙悟空说这是“常言道”，咱们要追问：这“常言”是哪来的？孙悟空不识字，他从哪儿学到这“常言”呢？花果山猴子们哪能知道“皇帝”是什么？这显然是玉皇大帝和臣子们教的。在天庭生活的耳濡目染中，孙悟空受到了熏陶，被知识化了。他逐渐失去了原本有的“赤子之心”，导致了个人欲望的极端膨胀。

有了个人欲望的极端膨胀之后，社会就不能容忍他了。有人赞扬说“皇帝轮流做”体现出“造反精神”。但这种造反精神如果应该得到肯定的话，那么这个社会就毫无秩序可言了。“皇帝轮流做”，是靠能力还是靠年龄？怎么“轮流”法？如果人人想要当皇帝，这只能导致个人欲望的极端膨胀，造成社会秩序的残酷破坏。

孙悟空打破了这种社会规律，扰乱了正常的文化秩序，这必定要受到惩罚。小说采取了寓意性的写法，个人有再大的能耐也逃不出如来佛的手掌心。“个体人”一旦步入社会，就不可能再有绝对的自由自在，不可能再为所欲为了。

（摘编自郭英德《中国四大小说名著的文化价值》，有删改）

**问题：**

(1)在本文看来，“如来佛的掌心”的寓意是什么？请根据本文，简要概括。(4分)

(2)文章怎样表明孙悟空从一个“原生态”的人演变为“个人欲望极端膨胀”的人的？但他为什么最终又能成为“斗战胜佛”？请结合本文，简要分析。(10分)

## 三、写作题（本大题1小题，50分）

33.阅读下面的材料，按要求作文。

兔子是短跑冠军，但是不会游泳。松鼠是爬树冠军，也不会游泳。鸭子教练却逼着兔子和松鼠学游泳，费了九牛二虎之力，但成效不大。鸭子教练还不明原因地嚷嚷：“成功来自90%的汗水。加油！加油！”

综合上述材料所引发的联想和感悟，写一篇论说文。

**要求：**

用规范的现代汉语写作；角度自选，立意自定，标题自拟；不少于1000字。

机密★启封前　　　　　　　　　　　　姓名＿＿＿＿＿＿　准考证号＿＿＿＿＿＿

# 国家教师资格考试预测试卷(十三)

## 综合素质(中学)

**注意事项：**

1. 考试时间为120分钟,满分为150分。

2. 请按规定在答题卡上填涂、作答,在试卷上作答无效,不予评分。

**一、单项选择题(本大题共29小题,每小题2分,共58分)**

**在每小题列出的四个备选项中只有一个是符合题目要求的,请用2B铅笔把答题卡上对应题目的答案字母按要求涂黑。错选、多选或未选均无分。**

1. 我国自改革开放以来,党和国家始终把提高全民族的素质作为关系社会主义现代化建设全局的一项根本任务。下列选项中,不属于素质教育的任务的是(　　)

A. 培养学生的身体素质　　B. 培养学生的心理素质

C. 培养学生的道德品质　　D. 培养学生的社会素质

2. 学生既是教育的对象,也是教育的主体。以下是一些老师的学生观,其中正确的是(　　)

A. 王老师认为学生是被动的客体,学生应该接受教师的指导

B. 杨老师认为学生是发展中的人,具有明显的发展特征

C. 曾老师认为学生是成熟的人,他们能够独立完成一些任务

D. 邓老师认为学生是被塑造的人,他们需要教师的帮助

3. 语文课上,李老师讲到《鸿门宴》这篇课文时,突然有学生说道:“项羽将刘邦放虎归山,真是个大傻瓜!”于是,班里同学都开始争论起来。如果你是李老师,会采取的正确做法是(　　)

A. 因势利导,组织学生展开讨论

B. 及时制止,继续讲课

C. 告诉学生不要胡思乱想

D. 批评这位学生废话真多

4. 根据分工,张老师负责记录授课老师课堂提问中存在的问题,用于分析、判断和改进课堂教学。这样的研究方式属于(　　)

A. 叙事研究　　B. 文献研究　　C. 教育随笔　　D. 行动研究

5. 宪法的修改,由全国人民代表大会常务委员会或者(　　)以上的全国人民代表大会代表提议,并由全国人民代表大会以全体代表的三分之二以上的多数通过。

A. 五分之一　　B. 四分之一

C. 三分之一　　D. 二分之一

6. 某县明德中学初二(4)班学生在课间休息时,被掉落的广告牌砸伤,经鉴定为轻微伤。学校处理该事故后,还应当书面报告(　　)

A. 县人民政府　　B. 市教育行政部门

C. 市人民政府　　D. 县教育行政部门

7. 根据《中华人民共和国义务教育法》的规定,国家鼓励义务教育阶段的教科书(　　)

A. 低价发行　　B. 自主选用

C. 自行编写　　D. 循环使用

8. 张老师是一名中学语文老师,他利用周末自费参加专业学术会议以提高自身业务水平。学校得知后,给予张老师警告处分。下列说法正确的是(　　)

A. 学校做法正确,校内专职教师不得参加校外活动

B. 学校做法正确,要严格对教师的管理

C. 学校做法错误,教师享有自我发展的权利

D. 学校做法错误,该老师没花学校的钱,学校不能管

9. 根据《中华人民共和国教育法》的规定,任何组织或个人在国家教育考试中组织作弊,情节严重的,应处(　　)拘留。

A. 三日以上十日以下　　B. 五日以上十五日以下

C. 七日以上二十日以下　　D. 十日以上三十日以下

10.《中华人民共和国未成年人保护法》规定,网络直播服务提供者不得为未满(　　)周岁的未成年人提供网络直播发布者账号注册服务。

A. 十二　　B. 十四　　C. 十六　　D. 十八

11. 初中二年级林同学经常恐吓他人,父母却放任不管。根据《中华人民共和国预防未成年人犯罪法》的规定,正确的处理方式是(　　)

A. 由公安机关对其父母予以罚款　　B. 由人民政府对其父母予以训诫

C. 由公安机关对其父母予以训诫　　D. 由人民政府对其父母予以罚款

12. 教师李某信仰宗教，为了鼓励他人信仰宗教，他在办公室公开向其他老师宣教，影响了学校的正常教学秩序。李某的做法(　　)

A. 正确，公民有信仰宗教的自由

B. 正确，他没有向学生宣教

C. 不正确，他可以私下宣教

D. 不正确，我国实行教育与宗教相分离

13. 突如其来的疫情阻挡了学生返校的脚步，致使许多学校不得不开展网络授课来保障学生的日常学习，教师也纷纷化身为“网络主播”。教师冯某发现了其中的“商机”，他利用直播平台，暗示学生为自己花钱送礼物，借机敛财。冯某的做法违背了(　　)的教师职业行为准则。

A. 积极奉献社会　　B. 坚持言行雅正

C. 坚守廉洁自律　　D. 秉持公平诚信

14. 晓光多次在钢琴比赛中获奖，但不愿意学习文化课程。方老师说道：“特长需要保持，可是只有打好文化基础，你才能在音乐道路上走得更远。”方老师的做法(　　)

A. 不合理，不利于学生发展特长

B. 不合理，扼杀了学生的兴趣爱好

C. 合理，学生必须在各个学科领域平均发展

D. 合理，教师应该关注学生的全面发展

15. 依据《中小学教师违反职业道德行为处理办法(2018 年修订)》，下列哪一项**不是**应予处理的教师行为(　　)

A. 违反教学纪律，敷衍教学

B. 教学质量低，长期不能提高

C. 擅自从事影响教育教学本职工作的兼职兼薪行为

D. 歧视、侮辱学生，虐待、伤害学生

16. 赵老师尽管从教多年，但每次备课依然一丝不苟，同一节课在不同的班级往往采取不同的授课方式。下列对赵老师行为的评析，**不恰当**的是(　　)

A. 因材施教　　B. 严谨治学

C. 严慈相济　　D. 潜心钻研

17. 我国古代很多诗句中都包含有节日，例如“每逢佳节倍思亲”中的“佳节”说的就是(　　)

A. 元宵节　　B. 清明节　　C. 中秋节　　D. 重阳节

18. 在洋务运动中培养出了中国第一批近代海军军官和中国近代海军工程技术人才的学校是(　　)

A. 大连船政学堂　　B. 威海船政学堂

C. 青岛船政学堂　　D. 福州船政学堂

19. 在我国古代医学史上,医学家们在自己的领域努力发展自己的才能,造福人民。下列医学家与其著作对应**不正确**的一项是(　　)

A.《本草纲目》——李时珍　　B.《肘后备急方》——葛洪

C.《伤寒杂病论》——张仲景　　D.《金匮要略》——扁鹊

20. 君主立宪制是指国家元首由世袭的君主担任,君主的权利受到宪法和议会制约的君主制政体。下列选项中,**不是**君主立宪制政体的国家是(　　)

A. 日本　　B. 丹麦

C. 奥地利　　D. 西班牙

21. 世人将颜真卿与柳公权的书法称为"颜筋柳骨",下列属于颜真卿的作品的是(　　)

A.《多宝塔碑》　　B.《玄秘塔碑》

C.《神策军碑》　　D.《冯宿碑》

22. 节气是指二十四个时节和气候,是中国古代订立的一种用来指导农事的补充历法,是中华民族劳动人民长期经验的积累成果和智慧的结晶。下列四个节气所表示的含义错误的是(　　)

A. 处暑:炎热夏季即将到来

B. 惊蛰:天回暖,春雷始鸣

C. 冬至:北半球各地一年中白昼最短、黑夜最长的一天

D. 小满:夏熟作物籽粒开始灌浆饱满但未成熟

23. 人们常常遵循科学原理进行发明创造,热气球作为人类发明的最早载人升空的航空器,应用的主要科学原理是(　　)

A. 重力的原理　　B. 浮力的原理

C. 弹力的原理　　D. 磁力的原理

24. 下列事件与"老骥伏枥,志在千里。烈士暮年,壮心不已"的作者有关系的是(　　)

①挟天子以令诸侯　②官渡之战　③赤壁之战　④八王之乱

A. ①②　　B. ③④　　C. ②③　　D. ①②③

25. 下图描绘的是中国古代的一项娱乐活动,这项活动通常认为在先秦就已出

现,到了宋代尤为兴盛。该活动的名称是(　　)

A. 步打　　B. 蹴鞠　　C. 跳丸　　D. 角抵

26. Word 文件在编辑一段语句时,插入文字时语句后面的文字消失,则(　　)

A. Word 文件中毒　　B. Word 文件编码出现错误

C. 当前 Word 文件编辑模式为改写　　D. 输入法出现问题

27. 在 Excel 中,将内容为“1”的单元格拖放填充 6 个连续的单元格,其内容为(　　)

A. 连续 6 个“1”　　B. 连续 6 个空白

C. 2、3、4、5、6、7　　D. 以上都不对

28. 下列选项中,与“教师:陕西人”的逻辑关系相同的是(　　)

A. 彩虹:云雾　　B. 青年:学生

C. 永乐大典:四库全书　　D. 大熊猫:金丝猴

29. 桌子上放了四个杯子,每个杯子上都贴了标签。第一个杯子上写着:“所有的杯子中都有水果糖。”第二个杯子上写着:“本杯中有苹果。”第三个杯子上写着:“本杯中没有巧克力。”第四个杯子上写着:“有的杯子中没有水果糖。”四个标签中只有一句是真的。根据上述条件,下列选项中说法确定且符合真实情况的是(　　)

A. 所有的杯子中都有水果糖　　B. 第二个杯子中有苹果

C. 第三个杯子中有巧克力　　D. 有的杯子中没有水果糖

**二、材料分析题(本大题共 3 小题,每小题 14 分,共 42 分)阅读材料,并回答问题。**

30. 材料:

科学课上,张老师指着实验仪器说:“每个杯子底部都有一团纸,谁能将杯子放入水中而纸不湿呢?”

学生马上投入到实验中。他们要么将水槽中的水倒出一些,要么给杯子加上个

盖,要么在杯中塞些异物。

对学生给予肯定后,张老师故弄玄虚地说:“不添加辅助材料,把杯子倒着放入水中,纸也不会湿。你们信吗?”同学们个个惊得睁大了眼睛。

学生疑惑道:“倒着放还能不湿?”

张老师:“能!”

学生又动了起来。第一次失败了,第二次失败了……大家再次将疑惑的目光投向张老师,张老师回以肯定、鼓励的目光。

突然,一个男生喊了起来:“老师,我成功了! 没湿! 纸真的没湿!”

“老师,我也成功了!”

“我也成功了!”

……

趁着大家那股高兴劲儿,张老师话锋一转:“你们还有什么疑问吗?”

“当然有了,为什么杯子倒扣在水中,杯子都被水淹没了,而纸却不湿?”有学生急迫地问。张老师启发道:“大家想一想,你们最初的实验,纸为什么湿了? 后来又为什么不湿呢? 再动手试一试,仔细观察。”同学们歪着身,瞪大眼,聚精会神地反复实验着:竖着将杯子倒扣在水中纸不湿;倾斜着将杯子放入水中纸变湿;先竖着将杯子倒扣在水中,再将杯子倾斜时有气泡产生,纸变湿。

同学们跳跃起来:“原因找到了。有气泡产生说明杯中有空气,有空气占据着空间,纸才不湿。”

……

张老师后来在备课本中写道:“学生对科学探究的过程,就是在老师的引导下,充分地思考、质疑,主动获得知识的过程。”

**问题:**

请结合材料,从教师观的角度,评析张老师的教育行为。(14 分)

31. 材料：

张老师是某校的资深教师，为了能更好地将知识传授给学生们，张老师每天都认真备课、讲课，努力提高自己的教学技能。为了进一步提高教学水平，她还综合运用多媒体教学和网络教学手段进行授课，学生们普遍喜欢上张老师的课。但是，张老师不能容忍一些学生不认真的学习态度。某日，张老师给学生布置预习并默写相关知识点的作业，下午批改时，张老师发现46名学生中大部分都未完成或者错误太多，随后张老师把没有完成默写的37名学生一一叫上讲台，批评的同时还对其进行掌掴。

问题：

请结合材料，从教师职业道德的角度，评析张老师的教育行为。(14分)

32. 材料：

逼真和如画是艺术批评的两个标准。看到一幅画，一个雕塑品，赞美它好，说逼真。用现代话来说，就是画得活像，雕塑得像真的一样，这是说“逼真”好。我们游览风景，赞美风景好，说风景如画，就是“如画”好。究竟作品像真的事物好呢，还是真的事物像作品好呢？再说“逼真”又有什么好？“如画”又有什么好呢？用到文学批评上来，作品描写一个人，写得活像，是好的。作品描写风景，诗中有画也是好的。就作品说，究竟“逼真”好呢，还是“如画”好呢？还是两者都好呢？弄清这些问题，对掌握这两个批评标准是有帮助的。

先说逼真，《水经注·沔水》：“有白马山，山石似马，望之逼真。”山石像真的白马又有什么好呢？朱自清《论逼真与如画》里说：“这就牵连到这个‘真’字的意义了。这个‘真’固然指实物，可是一方面也是《老子》《庄子》里说的那个‘真’，就是自然，另一方面又包含谢赫六法的第一项‘气韵生动’的意思，惟其‘气韵生动’，才能自然，才是活的不是死的。死的山石像活的白马，有生气，有生意，所以好。‘逼真’等于俗话说的‘活脱’或‘活像’，不但像是真的，并且活像是真的。”逼真的好处是有生气，有生意，是活的，所以光求外形相似是不够的。苏轼《书鄢陵王主簿所画折枝》：“论画以形似，见与儿童邻。……边鸾雀写生，赵昌花传神。”就是光求外形相像，只是儿童的见识；好的画，要把东西写活，要传神，这才是逼真的要求。

再说如画，风景如画，或作品中所写的景物如画又有什么好呢？画是艺术品，艺术品是从生活中来的，但它又和生活不一样，它比普通的实际生活更高，更强烈，更有集中性，更典型，更理想，因此就更带普遍性。那么说风景如画，就是说这里的风景像艺术作品中所反映出来的，比起普通的风景来具有典型性，那自然是好的。如苏轼的《念奴娇》：“乱石穿空，惊涛拍岸，卷起千堆雪。江山如画，一时多少豪杰。”这里写的景物极雄伟壮观，能表现出长江的壮阔景象，并反映作者的阔大胸襟，具有典型性，所以说如画是好的。

文学作品是语言的艺术，因此就文学作品来说，写得逼真，同真的一样，把人和物写活，写得有生气，或写得如画，写得形象，有画意，而这形象要具有典型性，这都不容易。能做到这样，都成为好作品。

（摘编自周振甫《逼真和如画》，有改动）

问题：

（1）就艺术批评的“逼真”和“如画”这两个标准，文章所强调的侧重点各是什么？请简要概括。（4分）

（2）下面是鲁迅《祝福》中祥林嫂形象的描写：

五年前的花白的头发，即今已经全白，全不像四十上下的人；脸上瘦削不堪，黄中带黑，而且消尽了先前悲哀的神色，仿佛是木刻似的；只有那眼珠间或一轮，还可以表示她是一个活物。她一手提着竹篮，内中一个破碗，空的；一手拄着一支比她更长的竹竿，下端开了裂：她分明已经纯乎是一个乞丐了。

请用文章论及的“逼真”和“如画”这两个艺术批评标准，简要分析。(10分)

**三、写作题(本大题1小题，50分)**

33. 阅读下面的材料，按要求作文。

美国华盛顿儿童博物馆墙上有句格言：“我听见了就忘记了，我看见了就记住了，我做过了就理解了。”

根据以上文字所引发的联想和思考，写一篇论说文。

**要求：**

用规范的现代汉语写作，角度自选，立意自定，题目自拟，不少于1000字。

机密★启封前　　　　　　　　　　姓名__________　准考证号__________

# 国家教师资格考试预测试卷(十四)

## 综合素质(中学)

**注意事项:**

1. 考试时间为120分钟,满分为150分。

2. 请按规定在答题卡上填涂、作答,在试卷上作答无效,不予评分。

**一、单项选择题(本大题共29小题,每小题2分,共58分)**

**在每小题列出的四个备选项中只有一个是符合题目要求的,请用2B铅笔把答题卡上对应题目的答案字母按要求涂黑。错选、多选或未选均无分。**

1. 某中学在新生入学后,做了一项学生课余爱好调查,了解学生的兴趣爱好,并依据学校教学计划,组建国学、器乐、生物、物理、航模等兴趣小组。其主要目的是(　　)

A. 凸显教学风格　B. 促进个性发展　C. 深化课堂教学　D. 培养竞赛人才

2. 陈老师在教学时引用徐霞客的诗句"五岳归来不看山,黄山归来不看岳"。有学生产生了疑问:"为什么黄山不在五岳之列?"陈老师下列处理方式恰当的是(　　)

A. 不予理睬继续上课　　B. 批评学生上课分心

C. 布置学生课外探究　　D. 解释说作者弄错了

3. 陈老师发现最近教学效果不好。为此,他让学生在上课之前充分预习,并让学生就学习内容提出疑问,搜集整理疑问后展开"问题导向式"教学,教学效果明显改善。下列对陈老师的教学行为评价**不恰当**的是(　　)

A. 关注学生主体　　B. 善于教学重构

C. 善用信息技术　　D. 勤于教学反思

4. 语文课上,张老师提出了一个具有挑战性的问题,引导学生积极思考并通过小组讨论加以解决。从教师观的角度,下列表述正确的是(　　)

A. 张老师注重学生发展的独特性　　B. 张老师是学生成长的研究者

C. 张老师注重学生发展的全面性　　D. 张老师是学生学习的促进者

5. 初二学生赵某(15 岁)因抢劫被判刑,依据我国《预防未成年人犯罪法》的规定,下列做法正确的是(　　)

A. 企业拒绝录用服刑期满的赵某

B. 监狱将赵某与成年犯一起关押

C. 电视台在报道中公布赵某的姓名

D. 看守所安排干警指导赵某学习义务教育课程

6. 刑事责任是指犯罪人因实施犯罪行为应当承担的法律责任。下列现象中,可依法追究刑事责任的是(　　)

A. 故意不完成教育教学任务造成严重损失的

B. 违反有关规定向受教育者收取费用的

C. 侮辱、殴打教师,情节严重,构成犯罪的

D. 侵占学校校舍、场地和其他财产的

7. 贺老师和书店达成交易,要求全体学生自费购买他指定的教学辅导用书,之后抽取一定的费用。贺老师的这种行为(　　)

A. 体现了教师享有的"从事科学研究和学术交流"的权利

B. 体现了教师享有的"指导学生的学习和发展"的权利

C. 违反了不得选用未经审定的教科书的规定

D. 违反了不得向学生推销商品和服务的规定

8. 根据《中华人民共和国教师法》的相关规定,社会力量所办学校的教师的待遇(　　)

A. 由教育行政部门确定,但由举办者予以保障

B. 由举办者自行确定,但由教育行政部门予以保障

C. 由教育行政部门确定并予以保障

D. 由举办者自行确定并予以保障

9. 小李放学回家被妈妈责骂了一顿,一气之下跑到好朋友东东家里要求借宿一晚,东东的父母答应了。关于东东的父母对小李的留宿行为,下列选项中做法**不正确**的是(　　)

A. 东东的父母应及时向当地公安机关报告

B. 东东的父母留宿小李后不告诉任何人其下落

C. 东东的父母应及时通知小李的父母

D. 东东的父母应及时通知小李所在学校

10. 下列选项中,由全国人民代表大会常务委员会行使的职权是(　　)

A. 修改宪法

B. 选举中华人民共和国主席、副主席

C. 制定和修改刑事、民事、国家机构的和其他的基本法律

D. 解释宪法,监督宪法的实施

11. 五一假期期间,住在学校附近的初三学生小张自行到学校温习功课,在楼梯口踩空失足摔伤,应当承担责任的主体是(　　)

A. 小张所在学校　　B. 学校值班人员

C. 小张及其监护人　　D. 小张及其所在的学校

12. 某教育辅导机构未经过其学生小丽的许可,私下将小丽的照片印在宣传手册上,并以此来吸引更多的学生报班,该辅导机构侵犯了小丽的(　　)

A. 生命权　　B. 受教育权

C. 休息权　　D. 肖像权

13. 某项针对中小学教学的调查显示,部分教师的教案和课件"十年如一日",学生作业交由课代表批改,并美其名曰"发扬学生自主性",对学生的提问也是草草回答、敷衍了事。这类教师违背了(　　)的要求。

A. 爱岗敬业　　B. 为人师表

C. 关爱学生　　D. 爱国守法

14. 陈老师发现班上的李同学头发过长,不符合学校的男生仪表规范,他多次要求李同学进行修剪,但李同学依然我行我素,之后陈老师找李同学的家长沟通时,发现其父亲也是留长发的,于是直接当众指责李同学的家长,称其"上梁不正下梁歪"。陈老师的做法(　　)

A. 不恰当,没有尊重家长的人格

B. 不恰当,不应干涉学生个人行为

C. 恰当,体现教师的严格要求

D. 恰当,符合学校的管理规定

15. 张某是某县公立学校在编教师,因严重违反职业道德,经相关部门研究决定给予张某开除处分。依据《中小学教师违反职业道德行为处理办法(2018 年修订)》,下列选项中,程序正确的是(　　)

A. 学校教职工代表大会讨论后,由学校领导班子集体研究决定并向县教育局备案

B. 学校研究后向县人社局提出建议,由县人社局决定并备案

C. 县教育局研究后向县人社局提出建议，由县人社局决定并备案

D. 学校研究后向县教育局提出建议，由县教育局决定并向县人社局备案

16. 小李是刚入职的新教师，他在着急的时候说话会变得有些结巴，这遭到学生和一些老师的嘲笑。如果你是小李的同事，你会(　　)

A. 这是小李的事情，不笑话他，但也想不到办法来帮助他

B. 当老师连话都说不利落，说明小李不适合做老师

C. 查询资料，告诉小李一些克服说话结巴的技巧

D. 在小李结巴时，告诉小李结巴得很厉害，这样可不行

17. 揭开全面抗日战争序幕的是(　　)

A. 九一八事变　　B. 淞沪会战

C. 七七事变　　D. 华北事变

18. 京剧脸谱是一种内涵丰富的艺术表现形式，每个脸谱都有一种主色调以显示剧中人物的特征，如关羽脸谱的主色是红色、曹操的是白色、包拯的是黑色……京剧中的“白脸”表示(　　)

A. 忠勇正义　　B. 奸诈狡猾

C. 凶猛残暴　　D. 刚直果敢

19. 汉武帝于公元前 139 年和公元前 119 年，两次任命张骞为使者，出使西域，开辟了通往西域的丝绸之路。下列哪一遗迹在丝绸之路上(　　)

A. 莫高窟　　B. 云冈石窟

C. 龙门石窟　　D. 平遥古城

20. 2023 年 5 月 28 日，我国首次按照国际通行适航标准自行研制、具有自主知识产权的喷气式干线客机——C919 圆满完成全球商业载客首航。国产大飞机 C919 的全球首家用户是(　　)

A. 东方航空公司　　B. 中国国际航空公司

C. 南方航空公司　　D. 四川航空公司

21. 摩擦力是指接触的物体之间出现的一种抵抗横向相对运动或运动趋势的力。下列做法无法增加汽车轮胎与地面之间摩擦力的是(　　)

A. 向地面撒一层沙土　　B. 向地面泼水

C. 在汽车上放重物　　D. 将轮胎的表面做得凹凸不平

22. 秦始皇建立中央集权制之后，统一了度量衡和币制，实行车同轨、书同文，统一规范的字体是(　　)

A. 大篆　　B. 小篆　　C. 隶书　　D. 楷书

23. 京剧《贵妃醉酒》是梅派经典剧目之一，源于一部古代戏曲。该戏曲是(　　)

A.《桃花扇》　　B.《长生殿》

C.《牡丹亭》　　D.《南柯梦》

24. 东汉南阳太守杜诗“造作水排，铸为农器，用力少，见功多，百姓便之”，“水排”的模型如下图所示，其作用是(　　)

A. 灌溉　　B. 制瓷

C. 耕种　　D. 鼓风冶铁

25. 小翔进行 110 米跨栏训练，教练对他 20 次的训练成绩进行统计分析，发现在这 20 次训练中，有一个数据出现的次数最多，那么这个数据在数学意义上属于(　　)

A. 众数　　B. 平均数

C. 频数　　D. 方差

26. 在 Word 的编辑状态，选择了文档全文，要在段落对话框中设置行距为 20 磅的格式，下列选项中，应选择的是(　　)

A. 单倍行距　　B. 1.5 倍行距

C. 2 倍行距　　D. 固定值

27. 在 Excel 中，要通过扇形面积反映每个对象的一个属性值在总值当中所占比例大小，应该选择的图表类型是(　　)

A. 柱形图　　B. 折线图

C. 饼图　　D. 条形图

28. 下列选项中的概念关系，与“高粱—玉米”一致的是(　　)

A. 金鱼—鲢鱼　　B. 地瓜—番薯

C. 玫瑰—爱情　　D. 番茄—蔬果

29. 找规律填数字是一项很有趣的活动，特别锻炼观察和思考能力。下列选项中，填入数列“2、4、12、52、________、32660”空缺处的数字，正确的是(　　)

A. 624　　B. 628　　C. 632　　D. 636

**二、材料分析题（本大题共 3 小题，每小题 14 分，共 42 分）阅读材料，并回答问题。**

**30. 材料：**

郑老师是一位中学语文老师，她所带班级的语文成绩一直在同年级中位居第一。而这优秀的语文成绩，绝大部分源于学生作文成绩的优秀。

一次写作课，郑老师组织学生讨论拟定今天写作的主题，学生纷纷踊跃发言，有的说写“我的理想”，有的说写“我的爱好”，有的说写“一次难忘的经历”。经过最终投票，作文主题定为“我的理想”。学生的写作热情十分高涨，很快完成了这篇作文。

郑老师批改作业时，发现平日沉默寡言的小玲的理想是当一名律师。郑老师略作思考，写道：老师相信你一定能实现自己的理想，但首先你要完成老师的一个小要求，下节课的提问你要主动举手回答。小宏的作文虽然完成了，可是部分内容不切题，郑老师就教授他写作的方法技巧，让小宏明白写作要摒弃不切题的内容。果然，小宏修改后的作文出色了许多。

**问题：**

请结合材料，从学生观的角度，评析郑老师的教育行为。（14 分）

31. 材料：

某重点大学的毕业生小李，在教师公开招聘中以优异的成绩被聘为某初中老师。刚上班时，他虚心向同事请教，认真备课，努力把握课堂教学的每个环节，工作高度负责，教学效果好，在期末的评定中成绩优异。但随着对工作的熟悉与社会交往的增多，小李越来越不重视备课和对教学环节的把握，开始变得浮躁，他认为："教师上课就那么回事，我备好一遍课可以用好多年！"

上学期学生评教，小李排名倒数。校长找其谈话，他还不以为然："我是重点大学的毕业生，难道还教不了初中生？"之后，他把对校长和学生评教结果的不满都撒到班级学生身上，上课时对不专心听讲或成绩差的学生挖苦讽刺，甚至赶出教室。

问题：

请结合材料，从教师职业道德的角度，评析李老师的教育行为。(14 分)

32. 材料：

创造主未完成之工作，让我们接过来，继续创造。

宗教家创造出神来供自己崇拜。省事者把别人创造的现成之神拿来崇拜。恋爱无上主义者造出爱人来崇拜。美术家，如罗丹，是一面造石像，一面崇拜自己的创造。

教育者不是造神，不是造石像，不是造爱人。他们所要创造的是真善美的活人。真善美的活人，是我们的神，是我们的石像，是我们的爱人。教师的成功是创造出值得自己崇拜的人。先生之最大的快乐，是创造出值得自己崇拜的学生。说得正确些，先生创造学生，学生也创造先生，学生先生合作而创造出值得彼此崇拜之活人。倘若创造出丑恶的活人，不但是所塑之像失败，亦是合作塑像者之失败。倘若活人之塑像是

由于集体的创造,而不是个人的创造,那么这成功失败也是属于集体,而不是仅仅属于个人。在一个集体当中,每一个活人之塑像,是这个人来一刀,那个人来一刀,有时是万刀齐发,倘使刀法不合于交响曲之节奏,那便处处是伤痕,而难以成为真善美之活塑像。

教育者也要创造值得自己崇拜之创造理论和创造技术。活人的塑像和大理石的塑像有一点不同,刀法如果用得不对,可以万像同毁;刀法如果用得对,则一笔下去,万龙点睛。

有人说:环境太平凡了,不能创造。平凡无过于一张白纸,八大山人挥毫画他几笔,便成为一幅名贵的杰作。平凡也无过于一块石头,到了米开朗基罗的手里,可以成为不朽的塑像。

有人说:生活太单调了,不能创造。单调无过于坐监牢,但是就在监牢中,产生了《易经》之卦辞,产生了《正气歌》。单调又无过于沙漠了,而雷赛布竟能在沙漠中造成苏伊士运河,把地中海与红海贯通起来。

可见平凡单调,只是懒惰者之遁辞。既已不平凡不单调了,又毋需乎创造。我们要在平凡上造出不平凡,在单调上造出不单调。

有人说:年纪太小,不能创造,见着幼年研究生之名而哈哈大笑。但是当你把莫扎特、爱迪生及冲破父亲数学层层封锁之帕斯卡的幼年研究生活翻给他看,他又只好哑口无言了。

有人说:我是太无能了,不能创造。可是鲁钝的曾参,传了孔子的道统;不识字的慧能传了黄梅的教义。慧能说:"下下人有上上智。"我们岂可以自暴自弃呢!可见,无能也是借口。

有人说:山穷水尽,走投无路,陷入绝境,等死而已,不能创造。但是遭遇八十一难之玄奘,毕竟取得佛经;粮水断绝,众叛亲离之哥伦布,毕竟发现了美洲;冻饿病三重压迫下之莫扎特,毕竟写出了《安魂曲》。绝望是懦夫的幻想。歌德说:没有勇气,一切都完。是的,生路是要勇气探出来、走出来、造出来的。这只是一半真理。当英雄无用武之地,他除了大无畏之斧,还得有智慧之剑、金刚之信念与意志,才能开出一条生路。

所以,处处是创造之地,天天是创造之时,人人是创造之人,让我们至少走两步退一步,向着创造之路迈进吧!

创造之神,你回来呀!只要你肯回来,我们愿意把一切——我们的汗,我们的血,我们的心,我们的生命——都献给你。只要有一滴汗,一滴血,一滴热情,便是创造之神所爱住的行宫,就能开创造之花,结创造之果,繁殖创造之森林。

(选自陶行知《创造宣言》,有删减)

**问题：**

(1)第四自然段中说“刀法如果用得不对，可以万像同毁；刀法如果用得对，则一笔下去，万龙点睛”。这里所用的几个比喻分别指什么？(4分)

(2)作者认为教育的最大成功是什么？为获得这一成功，教育者要注意哪些问题？(10分)

**三、写作题(本大题1小题，50分)**

33. 阅读下面的材料，按要求作文。

常言道：“上山容易，下山难。”这句话是说上山虽然费力，但不容易发生危险；下山虽然省力，但却容易失足跌下山。其实，这简单的话语蕴含着丰富的人生哲理。

综合上述材料所引发的思考和感悟，写一篇论说文。

**要求：**

用规范的现代汉语写作；角度自选，立意自定，题目自拟；不少于1000字。

机密★启封前　　　　　　　　　　　　姓名＿＿＿＿＿＿　准考证号＿＿＿＿＿＿

# 国家教师资格考试预测试卷(十五)

## 综合素质(中学)

**注意事项:**

1. 考试时间为120分钟,满分为150分。

2. 请按规定在答题卡上填涂、作答,在试卷上作答无效,不予评分。

**一、单项选择题(本大题共29小题,每小题2分,共58分)**

**在每小题列出的四个备选项中只有一个是符合题目要求的,请用2B铅笔把答题卡上对应题目的答案字母按要求涂黑。错选、多选或未选均无分。**

1. 张老师在李鹏的评语册中写道:“虽然还存在诸多不足,但只要继续努力,就一定能取得更大的进步。”该评语最能体现出张老师的学生观是(　　)

A. 学生是发展中的人

B. 学生是具有独立意义的人

C. 学生是独特的人

D. 学生是教育活动的对象和自我教育的主体

2. 刚参加工作的丁老师积极找有经验的老师请教教学方法,还经常主动听其他老师的课,但在实际教学过程中,丁老师发现这些方法对自己并不适用。这主要是因为丁老师无视教学工作的(　　)

A. 技巧性　　　　B. 复杂性

C. 系统性　　　　D. 经验性

3. 蒋老师喜欢关注互联网经济,并将互联网企业发展趋势的相关信息融入思想政治课《矛盾是事物发展的源泉和动力》一课的教学中,这种做法体现了蒋老师具有(　　)

A. 课程开发的意识　　　　B. 扬长避短的意识

C. 校本教研的意识　　　　D. 以人为本的意识

4. 做一份弘扬传统文化的手抄报、到社区参加一次公益服务、与父母开启一段短

途旅行等，学生的暑假作业已经不再是枯燥的“几大本作业题”，而是进入了多元化时代。针对这一现象，下列说法**不正确**的一项是(　　)

A. 学生具有巨大的发展潜能

B. 学生的发展是全面的发展

C. 学生是发展的主体

D. 学生的各方面是平均发展的

5. 依据《中华人民共和国宪法》规定，下列说法**不正确**的是(　　)

A. 国家发展学前教育　　B. 国家发展义务教育

C. 国家发展中等教育　　D. 国家发展高等教育

6. 邻居张阿姨发现小明浑身是伤，询问过后才知是醉酒的父亲将其打完后撵出家门，张阿姨气不过，敲门劝阻，而小明父亲以家事不需外人过问为由将其痛骂一顿。以下说法正确的是(　　)

A. 保护未成年人是监护人的职责，其他人无权过问

B. 小明可提出诉讼，父亲应负刑事责任

C. 学校没有做到教育与保护相结合

D. 针对侵犯未成年合法权益的行为，张阿姨有权劝阻

7. 初二(3)班的班主任梁老师为了更好地促进学生发展，提高学生成绩，根据全班学生的不同水平和接受能力，尝试进行分层教学。梁老师的做法(　　)

A. 正确，教师享有教育教学权　　B. 正确，教师享有学术研究权

C. 错误，不利于学生的全面发展　　D. 错误，没有做到因材施教

8. 学生李阳在体育课上因地面不平摔倒，造成身上多处软组织挫伤。根据《学生伤害事故处理办法》的相关规定，这次事故应承担主要责任的是(　　)

A. 体育老师　　B. 李阳

C. 学校　　D. 家长

9. 某中学为遏制学生违纪，要求各班主任“重点关照”那些有不良行为的学生，对他们的违纪行为要与其他违纪学生的行为区别对待、从重处罚。该校的做法(　　)

A. 合法，学校有教育管理未成年学生的权利

B. 合法，学校有预防未成年学生犯罪的义务

C. 不合法，学校不得侵犯未成年学生的教育自由

D. 不合法，学校不得歧视有不良行为的未成年人

10. 在期末考试中某班的平均成绩在全年级排名倒数第二，班主任王老师觉得自己的脸都被丢光了，于是在年级会议上当着其他老师和学生的面骂自己的学生太笨

了，蠢得像猪一样。王老师的行为侵犯了学生的（　　）

A. 人格尊严权　　B. 受教育权

C. 人身自由权　　D. 荣誉权

11. 正在读初一的小马被选入省乒乓球队参加专门训练，则（　　）

A. 小马可以不再接受义务教育

B. 省乒乓球队应当保证小马继续接受义务教育

C. 省乒乓球队未经批准可自行对小马实施义务教育

D. 小马可以自行选择是否继续接受义务教育

12. 根据《中华人民共和国教育法》的规定，明知校舍或者教育教学设施有危险，而不采取措施，造成人员伤亡或者重大财产损失的，对直接负责的主管人员和其他直接责任人员，依法追究（　　）

A. 经济责任　　B. 民事责任

C. 刑事责任　　D. 行政责任

13. 初三学生王洋经常迟到、旷课、上游戏厅，甚至打架、勒索同学。尽管班主任老师多次教育，仍不见好转，以致班主任老师对他失去了信心。该老师的做法**不符合**教师职业道德规范中的（　　）

A. 爱国守法　　B. 关爱学生

C. 教书育人　　D. 终身学习

14. 学校新入职了几位青年教师，作为导师的江老师手把手地对青年教师进行"传、帮、带"。这体现了江老师（　　）

A. 廉洁从教，勤恳敬业　　B. 因材施教，乐于奉献

C. 团结协作，甘为人梯　　D. 治学严谨，勇于创新

15.《中小学教师违反职业道德行为处理办法（2018 年修订）》中规定，对教师违反职业道德的行为视情节轻重分别给予相应处分和其他处理。处分包括（　　）

①责令检查②通报批评③警告④记过⑤降低岗位等级或撤职⑥开除

A. ①②③④　　B. ③④⑤⑥

C. ①③④⑥　　D. ②③④⑤

16. 李老师在做班主任期间，在家校联系中，除了平时和家长保持电话联系外，同时利用休息时间到个别学生家里家访，让家长及时了解学生的情况，还给家长讲一些教育学生的知识，以便更好地教育学生。下列关于李老师的说法，错误的是（　　）

A. 凸显了爱岗敬业精神　　B. 体现了严谨治学的要求

C. 符合为人师表的要求　　D. 符合关爱学生的要求

17. 下列选项中,被后世尊为我国农耕和医药始祖的是(　　)

A. 神农氏　　B. 伏羲氏

C. 燧人氏　　D. 有巢氏

18. 这部著作是我国古代第一部纪传体通史,记述了从传说中的黄帝到汉武帝时期,大约3000年的历史。这部著作是(　　)

A.《史记》　　B.《吕氏春秋》

C.《左传》　　D.《资治通鉴》

19. 美索不达米亚平原孕育了古巴比伦王国,创造了楔形文字,对世界文字发展史有着重大贡献,同时也造就了迄今所知历史上最早的一部成文法典,为法治社会奠定了基础。这部法典是(　　)

A.《汉谟拉比法典》　　B.《摩奴法典》

C.《乌尔纳姆法典》　　D.《摩西五经》

20. 罕见病是一类患病率极低的疾病,但由于种类很多,而且我国人口基数庞大,因此罕见病患者并不罕见。下列选项中,俗称为“月亮孩子”的罕见病是(　　)

A. 白化病　　B. 戈谢病

C. 血友病　　D. 脆骨症

21.《人间喜剧》被誉为“资本主义社会的百科全书”,其作者是(　　)

A. 雨果　　B. 司汤达

C. 莫泊桑　　D. 巴尔扎克

22. 晴朗的天空看起来是蓝色的,这是因为光的(　　)作用。

A. 散射　　B. 衍射

C. 反射　　D. 折射

23. 刺绣是中国古老的手工技艺之一,中国的手工刺绣工艺,已经有2000多年历史。“百鸟朝凤”是刺绣中(　　)的精品。

A. 蜀绣　　B. 粤绣　　C. 湘绣　　D. 苏绣

24. 下列著名建筑中,其建筑风格属于哥特式的是(　　)

A. 巴黎圣母院

B. 故宫

C. 麦加清真寺

D. 罗马圆形大剧场

25. 有 100 人参加考试,其中判断题的第 5 小题有 32 人答对了,则此题的难度值为(　　)

A. 0.25　　B. 0.60

C. 0.32　　D. 0.3

26. 在 Word 的编辑状态下,单击“粘贴”按钮,产生的操作结果是(　　)

A. 将文档中被选内容移动到当前插入点

B. 将文档中被选择的内容复制到剪贴板

C. 将剪贴板的内容移动到当前的插入点

D. 将剪贴板的内容复制到当前的插入点

27. Excel 中,工作表被删除后,下列说法正确的是(　　)

A. 表中数据也被删除,但可用“撤消”来恢复

B. 数据仍然保存在内存里,只不过是不再显示

C. 数据被全部删除,而且不可用“撤消”来恢复

D. 数据进入了回收站,可以去回收站将数据恢复

28. 下列选项中,与“自信—心理”逻辑关系相同的是(　　)

A. 动物—蜜蜂　　B. 矿泉水—饮料

C. 自满—失败　　D. 啤酒—粮食

29. 按照给出图形的逻辑特点,下列选项中,填入空白处最恰当的是(　　)

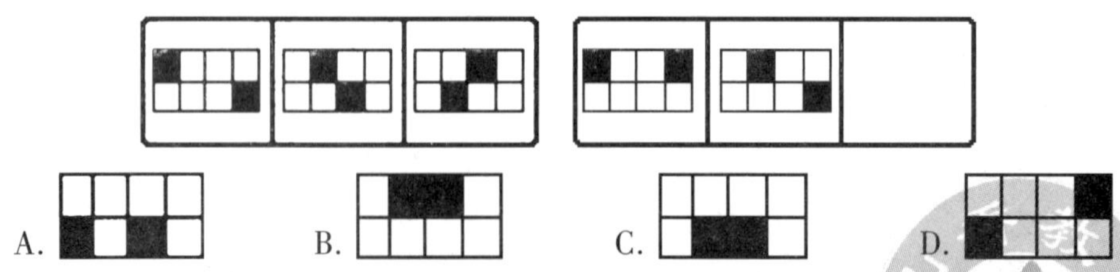

A.　B.　C.　D.

**二、材料分析题(本大题共 3 小题,每小题 14 分,共 42 分)阅读材料,并回答问题。**

30. 材料:

夏日的雨后,七(一)班的学生来到户外准备做操,发现地上爬了几只蜗牛,都纷

纷蹲下来看。音乐声响起,学生小心翼翼地站在操场上做操,互相提醒别踩着蜗牛了,做完操后,有的学生提议要救救蜗牛,还有的学生提出要捉几只蜗牛到班里养着。

"蜗牛有嘴吗?""有脚没有?""喜欢吃什么?""它能走曲线吗?""是公的?还是母的?"学生提出了很多问题。李老师也表现出很感兴趣的样子和学生一起讨论。李老师说:"你们真棒!提出了这么多有趣的问题!不过,老师也不知道答案,但是老师很愿意和大家一起学习,我们想想,怎么可以获得答案呢?""看书!""去网上查!"……学生们纷纷回答。李老师高兴地说:"好,我们分头行动。"于是,李老师用瓶子装着蜗牛带到班里,养蜗牛的行动开始了。

之后的一段时间里,李老师找来关于蜗牛的科普视频和学生们一起观看,同学生们一道观察、记录蜗牛的生活,并一起围绕蜗牛"吃什么?""怎么睡觉?"等问题查阅资料、分享资料……以"蜗牛"为主题的系列活动陆续在班里开展起来。

**问题:**

请结合材料,从教师观的角度,评析李老师的教育行为。(14 分)

31. 材料：

课间，王老师发现教室地面纸屑很多，便让劳动委员安排打扫，自己去另一个班上课了。劳动委员心想，等放学后再让值日生打扫。不料这时值周生来检查卫生，班级被扣分了。同学们纷纷责备劳动委员和值日生。劳动委员内疚不已，决定辞职。王老师知道后并没有马上处理，决定第二天以“扫地风波”为主题召开班会。

第二天上午，王老师找班干部谈话，分析得失，统一认识。下午，班会上劳动委员和值日生分别反省了自己的过错，其他班委成员、同学们也纷纷上台发言，承认以前没有很好地配合，剖析各自存在的问题，表示不会让“扫地风波”重演。之后，王老师指出了劳动委员和值日生的不足，并对他们今后的工作提出了严格要求。

班会后，王老师单独找劳动委员和值日生谈心，肯定了他们为班级所做的努力。劳动委员打消了“引咎辞职”的念头，表示要化内疚为动力，积极工作。同学们也增强了班级认同感。此后，班级卫生一直保持良好，多次获得“卫生流动红旗”，其他各方面也很有起色。

问题：

请结合材料，从教师职业道德的角度，评析王老师的教育行为。(14 分)

32. 材料：

五四运动出现了一批狂飙突进的猛将，如陈独秀、胡适、钱玄同、蔡元培、李大钊、鲁迅和周作人等。这些人站在时代的前列，高举文化批判的旗帜，面对中国系统而顽固的旧文化和旧礼教，指出它阻碍中国前进的保守性，以惊电迅雷的气势进行扫荡，从而开辟出一条通往光明的道路。他们的勇气和激情，产生于中国内忧外患的现实，产生于现实中的污垢和血腥。他们是登高一呼从者如云的英雄式人物。他们的胆略和气魄，至今尚使我们为之气壮！这些先行者，给中国社会送来一剂疗救病症的“药”，这药是治“心”的，是“醒魂药”。他们继承了前人奋斗的遗产，这里有戊戌变法和辛亥革命的遗产。但他们推出的新文化和新文学，却是他们的前人所未曾造出的成功。

冰心不是这类英雄式的人物，她更“平常”。但她响应并参与了这种英雄业绩的创造和建设。她和五四那一代人有一种共同的性格，那就是反抗和批判。他们同样是新时代和新潮流的推动者。他们共同完成了中国20世纪伟大的精神革命。伟大的五四精神其实质在于对旧文化和旧礼教的抗争。但五四并非一味地“破坏”，它有鲜明的建设精神；五四也并非一味地“激烈”，它的本质是温情的和人性的。这些本质在那些猛将身上，是隐藏着和潜伏着的，而在另一类“非猛将”如冰心这样的人身上，则成为一种非常明显确定的品质。

这是充满幻想和想象力的一代人。他们从中国悠久的传统中走来，而又不满并质疑那一切。但在他们的创造中却又融进并更新了其中有益的养分。他们未曾因批判和反抗而造成文化的“断裂”，相反，他们更生了中国文化，他们使自己成为中国最丰富和最有创造力的一代人。

这个让人景仰的队伍中，走着我们的冰心先生。她是最先觉悟的那些女性中的一位。她接受中国传统文化的熏陶，她又接受了教会的和美国式的教育。中西、古今文化的交汇和融合，在她那里造出了奇迹。她起步于“问题小说”的写作，成为“文学研究会”的中坚，她的创作服膺于“为人生”的理想；她受泰戈尔的启发，首创“随感式”的无题小诗，发起和倡导了中国新诗史的“小诗运动”；她用通讯的方式写散文，她的《寄小读者》开辟了散文的新天地，一种崭新的抒情文体在她的笔下诞生；冰心还是新文学中儿童文学元老式的人物，也是儿童文学热情的支持者和实践者。

冰心毕生都在这样辛勤地创造着，直到生命的晚景，她都没有放下她所钟情的手中的笔。而且愈到晚年，她性格中潜藏的刚烈之气愈为显扬。身居郊野，不忘天下，正气凛然，疾恶如仇。所作短文，如《万般皆上品》《无士则如何》等，竟有匕首般的犀利！让人不敢相信这些文章竟出自年近百岁的老人之手！

斗转星移，岁月不居，冰心走完她的百年人生长途，离我们而去了。但她在我们的

心目中始终是一颗不倦地燃烧着的星，这颗星已燃烧了一百年！她留给我们的是一种我们永远无法企及的高雅、文采、凛然不可侵犯的尊严的精神财富。

（选自谢冕《这颗心燃烧了一百年》，有删改）

**问题：**

（1）第三自然段中说“他们更生了中国文化”，“更生”在文中的含义是什么？（4 分）

（2）文中比较了冰心先生和陈独秀等人的异同，请简要概括。（10 分）

## 三、写作题（本大题 1 小题，50 分）

33. 阅读材料，根据要求完成作文。

教师的宽容，像春风化雨润物细无声，其气氛比起疾风骤雨更见效。它可以净化学生的心灵，营造出宽松和谐的课堂氛围，促使学生无拘无束，更好地发挥创造力。教师宽容地对待自己的学生，就是科学地看待教育过程。正如陶行知先生说的：“你的教鞭下有瓦特，你的冷眼里有牛顿，你的讥笑里有爱迪生。”

综合上述材料所引发的联想和感悟，写一篇论说文。

**要求：**

用规范的现代汉语写作；角度自选，立意自定，标题自拟；不少于 1000 字。

机密★启封前　　　　　　　　　　姓名__________　准考证号__________

# 国家教师资格考试预测试卷(十六)

## 综合素质(中学)

**注意事项:**

1. 考试时间为 120 分钟,满分为 150 分。

2. 请按规定在答题卡上填涂、作答,在试卷上作答无效,不予评分。

**一、单项选择题(本大题共 29 小题,每小题 2 分,共 58 分)**

**在每小题列出的四个备选项中只有一个是符合题目要求的,请用 2B 铅笔把答题卡上对应题目的答案字母按要求涂黑。错选、多选或未选均无分。**

1. 个体身心发展的(　　)决定了教育工作必须根据学生不同年龄的特点进行,同时要注意小学、中学、大学之间的衔接与过渡。

A. 顺序性　　　　B. 阶段性

C. 不均衡性　　　　D. 个别差异性

2. 某学校为弘扬中华传统文化,对传统文化进行了全学科覆盖。比如该校正在编辑的《二十四节气与传统文化》一书将传统文化与语文、地理的教学内容相结合;《古代文化常识精选读本》一书则将传统文化纳入历史教学、政治教学中。学校的这一做法符合(　　)

A. 素质教育的理念　　　　B. 因材施教的意识

C. 自主发展的意识　　　　D. 公平公正的态度

3. 卢梭说:"大自然希望儿童在成人之前就要像儿童的样子。如果我们打乱了这个次序,我们就会造成一些早熟的果实,它们长得既不丰满也不甜美,而且很快就会腐烂;我们将造成一些年纪轻轻的博士和老态龙钟的儿童。"这段话体现了(　　)

A. 学生的独特性　　　　B. 学生的生成性

C. 学生的自主性　　　　D. 学生的整体性

4. 在教学研讨会上,作为教研组组长的周老师多次强调:"作为老师,我们要寻

找、研究一种适合学生的教育，而不是挑选适合教育的学生。”周老师的这一观点体现了(　　)

A. 素质教育以提高国民素质为根本宗旨

B. 素质教育是面向全体学生的教育

C. 素质教育是促进学生全面发展的教育

D. 素质教育是促进学生个性发展的教育

5. 为加强教师的教学能力，提高教学质量，某中学规定老师们晚上 11 点才能下班，且没有加班报酬。对于这种行为，以下说法最恰当的是(　　)

A. 合理，因为这可以快速提高教师的教学质量

B. 不合理，因为学校无权管理在校教师

C. 合理，因为这有利于该校学生成绩提升

D. 不合理，因为这侵犯了教师的合法权益

6. 学校及其他教育机构中的教学辅助人员和其他专业技术人员，实行(　　)制度。

A. 教学辅助人员聘任　　B. 教育职员聘任

C. 专业技术职务聘任　　D. 教师聘任

7. 学生或者未成年学生监护人知道学生有特异体质，或者患有特定疾病，但未告知学校，学校已经履行了相应职责，行为并无不当。因此造成的学生伤害事故应该由(　　)承担责任。

A. 学校　　B. 学生或未成年学生监护人

C. 教师　　D. 学生的亲戚

8. 根据《中华人民共和国未成年人保护法》，网络游戏服务提供者不得在(　　)向未成年人提供网络游戏服务。

A. 每日二十二时至次日六时　　B. 每日二十三时至次日十时

C. 每日二十一时至次日九时　　D. 每日二十二时至次日八时

9. 下列关于我国《义务教育法》的表述，**不正确**的是(　　)

A. 国家实行九年义务教育制度

B. 义务教育阶段不收学费、杂费

C. 采取以省级人民政府为主管理的体制

D. 适龄儿童要履行接受义务教育的义务

10. 根据我国《宪法》规定，国务院有权制定和发布(　　)

A. 教育法律　　B. 教育行政法规

C. 教育政府规章　　D. 教育单行条例

11. 班主任张老师经调查了解到，班里的学生小强经常和社会上的不良团伙在上下学路上打劫同学的财物。此时，张老师应当(　　)

A. 批评教育不良团伙　　B. 及时向公安机关报告

C. 让小强家长将其领回家教育　　D. 要求小强公开检讨并写下保证书

12. 小豪给班里长得胖的同学小佳取了个“肥猪佳”的绰号，还煽动其他同学一起取笑小佳。小豪的这种行为侵犯了小佳的(　　)

A. 健康权　　B. 荣誉权

C. 肖像权　　D. 名誉权

13. 语文老师想在课上播放《老师难忘的记忆》这一视频，录制时各科老师纷纷响应，都来帮忙。这体现的是(　　)

A. 爱岗敬业精神　　B. 教学创新精神

C. 互相尊重精神　　D. 团结互助精神

14. 为人师表是师德规范的重要内容，著名教育家叶圣陶也曾说过：“教育工作者的全部工作就是为人师表。”下列选项中，与“为人师表”的内涵一致的是(　　)

A. “学为人师，行为世范”　　B. “凡学之道，严师为难”

C. “德无常师，主善为师”　　D. “仰之弥高，钻之弥坚”

15. 五十多岁的王老师又一次拒绝了学校要他参加培训的安排，并说：“我都快退休了，还学什么！”这表明王老师缺乏(　　)

A. 终身学习的理念　　B. 热爱学生的情怀

C. 诲人不倦的品格　　D. 严谨治学的精神

16. 苏霍姆林斯基有一个精辟的比喻：要像对待荷叶上的露珠一样，小心翼翼地保护学生幼小的心灵。晶莹透亮的露珠是美丽可爱的，却又是十分脆弱的，一不小心露珠滚落，就会破碎，不复存在。这提示我们，在教育中要贯彻教师职业道德基本原则中的(　　)

A. 教书育人原则　　B. 为人师表原则

C. 依法从教原则　　D. 教育人道主义原则

17. 经过劳动人民的口口相传，流传下来很多上古神话，比如夸父逐日、嫦娥奔月等等。下列选项中，属于我国神话传说中的人物的是(　　)

A. 美杜莎　　B. 湿婆

C. 刑天　　D. 宙斯



18. 在古希腊历史上有三个思想家被称为“希腊三贤”，他们在文学、艺术、哲学领

域做出了非凡的贡献，至今仍影响着世界文学、哲学、艺术等领域的发展。与苏格拉底、柏拉图并称为“希腊三贤”的是(　　)

A. 赫拉克利特　　B. 德谟克里特

C. 亚里士多德　　D. 毕达哥拉斯

19. 伴随着经济的发展，环境问题越来越令人担忧，全球各地的自然灾害增多，异常的气候增加，各种问题都在告诉我们，保护环境已到了刻不容缓的地步。下列能够形成酸雨的污染物是(　　)

A. $CO_2$　　B. 氟利昂　　C. $SO_2$　　D. CO

20. “碧云天，黄花地，西风紧，北雁南飞。晓来谁染霜林醉？总是离人泪。”这一名句出自(　　)

A.《倩女离魂》　　B.《梧桐雨》

C.《汉宫秋》　　D.《西厢记》

21. 东汉之后，书法成为专供人们欣赏的艺术，将书法艺术提高到一个新阶段的是东晋的王羲之。下列为书法艺术的发展提供物质条件的是(　　)

A. 汉代造纸术的发明　　B. 活字印刷术问世

C. 汉字的形成和发展　　D. 对书法美的追求

22. 我国现代诗歌史上最能体现“五四”时期精神的一部诗集是(　　)

A. 郭沫若的《女神》　　B. 鲁迅的《野草》

C. 胡适的《尝试集》　　D. 闻一多的《红烛》

23. 下列人物，属于奥地利作曲家的是(　　)

A. 舒曼　　B. 海顿

C. 贝多芬　　D. 李斯特

24. 二十四节气的划定是我国古代天文和气候科学的伟大成就。两千多年来，它在安排和指导农业生产过程中，发挥了重大的作用。下列节气**不在**秋季的是(　　)

A. 处暑　　B. 霜降　　C. 寒露　　D. 小满

25. 若某校高一年级8个班参加合唱比赛的得分如茎叶图所示，则这组数据的中位数和平均数分别是(　　)

| 茎 | 叶 |
|---|---|
| 8 | 9　7 |
| 9 | 3　1　6　4　0　2 |

A. 91.5 和 91.5　　B. 91.5 和 92

C. 91 和 91.5　　D. 92 和 92

26. 用 Excel 创建一个学生成绩表,要按照班级统计出某门课程的平均分,需要使用的方式是(　　)

A. 排序　　　　B. 数据筛选

C. 分类汇总　　　　D. 合并汇总

27. 当 Excel 工作簿中既有工作表又有图表时,执行“保存文件”命令则(　　)

A. 只保存工作表文件　　　　B. 只保存图表文件

C. 将工作表和图表文件一起保存　　　　D. 分别保存工作表和图表文件

28. 下列选项中,与“芝麻”和“香油”概念关系一致的是(　　)

A. “面粉”和“面包”　　　　B. “纸张”和“笔记本”

C. “干冰”和“二氧化碳”　　　　D. “手指”和“手”

29. 按规律填数字是一个很有趣的活动,特别锻炼观察和思考能力。下列选项中,填入数列“6、9、20、34、________、98”空缺处的数字,正确的是(　　)

A. 59　　B. 69　　C. 79　　D. 89

**二、材料分析题(本大题共 3 小题,每小题 14 分,共 42 分)阅读材料,并回答问题。**

**30. 材料:**

希望学校是一所农村学校,胡老师在这里一待就是 19 年,一直担任班主任和初三语文教师。基于多年的教育教学工作经验,他形成了独特的语文教学风格,能够在教学中将人文知识与学生的生活体验有机结合起来,引导学生积极开展探究性学习,实现师生互动、生生互动,打造高效课堂与个性课堂。同时,他也注重课堂教学的艺术性,注重基础知识和基本技能的传授,注重学生创新意识的培养,注重学生良好学习习惯的养成,能够充分调动学生学习的积极性和主观能动性,努力提高学生的学习能力,真正体现学生的主体地位,将学生引向自然,引向社会,引向生活,让语文课散发出特有的人文光彩和多姿多彩的艺术魅力,展现中华文化的灿烂光辉。

**问题:**

请结合材料,从学生观的角度,评析胡老师的教育行为。(14 分)

31. 材料：

张老师在初中教授历史课，他已经从教30年，一直兢兢业业，深受学生们的爱戴。学生们都认为张老师的课讲得很认真，同事们也评价他是一位勤勤恳恳的老师。他每天都要给四五个班上课，因为年龄较大，学校就没有给他安排班主任的工作。有一次课上，他正在讲授秦代的历史，一个坐在教室前排的女生突然说自己头疼，想回宿舍休息。张老师看了看，也觉得这个学生确实身体不舒服，就让她独自离开教室回宿舍休息去了。然后，张老师继续上课，课堂也没有受到什么影响。下课后，张老师没有跟任何人提起此事。

问题：

请结合材料，从教师职业道德规范的角度，评析张老师的行为。(14分)

32. 材料：

提到人工智能的发展历程，在它的起源阶段，有三位名人和一个关键地点。

第一位名人，大家耳熟能详，那就是大名鼎鼎的"计算机科学之父"和"人工智能之父"——阿兰·图灵。他对人工智能的贡献集中体现于两篇论文：一篇是1936年发表的《论数字计算在决断难题中的应用》，在文中他对"可计算性"下了一个严格的数学定义，并提出著名的"图灵机"设想，从数理逻辑上为人工智能用上"机械大脑"开创了理论先河；而另一篇论文对人工智能的影响更为直接，其名字就是《机器能思考吗》。在这篇论文中，图灵提出了一种判定机器是否具有智能的试验方法，即著名的图灵测试：如果一台机器能够与人类展开对话而不能被辨别出其机器身份，那么这台机器就是智能的。"中文房间实验"正是图灵测试的一个变种。可以说，图灵是第一个严肃地探讨人工智能标准的人物，被称作"人工智能之父"当之无愧。

第二位名人是一位神童,18 岁即取得数理逻辑博士学位,这就是“控制论之父”维纳(Norbert Wiener)。1940 年,维纳开始考虑计算机如何能像大脑一样工作,发现了二者的相似性。维纳认为计算机是一个进行信息处理和信息转换的系统,只要这个系统能得到数据,就应该能做几乎任何事情。他从控制论出发,特别强调反馈的作用,认为所有的智能活动都是反馈机制的结果,而反馈机制是可以用机器模拟的。维纳的理论抓住了人工智能核心——反馈,因此可以被视为人工智能“行为主义学派”的奠基人,其对人工神经网络的研究也影响深远。

第三位名人经常与图灵抢“人工智能之父”的帽子,第一次提出了“人工智能(Artificial Intelligence)”这一名词。他就是 LISP 语言发明者,真正的“人工智能之父”约翰·麦卡锡(John McCarthy)。在 1955 年,约翰·麦卡锡与另一位人工智能先驱马文·明斯基以及“信息论”创始人克劳德·香农一道作为发起人,邀请各路志同道合的专家学者在达特茅斯学院共同讨论人工智能。会上,正是约翰·麦卡锡说服大家使用人工智能这一术语,参会人员也热烈讨论了自动计算机、自然语言处理和神经网络等经典人工智能命题。

而一个关键地点,便是上述会议的举行地达特茅斯学院。达特茅斯会议正式确立了 AI 这一术语,并且开始从学术角度对 AI 展开了严肃而精专的研究。在那之后不久,最早的一批人工智能学者和技术开始涌现。达特茅斯会议被广泛认为是人工智能诞生的标志,从此人工智能走上了快速发展的道路。

从诞生之日至今天,人工智能一方面被视作一颗冉冉升起的新星,受人追捧而蓬勃发展,另一方面也备受批评,且遭受过两次严重挫折,史称“两次人工智能寒冬”。

其中,1956 年至 1974 年是人工智能发展的第一个黄金时期。在这期间,“通用解题机”(GPS)被制造出来,而约翰·麦卡锡发明了重要的 LISP 人工智能语音,这种语音直至今天仍有许多程序员在使用。人工智能程序在问题求解、语言处理方面取得了一些进展,而美国 ARPA(即后来的 DARPA,国防高等研究计划局)每年也为人工智能研究提供至少 300 万美元的经费。然而,民众和当局似乎对人工智能期待过高,当研究成果不尽如人意的时候,人们开始丧失对人工智能的兴趣。另一方面,当时作为神经网络先进成果的感知器受到强烈批评,人工智能的研究遭遇瓶颈。从 1974 年开始,人工智能遭遇第一次寒冬,投资者和政府对 AI 研究的资金投入骤减。

直到 1980 年,人工智能中专家系统的商用价值被广泛接受,企业订单增多,人工智能研究才开始复苏。这主要归功于符号逻辑学派的发展,神经网络的突破性进展则是 80 年代末的事情。然而这种复兴未能持续太久,从 1987 年开始 Apple 和 IBM 生产的个人电脑性能不断提升。这些计算机没有用到 AI 技术但性能上却超过了价格昂贵

的 LISP 机。人工智能硬件的市场急剧萎缩,科研经费随之又被削减,AI 经历了第二次寒冬。

而从 20 世纪 90 年代中期开始,随着 AI 技术尤其是神经网络技术的逐步发展,以及人们对 AI 开始抱有客观理性的认知,人工智能技术开始进入平稳发展时期。1997 年 5 月 11 日,IBM 的计算机系统“深蓝”战胜了国际象棋世界冠军卡斯帕罗夫,又一次在公众领域引发了现象级的 AI 话题讨论。

2006 年,Hinton 在神经网络的深度学习领域取得突破,人类又一次看到机器赶超人类的希望。这次标志性的技术进步,在最近三年引爆了一场商业革命。谷歌、微软、百度等互联网巨头,还有众多的初创科技公司,纷纷加入人工智能产品的战场,掀起又一轮的智能化狂潮,而且随着技术的日趋成熟和大众的广泛接受,这一次狂潮也许会架起一座现代文明与未来文明的桥梁。

(摘编自刘兴亮《人工智能的早期简史》,有删改)

**问题:**

(1)在人工智能发展的三个阶段,分别有怎样的重要进步?请根据文本,简要概括。(4 分)

(2)人们应该如何理性地看待人工智能发展?请结合文本,简要分析。(10 分)

**三、写作题(本大题1小题,50分)**

33. 阅读下面的材料,按要求作文。

每人都有一块必须得由自己来耕种的土地。贫瘠、肥沃或许无法选择,荒芜、繁茂将由自己来决定。

综合上述材料所引发的联想和感悟,写一篇论说文。

**要求:**

用规范的现代汉语写作;角度自选,立意自定,标题自拟;不少于1000字。

机密★启封前　　　　　　　　　　　姓名＿＿＿＿＿＿　准考证号＿＿＿＿＿＿

# 国家教师资格考试预测试卷(十七)

## 综合素质(中学)

**注意事项:**

1. 考试时间为120分钟,满分为150分。

2. 请按规定在答题卡上填涂、作答,在试卷上作答无效,不予评分。

**一、单项选择题(本大题共29小题,每小题2分,共58分)**

**在每小题列出的四个备选项中只有一个是符合题目要求的,请用2B铅笔把答题卡上对应题目的答案字母按要求涂黑。错选、多选或未选均无分。**

1. 夏老师上课前会认真备课,课堂上除了细致地讲解知识点以外,还准备了大量的笔记和练习让学生抄写及训练,做到讲、学、练相结合。但是教学效果并不明显,学生们普遍反映课堂上太累而且学习效率低。针对以上问题,夏老师的教学观念应当(　　)

A. 从重视教师的教法转变为重视学生的学法

B. 从重视知识传授转变为重视知识巩固

C. 从重视单人教学转变为重视多人教学

D. 从重视智力培养转变为重视情感发展

2. "雪化了会变成什么?"一个学生回答:"变成了春天!"这个富有想象力又富有艺术性的答案却被老师判为零分。该老师的做法忽视了(　　)

A. 学生的独立性　　B. 学生的创造性

C. 学生的主动性　　D. 学生的发展性

3. 李明通过学习掌握了教育学的相关理论,通过微格教学获得了教学技巧,通过教育见习了解了学校的教育活动,这些过程中他对教师职业有了初步认识。据此可以推断,李明的教师专业发展处于(　　)

A. 生存关注阶段　　B. 非关注阶段

C. 虚拟关注阶段　　D. 任务关注阶段

4. 以下是钟老师班主任日志的一段话,这表明钟老师(　　)

“一个月了,尽管我对某某给予了更多的关心与鼓励。但依然看不到好转的迹象,是方法不对还是……看来,我得再找他的父母和原班主任交流,再深入了解一点,然后调整策略。”

A. 善于自我反思　　　　B. 缺乏探索精神

C. 善于引导学生　　　　D. 缺乏问题意识

5. 午休时,教师张某在学校操场的角落里吸烟。张某的行为(　　)

A. 不正确,违反了《中华人民共和国未成年人保护法》

B. 正确,课间休息时教师可以吸烟

C. 不正确,违反了《中华人民共和国教师法》

D. 正确,吸烟是公民的自由权利

6. 为了维持国家的运行,相应产生了各种各样的国家机构,各自负责不同的区域。主管全国的教师工作的是(　　)

A. 国务院　　　　B. 国务院教育行政部门

C. 全国人大　　　　D. 全国人大教科文卫委员会

7. 亮亮就读于农村某初中,因家中小店生意繁忙,父母便让他辍学帮忙。根据相关法律规定,(　　)应对亮亮的父母进行批评教育,并责令其限期改正。

A. 学校　　　　B. 村委会

C. 乡镇人民政府　　　　D. 县级人民政府

8. 李明因与同桌吵架,回家向家长哭诉。第二天,李明家长带领五六个高大威猛的社会人员来学校,扬言不交出让李明受委屈的学生就不让学校正常上课。根据有关法律,对李明家长及其他相关人员应该依法给予(　　)

A. 刑事责任　　　　B. 治安管理处罚

C. 行政处分　　　　D. 民事责任

9. 下列我国公民中,依法享有选举权和被选举权的是(　　)

A. 刘婷,16 岁,高一学生,学习成绩优异

B. 王明,22 岁,个体户,曾因打架斗殴被拘留

C. 邓亮,46 岁,因犯罪被剥夺政治权利终身

D. 陈康来,17 岁,少数民族

10. 某中学校长明知实验室的实验设备出现了故障,却以经费紧张为由不去修理,结果上课期间几名学生被设备电伤。应对这起事故承担主要责任的是(　　)

A. 学生　　　　B. 学生家长　　　　C. 政府　　　　D. 学校

11. 根据我国《教师法》的相关规定，下列**不能**取得教师资格的是（　　）

A. 周某因饮酒后驾驶机动车被处罚

B. 罗某因故意犯罪被剥夺政治权利

C. 王某因私人恩怨故意停课，耽误教学进度

D. 李某因过失伤人被公安机关刑事拘留

12. 下列未成年人的行为中，属于《中华人民共和国预防未成年人犯罪法》中所称的“严重不良行为”的是（　　）

A. 小勇多次旷课、逃学

B. 小明偷看了同学购买的淫秽书籍

C. 小刚偷走了同桌的平板

D. 小强经常在校园里吸烟

13. 万老师脾气急躁，有一次打了小夏同学一巴掌。小夏的母亲第二天来学校找万老师。如果你是万老师，你会（　　）

A. 特别注意控制自己的情绪，向小夏及其母亲道歉

B. 告诉小夏母亲自己打小夏的理由

C. 不理会，因为自己情绪控制不好可能会与小夏母亲吵起来

D. 当着小夏的面告诉小夏母亲小夏如何不好好学习

14. 对于课堂上有可能引发争议的问题，高老师总是事先进行试验，检验各种假设，并请教相关学者。这突出体现了高老师具有（　　）

A. 独立自主意识　　B. 团结协作精神

C. 求真务实精神　　D. 人文关怀意识

15. 下列教育理念与“君子之教，喻也”类似的是（　　）

A. 道而弗牵，强而弗抑，开而弗达

B. 杂施而不孙，则坏乱而不修

C. 闻之而不见，虽博必谬

D. 知之为知之，不知为不知，是知也

16. 某教师教授《智取生辰纲》时发现学生积极性不高，便灵机一动，让学生替吴用写一封求职自荐信，学生表现出浓厚的学习兴趣。这体现出教师劳动的（　　）

A. 复杂性　　B. 长期性　　C. 创造性　　D. 示范性

17. 我们常说的“鸿雁传书”源自下列哪个历史故事（　　）

A. 文姬归汉　　B. 霸王别姬

C. 苏武牧羊　　D. 楚汉相争

18.《周易》是我国最古老的文化典藏之一，被誉为“六经之首”。下列哪个句子出自《周易》(　　)

A. 人法地，地法天，天法道，道法自然

B. 天行健，君子以自强不息；地势坤，君子以厚德载物

C. 君子有大道，必忠信以得之，骄泰以失之

D. 老吾老，以及人之老；幼吾幼，以及人之幼

19. 下列古诗词涉及的节日分别是(　　)

①把酒问姮娥：被白发、欺人奈何？

②兴怀何限兰亭感，流水青山送六朝。

③传闻宴客端阳前，妙舞清歌进金凿。

A. ①中秋②清明③元旦　　B. ①清明②上巳③七夕

C. ①中秋②上巳③端午　　D. ①七夕②元旦③端午

20. 关于滑轮，下列说法正确的是(　　)

A. 使用定滑轮能省力

B. 使用动滑轮一定能省力

C. 使用滑轮组可以省力，也可以省距离

D. 使用滑轮组可以省力，但不能省距离

21. 下图是我国北斗卫星导航系统标志，符合其设计意图的是(　　)

A. 标识整体呈正圆形，象征中国传统文化中的“团圆”

B. 北斗星下方形似司南，它是世界上最早的计时装置

C. 首尾相连的鱼代表二十八星宿

D. 网格化地球和中英文文字代表开放兼容、服务全球

22. 我国医学历史悠久，很早就有了中医学理论，后世不断丰富和发展，产生了许多中医学著作。要通过一本中医学著作了解我国古代在药物学、生物学、矿物学、化学等诸多科学领域的成就，下列选项中适合的是(　　)

A.《黄帝内经》　　B.《伤寒杂病论》

C.《千金要方》　　D.《本草纲目》

23. 标志着中国完全陷入半殖民地半封建社会深渊的条约是(　　)

A.《南京条约》　　B.《马关条约》

C.《辛丑条约》　　D.《天津条约》

24. 据传《胡笳十八拍》是蔡文姬有感于胡笳的哀声而作。下列哪张图片是胡笳(　　)

A.　　B.　　C.　　D.

25. 某学校从高三甲、乙两个班中各选 6 名同学参加数学竞赛,他们取得的成绩(满分 100 分)的茎叶图如下图所示,其中甲班学生成绩的众数是 85,乙班学生成绩的平均分为 81,则 x + y 的值为(　　)

| 甲 | | 乙 |
|---|---|---|
| 9 7 | 7 | 8 $y$ |
| 5 0 $x$ | 8 | 1 1 0 |
| 1 | 9 | 2 |

A. 6　　B. 7

C. 8　　D. 9

26. 关于 Word 文档打印,下列选项中,说法正确的是(　　)

A. 不可打印文档的指定页内容　　B. 打印操作的最小单位是页

C. 文档的属性信息不可被打印　　D. 文档处于编辑状态不可打印

27. 在 Excel 默认状态下,要在单元格中完整输入数字字符串 070615,下列输入序列正确的是(　　)

A. ’070615　　B. “070615”

C. 070615　　D. [070615]

28. 下列选项中,和“橙子与橘子”逻辑关系相同的是(　　)

A. 土豆与马铃薯　　B. 桃子与水蜜桃

C. 芒果与火龙果　　D. 萝卜与红萝卜

29. 找规律填数字是一项很有趣的游戏,特别锻炼观察和思考能力。按照“3 + 4 + 9→122736”“2 + 6 + 6→121236”“5 + 3 + 7→153521”的规律,下列选项中正确的是(　　)

A. 8 + 5 + 2→401610　　B. 8 + 5 + 2→164056

C. 8 + 5 + 2→401026　　D. 8 + 5 + 2→405624

**二、材料分析题(本大题共 3 小题,每小题 14 分,共 42 分)阅读材料,并回答问题。**

**30.材料:**

学校一年一度的课本剧比赛开始了,为了能取得好成绩,李老师开了一晚上的"夜车",为班级选出了一篇课文并编写了剧本。第二天,李老师兴高采烈地走进班里,把计划和大家说了说,全班同学都很高兴,并开始琢磨怎样找服装、做道具。这时,李老师听到了一段小声议论:"老师怎么选这篇课文?又长又不好演。""你管呢,让你演什么你就演什么呗。""我可不想演。"听到这儿,李老师心里咯噔一下,回头一看,原来是新宇。下课后,李老师把他请到办公室,和他聊了起来:"你是咱们班的小艺术家,表演起节目来真棒!我想听听你对这次班里演课本剧有什么看法。"他沉默了一会儿,说:"老师,您真让我说?""当然,我非常想听。""老师,我觉得您选的课文不好,而且您每次都是写好了剧本让我们演,您应该让我们自己来试一试。"他的话让李老师突然意识到,学生并不希望什么都是老师"包办代替",他们长大了,而老师又总把学生当小孩子,认为他们做不好。既然课本剧是学生的活动,为什么不把选择的权利还给学生呢?于是,李老师把导演的任务交给了新宇同学,他高兴地接受了任务,开始和同学商量演哪一课。然后又找老师做参谋,帮忙做道具。课本剧表演得非常成功,李老师和学生一同品尝了成功的喜悦。

**问题:**

请结合材料,从教师观的角度,评析李老师的教育行为。(14 分)

31. 材料：

运动会结束后，小华在周记中写下了自己的感受：

这一次学校秋季运动会非比寻常，因为有一个特殊的项目，那就是班级韵律操比赛。我们班余老师是一个比较要强的老师，听同学们讲，每次比赛，她都要力争好成绩。大家熟练的班级韵律操对我这个刚转来的新手来说，可是难上加难。有班干部向余老师建议，不让我参加比赛。我本想老师会同意，反正学校并没有要求必须全班参加，再说我刚刚转来。但是余老师没有同意，在班上说："咱们班是一个团队，是一个整体，班上的同学一个都不能少！"我感觉到余老师用鼓励的眼光看着我。

眼见比赛日渐临近，我很是着急，看得出与我们一同训练的余老师也很着急。余老师找到我，一边鼓励我一定能行，一边亲自手把手教我韵律操的每一个动作。余老师腰不好，我看到余老师每次示范弯腰动作时，总是咬着牙，我更是认真操练。在老师的帮助下，我终于在较短时间内学会了班级韵律操。

比赛终于来了，临赛前余老师走过来，笑着对我们说："同学们，不要太看重比赛成绩，只要将我们平时训练的水平展现出来就可以！"说完还朝我点头微笑。我知道余老师为什么朝我点头微笑，那是在鼓励我，相信我能行。

随着音乐声响起，我按照余老师平时教我的韵律操动作，一丝不苟地做着，同学们也是异常认真。功夫不负有心人，在大家齐心协力下，我们班终于夺得冠军。

问题：

请结合材料，从教师职业道德的角度，评析余老师的教育行为。(14 分)

32. 材料：

无论研究数学中的哪一个分支，华罗庚总能抓住中心问题，并力求在方法上有所创新。他反对将数学割裂开来，永远只搞一个小分支或其中的一个小题目，而对别的东西不闻不问。他将这种做法形容为“画地为牢”。他曾多次告诫学生：“我们不是玩弄整数，数论跟其他分支是有密切关系的。”在《数论导引》中，华罗庚首先强调的就是数学的整体性与各部分之间的联系。

1945 年，尽管华罗庚已经是世界数论界的领袖学者之一，但他并不满足，决心中断他的数论研究，另起炉灶。关于他改变自己研究方向的主要原因，正如他以后多次说的，“假如我当时不改行，大概只写几篇数论文章，我的数学生命也就结束了，但改行了就不一样了。在研究数学时，选准方向拼命进攻固然重要，但退却有时也很重要。善于退却，把握退却的时机，这本身就是一种艺术”。他的改行，实际上是其治学之道“宽、专、漫”中的“漫”，即他在搞熟弄通的分支附近，扩大眼界，在这个过程中逐渐转移到另一个分支，使自己的专业知识“漫”到其他领域。这样，原来的知识在新的领域还有用，选择的范围就越来越大。他一直认为，从解析数论中“漫”出来是他一生研究数学的得意之笔。

对于我国数学教育中存在的问题，华罗庚认为，主要出在太注意方法而忽略了原则。一个数学问题往往要教十几种方法，其实只要一种就够了。学会一种方法，别的自然可以想到。在教学方法上，一种毛病是不少老师不愿意改作业，许多题目自己在黑板上演算一遍，让学生照抄了事；另一种毛病是不愿当堂答复学生的问题，这一种态度最坏。华罗庚上课时，对学生提的任何问题总要在课堂上答复，认为这样可以训练学生如何去“想”。有时实在解决不了，他也很坦白地告诉学生，他要回去继续想，而不是只顾面子，使问题解决得模模糊糊。他还讲到“由薄到厚”和“由厚到薄”的读书方法：“譬如我们读一本书，厚厚的一本，加上自己的注解，就会愈读愈厚，我们知道的东西也就‘由薄到厚’了。但这还只是接受和记忆的过程，读书并不是到此为止。‘由厚到薄’是消化、提炼的过程，即把那些学到的东西，经过咀嚼、消化，融会贯通，提炼出关键性的问题来。”

1979 年 3 月底，华罗庚应英国伯明翰大学邀请，去英国讲学，历时八个月，其间还应邀到荷兰、法国与西德访问了一个多月。7 月下旬，“解析数论会议”在英国达勒姆召开，华罗庚应邀参加，他的学生王元与潘承洞也参加了。王元代表华罗庚和他自己做了“数论在近似分析中的应用”的大会报告，潘承洞做了“新中值公式及其应用”的大会报告。一些白发苍苍的数学家用“突出的成就”“很高的水平”等评语，赞扬中国数学家在研究解析数论方面所做的努力，并向华罗庚表示祝贺。

通过对欧洲的访问，华罗庚深刻领悟到“班门弄斧”这个成语是要人隐讳缺点，不要暴露，不如改成“弄斧必到班门”。他每到一个地方做演讲，必讲对方最拿手的东西，其目的就是希望得到帮助与指教。他形象地说：“你要耍斧头就要敢于到鲁班那儿去耍，如果他说你有缺点，一指点，我们下回就好一点了；如果他点点头，就说明我们的工作有相当成绩。”在《数论导引》的序言里，华罗庚曾把搞数学比作下棋，号召大家找高手下，即与大数学家去较量。1982 年，在淮南煤矿的一次演讲中，华罗庚还将“观棋不语真君子，落子无悔大丈夫”改成“观棋不语非君子，落子有悔大丈夫”。意思是说，当你看到别人搞的东西有毛病时，一定要指出来；当你发现自己搞的东西有毛病时，一定要及时修正，这才是“真君子”与“大丈夫”。可见，华罗庚的这些想法是一脉相承的。

（摘编自王元《华罗庚》）

**问题：**

（1）华罗庚的数学教学具有什么样的特点？请简要说明。（4 分）

（2）“班门弄斧”“观棋不语真君子，落子无悔大丈夫”都是具有广泛影响并流传至今的熟语，华罗庚却从另一个角度翻出新意。你认为华罗庚的改动有没有道理？请谈谈你的看法。（10 分）

三、写作题(本大题1小题,50分)

33. 阅读下面的材料,按要求作文。

"韧性"是指物体柔软坚实、不易折断的性质。中华文明历经风雨,绵延至今,体现出"韧"的精神。回顾漫长的中国历史,每逢关键时刻,这种文明的韧性体现得尤其明显。中华民族的伟大复兴,更需要激发出这种文明的韧性。

综合上述材料所引发的思考和感悟,写一篇论说文。

**要求:**

用规范的现代汉语写作;角度自选,立意自定,标题自拟;不少于1000字。

机密★启封前　　　　　　　　　　　　姓名＿＿＿＿＿　准考证号＿＿＿＿＿

# 国家教师资格考试预测试卷(十八)

## 综合素质(中学)

**注意事项:**

1. 考试时间为120分钟,满分为150分。

2. 请按规定在答题卡上填涂、作答,在试卷上作答无效,不予评分。

**一、单项选择题(本大题共29小题,每小题2分,共58分)**

**在每小题列出的四个备选项中只有一个是符合题目要求的,请用2B铅笔把答题卡上对应题目的答案字母按要求涂黑。错选、多选或未选均无分。**

1. 一次期中考试,某班学生陈功考得很差,没有及格,班主任当着全班同学的面讽刺他:"你还'成功'呢,你干脆改名叫'失败'吧。叫'失败'多好,还是'成功之母'。"关于班主任的做法,下列说法正确的是(　　)

A. 激发了学生学习的积极性　　B. 体现了学生学习的主体地位

C. 维护了教师的权威　　D. 没有认识到学生是发展中的人

2.《学记》中"不陵节而施之谓孙"的论述,说明(　　)

A. 教育要依据学科知识的逻辑顺序展开

B. 教育要适应学生的身心发展规律

C. 教育要根据教师对教材的判断展开

D. 教育要根据学生的学习自觉性展开

3. 为了贯彻素质教育的理念,马老师在班级中组织了书法兴趣小组,规定每个同学都必须参加。马老师的做法(　　)

A. 正确,体现了面向全体学生的理念

B. 错误,忽视了学生的个性差异

C. 错误,忽视了学生的创新精神和实践能力

D. 正确,体现了促进学生全面发展



4. 每讲完一个知识点,袁老师都会邀请两名学生上台来分享自己掌握该知识点

的方法，以及对这一知识点的困惑之处，然后再由袁老师对学生的分享进行点评，并帮助学生解答问题。袁老师的这一教学行为符合新课程所倡导的哪一教学观(　　)

A. 教学是课程创生与开发的过程

B. 教学是师生交往、积极互动、共同发展的过程

C. 教学重结论更重过程

D. 教学更关注学科而不只是关注人

5. 学校运动会的志愿者李某在记录实心球测试结果时被参赛选手王某的球砸中，造成轻伤。对于这一事故，承担赔偿责任的主体是(　　)

A. 王某的监护人　　B. 裁判老师

C. 参赛选手王某　　D. 学校

6. 小明是一名初中生，父母早年离异，现在跟着父亲刘某一起生活。刘某经常酗酒，酒后经常打骂小明。小明经常旷课，有时会在刘某教唆下吸烟、盗窃财物。对此，下列说法正确的是(　　)

A. 学校无需向小明的父亲反映小明经常旷课这一情况

B. 小卖部向小明出售香烟并不违法

C. 法院可撤销刘某的监护人资格

D. 学校可以开除小明，并向小明的父亲收取罚款

7. 依据《中华人民共和国教师法》的有关规定，下列说法正确的是(　　)

A. 大学本科毕业的刘某不得申请高级中学教师资格

B. 被剥夺政治权利的徐某不得申请初级中学教师资格

C. 非师范学校不得承担培养和培训中小学教师资格的任务

D. 省级教育行政部门不得认定普通高等学校教师资格

8. 某公办学校校长在招生工作中徇私舞弊，但尚未构成犯罪。依照《中华人民共和国教育法》的相关规定，对于该校长(　　)

A. 应依法给予行政处分　　B. 应依法给予行政处罚

C. 应依法追究民事责任　　D. 可免于追究法律责任

9. 初三学生陈某多次旷课、逃学，沉迷网络，学校多次教育陈某，但陈某仍拒不改正。学校可以根据情况采取相关管理教育措施，其中**不包括**(　　)

A. 予以训导　　B. 要求参加校内服务活动

C. 要求参加特定的专题教育　　D. 责令具结悔过

10.《中华人民共和国宪法》规定，行使驻外全权代表的任免权的机关是(　　)

A. 全国人大　　B. 国务院

C. 全国人大常委会　　D. 全国人大主席团

11. 某偏远山区,交通不便,儿童居住较为分散,为保障当地适龄儿童接受义务教育,根据《中华人民共和国义务教育法》的规定,县级人民政府可以采取的措施是(　　)

A. 设置走读学校　　B. 设置寄宿制学校

C. 设置家庭学校　　D. 设置半日制学校

12. 某中学附近每天上午都会聚集一群中老年人跳广场舞,由于播放的歌曲的音量过大,已经严重影响学校的正常教学,校方多次出面交涉,但跳舞群众声称在公共场所跳舞是他们的权利。对于该案例,下列说法正确的是(　　)

A. 学校警告无效,学校保安有权驱赶

B. 群众有在公共场所休闲锻炼的权利,学校无权干涉

C. 跳舞群众的行为扰乱学校教学秩序,学校可向公安机关报案

D. 公安机关可依法追究跳舞群众的民事责任

13. 李老师的家人住院治疗,虽然他经常晚上在医院陪护,但第二天早晨,即使打车他也会准时出现在教室门口,从未落下一节课。这表明李老师(　　)

A. 爱岗敬业　　B. 廉洁奉公

C. 诲人不倦　　D. 公正待生

14. 右图中,对学生所送礼物,教师要(　　)

A. 全部接受,在教师节时可以接受学生的所有礼物

B. 区别对待,对学生自制的小贺卡可以适当地接受

C. 婉言谢绝,任何时候都不能接受学生的任何礼物

D. 婉言谢绝,尽量避免在公开场合接受学生的礼物

15. 马老师从教20多年,教学经验十分丰富,平时积极参加教师培训,创新教学方法,不断提高自己的职业素养和教学水平。马老师的行为体现的教师职业道德是(　　)

A. 严谨治学　　B. 关爱学生

C. 终身学习　　D. 为人师表

16. 教师在教学中容易偏爱优等生,强化尖子生培养,却忽视后进生的培养,其实质上违背了教育爱的(　　)

A. 理智性　　B. 纯洁性　　C. 引导性　　D. 人道性

17. 三省六部制是中国古代封建社会一套组织严密的中央官制。六部是指吏部、户部、礼部、兵部、刑部、工部，不同朝代各部履行的基本职能大体一致。其中，管理全国学校事务及科举考试的是(　　)

A. 吏部　　B. 户部

C. 礼部　　D. 兵部

18. "月有阴晴圆缺"，用科学的观点看待这件事，其原因是(　　)

A. 人有悲欢离合

B. 地球绕太阳转动，月球绕地球转动，两者转速不一样，出现偏角，使地球挡住了月球的一部分

C. 地球绕月球转动偏角不同

D. 太阳光照射不均匀

19. 集中国几千年优秀造园艺术之大成，把中国古典园林推向一个新的高度，有"万园之园"称谓的圆明园被焚毁于(　　)

A. 鸦片战争期间　　B. 第二次鸦片战争期间

C. 甲午中日战争期间　　D. 八国联军侵华战争期间

20. 提出"民为贵，社稷次之，君为轻"思想的是(　　)

A. 孔子　　B. 老子

C. 孟子　　D. 庄子

21. 字帖按字体划分，可以分为楷书、草书、行书、隶书、篆书等字体。被称为"天下第一行书"的字帖是(　　)

A. 米芾《蜀素帖》　　B. 颜真卿《祭侄文稿》

C. 王羲之《兰亭序》　　D. 苏轼《黄州寒食诗帖》

22. "一壶浊酒喜相逢，古今多少事，都付笑谈中"摘自下列哪部作品的开篇词(　　)

A.《西游记》　　B.《红楼梦》

C.《水浒传》　　D.《三国演义》

23. 西湖位于杭州城西，属于湖泊型的国家级风景名胜区，受到过古今中外无数诗人的赞美。以下诗句**不属于**赞颂杭州西湖美景的是(　　)

A. 湖上春来似画图，乱峰围绕水平铺

B. 孤山寺北贾亭西，水面初平云脚低

C. 湖光秋月两相和，潭面无风镜未磨

D. 水光潋滟晴方好，山色空蒙雨亦奇

24. 很多古诗句当中都有涉及不同的节日。下列诗句中，没有涉及节日的是（　　）

A. 遥知兄弟登高处，遍插茱萸少一人　　B. 千门万户曈曈日，总把新桃换旧符

C. 绿蚁新醅酒，红泥小火炉　　D. 金吾不禁夜，玉漏莫相催

25. 普利策奖于1917年根据约瑟夫·普利策的遗嘱而成立，奖项的评选与颁发由哥伦比亚大学负责管理。普利策奖是（　　）方面的大奖。

A. 音乐电影　　B. 天文地理

C. 新闻文化　　D. 生物研究

26. 在Word中，如果你在编辑文本时执行了错误操作，（　　）功能可以帮助你把文本恢复原来的状态。

A. 撤消　　B. 粘贴

C. 复制　　D. 清除

27. 三八妇女节公司要给所有女性员工发放200元过节费，能在Excel表格中快速完成女性员工工资变化的操作是（　　）

A. 在表格中寻找所有员工，逐个添加

B. 在表格中逐个挑选所有女性员工并添加

C. 在表格中筛选所有女性员工，逐个添加

D. 在表格中筛选所有女性员工，一起添加

28. 下列选项中，与"没有理想的人生，就不是有意义的人生"意思相同的是（　　）

A. 有理想的人生一定是有意义的人生

B. 有理想的人生才会是有意义的人生

C. 没意义的人生一定是没理想的人生

D. 有意义的人生未必是有理想的人生

29. 下面图形组合的变化呈现出一定的规律性。下列选项中，最适合填在问号处的是（　　）

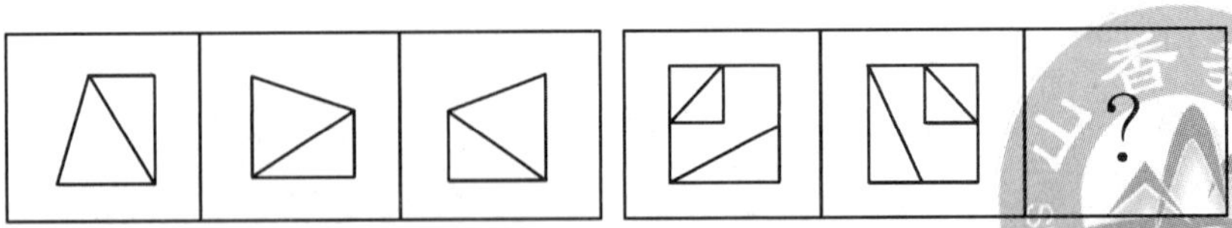

?

A. 　　B. 　　C. 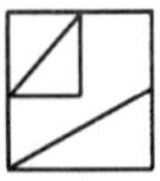　　D.

**二、材料分析题(本大题共 3 小题,每小题 14 分,共 42 分)阅读材料,并回答问题。**

**30. 材料:**

初二(1)班学生王红的语文、英语两科成绩都很好,数学却很差,用她自己的话说:"我爸妈小时候数学都不好,遗传!"

刚接这个班数学课的张老师很惋惜,她想:怎样才能让王红爱学数学、会学数学呢?在全面了解王红的学习状况之后,张老师决定从习得学习方法、消除对数学的畏惧入手帮助王红。

张老师先是和王红一起总结语文与英语的学习方法,归纳其中相通的地方,指导王红尝试将其应用在数学学习上。课堂上,张老师提问王红时,会将复杂的问题分解成一个个小问题,适当进行启发,并给王红提供机会说出解题思路,这逐渐改善了王红的听课效果。

在操作性学习活动中,王红常常不知如何下手。针对这些问题,张老师一方面鼓励王红大胆操作,不要怕犯错误,另一方面教给她具体的操作方法,引导她逐步体验,王红也渐入佳境。当作业难度较大时,张老师便给王红搭一个"脚手架",设计较容易的题目让她先完成,然后找到题目之间的联系,最终完成作业。对于王红的作业,张老师采用面批的形式,及时反馈,以便王红适时改进。

经过张老师和王红的共同努力,王红的数学成绩得到了大幅度提高,王红再也不说自己"学不好数学"了。

**问题:**

请结合材料,从学生观的角度,评析张老师的教育行为。(14 分)

31. 材料：

李老师是某中学小有名气的数学教师，他备课非常认真，对课上和作业里的每道习题都事先演练，课堂上讲解清晰明确，教学效果良好；课外作业坚持全批全改，发现作业上有错误就要求学生订正并罚抄20遍，每次测试都进行细致的质量分析，及时在班上公布每位学生的成绩和排名。他每年都挑选几位成绩优秀的学生，利用周末时间在自己家里进行辅导，被辅导的学生多次在竞赛中获得好成绩。他的辅导虽然没有明确要求收费，但也没拒绝家长们的礼物。

问题：

请结合材料，从教师职业道德规范的角度，评析李老师的教育行为。（14分）

32. 材料：

本来，曹禺从南开转学到清华，一半是冲着王文显。他早就听说，这位外国语文学系主任，对戏剧颇有研究。

但听课后，他竟有些失望。从头至尾，王文显都在念英文讲义，而且年年如此，从不增删。难怪教《近代诗歌》的温源宁教授说，那情形“好似一个长老会的牧师正在主持葬礼”。

即便在课下，他也枯燥无味。据说，学生登门拜访，大多是谈正事，说完便走，“没有人逗留，也没有人希望延长约会时间”。

他不苟言笑，瘦长白净的脸上，嘴角略微向下撇。1936年外国语文学会的合影里，他穿件深色的西服，搭配斜纹领带，背着手，和吴宓一左一右立在中央，满脸严肃。自1915年伦敦大学毕业，王文显便在清华教书，直至1937年学校南迁。其间，他历任教务主任、代理校长和外文系主任。

不同于为人的刻板，他写出的剧本却别有一番幽默，“没有丝毫沉闷无味之处”。

在暗讽袁世凯称帝的喜剧《梦里京华》中，他写下一幕大小老婆争当皇后的闹剧：“大太太喘气喘得活像夏天的狗。她旋转得眼花缭乱。福建太太一个箭步跳到她身后，伸手要抓她的头发。她没有抓住头发，仅仅撕下她的领子。”

他的另一部英文喜剧《委曲求全》，写的则是教授勾心斗角的丑态。男主角是一位大学校长，一出场，便抱着哈巴狗，大言不惭地对下人说：“我要不要一点儿手腕，你想我能维持五分钟之久吗？”

这是这位代理校长的切身感受吗？人们不得而知。至少，在现实中不大看得出来。在会议上，他不慌不忙，不东拉西扯；做事方面，他一丝不苟，“各个方面无疵可求”。甚至，他永远一个样儿，抽烟斗，打网球，夏天穿短装，冬天换长袍。

温源宁说他“像个固定的设备毫无改变”，调侃他为清华的“不倒翁”和“定影液”；“没有他，清华就不是清华；有了他，不管清华还会再有多少变革，也依旧是清华”。

与学生曹禺的悲剧不同，王文显的作品是喜剧，充满了嘲讽，令人捧腹大笑后若有所思。《委曲求全》在耶鲁大学演出时，《波士顿报》一位记者评价：“柔和的、恶嘲的微笑……实在是中国人对于喜剧的一种贡献。”

“他的作品是那种坐在小剧场里，一边喝着咖啡和茶，一边细细品味的话剧。”中国艺术研究院话剧研究所副研究员张耀杰说。

1990 年，正读研究生的张耀杰在资料室无意中发现一本二三十年代的杂志。上面布满灰尘，旧得“翻几下就会烂掉”，其中介绍了王文显。不同于那个年代常有的慷慨激昂，他的文字温文尔雅，很有情趣。

“这种情趣充满了文人式幽默，没有火药味，温厚中带着一丝人文关怀。”张耀杰说，“我们现在很少还有这种幽默。”

只是这种情趣“缺乏战斗性”，这些文字也在以往的戏剧史研究中被忽略。出版于 20 世纪 80 年代、被称为中国戏剧史权威著作的《中国现代戏剧史稿》一书，732 页里对他的介绍只有薄薄 4 页。“剧中所表现的民主主义和爱国主义精神以及基于这种精神对中国黑暗现实的批判，是在历史上起了进步作用的。”书中写道。

清华大学图书馆东北角不远处，曾是王文显居住的北院住宅区。梁启超、朱自清等学者也一度在这里居住。而如今，这里则是一大片草坪，稀稀拉拉种着柳树和杨树，有学生在看书，也有老人推着童车，早已不复是“点点翠竹千般绿，几条小路尽文人”的景象了。

（摘编自《过去的那些人》）

问题：

(1)文章已有《梦里京华》一例，为何还要列举《委曲求全》？请简要分析。(4分)

(2)请根据文本，探析“没有他，清华就不是清华；有了他，不管清华还会再有多少变革，也依旧是清华”这句话的含义。(10分)

三、写作题(本大题1小题，50分)

33. 阅读下面的材料，按要求作文。

妈妈问女儿：“棉被放在床上一直是冰凉的，可是人一躺进去就变得暖和了，你说是棉被把人暖和了，还是人把棉被暖和了？”

女儿一听，笑了：“妈妈你真糊涂啊，棉被怎么可能把人暖和了，当然是人把棉被暖和了。”

妈妈说道：“既然棉被给不了我们温暖，反而要靠我们去暖和它，那么我们还盖着棉被做什么？”

女儿想了想说道：“虽然棉被给不了我们温暖，可是厚厚的棉被却可以保存我们的温暖，让我们在被窝里睡得舒服啊！”

根据以上材料所引发的联想和感悟，写一篇论说文。

**要求：**

用规范的现代汉语写作；角度自选，立意自定，标题自拟；不少于1000字。

机密★启封前　　　　　　　　　　姓名__________　准考证号__________

# 国家教师资格考试预测试卷(十九)

## 综合素质(中学)

**注意事项:**

1. 考试时间为120分钟,满分为150分。

2. 请按规定在答题卡上填涂、作答,在试卷上作答无效,不予评分。

**一、单项选择题(本大题共29小题,每小题2分,共58分)**

**在每小题列出的四个备选项中只有一个是符合题目要求的,请用2B铅笔把答题卡上对应题目的答案字母按要求涂黑。错选、多选或未选均无分。**

1. 学校派工作两年多的王老师参加了一次“国培计划”,回校后他说:“参加这样的集中学习,收获较大,解决了我的许多困惑。”这里有效促进王老师专业发展的途径是(　　)

A. 职业培训　　B. 岗前培训　　C. 在职培训　　D. 资格培训

2. 学校要迎接全市统一的考试,为了取得更好的成绩,学校决定利用音体美课程的时间让语数外科目的老师为学生答疑解惑。学校的做法(　　)

A. 正确,有助于提升学生的考试成绩　　B. 错误,不利于学生的全面发展

C. 正确,有利于学生更好地掌握知识　　D. 错误,加重了语数外老师的负担

3. 孙老师是一位教学经验丰富的老师,他所教班级的成绩一直名列前茅。但孙老师上课时不允许学生随意提问,要保持课堂安静,主要听他讲课。孙老师的做法(　　)

A. 正确,保证了安静的教学环境　　B. 不正确,没有做到以学生为主体

C. 正确,有利于提高学生成绩　　D. 不正确,不利于学生表达能力提升

4. 刚开学,班主任韩老师就通过各种渠道,深入了解班级每个学生的情况,并据此制订适合每位学生的发展规划。这种做法表明韩老师关注(　　)

A. 学生发展的差异性　　B. 学生发展的互补性

C. 学生发展的平衡性　　D. 学生发展的顺序性

5. 下列情形中，学校**不应当**依法承担相应责任的是(　　)

A. 12 岁的李某在学校荡秋千时，绳子突然断裂，造成李某左腿骨折

B. 13 岁的赵某在早操时因插队被同学撞倒在地，造成左臂骨折

C. 11 岁的王某语文课上偷偷看小说，老师发现后，罚他到操场跑 50 圈，造成其心脏衰竭死亡

D. 14 岁的杨某最近总是郁郁寡欢，老师知道原因后及时给予了开导，但杨某还是在家服毒寻了短见，经抢救无效死亡

6. 某地区文化执法部门在对当地一家网吧进行巡查时，发现有未成年人正在网吧上网。根据《中华人民共和国未成年人保护法》的规定，文化执法部门可以对该网吧采取的措施是(　　)

A. 予以关闭，吊销已发营业执照　　B. 责令改正，给予警告并处罚款

C. 予以查封，依法没收违法所得　　D. 责令停业，依法追究民事责任

7. 最高人民法院是国家的(　　)

A. 专门审判机关　　B. 最高审判机关

C. 最高司法机关　　D. 专门行政机关

8. 根据《中华人民共和国教育法》的规定，外籍专家和教师在我国可以从事的活动是(　　)

A. 宣传宗教　　B. 采访活动　　C. 咨询服务　　D. 学术交流

9. 学校评定奖学金，小伟非常优秀，但因跟班主任关系不太好，被班主任取消资格。该班主任侵犯了小伟的(　　)

A. 健康权　　B. 姓名权　　C. 荣誉权　　D. 财产权

10. 某学校为了生源和考试成绩的竞争，在初中三年级十个班中设立了两个重点班，来鼓励和激励学生升学的积极性。该校的做法(　　)

A. 正确，有利于升学率和学校声誉的提升

B. 不正确，"重点班"应由教育部门设立，学校无权设立

C. 正确，有利于对学生的重点培养和因材施教

D. 不正确，学校设立重点、非重点班违反我国相关法律规定

11. 根据《中华人民共和国预防未成年人犯罪法》的规定，对因不满法定刑事责任年龄不予刑事处罚的未成年人，经专门教育指导委员会评估同意，可以决定对其进行专门矫治教育的部门是(　　)

A. 公安机关　　B. 司法行政部门

C. 教育行政部门和司法行政部门　　D. 教育行政部门和公安机关

12. 为保障教师完成教育教学任务，各级人民政府、教育行政部门、有关部门、学校和其他教育机构应当各自履行自己的职责，为学校教育的发展服务。据此，下列说法错误的是(　　)

A. 为学校教师和学生介绍和推荐各种教学辅导用书和练习辅导用书，从中收取回扣

B. 提供符合国家安全标准的教育教学设施和设备

C. 支持教师制止有害于学生的行为或者其他侵犯学生合法权益的行为

D. 对教师在教育教学、科学研究中的创造性工作给以鼓励和帮助

13. “师也者，教之以事而喻诸德者也。”这句话主要体现了教师职业道德要求的特点是(　　)

A. 针对性　　B. 全面性

C. 双重性　　D. 典范性

14. “始吾于人也，听其言而信其行；今吾于人也，听其言而观其行。”孔子的这句话对教学的启示是(　　)

A. 要因材施教　　B. 身教重于言教

C. 要善于启发学生　　D. 要重视言语的作用

15. 对于很多学生来说，家长会历来被认为是“优生的天堂，差生的地狱”，对于初二(3)班的学生家长来说，刚刚经历的一场家长会是这句话的最佳体现。家长会上，班主任张老师对待优等生的家长犹如春风般温暖，对待后进生的家长却冷若冰霜。张老师的做法(　　)

A. 可行，让家长感受到态度落差，回家后对孩子加以管教

B. 不可行，教师的做法违背了依法执教的职业道德规范

C. 可行，老师的态度从侧面反映出学生在校的表现

D. 不可行，教师应该以真诚与平等的态度对待学生家长

16. 小蔡的妈妈给王老师送去一袋家乡特产，请王老师多关照小蔡。王老师婉言谢绝，并表示照顾好每一个学生是自己的责任。下列说法与对王老师的做法的评价不符的是(　　)

A. 大厦之成，非一木之材也；大海之阔，非一流之归也

B. 谁云交际之常，廉耻实伤；倘非不义之财，此物何来

C. 心不动于微利之诱，目不眩于五色之惑

D. 一丝一粒，我之名节

17. 早在1921年，我国便开始对仰韶文化遗迹进行考察，由此诞生了我国现代考

古学。仰韶文化是(　　)中游地区一种重要的新石器时代彩陶文化。

A. 长江　　B. 黄河　　C. 松花江　　D. 湄公河

18. 人们常用“杏林春暖”“杏林满园”“誉满杏林”来赞扬医生的精湛医术和高尚医德。“杏林”典故出自下列哪一医学家(　　)

A. 张仲景　　B. 华佗　　C. 董奉　　D. 扁鹊

19. 世界之最是指在全世界范围内最突出的某一人、事、物。在地理方面,也有许多的世界之最,其中世界上海拔最高的高原是(　　)

A. 巴西高原　　B. 青藏高原

C. 伊朗高原　　D. 帕米尔高原

20. 国外有很多有名的雕塑家,其作品都为世人所称赞。雕塑作品《大卫》的作者是(　　)

A. 菲狄亚斯　　B. 米隆　　C. 米开朗基罗　　D. 达·芬奇

21. 在我国古代以笔记体裁形式写成的科学典籍中,有一本最早记载了人工磁化的一种简便方法,即“以磁石磨针锋”造指南针。这本典籍是(　　)

A.《齐民要术》　　B.《梦溪笔谈》

C.《天工开物》　　D.《农政全书》

22. 第二次世界大战期间,明确规定将台湾及其附属岛屿归还中国的国际公约是(　　)

A.《开罗宣言》　　B.《波茨坦公告》

C.《同盟国宣言》　　D.《联合国宪章》

23. 一杯清水中滴一滴红墨水,我们会看到不一会儿整杯水都变成了红色。这种现象被称为(　　)

A. 离心现象　　B. 丁达尔现象　　C. 扩散现象　　D. 布朗运动

24. 下列重大科技成果中,名称与研发项目对应错误的是(　　)

A.“天宫一号”——空间实验室　　B.“悟空号”——量子科学实验卫星

C.“蛟龙号”——载人潜水器　　D.“中国天眼”——射电望远镜

25. 在太阳系的八大行星中,木星的“左邻右舍”是(　　)

A. 水星和金星　　B. 火星和土星

C. 水星和土星　　D. 天王星和海王星

26. 在 PowerPoint 中,如需设置文字以“回旋”方式播放,则可以选择(　　)

A.“动画”选项卡　　B.“幻灯片放映”选项卡

C.“切换”选项卡　　D.“设计”选项卡

27. 点击 Excel 中的“f(x)”按钮，可在单元格中插入的是(　　)

A. 文字　　B. 数字　　C. 公式　　D. 函数

28. 在维和警察的选拔中，要求被选中者同时在技术能力、政治觉悟、身体素质三个方面都是优秀的。现在有甲、乙、丙、丁四个候选者，其中技术能力优秀的有 1 人，政治觉悟优秀的有 2 人，身体素质好的有 3 人，每个人至少具备一优，有一人同时具备了三优。已知，甲、乙政治觉悟一样，乙、丙身体素质一样好，丙、丁身体素质不都是好的。请问四人中哪位同时具备了三优(　　)

A. 甲　　B. 乙　　C. 丙　　D. 丁

29. 找规律填数字是一项很有趣的活动，特别锻炼观察力和思考能力。下列选项中，填入数列“36、24、15、12、________、9”空缺处的数字，正确的是(　　)

A. 8　　B. 7　　C. 6　　D. 5

**二、材料分析题(本大题共 3 小题，每小题 14 分，共 42 分)阅读材料，并回答问题。**

**30. 材料：**

为提高作业布置的有效性与针对性，王老师在班级中开展“自设作业”活动，让学生自己给自己设计作业。同学们听到此消息，感到既新鲜又激动。

第二天，王老师带着期盼和不安的心情打开了那一份份作业，着实吃了一惊！有“老师，我考考您”，有“小发明介绍”，有“诉说我的烦恼”，有“我喜欢的名人名言”，有主题班会设计方案，有显示个性的硬笔书法，有的干脆是一幅自画像……看着这些丰富多彩的作业，王老师激动不已！这些作业是同学们怀着极大的热情设计的，里面有学生的坦诚和率真，有学生的希望、喜悦、烦恼和困惑，还有他们对美的理解和对是非的判断，这其中闪烁着创造和智慧的火花，是师生之间心与心的交流。当下午放学前王老师把作业本发下去时，同学们一改以往看也不看便塞进书包的习惯，而是迫不及待地翻开作业本，品味着老师批改的一字一句。借此时机，王老师指导学生把“自设作业”和语文学习结合起来。

以后的日子，“自设作业”竟在许多学生的作业中生了根。王老师发现，学生学习语文的兴趣更浓了。

**问题：**

请结合材料，从学生观的角度，评析王老师的教育行为。(14 分)

31. 材料：

初二(3)班的汤老师在学生上晚自习时因私事偷偷外出，快放学的时候才回来。他回来时发现小李正在偷偷写情书，为了让其他同学引以为戒，汤老师将小李的情书在班上念了出来，引得全班同学哄堂大笑。小李自觉没面子，请假回家休息了。

班上的小敏喜欢打篮球，且水平不错，但是学习成绩不好，汤老师认为小敏将时间都花在了打篮球上而没有时间学习，于是以学习成绩差为由明令禁止小敏打篮球。

问题：

请结合材料，从教师职业道德的角度，评析汤老师的教育行为。(14 分)

32. 材料：

失去原创力的文化就没了生机与活力。尽管我们的文学艺术取得了前所未有的历史性进步，但是跟风现象也日益严重，有些电影只有技术没有艺术，电视剧题材风格都不停地重复，小说都变成了影视剧的分镜头剧本；电视节目从结构到细节都模仿抄袭得一丝不差，一个“超女”选秀蜕变出几十个同类节目，一个《快乐大冲关》，又出来十几家克隆节目；就连春节晚会上魔术的走红，也突然催生出十来个电视台的魔术类节目。谁也不肯动脑筋，谁也不肯付出自己的真实的劳动。

人们不禁要问：我们的文化的原创力哪里去了？

文化失去原创力的原因之一是人们失去了对理想信念和信仰的执着，也就是“精神的坍塌”。人之所以是文化动物，就在于人有精神的支撑，这种精神的支撑不管是

来自于宗教哲学还是日常生活，都会以理想和信仰的形式存在于每个人的心中，成为人生活的动力和追求的方向。而由于种种外力因素的作用，这种对信念的执着在我们的生活中越来越淡化，于是就导致我们在具体行动时也渐渐失去了对价值规范的信赖与敬畏。这后一点，正是近来人们说得比较多的道德底线的丧失。

失去了应有的文化信念支撑之后，人们所能找到和最容易找到的参照系只剩下了物质性的和现实性的目标了。人一旦没有了理想信念、精神依托和抽象的追求，就没了奔头儿，就放弃了日常的道德坚守和对社会公义的敬畏。各个阶层各种行业都以数字为标准，以机械学物理学和算术学为衡量一切事物的坐标，拿到钱是英雄，出名是成功，但实际上有没有内容则不管。后现代的解构主义的非英雄主义的价值哲学，时尚的娱乐化的物质化的现实评价标准，功利主义的技术主义的数字化的考核与选拔标准，从学前教育到博士后教育的公式化、模式化、机械化，都不断促使人们放弃思考，放弃个性，放弃创造性思维和创造性追求。

不难看到，有的作家往往被市场左右，放弃了自己的独立思考而听命于书商或影视导演的趣味，使得一部可能具有真正人文内涵的作品成了能换来高稿酬的受时尚和公众欢迎的“畅销书”。而一个大学教授或者是研究生，则要在自己的学术兴趣甚至是专长之外，不停地忙于在特定级别的刊物上发表规定数目的论文。在一切都被规定了的精神环境中，相信没有谁还有能力甚至还有耐心去做创造性的思考和劳动。所以，原创性的文化成果也就自然而然地消失在人们的视野之外了。

由于缺乏精神的动力，最终导致在技术层面也出现了普遍化的原创力丧失。论文和著作是抄袭的，剧本是模仿的，歌曲的主题意境和旋律都是模仿的，就连作品的名字和栏目的名字都要抄来抄去。谁也没有独家秘诀，谁也不能在艺术上和技术上独冠群芳。所以，无论是艺术创作，还是工业生产、产品设计，甚至城市规划和有的领导讲话稿，都变得一模一样了。

文化原创力是一种对生活的感知能力，对现实的理解能力。热爱生活，理解生活，渴望改变生活，就会产生具有原创力的文化辨识力和文化感召力，由此而创造出的文化艺术作品和工业技术产品就必然地会爆发出文化原创力的冲击力与凝聚力，会形成对于社会政治经济文化的深刻而持久的推动作用。

文化原创力的缺失，不仅仅是文艺界的事，也不仅仅是大学教授的事，而是全民族全社会的事，是中华文化生命要延续和中国人找回生活的意义的事。因此，我们应该呼吁全社会摆脱数字化看待事物的眼光，摆脱模式化的生活轨迹，摆脱对生活对理想对精神的不屑一顾的态度。

（选自曾凡《呼唤文化原创力》，有改动）

问题：

(1)根据文章内容，简要概括我们的文化为什么失去了原创力。(4 分)

(2)根据文章内容，说明怎样才能使文化具有原创力。(10 分)

## 三、写作题(本大题 1 小题,50 分)

33. 阅读下面的材料，按要求写作文。

综合材料所引发的联想和感悟，写一篇论说文。

要求：

用规范的现代汉语写作，角度自选，立意自定，标题自拟，不少于 1000 字。

机密★启封前　　　　　　　　　　　　　姓名__________　准考证号__________

# 国家教师资格考试预测试卷(二十)

## 综合素质(中学)

**注意事项:**

1. 考试时间为 120 分钟,满分为 150 分。

2. 请按规定在答题卡上填涂、作答,在试卷上作答无效,不予评分。

**一、单项选择题(本大题共 29 小题,每小题 2 分,共 58 分)**

**在每小题列出的四个备选项中只有一个是符合题目要求的,请用 2B 铅笔把答题卡上对应题目的答案字母按要求涂黑。错选、多选或未选均无分。**

1. 陈老师说:“不是每个学生都能考上大学,学习上暂时落后并不代表永远落后,我绝不放弃任何一个学生。”下列说法**不恰当**的是(　　)

A. 陈老师重视学生发展的阶段性　　B. 陈老师重视学生发展的不平衡性

C. 陈老师重视学生发展的差异性　　D. 陈老师重视学生发展的顺序性

2. 听课后,朱校长认为,张老师的教学内容设计合理,着重关注了学生的学习过程,给予学生许多展示自己见解的机会,根据教师专业发展理论,张老师处于(　　)

A. 关注生存阶段　　B. 关注情境阶段

C. 关注学生阶段　　D. 关注成就阶段

3. 张老师在生物课上经常带学生到校园观察不同的植物,为学生讲解每种植物的生长特点,并指导学生将知识编成小册子。这体现了张老师是(　　)

A. 教育教学的研究者　　B. 行为规范的示范者

C. 专业发展的引领者　　D. 课程资源的开发者

4. 于老师认为,与其开设综合实践活动课浪费时间和精力,还不如利用那些课时多上些语文和数学课。于老师的看法(　　)

A. 忽视了学生全面发展　　B. 忽视了学生个性发展

C. 忽视了学生均衡发展　　D. 忽视了学生主动发展

5. 根据《中华人民共和国教师法》的规定，学校或者其他教育机构对教师进行考核的内容**不包括**(　　)

A. 业务水平　　B. 工作态度　　C. 工作成绩　　D. 工作年限

6. 未履行对义务教育经费保障职责的，由国务院或者上级地方人民政府责令限期改正；情节严重的，对直接负责的主管人员和其他直接责任人员依法给予(　　)

A. 刑事处罚　　B. 民事处分　　C. 治安处罚　　D. 行政处分

7. 依据《中华人民共和国宪法》，中央和地方的国家机构职权遵循的原则是(　　)

A. 中央统一领导，充分发挥地方的主动性和积极性

B. 中央统一领导，充分发挥地方的自主性和积极性

C. 中央统一领导，充分发挥地方的主体性和主动性

D. 中央统一领导，充分发挥地方的主体性和自主性

8. 李老师在学校晨读期间，让学生夏某到校外为自己买早点，夏某不幸遭遇车祸。事故责任应由(　　)

A. 李老师全部承担　　B. 车祸肇事方承担

C. 李老师和车祸肇事方共同承担　　D. 学校全部承担

9. 张某和李某两家世代交好，他们为双方的未成年子女订立了婚约。张某和李某的做法(　　)

A. 合法，父母享有对子女的监护权

B. 合法，父母享有对子女的管教权

C. 不合法，订立婚约应征得双方子女同意

D. 不合法，父母不得为未成年人订立婚约

10. 小君的父母无意间发现小君在社交网站上与一群不良青年有瓜葛，从小君手机中的聊天内容还发现，这群不良青年正在蛊惑小君吸食毒品。根据我国《预防未成年人犯罪法》，小君父母应当立即将情况报告给(　　)

A. 法院　　B. 居委会　　C. 公安机关　　D. 教育部门

11. 学校派张老师参加省里组织的骨干教师培训，但按学校的相关规定，应扣除张老师500元的绩效工资。学校的这项规定(　　)

A. 节约了办学成本　　B. 加强了经费管理

C. 体现了按劳取酬　　D. 侵犯了教师权利

12. 中学生邹某上课时玩手机游戏，班主任王老师发现后，当场删除了邹某的游戏账号和他购买的游戏装备，并告诫邹某不要在上课时玩游戏，并将邹某的手机放入

办公室统一管理。放学后,王老师将手机交还给邹某家长。王老师的做法(　　)

A. 合法,教师有权批评和管教学生　　B. 不合法,侵犯了邹某的财产权

C. 合法,教师无权没收学生的手机　　D. 不合法,侵犯了邹某的隐私权

13. 新入职的李老师想去优秀教师陈老师班上随班听课,陈老师笑容可掬地说:"你是名牌大学毕业的高材生,我的课讲得不好,就不用去听了。"这表明陈老师(　　)

A. 缺乏团结协作精神　　B. 缺乏专业发展意识

C. 能够尊重信任同行　　D. 鼓励同事自我提升

14. 同学们正在早读,书声琅琅,班主任前脚刚迈入教室,身后紧跟着的一个学生几乎要撞上他。班主任大声说道:"李明,你为什么迟到? 站好!"忽然他听到有人嘀咕:"自己不也迟到了。"这反映出教师劳动具有一定的(　　)

A. 复杂性　　B. 示范性　　C. 激励性　　D. 调控性

15. 某教师评上高级职称后,仍坚持更新教育理念,优化知识结构,不断提高自己的专业水平。这表明该教师具有(　　)

A. 爱护学生的情怀　　B. 互助合作的精神

C. 终身学习的意识　　D. 尊重人格的品质

16. 马老师进行家访时,总是采取"四多四少"原则:多一点针对性,少一点随意性;多一点肯定,少一点求全责备;多一点情感交流,少一点情况汇报;多一点指导,少一点推卸责任。马老师的做法(　　)

A. 不可行,仅报喜不报忧,一味迎合家长

B. 不可行,虽重情感交流,但回避了问题

C. 可行,体现了他注重沟通策略,尊重家长

D. 可行,体现了他严格要求自己,家长至上

17. 英国工业革命的主要表现是大机器工业代替手工业,机器工厂代替手工工场,革命的发生并非偶然,18 世纪英国工业革命发生的标志是(　　)

A. 电话机的发明和使用　　B. 蒸汽机的改良和使用

C. 留声机的发明和使用　　D. 计算机的发明和使用

18. 人类的发展进程与使用工具密切相关。下列选项中,属于人类最早使用的工具是(　　)

A. 石器　　B. 陶器　　C. 瓷器　　D. 铁器

19. 缺铁性贫血的人群,应当适量多摄取的食物是(　　)

A. 牛奶　　B. 谷类　　C. 动物肝脏　　D. 大蒜

20. 盛唐是后世对唐王朝的赞颂之词。下列作品中最能体现出盛唐气度的是(　　)

A.《颜氏家庙碑》　　B.《兰亭序》

C.《神策军碑》　　D.《黄州寒食诗帖》

21. 公元前256年,秦国蜀郡太守(　　)和他的儿子,吸取前人治水经验,率领当地人民,主持修建著名的水利工程——都江堰。

A. 李冰　　B. 商鞅　　C. 李春　　D. 白起

22. 不同国家的建筑各不相同,都各自蕴含着自己国家的风格与特色。下列选项中,著名建筑与国别对应**不正确**的是(　　)

A. 印度——泰姬陵　　B. 埃及——金字塔

C. 俄罗斯——圣瓦西里大教堂　　D. 意大利——帕特农神庙

23. 下列中国戏曲种类中,最早被列入联合国非物质文化遗产名录的是(　　)

A. 京剧　　B. 粤剧　　C. 昆曲　　D. 黄梅戏

24. 中国第一部荣获柏林国际电影节"金熊奖"的电影是(　　)

A.《本命年》　　B.《一个都不能少》

C.《霸王别姬》　　D.《红高粱》

25. 雕塑是造型艺术的一种。历史上产生过许多有名的雕塑大师,名雕《掷铁饼者》是(　　)的作品。

A. 米隆　　B. 罗丹　　C. 米开朗基罗　　D. 拉斐尔

26. 在Excel中,C3:C8区域内每个单元格都保存着一个数值,则C9单元格中的函数"COUNT(C3:C8)"的数值为(　　)

A. 33　　B. 32　　C. 8　　D. 6

27. 在PowerPoint的空白幻灯片中,**不可以**直接插入的是(　　)

A. 艺术字　　B. 声音　　C. 文字　　D. 文本框

28. 下列选项中,与"缇萦救父——孝"逻辑关系相同的是(　　)

A. 孔融让梨——义　　B. 季札还愿——智

C. 毛遂自荐——礼　　D. 尾生抱柱——信

29. 按照给出图形的逻辑特点,下列选项中,填入空白处最恰当的是(　　)

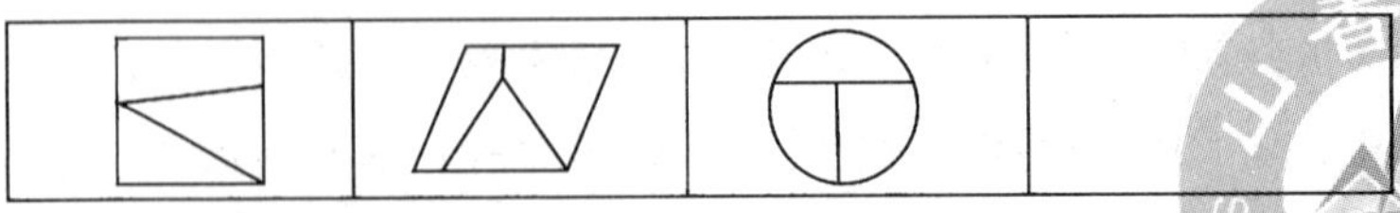

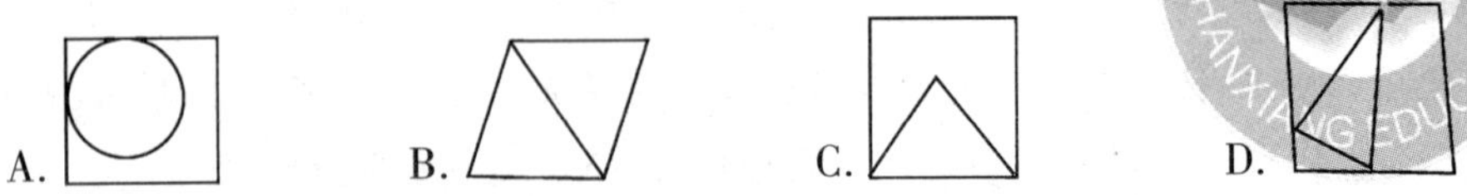

A.　　B.　　C.　　D.

二、材料分析题（本大题共 3 小题，每小题 14 分，共 42 分）阅读材料，并回答问题。

30. 材料：

某次考试后，张老师统计分析每一份试卷，耐心讲解每一道小题，课堂上一些后进生却表现得漫不经心，当张老师看到一些优等生也在左顾右盼时，顿时火冒三丈："有些同学自以为是，都不知道这次考试考得一败涂地。""试卷发下后我就已经全部找出了错误的原因。既然已经全会了，为什么还要听呢？"某些同学嘀咕道。"是啊，会了为什么还要听呢？"这个问题一连几天都在张老师的脑海中盘旋，经过几天的反思，终于在一天的晚自习时，张老师向全班同学做了自我批评，承认自己教学中的不足，没想到全班学生给予他热烈的掌声，张老师趁势问道："还有哪些老师的课你们不愿意上？"同学们纷纷发表看法。

问题：

请结合材料，从教师观的角度，分析张老师的教育行为。（14 分）

31. 材料：

向阳中学是一所农村片区中心学校，郑老师是该校的新任校长。开学前，郑校长深入调查了学校之前的办学情况，了解到一些问题：因外来生源多而学位有限，采取考试入学；学校经费管理、使用不够规范，存在虚报、挪用少量代课金现象；个别教师在校外进行有偿补课。

开学后，郑校长组织全体教职员工系统学习教育法律法规，提高依法执教和依法治校的思想认识，纠正了原有的错误做法，对各项管理工作建章立制，以身作则，模范遵守。他工作兢兢业业，坚持深入教学第一线，承担一门课程的教学任务。他积极参加进修学习和课题研究，努力提高自身科学管理水平。他为人和蔼可亲，善于沟通激励，并且公平公正、铁面无私。有位教师对学生实施变相体罚，产生不良影响，郑校长拒绝熟人说情，召开学校行政会，依照学校规定给予该教师警告处分。

**问题：**

请结合材料，从教师职业道德的角度，评析郑校长的行为。（14 分）

**32. 材料：**

音乐的作用并不止于创造悦耳的乐式，它还能表达感情。你可以津津有味地欣赏一首巴赫的序曲，好像观赏精美的波斯地毯一样，可是乐趣也只限于此。莫扎特则不然，听了他的《唐璜》前奏曲，你不可能不怀有一种复杂的心情。它充满了魔鬼式的欢乐，但又使你有一定的心理准备去迎接可怖的世界末日。听莫扎特的《天神交响乐》最后一章，你会觉得那是狂欢的音乐，响亮的鼓声如醉如狂，从头到尾交织着一种不寻常的悲伤之美。莫扎特的乐章又是乐式设计的杰作。

贝多芬所做的，是把音乐完全用作表现心情的手段，完全不把设计乐式本身作为目的。也正是这一点，使得某些与他同一时代的伟人不得不把他当作一个疯人。不错，他一生非常保守地使用旧的乐式，但是他给它们注入惊人的活力和激情，包括产生于一定思想、信念的那种最高的激情，结果不仅打乱了旧乐式的对称，而且常常使人听不出在感情的风暴下竟还有什么乐式存在了。他的《英雄交响曲》一开始使用了一个乐式（这是从莫扎特幼年的一个前奏曲里借来的），跟着又使用了另外几个漂亮的乐式。这些乐式被赋予了巨大的内在力量，所以到了乐章的中段，这些乐式就全被不客气地打散了。于是，在只追求乐式的音乐家看来，贝多芬是发了疯了。他这么做，只是因为他觉得非如此不可，而且还要求你也觉得非如此不可呢。

<u>这就是贝多芬之谜</u>。他有能力设计最好的乐式；他能写出使你终生受用不尽的乐式；他能挑出那些最枯燥无味的旋律，把它展开得那样引人，使你听上一百次也每次都能发现新东西：一句话，你可以拿所有用来形容以乐式见长的作曲家的话来形容他，但是他的病症，也就是不同于别人之处，在于那激动人心的品质。他能使我们激动，用他

那奔放的感情左右我们。一位法国作曲家听了贝多芬的音乐觉得不舒服,说:“我爱听能使我入睡的音乐。”是的,贝多芬的音乐是使你清醒的音乐,而当你想独自一个静一会儿的时候,你就怕听他的音乐。

懂了这个,你就从 18 世纪前进了一步,也从旧式的跳舞音乐前进了一步,不仅懂得贝多芬的音乐,而且也能懂得贝多芬以后最有深度的音乐了。

(选自萧伯纳《贝多芬百年祭》,有删改)

**问题:**

(1)文中画线句“这就是贝多芬之谜”的“这”指的是什么?(4 分)

(2)根据文意,举例说明从巴赫到莫扎特再到贝多芬在音乐创作上的发展变化。(10 分)

**三、写作题(本大题 1 小题,50 分)**

33. 阅读下面材料,按要求作文。

古人常以比喻说明对理想的追求,涉及基础、方法、路径、目标及其关系等。如汉代扬雄就曾以射箭为喻,他说:“修身以为弓,矫思以为矢,立义以为的,奠而后发,发必中矣。”大意是,只要不断加强修养,端正思想,并将“义”作为确定的目标,再付诸行动,就能实现理想。

综合上述材料引发的联想和感悟,写一篇论说文。

**要求:**

用规范的现代汉语写作,角度自选,立意自定,标题自拟;不少于 1000 字。

国家教师资格考试

# 历年真题详解及预测试卷

综合素质·中学(真题答案本)

# 目　录

# 2023年下半年中小学教师资格考试真题试卷(一)

## 一、单项选择题

1. D 【解析】本题考查素质教育的内涵。素质教育是促进学生全面发展的教育。素质教育倡导的是在教育中使每个学生都得到充分的、全面的发展。实施素质教育必须坚持德育、智育、体育、美育和劳动技术教育并举,促进学生生动活泼地发展。学校教育不仅要抓好智育,更要重视德育,还要加强体育、美育、劳动技术教育和社会实践,使诸方面的教育相互渗透、协调发展,促进学生的全面健康成长。题干中某中学增设国学经典、体能运动、科技发明等校本课程,要求初三学生至少选修两门校本课程,说明该中学关注到了学生的全面发展,同时也可以减轻学生的中考复习压力,让学生在轻松愉快的氛围中学习。故D选项表述正确。

A选项,人是有差异的,由于先天遗传的因素以及后天成长的条件影响,每个学生的身心特点、发展速度以及可能达到的发展水平是不同的。每个学生都有不同的认知表现、意向表现,都有独一无二的内心世界,都有不可比拟的优点,都有自己的兴趣特长。题干中学校增设不同的校本课程,要求学生选修至少两门,学生可以根据自己的兴趣自主选择,表明学校关注到了学生的个体差异,A选项说法错误。

B选项,题干中的学校要求学生至少选修两门校本课程,旨在提升学生的文学素养、运动能力、创新能力等,并未体现学校对学生学习需求的关注,B选项说法错误。

C选项,“以人为本”的学生观指出,学生的身心发展具有顺序性、阶段性、不平衡性、整体性、互补性和个别差异性等规律。教师必须依据学生的身心发展规律和特点开展教育活动。题干中学校增设不同的校本课程供学生选择,这有利于学生的个性发展和全面发展,符合学生的身心发展规律。C选项说法错误。

2. C 【解析】本题考查学生发展的规律。学生发展的整体性是指学生是一个完整的人,以其整个身心投入教学生活,并以整个身心来感知、体验、享受和创造这种教学生活。教学应该面对学生整体身心,着眼于学生的整体性,促进学生的一般发展。题干中学校建立“过程性数据”与“关键事件”相结合的学生评价系统以跟踪学生在品格、学业、体质等方面的发展,说明学校将学生视为完整的人,关注学生的学习、身体、道德发展,注重学生发展的整体性。C选项正确。

A选项,学生发展的个别差异性表现在以下几方面:不同个体同一方面的发展速度和水平不同;不同个体不同方面的发展存在差异;不同个体所具有的个性心理不同。个别差异性也表现在性别之间。题干并未体现,排除。

B 选项，学生发展的顺序性是指个体身心发展是一个由低级到高级、由简单到复杂、由量变到质变的连续不断的发展过程。题干并未体现，排除。

D 选项，能动性是指主体自觉、积极、主动地认识客体和改造客体，而不是被动地、消极地进行认识和实践。题干并未体现，排除。

3. D 【解析】本题考查教师专业发展的内容。教师专业发展的具体内容包括以下几个方面：(1)专业精神，教师的专业精神与教师的专业理想同义，是指教师作为教育专业人员所具备的教育理念、乐业敬业及努力奉献的精神。教师的专业精神主要包括：对教育事业的忠诚、热爱和奉献；对专业理想永无止境的追求；对专业道德规范与行为准则的自觉遵守。(2)专业知识，是教师在师范教育和教育实践中获得的直接作用于教育过程的实用性知识。(3)专业能力，教师专业能力是针对教师专业素养中的活动维度而言的，是教师组织教育活动，对学生有目的地施加影响的能力。(4)专业自我，教师的专业自我就是教师在职业生活中创造并体现符合自己志趣、能力与个性的独特的教育教学生活方式以及个体自身在职业生活中形成的知识、观念、价值体系与教学风格的总和。具体包括自我形象的正确认知、积极的自我体验、正确的职业动机、对职业状况的满意、对理想的职业生涯的清晰认识、对未来工作情境有较高的期望、具有个体的教育哲学与教学模式。题干语句的意思是：学生可以原谅老师严厉刻板，但不能原谅老师学识浅薄。教师要具备崇高的职业精神、勤勉的教学态度、精深的专业知识和过硬的教学能力，才能做好教书育人工作，促进学生的发展。故 A、B、C 项与题干相符。

D 选项，教师专业自主，是指教师依靠专业智能，遵循专业法规和专业伦理，在教育教学实践及其专业发展等方面不受他人干涉，享有决策与行动的自由。教师专业自主不仅包括个人专业自主，而且也包括群体专业自主。与题干不符，本题为选非题，故选 D。

4. C 【解析】本题考查教师劳动的特点。教师劳动的特点包括复杂性、创造性、主体性和示范性、延续性和广延性、长期性和间接性。其中，教师劳动的长期性是指人才培养的周期比较长，教育影响具有滞后性。题干表述说明学生成长要经历多个学段，凝聚着不同学段教师的劳动，教育周期长，充分体现了教师劳动的长期性。故本题选 C。

A 选项，教师劳动的主体性指教师自身可以成为活生生的教育因素和具有影响力的榜样。题干未体现，排除。

B 选项，教师劳动的特殊性是指教师的劳动是一种特殊的生产劳动，是社会生活的一个特殊的领域。教师劳动的特殊性主要体现在其劳动的对象、手段、过程、结果等

方面。题干未体现,排除。

D 选项,教师劳动的创造性主要是由劳动对象的特点决定的。教师劳动的创造性主要表现在以下三个方面:(1)因材施教;(2)教学方法上的不断更新;(3)需要“教育机智”。题干未体现,排除。

5. A 【解析】本题考查《中华人民共和国宪法》。《中华人民共和国宪法》第九十九条规定,县级以上的地方各级人民代表大会审查和批准本行政区域内的国民经济和社会发展计划、预算以及它们的执行情况的报告;有权改变或者撤销本级人民代表大会常务委员会不适当的决定。因此,县级人民代表大会、市级人民代表大会、省级人民代表大会均有权改变或撤销本级人民代表大会常务委员会不适当的决定。B、C、D 项排除。

A 项,《中华人民共和国宪法》第九十六条规定,地方各级人民代表大会是地方国家权力机关。县级以上的地方各级人民代表大会设立常务委员会。因此,乡、镇只有人民代表大会和人民政府,不设立人民代表大会常务委员会。本题为选非题,故选 A。

**易错提示:**关于各级国家机构有权改变或撤销哪一机构、部门发布的不适当法律、决定、命令,考生可借助下表进行识记。

| | |
|---|---|
| **全国人民代表大会** | 改变或者撤销全国人民代表大会常务委员会不适当的决定 |
| **全国人民代表大会常务委员会** | 撤销国务院制定的同宪法、法律相抵触的行政法规、决定和命令<br>撤销省、自治区、直辖市国家权力机关制定的同宪法、法律和行政法规相抵触的地方性法规和决议 |
| **国务院** | 改变或者撤销各部、各委员会发布的不适当的命令、指示和规章<br>改变或者撤销地方各级国家行政机关的不适当的决定和命令 |
| **县级以上的地方各级人民代表大会** | 改变或者撤销本级人民代表大会常务委员会不适当的决定 |
| **县级以上的地方各级人民代表大会常务委员会** | 撤销本级人民政府的不适当的决定和命令<br>撤销下一级人民代表大会的不适当的决议 |
| **县级以上的地方各级人民政府** | 改变或者撤销所属各工作部门和下级人民政府的不适当的决定 |

6. C 【解析】本题考查侵犯学生受教育权的表现。受教育权是学生最基本的权利。常见的侵权行为主要表现为:(1)侵犯学生教育机会平等的权利;(2)侵犯学生的入学权;(3)侵犯学生参加教育教学活动的权利;(4)随意开除学生。初中学业水平考

试，简称“中考”，主要衡量初中学生达到国家规定学习要求的程度，考试成绩是学生毕业和升学的基本依据。学校取消低于一定分数线学生的中考资格的行为侵犯了学生的受教育权，是错误的。A、B 选项说法错误，C 选项说法正确。

D 选项，侵犯学生人身自由的表现形式有非法拘禁和限制学生、非法搜查学生、非法限制学生表达自由的权利等。题干并未体现，排除。

7. D 【解析】本题考查教师的权利。作为专业人员，教师在从事教育教学活动中有其特殊的权利。这是一种职业特定的法律权利。教育教学权即进行教育教学活动，开展教育教学改革和实验的权利，它是教师最基本的权利。题干中教师江某积极实施教学改革及实验，但学校却予以制止，这种做法不正确，侵犯了教师的教育教学权。A、B 项排除，D 项说法正确。

C 选项，科学研究权即从事科学研究、学术交流，参加专业的学术团体，在学术活动中发表意见的权利。题干并未体现，排除。

8. C 【解析】本题考查侵犯学生权利的表现。个人的财产所有权是指公民对个人所有的财产依法进行占有、使用、收益和处分的权利。学生的合法财产受到法律保护，教师不得侵占、破坏或非法扣押、没收等。教师侵犯学生财产权的表现形式有：损坏学生财物、非法没收学生物品、乱罚款、乱摊派、推销商品等。罚款是行政处罚的一种方式，行政处罚只能由特定的行政机关来实施，其他任何单位、组织和个人无权实施。学生上课迟到，是违纪行为而不是违法行为，并且教师没有行政处罚权，不能对学生进行罚款。因此，教师对学生进行罚款的做法是错误的。C 项说法正确。不管教师是否征得家长的同意，教师都没有权利对学生罚款。D 项说法错误。

A 选项，孙某以罚款的形式处理学生的迟到问题，这种行为是错误的。A 选项说法错误。

B 选项，班级文化，是指班级成员在班主任的引导下，依托并通过班级载体来反映和传播的、朝着班级目标迈进过程中所创造的精神财富、文化氛围，以及承载它的活动形式和物质形态。班级文化建设要求塑造良好的班级氛围，构建起和谐班级，以此熏陶、影响、改造学生，产生良好班风、学风，形成一种较固定而独特的班级集体模式。题干中孙某用罚款的方式处理学生的迟到问题，容易给学生树立不正确的价值观，不利于班级文化的建设。

9. B 【解析】本题考查《中华人民共和国教育法》。《中华人民共和国教育法》第七十二条规定，侵占学校及其他教育机构的校舍、场地及其他财产的，依法承担民事责任。熊某侵占学校校舍用于经营活动，违反了我国《教育法》的规定，应依法承担民事责任。本题选 B。

A 选项,刑事责任是指因违反刑事法律而应当承担的法定的不利后果。

C 选项,行政责任,是指因违反行政法律、法规而应当承担的法定的不利后果。行政责任的承担方式包括行政处罚和行政处分。

D 选项,国家补偿责任是常见的一种补偿责任,是指国家机关及其工作人员在行使职权过程中,因其合法行为给相对人造成特别的损失,国家对其承担补偿的责任。也就是说,国家对于为了社会公共利益强加于一个人的任何特殊义务都必须承担补偿责任,公民因公共利益而作出特别牺牲,有权获得国家补偿。

10. A 【解析】本题考查学生的权利。荣誉是一个人受到外部给予的光荣称誉。学生享有荣誉权。任何组织或者个人不得非法剥夺学生的荣誉称号,不得诋毁、贬损学生的荣誉。题干中获奖的作品是由学生赵某完成的,辅导教师虽给予了指导,但并未完全参与作品的制作过程,故荣誉证书应由赵某本人获得。本题选 A 项,B、C、D 选项均为干扰项。

11. B 【解析】本题考查《中华人民共和国未成年人保护法》。《中华人民共和国未成年人保护法》第九十二条规定,具有下列情形之一的,民政部门应当依法对未成年人进行临时监护:(一)未成年人流浪乞讨或者身份不明,暂时查找不到父母或者其他监护人;(二)监护人下落不明且无其他人可以担任监护人;(三)监护人因自身客观原因或者因发生自然灾害、事故灾难、公共卫生事件等突发事件不能履行监护职责,导致未成年人监护缺失;(四)监护人拒绝或者怠于履行监护职责,导致未成年人处于无人照料的状态;(五)监护人教唆、利用未成年人实施违法犯罪行为,未成年人需要被带离安置;(六)未成年人遭受监护人严重伤害或者面临人身安全威胁,需要被紧急安置;(七)法律规定的其他情形。题干中民政部门设立未成年人救助保护机构,对流浪乞讨且暂时查找不到父母或者其他监护人的未成年人实施救助,民政部门对这些未成年人承担临时监护责任。本题选 B。

12. D 【解析】本题考查《学生伤害事故处理办法》。依据《学生伤害事故处理办法》第九条的规定,学生在校期间突发疾病或者受到伤害,学校发现,但未根据实际情况及时采取相应措施,导致不良后果加重,造成学生伤害事故,学校应当依法承担相应的责任。题干中学校未对突发疾病的学生采取相应措施,导致不良后果,故应由学校承担全部责任。A、B、C 选项均为干扰项,本题选 D。

13. A 【解析】本题考查《中小学教师违反职业道德行为处理办法》。依据《中小学教师违反职业道德行为处理办法》第七条的规定,给予教师警告和记过处分,公办学校教师由所在学校提出建议,学校主管教育部门决定。民办学校教师由所在学校决定,报主管教育部门备案。故 A 选项说法正确,C 选项说法错误。

B 选项,《中小学教师违反职业道德行为处理办法》第三条规定,本办法所称处理包括处分和其他处理。处分包括警告、记过、降低岗位等级或撤职、开除。警告期限为 6 个月,记过期限为 12 个月,降低岗位等级或撤职期限为 24 个月。是中共党员的,同时给予党纪处分。林老师受到了警告处分,处分期限应为 6 个月,B 选项说法错误。

D 选项,《中小学教师违反职业道德行为处理办法》第十条规定,教师受到处分的,符合《教师资格条例》第十九条规定的,由县级以上教育行政部门依法撤销其教师资格。教师受处分期间暂缓教师资格定期注册。依据《中华人民共和国教师法》第十四条规定丧失教师资格的,不能重新取得教师资格。D 选项说法错误。

**14. B** 【**解析**】本题考查《中小学教师职业道德规范》。教书育人的职业道德规范要求教师遵循教育规律,实施素质教育。循循善诱,诲人不倦,因材施教。培养学生良好品行,激发学生创新精神,促进学生全面发展。不以分数作为评价学生的唯一标准。题干中莎莎的语文成绩下降,教师应耐心了解莎莎学习中遇到的问题,分析、研究导致成绩下降的原因,并采取相应措施帮助莎莎。B 选项的说法恰当。

A 选项,教师直接批评莎莎考试成绩差,并且叫家长的行为容易挫伤莎莎的自尊心,说法不恰当。

C 选项,教师建议莎莎到校外机构培训,未充分了解莎莎学习情况,未履行教师的教育教学责任,说法不恰当。

D 选项,教师提供模拟试卷让莎莎练习,并未找出莎莎成绩下降的原因,且增加莎莎的学习负担,说法不恰当。

**15. D** 【**解析**】本题考查教师职业行为。A 选项,自由和责任的结合含有两层含义,一是个人在行使自由权利时要对他人负责、对社会负责。二是行为主体应当、而且必须对自己的出于自由意志和自由选择,妨害他人自由的违法行为承担法律责任。李老师和方老师在评课时对彼此的不足轻描淡写,没有承担起对对方的不足提出批评、建议的责任,没有做到自由与责任的结合,A 项说法正确,与题意不符,排除。

B 选项,教学评价是依据一定的指标对教学过程及其结果作出判断。本质上,评价是一种价值判断。价值判断虽然有客观来源,即评价客体的事实状况,但是主体依据一定价值准则对客体作出判断,使得价值既不是纯主观的,也不是纯客观的,是主观与客观的统一。因此,教学评价是主观性和客观性的统一。李老师和方老师在评课时,只评对方的优点,对不足轻描淡写,评价不够全面客观,没有体现主观性与客观性的统一,B 项说法正确,与题意不符,排除。

C 选项,伦理关系作为人与人之间一种特殊的社会关系,既有功利性的一面,又有超功利性的一面。功利性是指任何伦理关系都在不同程度上反映着人与人之间的利

益关系，人们对伦理关系的认识和处理都是为了实现和维护一定的利益。所谓超功利性，并不是说伦理关系不要或不能体现利益关系，而是指伦理关系所反映的利益是超出一己利益之上的对方的利益、双方的共同利益和社会的整体利益。也就是说，“超功利”并不是说完全与功利无关，或者说超出一切功利，它仅仅是指超出个人功利的无私精神。李老师和方老师出于维护双方友情、利益的功利性目的，在评课时不够客观、公正，损害了学校、学生的利益，没有体现功利性与超功利性的相结合，C 项说法正确，与题意不符，排除。

D 选项，个性发展与全面发展互为前提。正是通过个性发展才能够实现一定历史条件下人的全面发展的目标，并不断赋予人的全面发展以新的内涵，使之作为一个更高的目标为个性发展提供导向、继续前进的路径。同时个性发展又是以全面发展为前提和价值取向的。如果缺乏（或根本没有）全面发展的基本素质，个性发展就缺乏（或根本没有）生命力，就必然失去目标和方向，就会导致片面发展的再现。题干案例重在描述两位老师的评课行为，D 项与题干无直接、明显关系，本题答案选无关项 D 项。

**16. A　【解析】**本题考查《中小学教师职业道德规范》。教书育人的职业道德规范要求教师遵循教育规律，实施素质教育。循循善诱，诲人不倦，因材施教。培养学生良好品行，激发学生创新精神，促进学生全面发展。题干语句出自《论语》，意思是子路问孔子：“听到了就行动起来吗？”孔子说：“有父兄在，怎么能听到就行动起来呢？”冉有问：“听到了就行动起来吗？”孔子说：“听到了就行动起来。”这是孔子根据学生的不同特点进行教育，关注到了学生的差异性，体现了因材施教的教学原则。故 A 选项正确。

B 选项，教学方法是教师的教和学生的学相互作用的一种活动，是一系列手段和方式的集合体。正是这一内在规定性使得它在一定意义上有别于其他科学活动，具有自身的特殊性。与题意不符。

C 选项，教育过程的实践性，就是使教育与社会实践紧密结合在一起，寓教育于实践中。教师在教学过程中不仅要向学生传授正确的理论观点和必要的知识，更重要的是要结合学生自身实际，身体力行，做到知行合一，从而不断提高学生自身素质。与题意不符。

D 选项，教育评价的多元性原则是指在进行教育评价的时候，既要让学生进行自评也要进行相应形式的他评。贯彻这个原则应做到：(1)参与评价者的多元性；(2)评价角度的多元性。与题意不符。

**17. A　【解析】**本题考查第一次世界大战中的战役。索姆河会战是英法联军为了突破德军防御，减轻凡尔登地区德军对法军的压力，于 1916 年 6 月至 11 月在法国北

部索姆河地区对德国实施的一次阵地进攻战役，也是第一次世界大战中规模最大的战役。在这次战役中英军首次使用坦克参加战斗。

B 选项，马恩河会战是英法联军与德军于 1914 年 9 月在马恩河地区进行的会战。这次会战阻止了德军向巴黎的推进，是西线战场 1914 年战局中有利于英法联军的转折点。

C 选项，凡尔登战役是德军和法军为争夺凡尔登堡垒地域于 1916 年 2 月展开的一场历时约 10 个月的阵地战。这场战役异常惨烈，交战双方损失近百万人。由于死亡人数太多，凡尔登战役有"绞肉机""地狱""屠场"之称。

D 选项，第一次世界大战期间，1914 年、1915 年和 1917 年协约国军队同德军在比利时西部的伊普尔地区进行了三次战役，史称伊普尔战役。

**18. C** 【**解析**】本题考查参与国徽设计的建筑学家。梁思成是我国建筑历史学家、建筑教育家和建筑师，毕生从事中国古代建筑研究和建筑教育事业，系统调查、整理、研究了中国古代建筑的历史和理论。他曾参与国徽、人民英雄纪念碑等几项重大工程的方案设计，是新中国首都城市规划工作的推动者。

A 选项，李诫是北宋著名建筑学家。他总结前人成果和能工巧匠的技艺，加上自己的实践经验，著成《营造法式》一书。该书是我国古代最全面、最科学的建筑手册，也是世界上最早、最完备的建筑学著作。

B 选项，童寯是我国著名建筑学家、建筑教育家，中国近代造园理论和西方现代建筑研究的开拓者，设计了上海大戏院、南京首都饭店、南京中山文化教育馆、南京地质矿产陈列馆等多个项目。

D 选项，吴良镛是我国著名的建筑学家、城乡规划学家和教育家，人居环境科学的创建者。他参与了多项重大工程项目，如北京图书馆新馆设计、天安门广场扩建规划设计、广西桂林中心区规划、中央美术学院校园规划设计、孔子研究院规划设计等。

**19. B** 【**解析**】本题考查史蒂芬·霍金的科普著作。史蒂芬·霍金是英国著名物理学家、宇宙学家、数学家，代表作品有《时间简史》《果壳中的宇宙》《大设计》等。

A 选项，《上帝的指纹》是英国作家汉卡克的作品。

C 选项，《生命是什么》是奥地利物理学家埃尔温·薛定谔的代表作品。

D 选项，《未来时速》是比尔·盖茨的代表作品。

**20. A** 【**解析**】本题考查中国地理标志产品。A 选项，福鼎白茶是中国地理标志产品，源自福建省宁德市福鼎市。福建省安溪县的特产是安溪铁观音。A 选项匹配错误。

B 选项，郫县豆瓣是四川省成都市郫都区（旧称郫县）的特产，也是中国地理标志产品。B 选项匹配正确。

C 选项,文登苹果是山东省威海市文登区特产,是中国地理标志产品。C 选项匹配正确。

D 选项,兴隆咖啡是海南省万宁市特产,是中国地理标志产品。D 选项匹配正确。

21. D 【解析】本题考查素三彩。素三彩是创烧于明代的一种彩色低温釉,釉色以黄、绿、紫三色为主。因为不用红彩,故称“素三彩”。其烧造工艺是在湿胎上以彩釉填绘在已刻划好的纹样上,再经低温烧成。

22. C 【解析】本题考查古希腊作家。埃斯库罗斯、索福克勒斯、欧里庇得斯并称为“古希腊三大悲剧作家”。

A 项,埃斯库罗斯,被称为“悲剧之父”,代表作有《被缚的普罗米修斯》《阿伽门农》等。

B 项,欧里庇得斯,被称为“舞台上的哲学家”,代表作有《美狄亚》《特洛伊妇女》等。

C 项,阿里斯托芬,被称为“喜剧之父”,代表作有《阿卡奈人》《蛙》《鸟》《和平》等。

D 项,索福克勒斯,被誉为“戏剧艺术的荷马”,代表作有《安提戈涅》《俄狄浦斯王》等。

阿里斯托芬不是悲剧作家,本题为选非题,故选 C。

23. D 【解析】本题考查民间号子歌曲。中国民歌的体裁可大致分为劳动号子、山歌、小调等多种类型。

劳动号子是一种产生并运用于劳动,具有协调与指挥劳动的实际功用的民间歌曲。在劳动号子中,最常见的歌唱方式是一领众和,领唱者往往就是劳动的指挥者。《军民大生产》《码头工人歌》《黄河船夫曲》《杵歌》等都属于劳动号子。

小调又称小曲,是一种流行于城镇和集市的民间独唱、对唱或歌舞小曲。小调题材广泛,旋律流畅细腻,富于变化。《沂蒙山小调》《一根竹竿容易弯》《桃花红杏花白》《龙船调》《小放牛》等都属于民歌中的小调。

综上所述,A、B、C 三项中的歌曲类型为劳动号子,D 项歌曲类型为小调,本题为选非题,故选 D。

24. B 【解析】本题考查冬季奥林匹克运动会的标识。A 项是“北欧两项”的标识。北欧两项起源于北欧,由越野滑雪和跳台滑雪组成,在挪威、瑞典等北欧国家流传很长时间,成为北欧的传统项目,故又称北欧全能。

B 项是“冬季两项”的标识。冬季两项由越野滑雪和射击两种竞赛项目组成,要求运动员有由动转静的能力,该项目被称为“动与静”的完美结合。冬季两项起源于

18 世纪斯堪的纳维亚半岛,由远古时代的滑雪狩猎演变而来。

C 项是“高山滑雪”的标识。高山滑雪是以滑雪板、雪鞋、固定器和滑雪杖为工具,在山坡专设的线路上进行快速回转和滑降的一种雪上竞技项目。高山滑雪起源于北欧的阿尔卑斯地区,故又称阿尔卑斯滑雪。

D 项是“自由式滑雪障碍追逐”的标识。自由式滑雪障碍追逐是自由式滑雪的比赛项目之一。自由式滑雪始于 20 世纪 60 年代的美国,在高山滑雪基础上发展而成,是一种以滑雪板和滑雪杖为工具,在专门的滑雪场上完成系列规定和自选动作的雪上竞技项目,1992 年起被列为冬奥会比赛项目。

**25.** D **【解析】**本题考查人造纤维的发明者。人造纤维技术起源于法国人夏尔多内的发明。夏尔多内的老师是著名化学家和微生物学家巴斯德,受巴斯德研究蚕生物学特性的启示,夏尔多内开始模仿蚕的吐丝过程制造人造纤维。他把从木材或棉花中提取到的纤维素溶解在溶液中,经很细的毛细玻璃管挤出、凝固,得到了类似蚕丝的人造纤维。这就是人类最早研制的人造纤维,夏尔多内由此被誉为“人造纤维之父”。本题选 D。

A 项,爱迪生发明了电灯、留声机、发电机、电影等,共有一千多项发明获得专利,被誉为“世界发明大王”。

B 项,海厄特,美国发明家,发明了“赛璐珞”,“赛璐珞”意为来自纤维的塑料。

C 项,卡罗瑟斯,美国有机化学家,是第一种聚酰胺纤维——尼龙的发明者,奠定了合成纤维工业的基础。

**26.** B **【解析】**本题考查 Excel 的基础操作。求和函数 SUM 可计算参数表中的参数总和,求中位数函数 MEDIAN 可计算参数表中的中位数,求众数函数 MODE 可计算参数表中的众数,求平均值函数 AVERAGE 可计算所有参数的平均值。题干要求求出甲班 20 名学生成绩的中位数,故应选择求中位数函数 MEDIAN,本题选 B。

**27.** A **【解析】**本题考查 PowerPoint 的基础知识。幻灯片母版主要用来定义演示文稿 PowerPoint 中所有幻灯片的格式,其内容主要包括文本与对象在幻灯片中的位置、文本与对象占位符的大小、文本样式、效果、主题颜色、背景等信息。幻灯片母版上的对象将出现在每张幻灯片的相同位置上,使用母版可以方便地统一幻灯片的风格。B、C、D 三项并不是通过设置母版可实现的操作,排除。故本题选 A。

**28.** C **【解析】**本题考查类比推理。分析题干,“出席”指参与、到场,“缺席”指未出席,该到未到,“出席”与“缺席”是反义关系。选项中,“取件”是收货人将物品拿走,收到货物,“派件”是派送人员将物品送到某一地点等收货人拿取,“取件”和“派件”是反义关系,故本题选 C。

A 项,电邮即电子邮件,是邮件的一种,“邮件”与“电邮”是包含关系,排除。

B 项,“灌篮”和“投篮”都是篮球的一种进球形式,并非反义关系,与题意不符,排除。

D 项,网签即网上签到,属于签到形式的一种,“签到”和“网签”是包含关系,排除。

29. B 【解析】本题考查图形推理。分析题干所给图形,从图形的形状、结构、位置、叠加上均看不出明显规律,考虑找数量方面的规律。题干所给前三个图形,每个图形均有 6 个封闭区域,故空白处的图形也应有 6 个封闭区域。A 项所给图形有 7 个封闭区域,B 项所给图形有 6 个封闭区域,C 项所给图形有 4 个封闭区域,D 项所给图形有 7 个封闭区域。综上,B 项符合题意,本题选 B。

**二、材料分析题(参考答案)**

30. 韦老师践行了新课程倡导的教师观,调动了学生的学习兴趣,其行为是正确的。

(1)从教师与学生的关系看,新课程倡导的教师观强调教师是学生学习的促进者。教师应成为学生学习兴趣的激发者,各种能力和积极个性的培养者。材料中,面对农村中学的物理教学现状,韦老师自制实验器材,设计微型实验让学生动手实践,指导学生观察身边的物理现象,激发了学生学习物理的兴趣,促进了学生实践能力、探究能力、观察能力的发展。韦老师的教育行为体现了教师是学生学习的促进者。

(2)从教学与课程的关系看,新课程倡导的教师观强调教师是课程的建设者和开发者。新课程倡导教师应发挥自身的主体作用,成为课程的开发者和建设者。材料中,韦老师充分发挥自身的主观能动性,收集生活中的常见物品并自制成实验器材,还设计了一系列微型实验,丰富了课程资源,创新了课堂教学内容。韦老师的教育行为体现了教师是课程的开发者和建设者。

(3)从教学与研究的关系看,新课程倡导的教师观强调教师是教育教学的研究者。教师应积极发现自己在教育教学中存在的问题,深入研究思考解决这些问题的方法,促进自身的专业发展。材料中,针对农村学校实验器材匮乏、学生“背物理”的现状,韦老师虚心求教,认真学习、钻研,寻找问题解决办法,最终改变了实验器材匮乏、学生机械学习的不良现状。韦老师的教育行为体现了教师是教育教学的研究者。

(4)在对待师生关系上,新课程倡导的教师观强调对学生的帮助、引导。材料中,韦老师搜集、自制实验器材,丰富学生的学习资源,设计微型实验让学生探索、实践,指导学生观察物理现象、探究物理奥秘,学生学习物理的兴趣更加浓厚,这一系列行为体现了教师对学生学习的帮助与引导。

(5)在对待与其他教育者的关系上,新课程倡导的教师观强调教师间的合作。在教育教学过程中,教师除了面对学生外,还要与周围其他教师发生联系,要与学生家长进行沟通与配合。材料中,韦老师面对教育教学中的问题,能够虚心向老教师请教,体现了教师间的协作交流。

综上所述,韦老师的教育行为促进了学生的发展,符合新课程倡导的教师观,值得广大教师学习。

(共14分。对韦老师的行为评价得当2分;从新课程倡导的教师角色、教师行为等角度答出至少四点,每点3分,其中理论阐述1分,结合材料具体分析2分)

**31.** 廖老师的行为不正确,违背了爱国守法、关爱学生、教书育人、为人师表的教师职业道德规范。

(1)爱国守法的师德规范要求教师全面贯彻国家教育方针,自觉遵守教育法律法规,依法履行教师职责权利。材料中,廖老师在李超不小心碰断玫瑰花后,便不让李超参与后续的看护玫瑰花的集体活动,这一行为侵犯了学生受教育权中依法“参加教育教学计划安排的各种活动”的权利。因此,李老师没有遵守教育法律法规,违背了爱国守法的师德规范。

(2)关爱学生的师德规范要求教师关心爱护全体学生,尊重学生人格,平等公正对待学生。对学生严慈相济,做学生良师益友。保护学生安全,关心学生健康,维护学生权益。不讽刺、挖苦、歧视学生,不体罚或变相体罚学生。材料中,廖老师大声斥责不小心碰断花的李超,不让其参加集体活动,冷漠对待李超,这些行为说明廖老师没有做到关心爱护学生,没有平等公正对待学生,损害了学生的心理健康,违背了关爱学生的师德规范。

(3)教书育人的师德规范要求教师遵循教育规律,实施素质教育。循循善诱,诲人不倦,因材施教。培养学生良好品行,激发学生创新精神,促进学生全面发展。不以分数作为评价学生的唯一标准。材料中,廖老师面对学生的无心之过,不但没有针对学生性格特点循循善诱、因材施教,引导学生往更好方向发展,反而采用简单粗暴的教育方式,导致学生心理受到伤害,性格变得孤僻、寡言,这违背了教书育人的师德规范。

(4)为人师表的师德规范要求教师坚守高尚情操,知荣明耻,严于律己,以身作则。衣着得体,语言规范,举止文明。关心集体,团结协作,尊重同事,尊重家长。作风正派,廉洁奉公。自觉抵制有偿家教,不利用职务之便谋取私利。材料中,廖老师对李超的无心之过大声斥责,不让李超参加集体活动并派班长监督,与王方交谈却忽视李超,这一系列行为都表明廖老师没有坚守教师职业的高尚情操,没有以身作则为学生树立良好典范,违背了为人师表的师德规范。

综上所述，廖老师的行为违背了教师职业道德规范的要求，损害了学生的发展，是不正确的，廖老师应当反思并改正自己的错误行为，广大教师也要引以为鉴。

（共14分。对廖老师的行为评价得当2分；从“爱国守法”“关爱学生”“教书育人”“为人师表”等角度作答，每点3分，其中理论阐述1分，结合材料具体分析2分）

32.（1）①文言文与社会发展脱节导致民众难以理解，因此知识分子推动了白话文运动以促进语言变革，在成语使用上不断“破旧立新”，产生了大量异体成语。

②汉语具有意合性，这为成语改换构成要素形成异体成语提供了客观基础，有利于异体成语的产生。

③清末民初时正处于古代汉语向现代汉语的过渡期和文言与白话的碰撞期，单音词的双音化发展迅速，成语构成语素中的单音语素受到双音化影响被替代掉，形成了异体成语。

（共4分。从社会需求方面作答可得2分，从异体成语形成的客观条件方面作答可得1分，从双音化影响方面作答可得1分）

（2）①语言发展时刻遵循社会性、时代性与经济性。随着社会的发展和新事物的出现，语言会产生新词和更准确、精细的词语。此外语言也总是在追求更经济的表达，人们在不断抉择中逐渐淘汰了一部分异体成语。

②语言发展具有均衡性与和谐性的规律。很多成语历经数千年发展，有其自身的特点与规律，一些构成要素不对称、韵律不和谐的往往会遭到淘汰。

③语言发展具有通俗性与典雅性相互作用的规律。过于通俗的成语往往会向典雅性靠拢，而过于文言典雅的成语在发展过程中也会向通俗性靠拢。

（共10分。从语言发展的社会性、时代性、经济性方面作答可得4分，从语言发展的均衡性与和谐性规律方面作答可得3分，从语言的典雅性与通俗性的相互作用方面作答可得3分）

**三、写作题**

33.**【写作思路】**这是一篇材料作文，材料中讲述了孟德尔发现植物杂交规律，初时不被重视，但最终家喻户晓的故事。考生需要先阅读材料，找出材料中的重点内容，并从中提取正确的立意。我们可以从材料中得出的立意有：坚持真理；是金子总会发光；追求真理的道路并不孤独；等等。

**【参考范文】**

**是金子总会发光**

在科学的世界里，许多伟大的发现都经过时间的磨砺和淘洗，才最终被人们所熟

知和接受。孟德尔的研究发现,似乎就印证了那句老话:是金子总会发光。

1865 年,奥地利的孟德尔发表论文《植物杂交实验》,提出了植物杂交的规律。孟德尔的发现并非一蹴而就,而是经过了长期的实验和深入的思考。他通过精巧的实验设计,准确的实验数据,得出了新颖而独到的结论。然而,这一卓越的发现并未立即引起全世界的关注。直到 1900 年,荷兰的德弗里斯、德国的科伦斯、奥地利的丘歇马克才几乎同时分别重新发现了这一规律,引发了全世界的震动。然而,他们后来也都承认,孟德尔的研究比他们更早,也更深入细致。尽管孟德尔的发现一度被忽视,但它的价值在科学发展的进程中得到了肯定。正如金子虽然被掩埋在沙土中,但只要有足够的时间和耐心,它总会发出耀眼的光芒。

在孟德尔、德弗里斯、科伦斯、丘歇马克等人身上,我们看到了科学家坚韧不拔的研究精神和追求真理的决心。尽管孟德尔的研究在生前未得到应有的重视,但他的研究成果并未被埋没。相反,他的研究精神激发了一代又一代的科学家探索未知、追求真理。孟德尔的故事告诉我们,即使在最困难、最孤独的时候,只要坚持真理、坚持不懈,就一定能够为科学的发展做出贡献。

外国有孜孜不倦、追求真理的科学家,中国也有英勇抗击敌人、心系百姓的林则徐。

林则徐是中国近代史上一位杰出的政治家和民族英雄。遥想当年,林则徐英勇无畏,虎门销烟,沉重打击了鸦片贩子,但也引来了外国势力的报复。销烟有功的林则徐被革职,后来又被朝廷发往伊犁"效力赎罪"。尽管被贬,林则徐仍强忍着心中的万分悲凉,在伊犁大修水利、垦荒屯田,在百姓心中,竖起一座不朽的丰碑。即使遭到贬谪,林则徐的光辉身影依然永存于中华禁毒史上。即使被伊犁的风沙掩埋,依然挡不住林则徐身上散发出的无限光芒。

是金子总会发光! 这是对科学家的赞美,也是对所有追求进步的人们的鼓励。从孟德尔到林则徐,我们看到了坚持真理和追求进步的重要性。是金子总会发光,这是因为它们经过了时间的考验,它们的价值得到了肯定。同样地,只要坚持真理、不断努力、追求进步,每一个人都有可能成为金子,都能发出耀眼的光芒。

再破的盆里也能开出美丽的花,再丑的石头也有它的用处,每一个人都能以最美的姿态活着,在心灵的画布上涂抹阳光。让我们珍惜自己的潜能和才华,坚持不懈地追求真理和进步,相信自己总有一天也能变成光芒璀璨的金子!

(本文以"是金子总会发光"为中心论点,切合题意,并以此统领全文,结构清晰,内容深刻,文字简洁、有力。拟定得分 46 分)

【评分标准】

| 等级 | 内容 | 语言 | 结构 | 书写 |
|---|---|---|---|---|
| 一等作文（占总分的75%～100%） | 思想健康，感情真实，立意深刻，内容充实，中心突出，能联系实际 | 文从字顺，语言准确生动，有文采 | 结构严谨，层次清楚 | 字体工整，书写规范，卷面整洁 |
| 二等作文（占总分的50%～74%） | 思想健康，感情真实，立意较深刻，内容具体，中心明确，能联系实际 | 文从字顺，表达较好，较有文采 | 结构完整，层次比较清楚 | 字体较工整，书写较规范，卷面较整洁 |
| 三等作文（占总分的25%～49%） | 思想健康，感情较真实，立意不够深刻，内容尚具体，中心基本明确，联系实际不够 | 语句基本通顺，病句少 | 结构不够完整 | 字迹清楚，错别字较少 |
| 四等作文（占总分的0～24%） | 思想基本健康，感情不够真实，立意不当，内容不具体，中心不明确，没有联系实际 | 语句不通顺，病句多 | 结构混乱 | 字迹不易辨认，错别字多，卷面很不整洁 |

**注**：其他试卷的作文评分参考以上标准。

## 2023年上半年中小学教师资格考试真题试卷（二）

### 一、单项选择题

1. D 【解析】本题考查教师专业发展的阶段理论。叶澜等人将教师专业发展阶段划分为“非关注”阶段、“虚拟关注”阶段、“生存关注”阶段、“任务关注”阶段、“自我更新关注”阶段五个阶段。

处于“虚拟关注”阶段的一般是师范学习阶段的学生或实习期教师，他们对合格教师的要求开始思考，在虚拟的教学环境中获得某些经验，对教育理论及教师技能进行学习和训练，有了对自我专业发展反思的萌芽。A项排除。

新任教师通常处于“生存关注”阶段。这类教师在“现实的冲击”下，产生了强烈的自我专业发展的忧患意识，特别关注专业活动中的“生存”技能，专业发展集中在专业态度和动机方面。B项排除。

“自我更新关注”阶段的教师不再受外部评价或职业升迁的牵制，自觉依照教师

发展的一般路线和自己目前的发展条件，有意识地自我规划，以谋求最大程度的自我发展，关注学生的整体发展，积累了比较科学的个人实践知识。这一时期的教师教学不再仅限于帮助学生学习知识，而是要在师生互动过程中使学生获得多方面发展。这一时期教师的特征是自信和从容。杨老师经常担心自己的教学内容和教学方式，表明他关注知识传授和教学技巧，教学仍局限于知识学习，C 项排除。

“任务关注”阶段的教师随着教学基本“生存”知识、技能的掌握，自信心日益增强，由关注自我的生存转到更多地关注教学，由关注“我能行吗”转到关注“我怎样才能行”。在教学中，教师逐渐发现仅仅“教书”是不够的，心中必须要有学生，教的内容必须适应学生的现有水平和需要。但这一时期的教师还只是在教学方式、方法方面的变更，教学目的限于知识学习的认识没有发生根本变化。题干中，杨老师关注自己的教学内容、教学方式是否符合学生现有水平和需要，教学目的重在关注教学内容、教学任务本身，表明他处于教师专业发展阶段中的任务关注阶段。本题选 D。

2. B 【解析】本题考查“以人为本”的学生观。刘老师用流行歌曲旋律对学科知识进行重组，将学科教学内容与学生实际生活相联系，体现了教学内容的关联性。A 项不选。

学生是学习的主体，由于其个体心理和生理的发展程度不同，认知思维发展的潜力也不同，均属于不断上升的阶段，有着发展的多样性。教师必须重视学生发展的多样性和差异性，不能用整齐划一的标准去衡量每个学生，要尊重学生的独特性，鼓励个性发展。题干案例描述了刘老师在教学内容、方法上进行创新，取得了良好效果，并主动与同事分享，并未描述学生多样性的发展。本题为选非题，B 项当选。

刘老师创新教学方法，将歌曲旋律与学科知识相联系，形成了一系列别具特色的“教学工具包”，体现了教学方法的艺术性。C 项不选。

从反映水平看，感觉和知觉属于感性认识，思维属于理性认识。学生的认知发展是一个由感性认识逐渐过渡到理性认识的过程。刘老师把生活中耳熟能详的流行歌曲旋律融入学科教学，用学生喜欢、乐于接受的方法授课，启发学生思考，符合学生的认知发展规律。D 项不选。

3. A 【解析】本题考查学生身心发展的规律。学生身心发展的个别差异性要求教育必须充分发挥每个学生的潜能和积极因素，有的放矢地选择适宜、有效的教育途径和方法手段，使每个学生都能得到最大的发展。陈老师根据期末成绩将学生分为 A、B、C 三类，分别为三类学生制定不同的教学计划，说明陈老师关注学生个体差异，注重因材施教。本题选 A。

学生身心发展的不平衡性要求教师要适时而教，在学生发展的关键期或最佳期及

时进行教育。如抓住学生口头语言发展的关键期及时施加适当的语言教育。B 项与题意不符,排除。

学生发展的未完成性、未成熟性蕴涵着人的发展的不确定性、可选择性、开放性和可塑性,潜藏着巨大的生命活力和发展可能性,预示着人的需教育性和人的可教育性。教师要相信学生具有巨大的发展潜力,帮助学生更好地发展。C 项与题意不符,排除。

学生身心发展的阶段性要求教师根据学生不同年龄阶段的特点进行教育教学,不能搞"一刀切""一锅煮"。同时,在教育教学的要求、教育内容和方法的选择上注意各阶段间的衔接和过渡,如做好小学与初中阶段的衔接。D 项与题意不符,排除。

4. B 【解析】本题考查现代教师的角色。从教学与研究的关系看,教师是教育教学的研究者。教师即研究者,意味着教师在教学过程中要以研究者的心态置身于教学情境之中,以研究者的眼光审视和分析教学理论与教学实践中的各种问题,对自身的行为进行反思,对出现的问题进行探究,对积累的经验进行总结,最终形成规律性的认识。罗老师围绕教学主题进行研究、探索,提炼出了契合课程标准要求的"大单元整体教学"设计思路,并用来指导青年教师团队深化教学理解实践转化,这体现了罗老师的研究者角色。本题选 B。

咨询者角色是指教师需具备辅导技能、善用辅导咨询技巧,在学生有学习、行为、生活、情感等问题或困难时,能适时以咨询者的角色,表现接纳、关怀、倾听、同理心、辅导等专业技巧,让学生的问题适时得到解决。A 项排除。

教师作为课堂的领导者起着表率作用,教师在课堂上的言谈举止对学生有着潜移默化的影响。教师自身要充满正能量发挥主动作用,要了解学生知识掌握情况,对教案、教学进度和教学时间要做到心中有数。C 项排除。

教师应是学生发展的评价者。新课程改革要求教师对学生的成长与发展做出有效的评价。不仅要评价学生掌握知识、技能的情况,而且要考虑到知识获得和技能掌握的情境状态,如空间、时间、情感、交往等动态因素,以全面、具体、综合地记录学生成长的过程。D 项排除。

5. A 【解析】本题考查《中华人民共和国宪法》。依据《中华人民共和国宪法》第六十七条规定,全国人民代表大会常务委员会行使"解释宪法,监督宪法的实施""制定和修改除应当由全国人民代表大会制定的法律以外的其他法律""解释法律"的职权。B、C、D 项排除。

依据《中华人民共和国宪法》第八十九条规定,国务院行使"根据宪法和法律,规定行政措施,制定行政法规,发布决定和命令"的职权。故 A 项是国务院的职权,本题

为选非题,答案为A项。

6.A 【解析】本题考查《中华人民共和国教育法》。根据《中华人民共和国教育法》第七十二条规定,结伙斗殴、寻衅滋事,扰乱学校及其他教育机构教育教学秩序或者破坏校舍、场地及其他财产的,由公安机关给予治安管理处罚;构成犯罪的,依法追究刑事责任。侵占学校及其他教育机构的校舍、场地及其他财产的,依法承担民事责任。社会青年杨某到学校寻衅滋事,扰乱了学校的教育教学秩序,可由公安机关给予其治安管理处罚。本题选A。

行政拘留是指法定行政机关对违法行为人在短期内限制其人身自由的一种行政处罚。由于行政拘留涉及公民的人身自由,所以必须对行政拘留的适用作出严格的限定。根据我国相关法律规定,公安机关有权作出行政拘留决定,教育行政部门没有行政拘留权。B项说法错误。

行政处分是行政制裁的一种形式,是国家机关、企事业单位依照法律和有关规章,给所属的有轻微违法或违纪行为人员的一种制裁,同时又是被处分人的行政责任的体现形式之一。行政处分的种类包括警告、记过、降级、撤职、开除等。公安机关只能对自己所属机构和人员(如警察)给予行政记过处分,故公安机关无权对社会青年杨某给予行政记过处分。C项排除。

教育行政部门可以给予所属机构和人员行政处分,如学校及其教职员工,但无权给予社会青年杨某行政处分,D项排除。

7.D 【解析】本题考查《中华人民共和国教师法》。根据《中华人民共和国教师法》第三十九条规定,教师对学校或者其他教育机构侵犯其合法权益的,或者对学校或者其他教育机构作出的处理不服的,可以向教育行政部门提出申诉,教育行政部门应当在接到申诉的三十日内,作出处理。教师认为当地人民政府有关行政部门侵犯其根据本法规定享有的权利的,可以向同级人民政府或者上一级人民政府有关部门提出申诉,同级人民政府或者上一级人民政府有关部门应当作出处理。教师梁某对学校的处理决定不服依法提出申诉,当地教育行政部门应当在接到申诉的三十日内作出处理,本题选D。

**易错提示:**考生在做有关期限的试题时,需要记住两个数字。

(1)《中华人民共和国教师法》中的有关期限是教师向教育行政部门提出申诉,教育行政部门应当在接到申诉的三十日内,作出处理。

(2)《学生伤害事故处理办法》中的有关期限是教育行政部门收到学生伤害事故的调解申请,认为必要的,可以指定专门人员进行调解,并应当在受理申请之日起60日内完成调解。

8. C 【解析】本题考查《中华人民共和国义务教育法》。根据《中华人民共和国义务教育法》第四十条规定，教科书价格由省、自治区、直辖市人民政府价格行政部门会同同级出版主管部门按照微利原则确定。本题选 C。

9. B 【解析】本题考查《中华人民共和国预防未成年人犯罪法》。根据《中华人民共和国预防未成年人犯罪法》第四十七条规定，专门学校应当对接受专门教育的未成年人分级分类进行教育和矫治，有针对性地开展道德教育、法治教育、心理健康教育，并根据实际情况进行职业教育；对没有完成义务教育的未成年人，应当保证其继续接受义务教育。专门学校的未成年学生的学籍保留在原学校，符合毕业条件的，原学校应当颁发毕业证书。初中学生小航被送至专门学校接受教育后，其学籍应保留在原学校，D 项说法错误，B 项说法正确。故本题选 B。

小航是初中学生，正处于义务教育阶段，学校不能开除小航的学籍。A 项说法错误。

小航的情况不符合申请休学的条件，学校不应为小航办理休学手续。C 项说法错误。

10. D 【解析】本题考查《中华人民共和国未成年人保护法》。根据《中华人民共和国未成年人保护法》第二十八条规定，学校应当保障未成年学生受教育的权利，不得违反国家规定开除、变相开除未成年学生。学校应当对尚未完成义务教育的辍学未成年学生进行登记并劝返复学；劝返无效的，应当及时向教育行政部门书面报告。小周未完成义务教育就辍学，班主任劝返无效，学校应当及时向教育行政部门书面报告，本题选 D。

依据我国《未成年人保护法》的相关规定，“尊重未成年人受教育的权利，保障适龄未成年人依法接受并完成义务教育”是未成年人的父母应当履行的监护职责，公安机关可以责令未履行监护职责的未成年学生父母接受家庭教育指导。故学校没有权利责令小周的父母接受家庭教育指导，A 项排除。

依据我国《未成年人保护法》第九十二条、第九十四条的规定，辍学不属于应当由民政部门对未成年人进行临时监护、长期监护的情形，B 项排除。

“纪检监察部门”是纪律检查委员会和监察委员会的合并简称。纪律检查委员会是中国共产党的党内监督专责机关，主要监督党组织和党员；监察委员会是我国行使监察职能的专责机关，主要对所有行使公权力的公职人员进行监察。目前，纪律检查委员会和监察委员会属于合署办公状态。依据相关法律规定，学校关于未成年学生辍学的书面报告由教育行政部门接收，C 项排除。

11. C 【解析】本题考查我国法律关于义务教育阶段学生辍学的处理措施。根据

《中华人民共和国义务教育法》第二条规定，国家实行九年义务教育制度。义务教育是国家统一实施的所有适龄儿童、少年必须接受的教育，是国家必须予以保障的公益性事业。根据《中华人民共和国未成年人保护法》第十六条规定，未成年人的父母应当履行“尊重未成年人受教育的权利，保障适龄未成年人依法接受并完成义务教育”的监护职责。秦某在上初二，未接受完九年义务教育，因此秦某的家长应该让秦某继续上学并完成义务教育。A、B、D 三项为干扰项，本题选 C。

12. B 【解析】本题考查《学生伤害事故处理办法》。无过错责任原则是指行为人主观上不论是否存在过错，只要其行为与损害结果存在因果关系，即应当承担损害赔偿责任。根据《学生伤害事故处理办法》第十三条的规定，孙某在放假期间翻墙进入学校玩耍导致摔伤，不属于学校承担学生伤害事故责任的情形，学校不承担无过错责任。A 项排除。孙某的班主任与孙某受伤这一结果不存在因果关系，故班主任也不承担无过错责任。D 项排除。

过错责任原则是指以行为人的过错来确定行为人承担责任的原则。行为人无过错的不需承担责任，行为人有过错的需要承担责任，且承担责任的大小与其过错程度相对应。根据《中华人民共和国民法典》相关规定，八周岁以上的未成年人为限制民事行为能力人，实施民事法律行为由其法定代理人代理或者经其法定代理人同意、追认；但是，可以独立实施纯获利益的民事法律行为或者与其年龄、智力相适应的民事法律行为。高二学生孙某属于限制民事行为能力人，可以独立实施与其年龄、智力相适应的民事法律行为。孙某违反学校规定在假期翻墙进入学校玩耍导致自己摔伤，应对自己摔伤的事故负有过错责任，故本题选 B。

孙某摔伤是自己导致的，其监护人在事故中没有过错，故孙某的监护人不承担过错责任。C 项排除。

13. A 【解析】本题考查教师职业道德原则。教师职业道德原则是教师在道德实践中认识和处理各种关系的具体原则，具有基准性、本质性、稳定性和独特性。

独特性指教师职业道德原则是调节教师个人与他人，以及与社会间关系的根本行为准则，集中反映了教师职业道德的本质，具有与其他职业道德不同的独特性，且这种独特性或这种区别具有本质性。题干中，李老师班上的一个学生严重失眠，李老师的妻子作为医生建议直接让学生到医院治疗，李老师则认为作为教师除了关注学生的身体健康，还要给予学生更多关爱，这体现了教师区别于其他职业的独特性，即对自己的工作对象——学生要充满爱与关怀。本题选 A。

教师职业道德内容具有全面性，涉及教师职业劳动的各个方面。在教师劳动价值上，它向人们揭示了教师所从事的是造福人类的事业，是社会物质文明、精神文明发展

不可缺少的;在职业社会地位上,它肯定了教师职业的崇高性,把教师视为联系历史和未来的一个活的环节;在教师职业态度和情感上,它提倡爱岗敬业,育人为乐;在教师职业形象上,它要求以身作则,为人师表;在教师职业行为上,它要求尊重并信任学生,学而不厌,诲人不倦;在教师职业情操上,它提倡宽以待人,廉洁从教;在教师职业责任上,它提倡不断学习、严谨治学、精益求精、循循善诱。B 项排除。

稳定性指教师职业道德原则具有较强的抽象性,教师职业道德规范具有相对具体性。具体的往往是复杂多样的、易变的,抽象的往往是概括性的、稳定的。C 项排除。

基准性是指教师职业道德原则是教师在道德实践中进行道德教育、道德修养、道德选择和道德评价时必须遵循的基本准则,是教师道德实践活动的行为准则。D 项排除。

14. C 【解析】本题考查教育名言蕴含的道理。题干中,教学经验丰富的吴老师并不满足现状,坚持积极了解所教学科的前沿知识,不断创新,说明吴老师具备终身学习的意识和能力。

A 项,“不能正其身,如正人何?”出自《论语·子路》,意思是:如果不能使自身正直而行的话,怎么要求别人正直?这句话启示教师要以身作则,做好学生的榜样。与题意不符,排除。

B 项,“后生可畏,焉知来者之不如今也?”出自《论语·子罕》,意思是:年轻人是值得敬畏的,怎能断定他们未来的成就,就赶不上现在的人呢?这句话启示教师要认识到学生是具有巨大发展潜能的人,要以发展的眼光看待学生,积极促进学生发展。与题意不符,排除。

C 项,《韩诗外传》记载了孔子的言论:“可与言终日而不倦者,其惟学乎!”意思是:可以与人言谈终日而不厌倦的内容是学问。这句话强调了学习的重要性,启示教师要终身学习。与题意符合,本题选 C。

D 项,“知之者不如好之者,好之者不如乐之者。”出自《论语·雍也》,意思是:懂得学习的人比不上喜爱学习的人,喜爱学习的人比不上以学习为乐趣的人。这句话强调要注重激发学习兴趣。与题意不符,排除。

15. B 【解析】本题考查《中小学教师违反职业道德行为处理办法(2018 年修订)》。根据《中小学教师违反职业道德行为处理办法(2018 年修订)》第三条规定,本办法所称处理包括处分和其他处理。处分包括警告、记过、降低岗位等级或撤职、开除。警告期限为 6 个月,记过期限为 12 个月,降低岗位等级或撤职期限为 24 个月。是中共党员的,同时给予党纪处分。其他处理包括给予批评教育、诫勉谈话、责令检

查、通报批评，以及取消在评奖评优、职务晋升、职称评定、岗位聘用、工资晋级、申报人才计划等方面的资格。取消相关资格的处理执行期限不得少于 24 个月。教师涉嫌违法犯罪的，及时移送司法机关依法处理。何老师受到记过处分，记过期限为 12 个月，本题选 B。

16. C 【解析】本题考查教师职业道德。教师道德认识是指教师对于教师道德关系、原则、规范等的认识和掌握。它包括三个基本的方面，一是认识教师道德关系，二是认识教师道德原则和规范，三是认识教育教学的规律。题干中，余老师经常把班上学生的优秀作业和不合格作业及名单公布在班级家长群里，这种做法侵犯了学生的隐私权，违背了师德规范，并且这种作业发布方式引起家长不满后，余老师并未认识到自身错误，反而继续保持这种作业发布方式。因此，余老师缺乏对教育法律法规和教师职业道德规范的正确认识，他和家长的冲突是道德认知错误导致的。本题选 C。

教师道德情感是基于一定道德认识基础之上的，教师在道德实践活动中体验并形成的，以爱为基本特征的道德情感。与题意不符，A 项排除。

教师道德意志，是教师在职业道德活动中表现出来的克服困难、战胜挫折、超越自我的坚强毅力和精神。与题意不符，B 项排除。

教师道德信念是教师对自身职业责任和义务的真诚信仰，是教师对于教育事业的深刻认识、强烈情感和顽强意志的统一。与题意不符，D 项排除。

17. C 【解析】本题考查世界奖项。菲尔兹奖是为纪念加拿大数学家约翰·查尔斯·菲尔兹设立的国际性数学奖项，于 1936 年首次颁发，每四年颁发一次。菲尔兹奖是数学领域的国际最高奖项之一，因诺贝尔奖未设置数学奖，故该奖被誉为“数学的诺贝尔奖”。1982 年，华裔数学家丘成桐荣获菲尔兹奖，成为获此奖项的第一位华人。本题选 C。

A 项，海内肯奖由荷兰海内肯基金会设立，每三年颁发一次，授予在生物化学和生物物理学领域具有杰出科研成果的科学家。

B 项，帕内蒂奖由意大利都灵科学院设立，是国际声望最高的力学奖，通常被人们誉为“力学中的诺贝尔奖”。该奖每两年或三年颁发一次，授予近十年间在应用力学领域具有杰出研究成果的科学家。帕内蒂奖为纪念著名的气体动力学专家莫德斯托·帕内蒂而得名。

D 项，齐格勒奖由德国法兰克福和美国的赫希斯特化学学会设立，以纪念著名化学家卡尔·齐格勒。齐格勒奖用于奖励在有机金属化合物化学或催化剂化学领域作出卓越贡献的科学家。

**方法技巧**：考生可结合下表记忆各类奖项的颁发领域或地位。

| 奖项 | 颁发领域或地位 |
| --- | --- |
| 国际安徒生奖 | 国际公认的儿童文学作家和插画艺术家的最高荣誉，被誉为“儿童文学的诺贝尔奖” |
| 雨果奖 | 为纪念创办第一本科幻杂志的雨果·根斯巴克而得名，其正式名称是科幻成就奖，被誉为“科幻艺术界的诺贝尔奖” |
| 普利策奖 | 新闻领域的国际奖项，被誉为“新闻界的诺贝尔奖” |
| 普利兹克奖 | 建筑领域的国际奖项，被誉为“建筑学界的诺贝尔奖” |
| 格莱美奖 | 音乐领域的国际奖项，被誉为“音乐界的奥斯卡” |
| 戈登贝尔奖 | 主要颁发给高性能计算应用领域最杰出成就，被誉为“超级计算应用领域的诺贝尔奖” |
| 图灵奖 | 奖励对计算机事业作出重要贡献的个人，有“计算机界的诺贝尔奖”之称 |
| 拉斯克医学奖 | 生物医学领域的国际奖项，有“诺贝尔奖风向标”之称 |
| 南丁格尔奖 | 护理界的最高国际荣誉奖项，由红十字国际委员会颁发 |
| 全球教师奖 | 奖励对教育有重要贡献的杰出教师 |

18. A 【解析】本题考查波斯帝国的建立者。居鲁士二世是古代波斯帝国的建立者，出身于波斯阿契美尼德族。阿契美尼德族世代称王，臣服于米底帝国。居鲁士二世继承王位后，领导波斯人反抗米底人的奴役，灭掉米底帝国，建立阿契美尼德王朝。之后，居鲁士二世在米底帝国的基础上进行扩张，依靠外交手段和军事实力逐步将波斯由一个小部落发展成一个规模空前的大帝国。本题选 A。

B 项，大流士一世是居鲁士二世的女婿。他粉碎了波斯帝国境内的政变，率大军平定了爆发起义运动的西亚各国，重新确立了阿契美尼德王朝的统治，并继续向外扩张。波斯帝国在大流士一世统治时期达到极盛。

C 项，阿育王是古代印度摩揭陀国孔雀王朝的第三位国王，在位期间统一了印度半岛的绝大部分，形成了印度历史上第一个统一的奴隶制帝国。阿育王死后，印度半岛又重新回到分裂状态。

D 项，克洛维是法兰克王国的第一个王朝——墨洛温王朝的开创者。他在苏瓦松战役中击败了罗马军队，建立墨洛温王朝。

19. A 【解析】本题考查夏完淳的诗作。夏完淳的诗受明代前、后七子的影响，古诗心摹汉魏，律诗上追盛唐。语言华美，意境苍凉悲壮，慷慨生哀，充满着爱国激情和时代气息。代表作有《别云间》《一剪梅·咏柳》《精卫·北风荡天地》《烛影摇红·辜

负天工》等。夏完淳因倡议反清被捕,《别云间》是他拜别故乡、押解上路时所作诗歌。B 项《正气歌》是文天祥的作品;C 项《秋日杂感》是夏完淳的老师、明末抗清将领陈子龙的诗作。《己亥杂诗》是清代文学家龚自珍的组诗作品。故选 A。

20. D 【解析】本题考查巴尔扎克的著作中的女性人物。《欧也妮 · 葛朗台》是法国作家巴尔扎克创作的文学巨著《人间喜剧》中的一部杰作,讲述了一个叫欧也妮 · 葛朗台的姑娘和其守财奴父亲的故事。故选 D。

A 项,娜拉是挪威戏剧家易卜生经典剧作《玩偶之家》中的女主人公。

B 项,卡门是法国作家梅里美创作的中篇小说《卡门》中的女主人公。

C 项,卡秋莎 · 玛丝洛娃是俄国作家列夫 · 托尔斯泰所著长篇小说《复活》中的女主人公。

21. B 【解析】本题考查历史典故及其相关人物。成语“四面楚歌”出自《史记》中西楚霸王项羽被困垓下时“夜闻四面皆楚歌”的描述。公元前 202 年,刘邦、韩信等人组成的联军把楚军包围在垓下,为了瓦解楚军的斗志,联军士兵在夜间唱起了楚歌。项羽以为汉军已经夺得楚地,楚军军心涣散,项羽带着八百将士突围,逃至乌江边,拔剑自刎。故与成语“四面楚歌”相关的历史人物是韩信、项羽。本题选 B。

A 项,与毛遂、平原君相关的成语是“毛遂自荐”。C 项,与廉颇、蔺相如相关的成语是“负荆请罪”。D 项,与屈原、楚怀王相关的成语有“鸡鹜争食”,出自《楚辞 · 卜居》,原比喻平庸的人,后用来比喻卑贱的人争名夺利争得厉害。

22. C 【解析】本题考查宣纸名称的由来。宣纸是中国传统的古典书画用纸,是汉族传统造纸工艺之一。宣纸“始于唐代、产于泾县”,因唐代泾县隶属宣州府管辖,故因地得名宣纸。2009 年,宣纸传统制作技艺获联合国教科文组织肯定,列入人类非物质文化遗产代表作名录。

23. B 【解析】本题考查外国音乐形式。A 项,古典音乐是对过去时代具有典范意义或代表性音乐的泛指,是现代派音乐或爵士音乐的对称。

B 项,爵士音乐是 19 世纪末 20 世纪初产生于美国新奥尔良的一种舞曲性质的音乐,主要来源于黑人劳动歌曲及在婚丧仪式或社交场合所唱或奏的散拍乐、灵歌和怨曲等。

C 项,标题音乐指采用标题或说明文字提示作品文学性、绘画性或戏剧性内容的器乐曲。

D 项,主调音乐是多声部音乐的一种,整部作品的进行以其中某一个声部的旋律为主,其他的声部以和声或节奏等手法进行陪衬和伴奏。

A、C、D 选项均与题意不符,故本题选 B。

24. C 【解析】本题考查中国近代史中红军长征的具体内容。红军长征所走过的川西北草原，在历史上一直为松潘所辖，故有松潘草地之称。松潘草地位于青藏高原同四川盆地的连接段，范围大致包括热尔郎山（今若尔盖县北部）以南，浪架岭（今松潘县西端）以西，查针梁子（今红原县南部）以北，面积约一万五千多平方千米，海拔在3 500 米以上。若尔盖县、松潘县、红原县是四川省阿坝藏族羌族自治州下辖县，平昌县隶属于四川省巴中市，红军长征过草地没有经过平昌县，本题为选非题，选 C。

25. C 【解析】本题考查中位数。中数又称中位数、中值，是指按顺序排列在一起的一组数据，若该组数据为奇数个，位于中间位置的数是中位数；若该组数据为偶数个，位于中间两个数的平均数就是中位数。题干数据按从小到大的顺序依次排列是 54、66、73、74、77、78、81、83、87，该组数据为 9 个，位于中间的 77 是中位数，故本题选 C。

26. D 【解析】本题考查 Excel 函数。A 项，MAX 是求最大值函数，即求出一组数值中的最大值。

B 项，RANK 是排名函数，用于计算某数值在一列数值中相对于其他数值的大小排位。

C 项，COUNT 是统计函数，用于计算区域中包含数值的单元格个数。

D 项，AVERAGE 是求平均值函数，用于计算所有参数的平均值。题干要求算出数据表中各项目的平均人数，即求平均值，故本题选 D。

27. A 【解析】本题考查 Word 的基本知识。在 Word 中，如果选中了一个文本块，“开始”选项卡中的字体功能区会显示该文本块的格式。若选中的文本块为多种字号和字体，那么字号、字体框显示的内容为空，即不显示任何内容。只有当选定文本块的字号、字体一致时，字号、字体框才会显示当前选定文本块的字体、字号。本题选 A。

28. B 【解析】本题考查类比推理。分析题干，制服是服装的一种类型，制服属于服装，故制服与服装是包含关系。

A 项，语文是语言和文字的合称，文学是以语言文字为工具形象化地反映客观现实的艺术，包括戏剧、诗歌、小说、散文等。

B 项，汽水属于饮料的一种，汽水和饮料是包含关系，本题选 B。

C 项，领带和围巾都属于服饰的一种，领带和围巾是并列关系。

D 项，皮鞋和皮包是用皮革制作的，二者属于全异关系。

29. B 【解析】本题考查图形推理。分析题干所给图形，每组图形的内、外图形形状相同，各有两条线交叉于内、外两个图形并延伸至图形外，第一组中在图形外的线条

数量为1,第二组图形外的线条数量为2,第三组图形外的线条数量是3,依次递增1条。分析选项图片,B项所给图形在图形外的线条数量是4,A项所给图形有2条在图形外,C、D项所给图形均只有1条在图形外,故选B。

**二、材料分析题(参考答案)**

30. 材料中彭老师的教育行为是正确的,符合新课程倡导的教师观要求,值得肯定。

(1)从教师与学生的关系看,教师是学生学习的促进者。教师是学生人生的引路人,这要求教师不仅要向学生传播知识,更要引导学生沿着正确的道路前进,引导学生学会自我调适、自我选择,向更高的目标前进。材料中,彭老师积极挽留有辍学想法的学生,帮助学生树立学习信心、解决生活上的困难,并在赵老师的建议下联系辍学学生,鼓励辍学的学生回到校园。这表明彭老师引导学生向着正确的道路前进,成为学生的人生引路人。

(2)从教学与研究的关系看,教师是教育教学的研究者。从现代教师教学行为看,教师在对待自我上要注重反思。材料中,彭老师通过班主任工作日志研究、分析挽留辍学学生时哪些方法有效、哪些方法无效,说明他善于研究、总结;彭老师一开始认为记录辍学学生的联系电话没有用,后来在赵老师的建议下联系学生,通过此方法帮助一些学生返回了校园,彭老师对此现象进行思考与记录,获得了感悟与成长,说明他善于反思。

(3)在对待与其他教育者的关系上,新课改强调合作。材料中,彭老师为挽留有辍学想法的学生去找各科老师了解学生学习情况,在对待辍学学生的方式上听取有二十年教龄的赵老师的建议,说明彭老师具有团结协作意识。

(4)在对待师生关系上,新课改强调尊重、赞赏,在对待教学关系上强调帮助、引导。“为了每一位学生的发展”是新课改的核心理念。材料中,彭老师帮助有辍学想法的学生树立学习信心、解决生活上的困难,联系已经辍学的学生并鼓励他们重返校园,促进了学生的发展,做到了尊重赞赏、帮助引导学生。

综上所述,彭老师具有团结协作意识,愿意听取其他教师的意见,对待工作认真、负责,善于研究分析和自我反思,值得广大教师学习和借鉴。

(共14分。对彭老师的行为评价正确得2分;从“学生学习的促进者”“教育教学的研究者”“自我反思”“教师合作”“尊重赞赏、帮助引导学生”等角度答出四点,每点3分,理论阐述1分,结合材料合理分析2分)

31. 材料中李老师的行为是正确的,遵循了教师职业道德规范的相关要求,值得我们学习。

(1)关爱学生的师德规范要求教师关心爱护全体学生,尊重学生人格,平等公正对待学生。对学生严慈相济,做学生良师益友。保护学生安全,关心学生健康,维护学生权益。不讽刺、挖苦、歧视学生,不体罚或变相体罚学生。材料中,李老师一开学就了解班级每个同学的情况并建立成长档案,没有责骂班上爱逃课、抽烟、欺负同学的晓斌,而是耐心地帮助和引导晓斌,说明李老师关心爱护全体学生,是学生的良师益友。

(2)教书育人的师德规范要求教师遵循教育规律,实施素质教育。循循善诱,诲人不倦,因材施教。培养学生良好品行,激发学生创新精神,促进学生全面发展。不以分数作为评价学生的唯一标准。材料中,李老师针对后进生晓斌篮球打得好、喜欢做航模的情况,让晓斌担任篮球队队长并领头组建航模社团;安排学习委员做晓斌的同桌,为他提供学习上的帮助;主动联系晓斌父母,引导家长给予晓斌更多关爱,最终使晓斌转变了态度,学习成绩也不断提高。这些行为说明李老师因材施教,做到了教书育人。

(3)为人师表的师德规范要求教师坚守高尚情操,知荣明耻,严于律己,以身作则。衣着得体,语言规范,举止文明。关心集体,团结协作,尊重同事,尊重家长。作风正派,廉洁奉公。自觉抵制有偿家教,不利用职务之便谋取私利。材料中,李老师主动联系晓斌的父母反映情况,积极与学生父母沟通,体现了为人师表。

(4)爱岗敬业的师德规范要求教师忠诚于人民教育事业,志存高远,勤恳敬业,甘为人梯,乐于奉献。对工作高度负责,认真备课上课,认真批改作业,认真辅导学生。不得敷衍塞责。材料中,李老师担任班主任后,认真了解班级每个学生,耐心地帮助和引导后进生晓斌成长,说明李老师对待工作勤恳敬业、认真负责,做到了爱岗敬业。

综上所述,李老师在工作中积极践行教师职业道德规范,关心全体学生,促进后进生的发展,值得肯定。

(共14分。评价李老师的行为正确得2分;从“关爱学生”“教书育人”“为人师表”“爱岗敬业”四点作答各3分,每点理论阐述1分,结合材料具体分析2分)

32.(1)朗读古典诗歌多按“意义节奏”,而吟诵古典诗歌均以“韵律节奏”。朗读古典诗歌按照平长仄短的规则进行,吟诵古典诗歌则是将诗歌形成旋律和乐音,且吟诵古典诗歌更容易激发人们的情感,这是一般的诗歌朗读所达不到的。

(共4分。朗读古典诗歌答出“意义节奏”“平长仄短的规则”得1分,吟诵古典诗歌答出“韵律节奏”“旋律和乐音”“激发人们情感”得3分)

(2)①反复吟诵可以增加对诗歌情思的感悟、觉悟和体悟,更好地与诗人心灵进行交流,是衡量读者之情和诗人之情融合程度的重要尺度。

②反复吟诵更容易引发读者的情感共鸣,打动人心。

③反复吟诵符合音乐心理学中的音调模块,与人的情感心理密切相关。

④反复吟诵符合神经认知语言学的语言认知阶段,和人类的语言认知有一定的相似性。

⑤反复吟诵可以有效促进诗情与人性之间的相互运转,从而达到净化心灵和熔铸品性的目的。

(共10分。从"情思""情感共鸣""心理学角度""神经认知语言学的语言认知阶段""诗情与人性"五方面回答完整即可得满分)

**三、写作题**

33.**【写作思路】**这是一道材料作文题。阅读材料可知,竞争产生冲突,研究者鼓励孩子们通过合作消除冲突,解决问题。由此,可以从以下角度进行立意:合作共赢;竞争与合作并存;并肩竞争,携手合作;培养学生的竞争意识、合作精神;等等。写作时,考生可以侧重写合作,也可以写竞争和合作的关系。行文中,可以先点明观点,再通过具体的例子分述合作、竞争的作用或影响,最后从自身实际出发进行总结。

**【参考范文】**

**合作共赢**

研究人员组织开展了一项实验,在第一次实验活动中,实行一系列"竞争比赛",最终两个小队爆发激烈冲突;而在第二次实验活动中,两个小队队员之间有着共同的目标,彼此团结合作,最终"化干戈为玉帛"。两种截然不同的实验结果,却再一次证明了一条亘古不变的铁律——合则两利,争则两伤。

有月无星,是孤冷;有星无月,是微明;唯有星月同辉,才是真正的合作共赢。

孤掌难鸣,合作方能互惠共生。波兰科学家居里夫妇以对科学事业的热爱为基础,通过合作,发现两种放射性元素钋和镭,居里夫人也因此成为第一位两次获得诺贝尔奖的女科学家。马克思和恩格斯是长达多年的合作伙伴,《共产党宣言》是双方合作造就的硕果,两人倡导的科学社会主义也深深影响了我国。

二人齐心,合作方能助力发展。战国时期,蔺相如屡建功勋,备受赵王重用,战将廉颇居功自傲,多番刁难蔺相如,而蔺相如为了国家利益处处忍让,顾全大局,最终感化了廉颇。二人齐心守卫赵国,不仅留下"将相和"的美谈,也让赵国日渐兴旺。没有友好的关系就没有合作,和谐是合作的基础,目标统一是合作共赢的关键。

合作无处不在。即便是在自然界中,人们也不难发现合作的身影。在不大的蚂蚁家族中,有着复杂却又严格的分工。工蚁负责探路和寻找食物,兵蚁肩负蚁巢的安全保障,蚁后则生育后代。每一个成员既不多做也不少做,但缺了其中任何一个成员都

不行。蚂蚁家族正是凭借每一个成员的合作精神，才能生存下去。

分裂割据，相争只会一败涂地。一战后，帝国主义卷土重来，北洋军阀统治日益腐败，国共两党第一次合作，建立黄埔军校，培养大批军政人才，推翻北洋军阀的统治，有力打击了帝国主义在华势力。但由于蒋介石、汪精卫等人背叛革命，国民革命以失败告终。卢沟桥事变后，日本全面侵华，中华民族处于亡国灭种的生死关头，国共开始第二次合作，历经十四年艰苦卓绝抗战，终于战胜日本侵略者，但蒋介石为了实现独裁，撕毁协议挑起内战，中国百姓再次陷入战火之中。纷争导致摩擦，和平年代必须抛弃有我无你的“零和”思维，双方以和平手段解决争议，世界方能太平无忧。

鲤鱼摆尾洄游，穿透碧波。大海容许了它的活跃，收留了它的灵动。因此，大海才多了一分迷人，多了一分澄澈。所谓“单丝不成线，独木不成林”，在如今这个资源有限的时代，人与人、人与自然之间，更要学会在有限的资源中寻求合作，摒弃“一枝独秀，唯我独尊”的霸道强权，培养互利共生的“合作”观念，尊重彼此，方可实现“百花齐放春满园”。

（这篇作文从材料出发，对比得出结论，具有说服力。文章中引用古今中外的名人名事，并通过正反对比论证，突出强调了中心论点。文章结构严谨、思路连贯，语言表达准确、流畅，表现力强。拟定得分 47 分）

## 2022 年下半年中小学教师资格考试真题试卷（三）

### 一、单项选择题

1. B 【解析】本题考查叶澜的教师专业发展阶段理论。叶澜将教师专业发展划分为“非关注”阶段、“虚拟关注”阶段、“生存关注”阶段、“任务关注”阶段、“自我更新关注”阶段五个阶段。其中，“自我更新关注”阶段的教师不再受外部评价或职业升迁的牵制，自觉依照教师发展的一般路线和自己目前的发展条件，有意识地自我规划，以谋求最大程度的自我发展，关注学生的整体发展。题干中，肖老师认为教师不仅仅要教授学生知识，还要关爱学生，自觉构建和谐的师生关系，说明她能有意识地进行自我规划，关注学生的整体发展。故 B 项符合题意。

A 项，处于“虚拟关注”阶段的一般是师范学习阶段的学生或实习期教师，他们对合格教师的要求开始思考，在虚拟的教学环境中获得某些经验，对教育理论及教师技能进行学习和训练，有了对自我专业发展反思的萌芽。

C 项，新任教师通常处于“生存关注”阶段。这类教师在“现实的冲击”下，产生了强烈的自我专业发展的忧患意识，特别关注专业活动中的“生存”技能，专业发展集中

在专业态度和动机方面。

D 项,“任务关注”阶段的教师随着教学基本“生存”知识、技能的掌握,自信心日益增强,由关注自我的生存转到更多地关注教学,由关注“我能行吗”转到关注“我怎样才能行”。

**2. D** 【解析】本题考查“以人为本”的学生观。人的发展的未成熟性、未完成性,蕴含着人的发展的不确定性、可选择性、开放性和可塑性,潜藏着巨大的生命活力和发展的可能性。题干中,康老师的说法表明其没有意识到学生身上具有巨大的发展潜能,存在着广阔的发展空间,是有可能改正进步的。故康老师忽视了学生发展的未完成性,D 项符合题意。

A 项,学生发展的整体性是指学生是一个整体的人,以其整个身心投入教学生活,并以整个身心来感知、体验、享受和创造这种教学生活。教学应该面对学生整体身心,着眼于学生的整体性,促进学生的一般发展,注意做到认知因素与非认知因素、意识与潜意识、科学与艺术的统一。题干未体现整体性内涵,排除。

B 项,人的身心发展遵循一定的方向性和先后顺序,既不会逾越,又不会逆向发展。与题干不符,排除。

C 项,个体身心发展的阶段性是指个体在不同的年龄阶段表现出身心发展不同的总体特征及主要矛盾,面临着不同的发展任务。个体身心发展的阶段性,决定了教育者必须依据学生所处的不同年龄阶段的特点,有意识、有针对性地开展教育工作。与题干不符,排除。

**3. A** 【解析】本题考查教育公正。教育公正表现为对全社会的教育权利和教育资源做出公平的分配。在法律上,人人享有平等的受教育权利;在教育政策领域,人人平等地享有公共教育资源;在教育活动中,人人受到平等的教育对待,人人具有同等的取得学业成就和就业前景的机会。题干中,通过名师录制课堂教学视频,将教育资源输送到农村地区,在一定程度上能够缩小城乡之间的教育资源的差距,有助于实现教育资源的公平。这种做法合理,排除 C、D 项,本题选 A。

B 项,题干中的市内名师并未去农村任教,没有体现教师流动。与题干不符,排除。

**4. C** 【解析】本题考查新课程倡导的教师观。新课程倡导教师应是课程的开发者和建设者。新课程要求课程与教学相互整合,教师必须在课程改革中发挥主体作用。教师不仅是课程实施的执行者,更应成为课程的开发者和建设者。题干中,陈老师从大量名家名篇中精选阅读材料,为学生提供了优质的课堂学习资源,这表明陈老师具备良好的课程开发意识与能力,故 C 项符合题意。

A 项，课程评价能力是指教师在通过调查与描述的基础上对学校课程满足社会与个体(主要指学生)需要的程度做出判断，对学校课程现实或潜在的价值作出判断，以期不断完善课程，达到教育价值增值的能力。课程设计能力包括内容选择、教学方法选择和教学形式确定的能力。与题干不符，排除。

B 项，课堂管理能力是教师为了保证教学顺利进行，对课堂教学活动中出现的突发情况、问题行为迅速反应、果断决策、灵活处置的能力。与题干不符，排除。

D 项，课堂观察能力包括对学生课堂中认知能力、学习态度以及注意力状况、情绪表现和人际交往等方面的观察。与题干不符，排除。

**方法技巧：**在现代教师角色转变中，教师积极主动地开发编撰各类学习课程或书册、将生活经验引入课堂教学、利用校内外或自然生活中的各种资源进行教学等，都是教师具有良好的课程资源开发意识与能力的体现。

5. B 【解析】本题考查《中华人民共和国宪法》。根据《中华人民共和国宪法》第三条规定，全国人民代表大会和地方各级人民代表大会都由民主选举产生，对人民负责，受人民监督。国家行政机关、监察机关、审判机关、检察机关都由人民代表大会产生，对它负责，受它监督。第六十二条规定，全国人民代表大会行使“选举中央军事委员会主席；根据中央军事委员会主席的提名，决定中央军事委员会其他组成人员的人选”的职权。第六十七条规定，全国人民代表大会常务委员会行使“监督国务院、中央军事委员会、国家监察委员会、最高人民法院和最高人民检察院的工作”的职权。第九十四条规定，中央军事委员会主席对全国人民代表大会和全国人民代表大会常务委员会负责。故 B 项符合题意。

A 项，国家教材委员会于 2017 年由国务院决定设立，其办公室设在教育部，教育部教材局承担国家教材委员会办公室工作。国家教材委员会的主要职责包括指导和统筹全国教材工作，贯彻党和国家关于教材工作的重大方针政策，研究审议教材建设规划和年度工作计划，研究解决教材建设中的重大问题，指导、组织、协调各地区各部门有关教材工作，审查国家课程设置和课程标准制定，审查意识形态属性较强的国家规划教材。

C 项，国家发展和改革委员会是国务院组成部门，是综合研究拟定经济和社会发展政策，进行总量平衡，指导总体经济体制改革的宏观调控部门。

D 项，中国共产党中央纪律检查委员会由党的全国代表大会选举产生，在党中央领导下进行工作，履行党的最高纪律检查机关职责。党的各级纪律检查委员会的主要任务是：维护党的章程和其他党内法规，检查党的理论和路线方针政策、党中央决策部署执行情况，协助党的委员会推进全面从严治党、加强党风建设和组织协调反腐败

工作。

6.C 【解析】本题考查《中华人民共和国义务教育法》。《中华人民共和国义务教育法》第六条规定，国务院和县级以上地方人民政府应当合理配置教育资源，促进义务教育均衡发展，改善薄弱学校的办学条件，并采取措施，保障农村地区、民族地区实施义务教育，保障家庭经济困难的和残疾的适龄儿童、少年接受义务教育。第二十二条规定，县级以上人民政府及其教育行政部门应当促进学校均衡发展，缩小学校之间办学条件的差距，不得将学校分为重点学校和非重点学校。题干中，某县人民政府不顾薄弱学校的实际需求，将有限的教育资源投入到两所优质初中违背了义务教育均衡发展的要求。同时，均衡发展并不意味着平均分配教育资源，要根据实际需求合理分配。故D项说法错误，C项符合题意。

7.C 【解析】本题考查《中华人民共和国教师法》。《中华人民共和国教师法》第十八条规定，各级师范学校学生享受专业奖学金。题干中，汪某属于师范学校学生，可以享受专业奖学金。故C项符合题意。

A项，医疗补贴是政府为稳定和改善医疗而支付的补贴，属于财政补贴的一种。

B项，购房补贴是指政府为鼓励居民购买房屋，刺激房地产市场和促进经济发展而给予的资金支持。

D项，国家奖学金是为了激励家庭经济困难的普通高等学校学生勤奋学习、努力进取，在德、智、体、美等方面全面发展，由中央政府出资设立的用来奖励特别优秀学生的奖学金。

8.D 【解析】本题考查《中华人民共和国义务教育法》。《中华人民共和国义务教育法》第五十六条规定，学校违反国家规定收取费用的，由县级人民政府教育行政部门责令退还所收费用；对直接负责的主管人员和其他直接责任人员依法给予处分。题干中，该中学要求师生捐款购买图书资料和教育设施设备，属于违反国家规定收取费用的行为，应对直接负责的主管人员和其他直接责任人员给予行政处分。故D项符合题意。

A项，民事制裁指人民法院依照法律对违反民事法律规范应负民事责任的行为人采取的民事处罚措施。在我国，民事制裁措施包括训诫、责令具结悔过、收缴进行非法活动的财物和非法所得、罚款、拘留等。

B项，行政处罚是指行政机关依法对违反行政管理秩序的公民、法人或者其他组织，以减损权益或者增加义务的方式予以惩戒的行为。行政处罚包括警告、通报批评，罚款、没收违法所得、没收非法财物，暂扣许可证件、降低资质等级、吊销许可证件，限制开展生产经营活动、责令停产停业、责令关闭、限制从业，行政拘留等。

C 项，刑事处罚是违反刑法，应当受到的刑法制裁，简称刑罚。刑罚分为主刑和附加刑，主刑包括管制、拘役、有期徒刑、无期徒刑和死刑，附加刑包括罚金、剥夺政治权利和没收财产。

9. B 【解析】本题考查《中华人民共和国未成年人保护法》。《中华人民共和国未成年人保护法》第二十二条规定，未成年人的父母或者其他监护人因外出务工等原因在一定期限内不能完全履行监护职责的，应当委托具有照护能力的完全民事行为能力人代为照护；无正当理由的，不得委托他人代为照护。未成年人的父母或者其他监护人在确定被委托人时，应当综合考虑其道德品质、家庭状况、身心健康状况、与未成年人生活情感上的联系等情况，并听取有表达意愿能力未成年人的意见。题干中，琳琳的伯父属于完全民事行为能力人，可以代为照护。故 B 项符合题意。

10. C 【解析】本题考查《中华人民共和国预防未成年人犯罪法》。根据《中华人民共和国预防未成年人犯罪法》第三十八条规定，“盗窃、哄抢、抢夺或者故意损毁公私财物”属于严重不良行为。第四十条规定，公安机关接到举报或者发现未成年人有严重不良行为的，应当及时制止，依法调查处理，并可以责令其父母或者其他监护人消除或者减轻违法后果，采取措施严加管教。D 项措施可以采取。

第四十三条规定，对有严重不良行为的未成年人，未成年人的父母或者其他监护人、所在学校无力管教或者管教无效的，可以向教育行政部门提出申请，经专门教育指导委员会评估同意后，由教育行政部门决定送入专门学校接受专门教育。B 项措施可以采取。

我国《教育法》第二十九条规定，学校行使“对受教育者进行学籍管理，实施奖励或者处分”的权利，A 项措施可以采取。

有期徒刑和罚金属于刑事处罚，王某的行为并未违反我国《刑法》，故不能对王某处以有期徒刑和罚金。本题为选非题，故答案为 C 项。

11. A 【解析】本题考查《学生伤害事故处理办法》。《学生伤害事故处理办法》第十条规定，学生违反法律法规的规定，违反社会公共行为准则、学校的规章制度或者纪律，实施按其年龄和认知能力应当知道具有危险或者可能危及他人的行为而造成学生伤害事故，学生或者未成年学生监护人应当依法承担相应的责任。题干中，小海是中学生，逃课去网吧并翻越围墙，违反了学校规章制度，故应当由小海或者其监护人承担法律责任，学校不承担赔偿责任。排除 D 项，A 项符合题意。

B 项，连带责任是指依照法律规定或者当事人约定，权利人有权请求部分或者全部连带责任人承担责任。连带责任人的责任份额根据各自责任大小确定；难以确定责任大小的，平均承担责任。实际承担责任超过自己责任份额的连带责任人，有权向其

他连带责任人追偿。

C 项,补充责任是指在多个责任主体对同一损害后果承担共同责任时的一种侵权赔偿责任形式。直接侵权人承担第一顺位的全部责任,补充责任人在相应责任范围或者全部责任范围内承担第二顺位的补充责任。

12. C 【解析】本题考查《中华人民共和国教育法》。《中华人民共和国教育法》第四十三条规定,受教育者享有"参加教育教学计划安排的各种活动,使用教育教学设施、设备、图书资料"的权利。题干中,班主任取消了学生沈某参加学校运动会的资格,而学校运动会属于教育教学计划安排的活动,因此班主任侵犯了学生参加教育教学安排的各种活动的权利,故 C 项符合题意。

13. A 【解析】本题考查《关于加强和改进新时代师德师风建设的意见》。《关于加强和改进新时代师德师风建设的意见》指出,将师德师风建设要求贯穿教师管理全过程。鼓励有条件的地方和学校结合实际探索开展拟聘人员心理健康测评,作为聘用的重要参考。故 A 项符合题意。

14. D 【解析】本题考查《中小学教师职业道德规范》。关爱学生的师德规范要求教师关心爱护全体学生,尊重学生人格,平等公正对待学生。对学生严慈相济,做学生良师益友。保护学生安全,关心学生健康,维护学生权益。不讽刺、挖苦、歧视学生,不体罚或变相体罚学生。题干中,王老师经常在课堂上批评孙晓波,使孙晓波感到难堪、没面子,王老师的行为损害了学生的自尊心,没有尊重学生的人格,D 项符合题意。

15. A 【解析】本题考查教师职业道德行为选择的标准。教师道德行为选择的功利性与超功利性体现在,功利性是指任何道德行为选择的确立,都反映着人与人之间一定的利益关系。教师道德行为选择标准的超功利性体现在三方面:(1)教师道德行为选择的标准虽然来自利益关系,但它又具有相对的独立性,有着自己特殊的地位、职责和使命,与利益关系不是直接的、一对一的决定关系;(2)教师道德行为的选择标准虽然反映着利益的要求,但这种利益是社会整体的利益,而不仅仅是教师个人的利益;(3)教师道德行为选择的标准在许多场合不但与教师的利益无关,而且是刚好相反。标准要求教师去选择那些具有很高价值的可能性,这种选择总是或多或少地需要教师做出个人牺牲。教师道德行为选择的功利性和超功利性通过教师的实际选择而达到统一。题干中,任老师在家人住院需要照顾的情况下,依旧保持高质量的教学,体现出她身为教师的责任感,是功利性和超功利性的统一。故 A 项符合题意。

16. B 【解析】本题考查教师与学生家长的关系。教师和家长作为两个不同的社会角色,两者之间并不存在必然的联系,是学生(孩子)作为沟通两者的桥梁,或者说

是联系两者的纽带,使两者之间产生了必然的联系。从一般的意义上说,两者之间建立在根本利益基础上的教育目标是一致的。教师和学生家长建立在根本利益上的一致性具体表现在以下方面:政治上,教师与学生家长作为社会主义劳动者和国家的主人,在政治上、法律上的地位是平等的,只是由于社会分工不同,教师和学生家长才扮演了不同的社会角色,承担着不同的岗位责任。经济上,教师和学生家长不仅是国家政治生活的参与者,而且都是社会生产资料的共同所有者。他们在社会大生产过程中是相互合作的伙伴,有相互联系密切的利益关系。文化教育上,教师和学生家长都是在同一种文化传统和教育制度下成长起来的,对学校教育的认识有着广泛的现实基础。题干中,李老师主动与家长联系,给家长提出优化家庭学习环境的具体建议,相互协作教育学生,共同促进学生的健康发展。故 B 项符合题意。

A 项应是家长承担家庭教育的管理职责,故说法错误;C 项家庭教育是学校教育的补充,故说法错误;D 项家长和教师应是平等的,故说法错误。

17. C 【解析】本题考查中国古代游戏。投壶是中国古代士大夫宴饮时玩的一种投掷游戏,也是一种礼仪。在战国时期较为盛行,尤其是在唐朝,得到了发扬光大。投壶是把箭向壶里投,投中多的为胜,负者喝酒。图片中,右边的人手拿箭向左边的壶进行投掷,这种游戏是投壶。故 C 项符合题意。

射覆是一种把东西藏在器物下让人猜的传统猜物游戏,在最后报出所射之物的名称之前,一般要以几句概括的话语来描述此物特征。

藏钩是我国传统猜物游戏。玩时,众人分成两组,一组人背手传钩,一组人猜钩止于谁手,以猜中与否较胜负。

击壤的玩法是把一块木片侧放在地上,在几十步外用另一块木片投掷,击中的就算得胜。

18. D 【解析】本题考查世界文化遗产。世界文化遗产指的是“有形”的文化遗产,以区别于联合国教科文组织的另一个项目“世界非物质文化遗产”。按照《保护世界文化和自然遗产公约》,文化遗产主要包括三个方面:(1)文物,从历史、艺术或科学角度看具有突出的普遍价值的建筑物、碑雕和碑画、具有考古性质成分或结构、铭文、窟洞以及联合体。(2)建筑群,从历史、艺术或科学角度看在建筑式样、分布均匀或与环境景色结合方面具有突出的普遍价值的单立或连接的建筑群;(3)遗址,从历史、审美、人种学或人类学角度看具有突出的普遍价值的人类工程或自然与人联合工程以及考古地址等地方。D 项属于遗址,本题选 D。

19. B 【解析】本题考查古代名人及其代表作。对联“志见《出师表》,好为《梁父吟》”歌颂了诸葛亮。上联意指《出师表》表达了诸葛亮的远大志向;下联的《梁父吟》

是诸葛亮年轻躬耕陇亩时，常常咏唱并借以抒发志向（“自比于管仲、乐毅”）的自慰自勉的歌谣。故本题选B。

**20.** C 【**解析**】本题考查中国近代重要历史事件。1911年10月10日，湖北新军工程营革命党人在武昌起义，因1911年为农历辛亥年，故这次革命也被称为“辛亥革命”。辛亥革命拉开了中国完全意义上的近代民族民主革命的序幕。这次革命推翻了清王朝统治，结束了中国两千多年的君主专制制度，建立起中国历史上从来不曾有过的共和政体，传播了民主共和理念，推动了中华民族思想解放，促使社会经济、思想文化和社会风俗等方面发生新的变化，冲破了封建主义的藩篱，打击了帝国主义在华势力，为民族资本主义的发展创造了有利条件。故C项符合题意。

**方法技巧**：考生可通过下表记忆戊戌变法、义和团运动、新文化运动的意义。

| 历史事件 | 时间 | 意义 |
| --- | --- | --- |
| 戊戌变法 | 1898年（农历戊戌年） | 对于推动中国民族资本主义的发展和新思想的传播，起到了积极作用，在一定程度上冲击了旧式官僚体制 |
| 义和团运动 | 1899年秋 | 具有强烈的反帝爱国倾向，沉重打击了帝国主义瓜分中国的野心，使侵略者不得不承认中国“尚含有无限蓬勃生气” |
| 新文化运动 | 1915年 | 动摇了封建道德礼教的统治地位，使中国人民接受了一次民主与科学的洗礼，为随后爆发的五四运动起了思想宣传和铺垫的作用 |

**21.** B 【**解析**】本题考查近代美国的发展。1776年7月，大陆会议通过《独立宣言》，宣告北美殖民地脱离英国独立。故B项符合题意。

A项，1689年，英国议会通过《权利法案》，扩大议会权力，限制王权。

C项，法国资产阶级控制的制宪议会颁布了《人权宣言》，明确提出了人权、自由、平等、法治、人民主权和保护私有财产等原则。

D项，《联邦宪法》一般指《美利坚合众国宪法》，是1787年美国制定的宪法，确立了“三权分立”原则。

**22.** A 【**解析**】本题考查儒家经典五经的内容。《吕刑》是西周的法典，主要记述了当时的法律原则、赎刑及司法制度。《书》即《尚书》，《尚书》中现存《吕刑》一篇，是吕侯制定法律后遗存的官方档案文献。而作为法典的《吕刑》，其原件已失传，但其有关内容由于《尚书·吕刑》篇得以保存下来。

B项，《诗》即《诗经》，是我国现存最早的一部诗歌总集。

C项，《礼》即《礼记》，是中国古代一部重要的典章制度选集，文章内容体现了先

秦儒家的哲学思想、教育思想、政治思想、美学思想。

D 项,《易》即《周易》,是一部建立在阴阳二元论基础上对事物运行规律加以论证和描述的哲学书籍。

23. C 【解析】本题考查《论语》的内容。A 项出自《论语·子张》;B 项出自《论语·公冶长》;D 项出自《论语·述而》。而 C 项出自韩愈的《师说》,故答案选择 C 项。

24. A 【解析】本题考查标准分数的计算。标准分数是原始数据与平均数的离差除以标准差所得的一种量数,用符号 Z 表示。计算公式如下:$Z=\frac{x-\bar{x}}{s}$,其中,Z 表示标准分数;x 表示原始数据;$\bar{x}$ 表示平均数;S 表示原始数据的标准差。将题干数据代入公式,Z = (85 - 82)/12,计算得出0.25,故答案选择 A 项。

25. A 【解析】本题考查 Excel 函数。AVERAGE 是求平均值函数,函数语法格式是 AVERAGE(number1, number2, …),功能是计算所有参数的平均值。题干中"=AVERAGE(B2:B4)"是求 B2 ~ B4 单元格中数值的平均值,是相对引用,即把含有单元格地址的公式复制到一个新的位置或者进行公式填充时,公式中的单元地址会随机变化,但始终维持公式所在单元格与被引用的单元格之间的相互位置不变。因此,如果直接复制粘贴到 D5 处,即此处是求 D2 和 D3 的平均数,D5 处的值应是(90 + 96)/2 = 93。故 A 项符合题意。

26. B 【解析】本题考查 Word 的基本操作。若用户要插入一些特殊符号,具体操作为:定位光标→"插入"选项卡→"符号"组的"符号"按钮→其他符号→选择"符号"对话框的相应项→"插入"按钮。故想要输入特殊符号,需要使用插入功能,本题答案选择 B 项。

27. D 【解析】本题考查 Excel 的应用。工作表主要由电子表格组成,每个工作簿包含若干个工作表。鼠标右键单击某一工作表,用户可以根据工作需要随时对该工作表进行插入、删除、移动或复制、重命名等操作,但不能打印,打印工作表需要单击"文件"选项卡中的"打印"命令。本题为选非题,故 D 项符合题意。

28. A 【解析】本题考查类比推理。题干中"电视机"与"电话机"两个概念属于并列关系,且同属于电器。A 项"自行车"与"摩托车"同属于交通工具,且属于并列关系;B 项"红色"与"红墙"属于全异关系;C 项"学生"与"青年"属于交叉关系;D 项"教师"与"女教师"属于包含关系,"教师"包含"女教师"。故 A 项符合题意。

29. C 【解析】本题考查图形推理。图片中给出的三个示例图形均是由内外两个相同的图形组成,且内部图形不与外部图形相切。故 C 项符合题意。

## 二、材料分析题

30. 材料中吕老师很好地践行了素质教育观,值得肯定。

(1)素质教育倡导教学重结论更要重过程。材料中,吕老师上课时没有向学生简单灌输课本知识,而是通过“身份互换”、问题思考、课堂讨论等形式激发学生的兴趣,学生们时而引经据典开展讨论,时而穿越时空“还原”历史或“重构”历史,在教学过程中深刻感悟历史知识。这体现了吕老师关注教学过程。

(2)素质教育倡导教学关注学科更要关注人。材料中,吕老师通过“身份互换”、引导学生思索面临重大事件时自己会如何做等方法,让学生换位思考体会历史人物的思想情感,丰富了学生的学习体验,这体现了吕老师关注学生的情感体验。

(3)素质教育要促进学生生动、活泼、主动的发展。材料中,吕老师在课堂上采取启发式教学,鼓励学生主动思考与自我表达,教学方法深受学生欢迎。这促进了学生主动性的发挥。

(4)素质教育是以培养创新精神和实践能力为重点的教育。材料中,吕老师的教学方法灵活、新颖,教会了学生自主学习、主动思考、积极表达个人观点,改变了学生死记硬背的学习方式,提升了学生的创新思维和能力。

(5)素质教育倡导教学要以学习者为中心。材料中,吕老师采用灵活多样的教学方法,引导学生在一系列问题与讨论中学会学习、学会思考,体现了吕老师的教学以学习者为中心。

综上所述,吕老师的做法遵循了素质教育观,促进了学生的发展,值得大家学习。

(共 14 分。对吕老师的教育行为评价正确得 2 分;从“教学要重过程”“教学要关注人”“促进学生主动发展”“培养创新精神”“教学以学习者为中心”等角度至少答出四点,每点 3 分,理论阐述 1 分,结合材料具体分析 2 分)

31. 材料中佟老师的行为是正确的,遵循了教师职业道德规范的要求,值得我们学习借鉴。

(1)佟老师的教育行为符合爱岗敬业的教师职业道德规范。爱岗敬业要求教师要忠诚于人民教育事业,志存高远,勤恳敬业,甘为人梯,乐于奉献。对工作高度负责,认真备课上课,认真批改作业,认真辅导学生。不得敷衍塞责。材料中,佟老师对工作负责,认真上课,还积极参加研讨和培训,在工作中力求做到“四要”,体现了爱岗敬业的职业道德。

(2)佟老师的教育行为符合教书育人的教师职业道德规范。教书育人要求教师要遵循教育规律,实施素质教育。循循善诱,诲人不倦,因材施教。培养学生良好品行,激发学生创新精神,促进学生全面发展。不以分数作为评价学生的唯一标准。材

料中，佟老师不仅教授学生物理知识，还带学生实地参观企业，引导学生关注物理知识的实际应用，旨在培养理论与实践相结合的实用型人才，有利于学生的全面发展，遵循了教书育人的职业道德规范。

(3)佟老师的教育行为符合为人师表的教师职业道德规范。为人师表要求教师要坚守高尚情操，知荣明耻，严于律己，以身作则。衣着得体，语言规范，举止文明。关心集体，团结协作，尊重同事，尊重家长。作风正派，廉洁奉公。自觉抵制有偿家教，不利用职务之便谋取私利。材料中，在教学研讨中佟老师大方和同事分享教学经验，还一起围绕具体主题分头提出教学实施思路，不断研讨最终形成教学设计，说明佟老师做到了尊重同事、团结协作，体现了为人师表的职业道德。

(4)佟老师的教育行为符合终身学习的教师职业道德规范。终身学习要求教师要崇尚科学精神，树立终身学习理念，拓宽知识视野，更新知识结构。潜心钻研业务，勇于探索创新，不断提高专业素养和教育教学水平。材料中，佟老师坚持阅读物理教学的最新论著，利用寒暑假到大学和研究所参加相关研讨活动，有时还自费去参加前沿培训，不断提高自己的专业水平，体现了终身学习的职业道德。

(5)佟老师的教育行为符合关爱学生的教师职业道德规范。关爱学生要求教师要关心爱护全体学生，尊重学生人格，平等公正对待学生。对学生严慈相济，做学生良师益友。保护学生安全，关心学生健康，维护学生权益。材料中，佟老师在教学过程中时刻关注学生，启发学生进行思考探索，从学生的角度出发展开教学，成为学生的良师益友，体现了关爱学生的职业道德。

综上所述，佟老师的行为符合教师职业道德的相关要求，值得肯定。

(共14分。对佟老师的行为评价正确得2分；从“爱岗敬业”“教书育人”“为人师表”“终身学习”“关爱学生”等答出至少四点，每点3分，理论阐述1分，结合材料具体分析2分)

32. (1)文章中介绍的儒家家庭伦理为“孝悌”，社会伦理为“忠信”。

(共4分。答出“家庭伦理”“孝悌”2分，答出“社会伦理”“忠信”2分)

(2)联系：社会伦理是由家庭伦理发展而来，又包含了家庭伦理。只有父母与子女的小家庭，发展为包括祖父母及其子孙在内的大家庭；随着世代的延续，大家庭就成了大家族；时代拉长，超大家庭或大家族壮大，就是氏族共同体的形成；经过世代延长，范围继续扩大，就构成了社会。而这种正向发展也使其具有反向的包含关系。

区别：①家庭伦理基本单元是家庭，社会伦理范围更广、更大；②家庭伦理以血缘关系为基础，是自然的，而社会伦理则不以血缘关系为基础；③家庭伦理是无条件、不

可选择的,社会伦理是有条件、可选择的。

(共10分。联系方面:答出“社会伦理是由家庭伦理发展而来”2分,答出“社会伦理包含家庭伦理”2分;区别方面:答出范围不同2分,答出基础不同2分,答出条件与选择的不同2分)

**三、写作题**

33.**【写作思路】**这是一篇材料作文,考生需要从材料中提炼出作文立意。“合抱之木,生于毫末。九层之台,起于累土。千里之行,始于足下”意思是“合抱的大树,生长于细小的幼苗;九层的高台,兴起于一堆堆泥土;千里的远行,是从脚下第一步开始走出来的”,说明“万事积于忽微,量变引起质变”,也说明“要成就大的事业,必须从小事做起”“做事要脚踏实地,一步一个脚印”“要有坚强的毅力”。“行远必自迩,登高必自卑”材料中已给出解释,告诉我们做事创业既要有“登高”“行远”的目标,志存高远,敢想敢干;又要自“卑”处、“迩”处始,脚踏实地,循序渐进。综合两句话,可以得出的立意有:脚踏实地;循序渐进;切忌好高骛远,眼高手低;要有坚强的毅力,坚持到底;积少成多,持之以恒;等等。

**【参考范文】**

**从脚下出发**

合抱之木,生于毫末。九层之台,起于累土。千里之行,始于足下。

——题记

哲学家维特根斯坦说:“我贴在地面步行,不在云端跳舞。”一句意蕴丰富的哲言,却向我们传达了最朴实的精神:务实,脚踏实地,不好高骛远。也唯有如此,我们方可至千里。脚踏实地地做好自己的每一件事,能使我们走好迈向成功的每一步。永不言弃,持之以恒地朝着目标前进,这是实现成功的保证。

有的人,空有“伟大”的理想,但在为实现理想而做出的努力上,却没有自己在对理想的夸夸其谈上付出的三分之一。人们总是幻想着自己可以成为影视明星,或者成为著名的作家,或者成为为国家做出突出贡献的科学家……但是,在人生的道路上,这些人,却不能脚踏实地,一步一个脚印地出发,他们不能为了自己的理想付出辛劳,努力拼搏,却妄想有朝一日收获硕果。要知道,“行远必自迩,登高必自卑”,没有不付出的成功,也没有不努力的果实。

东汉有一少年名叫陈蕃,独居一室却从不收拾打扫自己的房间,以致脏乱不堪。亲友中有人批评他,他却能振振有词地回答:“大丈夫处世,当扫除天下,安事一室乎?”殊不知,“一屋不扫,何以扫天下”。

著名画作《蒙娜丽莎》和《最后的晚餐》的作者达·芬奇,是意大利文艺复兴时期

的著名画家,他的画作家喻户晓,其艺术实践和科学探索精神对后代产生了重大而深远的影响。但是在艺术领域拥有如此高成就的他在小时候也是从画鸡蛋开始的。为了磨练画技,达·芬奇曾日复一日画了无数个鸡蛋,也正是基础的稳固,才使他有了扎实的绘画基础。达·芬奇的脚踏实地,奠定了他成功的基础,使他从山脚逐步登上了山顶。

居里夫妇为了提炼镭元素,在理化学校借到一个连搁死尸都不合用的破陋棚屋,开始了艰辛的工作。这个棚屋,夏天燥热得像烤炉,冬天却冷得可以结冰,不通风的环境还迫使他们把许多炼制操作放在院子里露天进行。没有一个工人愿意在这种条件下工作,居里夫妇却在这一环境中奋斗了 4 年。他们脚踏实地,一步一步往前走,将成吨的沥青铀矿的废渣一点一点地提炼,直至最后,提炼出 0.1 克纯净的氯化镭。这其中,凝聚了居里夫妇多少辛勤劳动的心血!但功夫不负有心人,“九层之台,起于累土”,他们获得了成功。

我们想要成功,就要用辛勤的汗水,百倍的努力,用自己的实际行动去实现它。在实现自己目标的道路上,必须踏踏实实,一步一个脚印,一路抛洒自己的汗水,一直到成功的彼岸。也许成功的道路上等待我们的还会有一系列挫折、打击,也许前行的道路不是平坦的,我们还会走许多弯路,有许多坎坷等着我们克服,但只要我们一直一步一步前行,我们一定会走向成功。

朋友,请您记住,成功就要脚踏实地,从脚下出发,永不放弃。

(本篇文章立意正确,语言流畅,逻辑通顺。运用总分总的结构安排文章的层次,同时运用对照式安排论证结构,从正反两方面论述论点。拟定得分 47 分)

## 2022 年上半年中小学教师资格考试真题试卷(四)

### 一、单项选择题

1. D 【解析】本题考查教师观。教学反思是教师以自己的教学活动过程为思考对象,对自己所做出的行为、决策以及由此所产生的结果进行审视和分析的过程,是一种通过提高参与者的自我觉察水平来促进能力发展的途径。反思是教师成长和发展的核心能力之一。题干中,冯老师讲了多遍的题目学生还是不会做,这说明学生可能没有真正理解知识或掌握答题方法、技能,但冯老师不仅没有反思自己的教学方式方法是否适合所有学生,反而一味地埋怨学生,这表明冯老师缺乏教学反思能力。

2. B 【解析】本题考查教育观。题干中的学校专门开发了一组研学旅行项目,让学生完成相关研学任务,这说明学校注重培养学生的实践能力,注重育人的实践性。

本题选 B。

研学旅行项目的开发目的是满足学生的个性化学习需求,但在此次研学旅行中,地理老师全程指导学生,没有针对学生需求展开具体、个性化的安排,强调了教师的主导作用而没有充分发挥学生的主观能动性,A、C、D 三项不符合题意。

3. D 【解析】本题考查教师专业发展阶段。叶澜等人从“自我更新”取向角度对教师专业发展阶段进行了深入研究,将它划分为“非关注”阶段、“虚拟关注”阶段、“生存关注”阶段、“任务关注”阶段、“自我更新关注”阶段五个阶段。其中,处于“虚拟关注”阶段的一般是师范学习阶段的学生或实习期教师,他们对合格教师的要求开始思考,在虚拟的教学环境中获得某些经验,对教育理论及教师技能进行学习和训练,有了对自我专业发展反思的萌芽。“自我更新关注”阶段的教师不再受外部评价或职业升迁的牵制,自觉依照教师发展的一般路线和自己目前的发展条件,有意识地自我规划,以谋求最大程度的自我发展,关注学生的整体发展,积累了比较科学的个人实践知识。排除 A、B 项。

C 选项,处于关注学生阶段的教师将考虑学生的个别差异,认识到不同发展水平的学生有不同的需要,根据学生的差异采取适当的教学,促进学生发展。与题意不符,排除。

福勒和布朗提出教师专业发展三阶段理论,包括关注生存阶段、关注情境阶段以及关注学生阶段。其中,处于关注生存阶段的一般是新教师,他们非常关注自己的生存适应性。题干中的庄老师忧虑自己不能回答课堂上学生提出的问题,担心自己的教学表现差,这说明庄老师处于教师专业发展阶段中的关注生存阶段。本题选 D。

4. C 【解析】本题考查素质教育的内涵。素质教育是促进学生全面发展的教育。题干中学校安排了两张课程表,在教学中实际执行不公开的课程表,目的仅仅是提高升学率,这说明该校只注重智育,忽视了其他方面的教育。故题干中学校的做法是错误的,漠视了学生全面发展的需要,本题选 C。

A 项,教学规则是规定出来供大家共同遵守的教学制度或教学章程。学科教学规则带有强烈的学科性。与题干不符,排除。

B 项,题干中学校实行两张课程表,目的是提高升学率,且题干并未提及学习效率,排除。

D 项,办学特色是指学校在长期的办学过程中所表现出来的有别于其他学校的独特的办学风格,具有独特性、优质性、稳定性与发展性等特点。题干中学校实行两张课程表的做法不属于办学特色,排除。

5. B 【解析】本题考查《中华人民共和国宪法》。依据《中华人民共和国宪法》第

六十一条规定，全国人民代表大会会议每年举行一次，由全国人民代表大会常务委员会召集。如果全国人民代表大会常务委员会认为必要，或者有五分之一以上的全国人民代表大会代表提议，可以临时召集全国人民代表大会会议。全国人民代表大会举行会议的时候，选举主席团主持会议。

6. B 【解析】本题考查《中华人民共和国教育法》。依据《中华人民共和国教育法》第八十二条规定，购买、使用假冒学位证书、学历证书或者其他学业证书，构成违反治安管理行为的，由公安机关依法给予治安管理处罚。

A 项，民事责任是指民事主体在民事活动中，因实施了民事违法行为，根据民法所承担的对其不利的民事法律后果。

C 项，刑事责任是行为人触犯刑法所必须承担的法律责任。

D 项，教育行政处分是指教育行政机关依照行政隶属关系对有轻微违法或者失职行为的工作人员，或者学校等教育机构对于教师等工作人员违反有关规定，按照有关法律法规的授权而给予的一定惩戒。

7. D 【解析】本题考查《中华人民共和国教师法》。依据《中华人民共和国教师法》第三十二条规定，社会力量所办学校的教师的待遇，由举办者自行确定并予以保障。

8. C 【解析】本题考查《中华人民共和国义务教育法》。依据《中华人民共和国义务教育法》第二十一条规定，对未完成义务教育的未成年犯和被采取强制性教育措施的未成年人应当进行义务教育，所需经费由人民政府予以保障。

9. A 【解析】本题考查《中华人民共和国未成年人保护法》。根据《中华人民共和国未成年人保护法》第五十四条规定，禁止拐卖、绑架、虐待、非法收养未成年人，禁止对未成年人实施性侵害、性骚扰。禁止胁迫、引诱、教唆未成年人参加黑社会性质组织或者从事违法犯罪活动。禁止胁迫、诱骗、利用未成年人乞讨。第一百二十九条规定，违反本法规定，侵犯未成年人合法权益，造成人身、财产或者其他损害的，依法承担民事责任。违反本法规定，构成违反治安管理行为的，依法给予治安管理处罚；构成犯罪的，依法追究刑事责任。根据《中华人民共和国治安管理处罚法》第四十一条规定，胁迫、诱骗或者利用他人乞讨的，处十日以上十五日以下拘留，可以并处一千元以下罚款。题干中李某的行为违法，应由公安机关依法给予处罚。

10. A 【解析】本题考查《中华人民共和国预防未成年人犯罪法》。依据《中华人民共和国预防未成年人犯罪法》第十六条规定，未成年人的父母或者其他监护人对未成年人的预防犯罪教育负有直接责任，应当依法履行监护职责，树立优良家风，培养未成年人良好品行；发现未成年人心理或者行为异常的，应当及时了解情况并进行教育、

引导和劝诫,不得拒绝或者怠于履行监护职责。

11. A 【解析】本题考查侵犯学生权利的主要表现。受教育权是学生最基本的权利。学校应当保障未成年学生受教育的权利,关心、爱护学生,对品行有缺点、学习有困难的学生,应当耐心教育、帮助,不得歧视,不得违反法律和国家规定开除或变相开除未成年学生。肖强是处于义务教育阶段的初中生,班主任劝退肖强的做法侵犯了肖强的受教育权。

义务教育是依据法律规定,适龄儿童和青少年都必须接受的,国家、社会、学校、家庭必须予以保证的国民教育。故学校、肖强的父母不得让处于义务教育阶段的肖强退学。B 项排除。

教师具有教育教学权和管理学生权,但不得违背我国法律,让处于义务教育阶段的肖强退学。题干中班主任的做法错误,C、D 项排除。

12. A 【解析】本题考查《学生伤害事故处理办法》。依据《学生伤害事故处理办法》第十三条规定,下列情形下发生的造成学生人身损害后果的事故,学校行为并无不当的,不承担事故责任;事故责任应当按有关法律法规或者其他有关规定认定:(一)在学生自行上学、放学、返校、离校途中发生的;(二)在学生自行外出或者擅自离校期间发生的;(三)在放学后、节假日或者假期等学校工作时间以外,学生自行滞留学校或者自行到校发生的;(四)其他在学校管理职责范围外发生的。第二十八条规定,未成年学生对学生伤害事故负有责任的,由其监护人依法承担相应的赔偿责任。题干中,余亮离校后故意将同学赵刚打伤,事故发生在校外,学校不承担赔偿责任,故 B、D 不选。余亮是直接致害人,但因其是初一学生,属于未成年人,故应由余亮的监护人对赵刚所受伤害承担赔偿责任。

13. C 【解析】本题考查教师劳动中利益关系的处理。教师劳动包含了以下几个主要的利益因素:(1)教师的个人利益。指教师个体的劳动投入和他的劳动效益之间的关系。(2)教育对象的利益。指教育对象及其家长都对教师有一定的期待,希望使学生在教师的教育下能够有最大、最全面和最愉快的发展。(3)教师集团的利益。指教师作为一个群体希望获得本职业群体和社会政治地位的提高,同时也希望群体成员之间有一种良好的人际关系,争取为教育事业的发展创造最有利的条件。(4)社会的利益。社会利益要求的集中表现是教育目的,亦即要求教师培养合乎社会需要的人才。在社会主义教育体系中,教师的个人利益、教师集体的利益和社会利益是根本一致的,如果教师不能正确认识和处理这些利益关系,有可能引起相互利益的矛盾和冲突,这种利益矛盾会恶化教育劳动的条件,影响教师的威信和教育劳动目的的实现,从而影响社会主义教育事业的整体利益的实现。题干中,张老师的不当行为损害了教师

队伍的形象和威信，妨碍了学校教学计划和国家教育目的的实现，没有处理好社会利益关系，A 项不选。

张老师因一名学生不认真听课而中断课堂教学，批评该名学生直到下课，不仅忽视了全班同学的整体利益，还没有完成本堂课的教学任务与目标，影响学校教学计划的实现。因此，张老师没有处理好与教育对象之间的利益关系，B 项不选。

张老师受到了学生家长的投诉，损害了教师队伍在学生、学生家长心中的形象和威望，没有处理好教师集体利益关系，D 项不选。

C 项，依据题干案例无法推断出张老师没有处理好行政管理利益关系，运用排除法，本题选 C。

14. D 【解析】本题考查教育名言蕴含的道理。A 项，“亲其师，信其道”的意思是：学生和教师亲近了，才会信任教师，相信教师所说的，才会接受教师的教育。这句话强调师生良好关系的重要性，与题意无关，不选。

B 项，“君子博学而日参省乎己”是指：君子要广泛地学习并且每日检查、反省自己的言行。这句话强调自我反思的重要性，题干未体现王老师的反思过程，B 项不选。

C 项，“学而不思则罔，思而不学则殆”大意是：只读书学习，而不思考问题，就会迷惑而无所得；只空想而不读书学习，就会疑惑不解。这句话强调学习与思考二者缺一不可，与题意无关，不选。

D 项，“是故弟子不必不如师，师不必贤于弟子”的意思是：因此学生不一定不如老师，老师不一定都比学生贤能。这句话强调师生各有所长，教师和学生之间可以互相学习。

题干中的学生提出了很多令老师意想不到的好建议，这说明学生未必不如老师，老师也可以向学生请教学习，故本题选 D。

**方法技巧**：考生在做此类试题时，需要先分析题干中的案例所符合的教师职业道德要求，再逐一分析各选项所蕴含的道理，之后再与题干中所符合的教师职业道德要求进行匹配，选择最佳选项。

15. C 【解析】本题考查《中小学教师违反职业道德行为处理办法》。依据《中小学教师违反职业道德行为处理办法》第五条规定，学校及学校主管教育部门发现教师存在违反第四条列举行为的，应当及时组织调查核实，视情节轻重给予相应处理。作出处理决定前，应当听取教师的陈述和申辩，听取学生、其他教师、家长委员会或者家长代表意见，并告知教师有要求举行听证的权利。对于拟给予降低岗位等级以上的处分，教师要求听证的，拟作出处理决定的部门应当组织听证。所以 A、B、D 三项说法正确。

第七条规定，给予教师开除处分，公办学校教师由所在学校提出建议，学校主管教育部门决定并报同级人事部门备案。民办学校教师或者未纳入人事编制管理的教师由所在学校决定并解除其聘任合同，报主管教育部门备案。王老师是民办学校的教师，可由学校决定解除其聘任合同，学校作出处理决定后应报主管教育部门备案，故C项说法错误。

**16. B** 【**解析**】本题考查教师行为选择的原则。题干中，高老师为了班级荣誉，指定喜欢跑步的李琪参加跳绳比赛，并劝说喜欢跳绳的王伟放弃参加跳绳比赛，这说明高老师的行为选择是基于功利原则。本题选B。

A项为干扰项，排除。

C项，高老师的行为选择漠视了学生的个人兴趣爱好，没有体现关怀原则，排除。

D项，公正是指教师在教育教学过程中正直无私地处理人与人之间的关系，公平合理地解决各种矛盾。与题干不符，排除。

**17. D** 【**解析**】本题考查生物医学知识。A项，疟疾是严重危害人体健康的寄生虫病之一，疟疾的病原体是疟原虫。我国学者屠呦呦女士因发现用于治疗疟疾的青蒿素而获得诺贝尔生理学或医学奖。

B项，麻疹是由麻疹病毒引起的急性出疹性传染病，多见于儿童，主要借助飞沫直接传播，愈后可产生持久免疫力。

C项，乙型肝炎是由乙型肝炎病毒引起的以肝脏病变为主的一种传染病，主要通过血液和血制品、性接触、母婴等途径传播。

D项，百日咳是由百日咳杆菌引起的一种急性呼吸道传染病，多见于儿童。百日咳杆菌属于细菌的一种，故本题选D。

**18. A** 【**解析**】本题考查文艺复兴时期人物的贡献与评价。A项，但丁，意大利从中世纪向文艺复兴过渡时期最有代表性的作家、诗人，恩格斯称他为“中世纪的最后一位诗人，同时又是新时代的最初一位诗人”。但丁创作了欧洲文学经典著作《神曲》，《神曲》用意大利民族语言写成，对意大利文学民族语言的形成和发展起了重要作用。本题选A。

B项，薄伽丘是意大利作家，代表作《十日谈》是欧洲文学史上第一部现实主义作品。

C项，彼特拉克，意大利学者、诗人，被称为“人文主义之父”，第一个指出“人学”和“神学”是两个对立的概念，代表作有抒情诗集《歌集》(以十四行诗为主)。彼特拉克与但丁、薄伽丘被称为意大利“文艺复兴三杰”。

D项，马基雅维利是意大利政治学家，代表著作有《君主论》《论李维》。《君主论》

阐述了君主治国之道,《论李维》一书集中了马基雅维利全部共和政治思想的精华。马基雅维利被认为是古典政治哲学向现代政治哲学的转折性人物,他首先将道德从政治中分离,这一点逐渐成为现代政治的基本原则。

19. B 【解析】本题考查中国古代对行星的称谓。中国古代将五星(即金星、木星、水星、火星、土星五大行星)和日月合称为"七政"或"七曜"。

A 项,土星,因其公转周期为 29.5 年,近似为 28 年,恰好遍历二十八星宿,每年填一宿(或曰镇一宿),故称填星或镇星。

B 项,木星是太阳系八大行星中体积最大、自转最快、从内向外的第五颗行星。古人很早就认识到木星约十二年绕太阳运行一周天,因人们把周天分为十二分,称十二星次(星空区域),古人根据木星运行到哪个星次(即木星所在位置)来纪年,所以木星在古代被称为"岁星"。本题选 B。

C 项,金星,又名"太白星",因金星日出之前见于东方,称"启明星",黄昏见于西方,又称"长庚星""昏星"。此外,因金星亮度极高,也有"明星"之称。

D 项,水星,离太阳最近的行星,因距太阳最近,古人只有在日出或日落时才可能观测到水星,观测时水星总在太阳两侧。我国古代把 30°称为一"辰",因水星离太阳的视角距不超过 30°,故称水星为"辰星"。火星,古称"荧惑",古人认为"荧惑"是一颗灾星,掌管葬礼、战争,以及进行执法。

20. D 【解析】本题考查外国文学家著作中的主人公姓名。A 项,卡门是法国作家梅里美创作的中篇小说《卡门》中的女主人公,后由法国作曲家比才改编为同名歌剧《卡门》。

B 项,《简·爱》是英国女作家夏洛蒂·勃朗特创作的具有自传色彩的长篇小说,简·爱是该篇小说的女主人公。

C 项,娜拉是挪威戏剧家易卜生经典剧作《玩偶之家》中的女主人公。

D 项,苔丝是英国作家哈代的长篇小说《德伯家的苔丝》中的女主人公,D 项正确。

21. B 【解析】本题考查历史典故与人物。王羲之,世称"王右军",东晋书法家,善隶书、草书、楷书、行书,被誉为"书圣",代表作《兰亭序》被称为"天下第一行书"。成语"入木三分"出自唐代张怀瓘的《书断·王羲之》:"王羲之书祝版,工人削之,笔入木三分。"相传,王羲之笔法有力,在板上写字,木工刻字时发现墨汁透入木板有三分深。该成语本指书法笔力强劲,后用来比喻描写或议论深刻。本题选 B。

A 项,王献之,王羲之第七子,楷书、行书、草书、隶书诸体兼精,尤擅行草,作品有《洛神赋十三行》《中秋帖》等,在书法上与其父王羲之并称"二王",又与其父及张芝、钟繇合称"书中四贤"。

C 项，颜真卿，唐代书法家，自创“颜体”，代表作《勤礼碑》《多宝塔碑》《祭侄文稿》等，《祭侄文稿》被称为“天下第二行书”。

D 项，柳公权，唐代书法家，自创“柳体”，代表作《玄秘塔碑》《神策军碑》。

22. A 【解析】本题考查中国古代年龄称谓。垂髫指三四岁至八九岁的儿童，A 项符合。古代称六十岁为“花甲之年”，又称“耳顺之年”；“耄耋之年”指人八九十岁；“期颐之年”指一百岁。

23. D 【解析】本题考查国际电影节最高奖项的名称。A 项，金狮奖是意大利威尼斯国际电影节的最高奖项。

B 项，金鹰奖一般指中国电视金鹰奖，该奖是经中宣部批准，由中国文学艺术界联合会和中国电视艺术家协会共同主办的电视奖项。

C 项，金马奖是在中国台湾地区举办的电影奖项。

D 项，金熊奖是德国柏林国际电影节的最高奖项。

**方法技巧：**考生可多了解以下电影电视艺术奖项。

| 奖项 | 具体内容 |
|---|---|
| 世界四大国际电影节奖项 | 奥斯卡金像奖（美），威尼斯金狮奖（意大利），柏林金熊奖（德），戛纳金棕榈奖（法） |
| 华语电影三大奖 | 金鸡奖，金像奖（中国香港），金马奖（中国台湾） |
| 中国电影三大奖 | 中国电影金鸡奖，大众电影百花奖，中国电影华表奖 |
| 中国电视剧三大奖 | 中国电视剧飞天奖，上海电视节白玉兰奖，中国电视金鹰奖 |

注：意大利威尼斯国际电影节、德国柏林国际电影节、法国戛纳国际电影节是欧洲三大国际电影节。

24. B 【解析】本题考查青铜冰鉴的产生时代。青铜冰鉴，战国时期的青铜酒器，出土于湖北省随州市的曾侯乙墓中，该鉴出土时还带有长柄的铜勺，是舀酒的用具。青铜冰鉴是一件双层的方形器皿，有内外两层，外面的叫青铜鉴，内有一个方壶，叫青铜缶，鉴上有镂孔盖，盖身正中有方形孔，正好套住方缶口。两件器物套合而成。缶呈方形，缶的外壁和鉴的内壁之间有很大的空间。夏天在青铜鉴和青铜缶之间装上冰，可冰镇酒；冬天可在鉴和缶之间改放热水，则可以温酒。

25. C 【解析】本题考查中位数。中位数是指按顺序排列在一起的一组数据，若该组数据为奇数个，位于中间位置的数是中位数；若该组数据为偶数个，位于中间两个数的平均数就是中位数。将题干中这组数据按从小到大的顺序排列后依次是 54、66、69、71、73、74、76、77、78、81、83、87，位于中间位置的两个数是 74 和 76，那么这组数据

的中位数是 74 和 76 的平均数,即 75。

26. C 【解析】本题考查 Excel 的基本操作。A 项,Excel 可以根据需要按行或列、按升序或降序或自定义序列来排序。英文字母可按字母次序(默认不区分大小写)排序,汉字可按笔画或拼音排序。

B 项,Excel 的“合并计算”功能可以汇总或者合并多个数据源区域中的数据。

C 项,运用 Excel 中的数据筛选功能,可以只显示工作表中满足条件的数据,不满足条件的数据暂时隐藏起来(没有被删除)。

D 项,分类汇总就是对数据按某字段进行分类,将字段值相同的记录作为一类,进行求和、计数等汇总运算。

题干要求只显示“科目二”成绩高于 85 分的运动员,能够实现此要求的只有“筛选”功能。

27. D 【解析】本题考查 Word 的基本操作。A 项,单击 Word 文档中的“修订”按钮,即可开启文档的修订状态。当文档的修订状态开启时,插入的文本内容会通过颜色和下划线进行标记,而删除的内容则以加删除线的形式显示出来。

B 项,用户在编辑文本时,若对以前所进行的操作不满意,可通过“撤消”命令撤销已完成的操作,“恢复”命令可以把刚才撤销的内容恢复回来。

C 项,用“定位”命令可以使光标快速定位到指定的项,可定位的项有:页、节、行、书签、批注、脚注、尾注、域、表格、图形、公式、对象和标题等。

D 项,利用 Word 文档的“替换”功能,可将文档中查找到的某个字或词等,统一替换为另一个字或词。依据题干所述,若要在 Word 文档中一次性更正出现的多处相同错误,可使用“编辑”中的“替换”命令。

28. B 【解析】本题考查类比推理。题干中词组的逻辑关系是包含关系,后者包含前者,大米属于粮食的一种。B 项,花生油是用花生压榨出来的一种食用油,食用油和花生油是包含关系,故本题选 B。A 项,蜂巢是蜂类昆虫所建造的巢穴,蜜蜂采集花蜜可酿出蜂蜜,蜂蜜与蜂巢不属于包含关系。C 项,面粉可用来制作面包,不属于包含关系。D 项,冷却液和润滑液是不同功能的液体,是并列关系。

29. C 【解析】本题考查图形推理。题干所给的三个图形,都是由 3 个大小相等、形状相同的图形叠加得到的,选项中只有 C 项的图形符合这一逻辑特点,故本题选 C。

**二、材料分析题(参考答案)**

30. 材料中张老师的教育行为是正确的,体现了“以人为本”的学生观的要求,值得肯定。

（1）学生是发展中的人。作为发展中的人，也就意味着学生还是一个不成熟的人，是一个正在成长的人。学生具有巨大的发展潜能，教师应坚信每个学生都是可以积极成长的，是有培养前途的，要看到学生未来的发展潜力，要帮助学生更好地发展。材料中，晓华学习成绩差，很多老师认为他在学业上无可救药，但张老师没有放弃晓华，而是将晓华写的一些文字加工成一首诗，鼓励晓华坚定梦想，不与零分为伍。晓华得到张老师的鼓励后努力学习，取得很大进步并顺利考上高中。这表明张老师能用发展的眼光看待学生。

（2）学生是独特的人。学生是完整的人，每个学生都有自身的独特性，教师要根据学生的特点因材施教。材料中，张老师针对晓华写作上的特点因材施教，帮助晓华修改、完善了作品，并表扬晓华的作品写得很好，赞扬晓华是个有志向的人。这说明张老师看到了晓华的独特性，做到了因材施教。

（3）学生是具有独立意义的人，学生是学习的主体。教师要充分尊重学生的主体地位，促进学生主体性的发展。材料中，张老师对晓华的作品予以表扬，并引导晓华坚定志向，树立并追寻自己的梦想，帮助晓华建立了自信心，进而调动了晓华学习的积极性、主动性，这说明张老师尊重了学生的主体地位。

综上所述，张老师的行为帮助晓华建立了自信心，促进了晓华的积极发展，值得广大教师学习。

（共14分。对材料中老师的行为评价正确得2分；从学生是“发展中的人”“独特的人”“学习的主体”等角度答出三点，每点4分，给出理论依据2分，结合材料合理阐述2分）

31. 材料中的熊老师想要深入了解学生的初心是好的，但其行为是错误的，违背了教师职业道德规范。

（1）熊老师违背了爱国守法的职业道德规范。爱国守法要求教师要自觉遵守教育法律法规，依法履行教师职责权利。材料中，熊老师私自搜查学生的课桌、书包，并没收学生私人财物，私拆学生信件并当众宣读等行为侵犯了学生的合法权利，违反了相关法律法规的规定，违背了爱国守法的职业道德规范。

（2）熊老师违背了关爱学生的职业道德规范。关爱学生要求教师要保护学生安全，关心学生健康，维护学生权益。材料中，熊老师搜查学生课桌、书包，私拆学生信件并宣读信件内容的行为侵犯了学生的合法权益，没有尊重学生人格，违反了关爱学生的师德规范。

（3）熊老师违背了教书育人的职业道德规范。教书育人要求教师循循善诱，诲人不倦，因材施教。培养学生良好品行，激发学生创新精神，促进学生全面发展。不以分

数作为评价学生的唯一标准。材料中，面对学生李伟的早恋问题，熊老师没有循循善诱，而是当着全班学生的面宣读李伟的信件内容，并且严厉批评李伟，这种简单粗暴的教育方式违背了教书育人的师德规范。

(4)熊老师违背了为人师表的职业道德规范。为人师表要求教师坚守高尚情操，知荣明耻，严于律己，以身作则。衣着得体，语言规范，举止文明。关心集体，团结协作，尊重同事，尊重家长。作风正派，廉洁奉公。材料中，熊老师的行为违背了法律法规要求，没有做到以身作则，给学生树立良好典范，并且熊老师在家访时要求家长配合学校对李伟进行教育，没有做到尊重家长，违背了为人师表的师德规范。

(5)爱岗敬业要求教师对工作高度负责，认真备课上课，认真批改作业，认真辅导学生。不得敷衍塞责。熊老师的教育行为不对，但其想要深入了解学生学习和生活状态，并对学生问题进行家访的态度，做到了对工作认真负责。

综上所述，熊老师想要了解学生的态度与发现学生问题后及时家访是值得肯定的，但其行为却违背了法律法规要求，侵犯了学生权利，教育方式不合理，对学生造成了伤害。因此，熊老师应当反思并改正自己那些不好的教育行为，遵循教师职业道德规范，正确、合理地开展教育教学工作。

(共14分。点明“熊老师初心好但行为错”，评价正确得2分；违背“爱国守法”“关爱学生”“教书育人”“为人师表”但做到了“爱岗敬业”五点，每个知识点2分，给出理论依据1分，结合材料合理阐述1分；总结2分)

32.(1)“猛虎”和“蔷薇”分别代表人性的两面。“猛虎”代表人性中男性的一面，雄伟、外向和阳刚。“蔷薇”代表人性中女性的一面，秀美、内向且阴柔。二者相辅相成，每个人多多少少都兼有这两种气质，只是比例不同。

(共4分。答出与“人性的两面”“男性的一面”“女性的一面”“二者相辅相成”相关的4个要点得4分)

(2)①人生既是战场，又是幽谷。有猛虎才能在逆境中立定脚跟，在逆风里把握方向，创造英雄事业；有蔷薇才能烛隐显幽，体贴入微，才能做到“一沙一世界，一花一天国”。

②在人性的国度里，一只真正的猛虎应该能充分地欣赏蔷薇，而一朵真正的蔷薇也应该能充分地尊敬猛虎。完整的人生应将这两种境界调和与统一，如此，能动也能静，能屈也能伸。

(共10分。从“人生既是战场，又是幽谷”和“人性”2个方面展开回答，阐述合理得10分)

三、写作题

33.【写作思路】通读材料可知，本段材料的主题思想是“与时俱进”。在旧习惯和新规则同时并存的时代，与时俱进是极为重要的。考生在审题立意时，要紧扣这一主题，围绕“与时俱进”进行写作。

综上所述，本题可从以下几方面立意：(1)推陈出新，与时俱进；(2)新旧辩证对比分析；(3)适应变化；(4)终身学习，在规则与变化中提升自我；(5)顺应规则，敢于创新；等等。

【参考范文】

与时俱进

70 多年的风雨蹉跎，70 多年的艰苦磨难，中国实现了一次又一次的腾跃。改革开放前，神州大地上还是一片沧桑，但在改革开放后，中国可谓万象更新。时代飞速发展，社会日新月异，与时俱进已经成为世界对每一个个人和团体的要求。

大润发作为曾经零售行业的巨头被阿里巴巴收购，有人感叹：赢了所有对手，却输给了时代。这句话不无道理，但我想除了输给时代以外，他们更是输给了自己，输给了没有选择与时俱进的自己，没有选择大胆拥抱改革的自己。

时代并不总是在无情地淘汰一切，它带来巨大的挑战，也提供无限的机遇。有的人被时代的洪流击倒，更有人勇立潮头，成为时代的弄潮儿。大润发黯淡退场，与此形成鲜明对比的是做出正确选择的英特尔公司。在激烈竞争中，即将面临惨败的英特尔，因为首席执行官选择了革新而重新焕发生机。所以，故步自封会被时代抛弃，而与时代一同前行，则会得到时代的赞誉。

不仅企业如此，大到国家社会，小到个人，都是这样。就国家和社会而言，因为分秒不停的变迁，新的问题层出不穷，新的状况不断形成，所以人民对新政策的呼声从未减弱，我们的国家也在关注着变化并采取行动。从 40 多年前开始一直延续至今，改革开放的精神一直熠熠生辉，改革开放的脚步也更加坚定。具体到个人身上，或许在普通平淡的生活中感受不到太多的时代变化，却也要有意识地与时俱进。就像了解新闻，了解新科技，让自己的眼界和观念跟上时代的脚步，点滴小事中都可以融入与时俱进的思想。

与时俱进是基于客观事实的一项正确选择。它关联到很多问题，例如时代的方向到底在哪里，究竟怎样做才是与时俱进，如何在诸多前行的道路中选择最能可持续发展的一条？繁多的问题会带来许多困扰，但我们不能因此产生畏难情绪而不愿前行，在不知道应该怎样做的时候，至少应该将与时俱进这几个字刻在脑中，给自己勇于改变、前进的勇气。米兰·昆德拉说：“生活是一张永远无法完成的草图，是一次永远无

法正式上演的彩排,人们在面对抉择时完全没有判断的依据。我们既不能把它们与我们以前的生活相比,也无法使其完美之后再来度过。”但我们不能据此否定生活的美好,正因为生活是进行时,是无法预演的,我们更应该倾听自己内心真实的声音,坚持自己的想法,为理想而不懈奋斗。

随着人工智能时代的来临,中国迅速走向了富强,腾跃到了全球强国之一。先是“互联网+”的崛起,紧跟着的是“中国智造2025”,这都是中国的拔尖科技发明,推动着“中国创造”的崛起。

作为新时代青年,更要从现在起就牢记与时俱进。我们所在的地方就是我们的祖国,我们所做出的选择汇聚起来,将成为国家的选择。做一个与时俱进的青年,与国家、社会和时代一同前行。

(共50分。文中采用多种论证方法——举例论证、对比论证等,由企业到国家和社会,由反面例子到正面例子,材料丰富,论证深入。这篇作文立意准确,论点清晰。本篇作文拟给47分)

## 2021年下半年中小学教师资格考试真题试卷(五)

### 一、单项选择题

1. A 【解析】本题考查教师应具备的教育观念。教育观有广义、狭义之分,题干中的“教育观”指广义的教育观。广义的教育观是指在整个人类全部教育活动的轨迹中,所有对教育活动的目的、内容、作用、价值、功能以及对教育者和受教育者的学习、生活、发展等方面产生直接或间接影响的教育思想或观念。题干中李老师带领学生到社区了解风土人情及地域文化,回校后指导学生查阅资料,开发了以本土文化为题材的课程资源,体现了教师是课程资源的开发者,故A选项说法正确,C选项说法不合题意。教师在教育过程中处于主导地位,学生是教育过程的主体,故B选项说法错误。D选项在题干中没有体现,故不选。

2. D 【解析】本题考查教师职业行为规范的基本要求。教师的教学行为规范要求教师按时上课下课,不迟到、不缺课、不拖堂。钱老师延长5分钟时间是拖堂的表现,违背了教师的教学行为规范,其做法是不恰当的。故AC项错误。学生的注意力是有限的,在课间休息的时间继续教学不仅不利于学生集中注意力学习知识,同时也可能对学生下节课的学习产生消极影响,钱老师的做法漠视了学生的学习效果。本题答案为D。学生的学习风格在题干中没有体现,故B项不选。

3. A 【解析】本题考查新课程倡导的教师观。新课程倡导的教师观提出,教师是

学生学习的促进者。教师在对待教学关系上,要帮助、引导学生。题干中,李老师在授课过程中始终坐在讲台上,并且其授课方式仅仅是操作多媒体展示提前准备好的课件,忽视了学生的主体性,没有发挥教师的创造性对学生因材施教,其教学方式也不利于课堂教学效果的提升,故 BCD 三项说法正确。本题为选非题,故选 A。

4. D 【解析】本题考查“以人为本”的学生观。学生并不是单纯的抽象的学习者,而是有着丰富个性的完整的人。在教育活动中,作为完整的人而存在的学生,不仅具备全部的智慧力量和人格力量,而且体验着全部的教育生活。题干中,吴老师将可视化学习原理与微型化学实验室联系起来,并总结出指导学生展开微型实验设计与实施的注意事项,其做法不仅有助于学生亲自动手设计并实施微型实验,而且可视化技术的运用能使学生清晰地观察到微型化学实验中原本难以被肉眼看到的化学反应现象与过程,进而从微小的实验细节中获得真实而又丰富的感性经验,掌握复杂的化学知识。故吴老师的做法体现了其注重学生的学习体验,本题选 D。

5. C 【解析】本题考查《中华人民共和国未成年人保护法》。《中华人民共和国未成年人保护法》第十一条规定,任何组织或者个人发现不利于未成年人身心健康或者侵犯未成年人合法权益的情形,都有权劝阻、制止或者向公安、民政、教育等有关部门提出检举、控告。

A 项,学校无权对小秦的父亲给予警告或处分。排除。

B 项,学校不是行政机关,没有行政处罚权,无权对小秦的父亲给予训诫或罚款。公安机关可对小秦的父亲予以训诫,并可以责令其接受家庭教育指导。排除。

D 项,公民、法人或其他组织对某一问题的处理结果不服的,可以向有关部门申诉理由、请求重新处理,或者向人民法院提起诉讼。

6. A 【解析】本题考查《中华人民共和国未成年人保护法》。2020 年修订的《中华人民共和国未成年人保护法》第四十八条规定,国家鼓励创作、出版、制作和传播有利于未成年人健康成长的图书、报刊、电影、广播电视节目、舞台艺术作品、音像制品、电子出版物和网络信息等。2012 年修正的《中华人民共和国未成年人保护法》第三十二条规定,出版、制作和传播专门以未成年人为对象的内容健康的图书、报刊、音像制品、电子出版物以及网络信息等,国家给予扶持。题干中的出版社策划出版的法制教育趣味丛书并非教科书,不需国家审定,且该套丛书内容健康、适宜未成年人阅读,国家可以给予扶持。

**易错提示:**考生做题时注意抓住题干关键词进行判断。

教科书——需国家审定才能出版。

内容健康、适合未成年人阅读的图书等出版物——国家鼓励出版,可以给予扶持。

7. B 【解析】本题考查《中华人民共和国义务教育法》。根据《中华人民共和国义务教育法》第十九条规定，县级以上地方人民政府根据需要设置相应的实施特殊教育的学校（班），对视力残疾、听力语言残疾和智力残疾的适龄儿童、少年实施义务教育。特殊教育学校（班）应当具备适应残疾儿童、少年学习、康复、生活特点的场所和设施。普通学校应当接收具有接受普通教育能力的残疾适龄儿童、少年随班就读，并为其学习、康复提供帮助。题干中杨盼因为交通事故导致右腿残疾，但其具有接受普通教育的能力，故学校的做法不正确。学校应当接收杨盼，并为其学习、康复提供帮助。

8. B 【解析】本题考查《中华人民共和国义务教育法》。根据《中华人民共和国义务教育法》第三十三条规定，国家鼓励高等学校毕业生以志愿者的方式到农村地区、民族地区缺乏教师的学校任教。县级人民政府教育行政部门依法认定其教师资格，其任教时间计入工龄。故张某的工龄应为 8 年。

9. A 【解析】本题考查《中华人民共和国教师法》。根据《中华人民共和国教师法》第十四条规定，受到剥夺政治权利或者故意犯罪受到有期徒刑以上刑事处罚的，不能取得教师资格，已经取得教师资格的，丧失教师资格。《教师资格条例》第十八条规定，依照教师法第十四条的规定丧失教师资格的，不能重新取得教师资格，其教师资格证书由县级以上人民政府教育行政部门收缴。CD 两项说法错误。

《教师资格条例》第十九条规定，有下列情形之一的，由县级以上人民政府教育行政部门撤销其教师资格：（一）弄虚作假、骗取教师资格的；（二）品行不良、侮辱学生，影响恶劣的。被撤销教师资格的，自撤销之日起 5 年内不得重新申请认定教师资格，其教师资格证书由县级以上人民政府教育行政部门收缴。B 项说法错误。

题干中教师张某被法院判处有期徒刑一年，按照有关法律规定，其教师资格丧失，且不能重新取得，即永远丧失教师资格。本题选 A。

10. C 【解析】本题考查《中华人民共和国教育法》。根据《中华人民共和国教育法》第二十七条规定，设立学校及其他教育机构，必须具备下列基本条件：（一）有组织机构和章程；（二）有合格的教师；（三）有符合规定标准的教学场所及设施、设备等；（四）有必备的办学资金和稳定的经费来源。

**方法技巧：**考生识记设立学校及其他教育机构必须具备的条件，可用以下方法。有章程（组织机构和章程），有教师（合格的教师），有地（符合规定标准的教学场所及设施、设备等），有钱（必备的办学资金和稳定的经费来源）。

11. B 【解析】本题考查《学生伤害事故处理办法》。根据《学生伤害事故处理办法》第十二条规定，因地震、雷击、台风、洪水等不可抗的自然因素造成的学生伤害事

故,学校已履行了相应职责,行为并无不当的,无法律责任。故 AD 项可排除。

题干中,天花板因地震脱落砸伤保护学生的刘老师,学生小林无过错,其监护人无需承担赔偿责任。故 C 项不选。

刘老师履行教师职责,积极保护学生,学校应对受伤的刘老师给予适当补偿,故本题答案为 B 项。

12. B 【解析】本题考查我国公民的权利与义务。《中华人民共和国义务教育法》第四条规定,凡具有中华人民共和国国籍的适龄儿童、少年,不分性别、民族、种族、家庭财产状况、宗教信仰等,依法享有平等接受义务教育的权利,并履行接受义务教育的义务。李某已经 22 岁,不属于适龄儿童、少年,故无接受义务教育的权利,A 选项说法正确。

《中华人民共和国宪法》第四十七条规定,中华人民共和国公民有进行科学研究、文学艺术创作和其他文化活动的自由。D 选项说法正确。

我国《宪法》第五十五条规定,保卫祖国、抵抗侵略是中华人民共和国每一个公民的神圣职责。依照法律服兵役和参加民兵组织是中华人民共和国公民的光荣义务。C 选项说法正确。

我国《宪法》第五十六条规定,中华人民共和国公民有依照法律纳税的义务。公民纳税的义务与其是否有工作无关,故 B 项说法错误,本题答案为 B。

13. A 【解析】本题考查教育错误。有学者将职业道德方面的错误分为四种:(1)物欲型错误。不惜一切地满足物欲所导致的错误属于物欲型错误。在教育领域表现为,一些学校和教师将学校变成一个纯粹的市场,一切以经济利益为准。这是乱收费、向学生及其家长直接或变相索要财物或"方便"等现象的直接原因。

(2)权欲型错误。权欲型错误是指因权欲过度而产生的错误。教育本身即是一种权力,它包括教师有自主教学和对学生进行组织、指挥、褒扬和惩戒的权利等。但是教师不正当地行使自己的教育权利也是一种权欲型错误。比如一些教师至今仍然名正言顺地看待和实施着不恰当的体罚和心理惩罚。又比如,教师之间、教育工作者的上下级关系中间也存在着的与社会上类似的完全没有必要的弄权现象。

(3)名欲型错误。对名誉的过度追求也会成为一种十分消极的社会行为即名欲型错误。追求虚荣、欺世盗名、诋毁他人都是名欲型错误的表现。

(4)情欲型错误。不择手段地满足一个人的情感需求所产生的错误即情欲型错误。教育工作中的情欲型错误表现为师生之恋(主要指中小学)、对学生的偏爱溺爱、同行之间的嫉妒、在教育过程中的情绪失控(拿学生出气)等现象。

题干中谭老师记录毕业生就业去向和升职情况,以在需要时方便找到相关学生帮

忙,其所犯的错误是权欲型错误。

14. C 【解析】本题考查教师职业道德修养的特点。师德修养的基本特点是自我性、自觉性、内在性和实践性。内在性指师德修养是教师个人在其内部主动进行的师德陶练活动。它是个人真正从内心深处相信并接受社会倡导的师德规范、原则和要求,并把它转化为自己的品质和纳入自己的品德结构与价值观念体系当中。题干中,侯老师认可并接受教师的职业道德规范,将师德规范内化到自身价值观念中,自觉遵守师德规范要求,衣着整洁,并以此标准要求学生。侯老师的衣着与言行表现都是其内在职业道德修养的外在表现,故本题选 C。

15. C 【解析】本题考查《中小学教师违反职业道德行为处理办法》。根据《中小学教师违反职业道德行为处理办法》第七条规定,给予教师降低岗位等级或撤职处分,由教师所在学校提出建议,学校主管教育部门决定并报同级人事部门备案。

16. A 【解析】本题考查教育公正原则。教育公正原则主要包括保证原则、机会平等原则和补偿原则。(1)保证原则是指,教育公正首先要保证的是每个人受教育权利的实现。(2)机会平等原则要求社会平等地尊重每一个学生,让所有受教育者在平等条件下选择并吸收适合提高自身素质的养分,以使他们在适合自身发展的空间和领域更游刃有余地生产和发展。(3)补偿原则要求使教育中的优势群体与劣势群体、不利阶层与其他阶层之间在教育水平上达到一种持平的状态,以实现教育相对稳定的正常运转。题干中班主任让迟到学生第一节课不要进校门的行为侵犯了学生的受教育权,违背的是教育公正原则中的保证原则。故本题答案为 A。

17. B 【解析】本题考查生物医学常识。鼠疫是由鼠疫耶尔森菌(鼠疫杆菌)借鼠蚤传播引起的强烈传染病。

麻疹是由麻疹病毒引起的急性传染病,以发热、咳嗽、流涕、眼结膜充血、麻疹黏膜斑及全身斑丘疹为特征。不属于由细菌引起的疾病,故本题答案为 B。

败血症是指致病细菌侵入血液循环系统,在血液中生长繁殖,产生毒素,从而引发的急性全身性感染。

破伤风是由破伤风杆菌所致的肌肉阵发性痉挛和紧张性收缩为特征的急性疾病。

18. D 【解析】本题考查物理效应。多普勒效应是指波源与观察者相互靠近或者相互远离时,接收到的波的频率都会发生变化。在交通应用中,交通警察向行进中的车辆发射频率已知的超声波,同时测量反射波的频率,根据反射波的频率变化的多少就能知道车辆的速度。

电磁效应即电磁感应,电磁感应现象是指闭合电路的一部分导体在磁场中做切割磁感线运动时,导体中就产生电流。这种由于导体在磁场中运动而产生电流的现象叫

作电磁感应,产生的电流叫作感应电流。

光电效应,1887 年,赫兹在研究电磁波的实验中偶然发现,接收电路的间隙如果受到光照,就更容易产生电火花。这就是最早发现的光电效应。后来这一现象引起许多物理学家的关注,并进行了一系列实验研究,证实了这个现象,即照射到金属表面的光,能使金属中的电子从表面逸出。这个现象称为光电效应。

康普顿效应,美国物理学家康普顿在研究石墨对 X 射线的散射时,发现在散射的 X 射线中,不仅存在与入射波长相同的射线,同时还存在波长大于入射波长的射线成分,这个现象称为康普顿效应。

19. B 【解析】本题考查严复的译作。清朝末年,严复翻译了英国生物学家赫胥黎的《进化与伦理》,宣传了“物竞天择,适者生存”的观点,该译作是《天演论》。

《原富》(即《国富论》)是严复对亚当·斯密所著的《The Wealth of Nations》翻译的第一个译本起的书名。

《社会通诠》是英国学者甄克思著,严复译,于 1904 年商务印书馆出版,是论述政治历史的专著。

《群己权界论》是严复用文言语句翻译约翰·穆勒的《论自由》时所译书名。

20. A 【解析】本题考查文化遗址的建筑类型。干栏式建筑,即干栏巢居,是在木(竹)柱底架上建筑的高出地面的房屋。河姆渡人的房屋主要是干栏式建筑,以木桩插于地下,上面用木板等拼接成屋。这是中国最早的木构建筑,对中国古典建筑产生了重要影响。

B 项,仰韶文化以最早发现于河南西部渑池县仰韶村遗址而得名,是分布在黄河中下游地区的一种新石器时代晚期的文化,距今约 7000 ~ 5000 年。仰韶时期的房屋建筑有半地穴式和地面建筑两种,房屋的形状有圆形和方形两种。

C 项,大汶口文化遗址首次发现于山东省泰安市大汶口镇,是新石器时代晚期父系氏族社会遗址。大汶口文化房屋基址少数为半地穴式,大部分为地面式建筑。

D 项,龙山文化遗址首次发现于山东省济南市龙山镇。龙山文化以精美的蛋壳黑陶最具特色,达到了新石器时代制陶工艺的顶峰。这一时期房屋建筑在方向和排列上都有整体的布局,建造过程一般都是先划定范围或挖基槽,然后整治墙体再建屋顶。

21. C 【解析】本题考查外国文学。《伊索寓言》相传是公元前六世纪获释的古希腊奴隶伊索所著的寓言集,其中收录有 300 多则寓言,内容大多与动物有关。书中讲述的故事简短精练,刻画出来的形象鲜明生动,每则故事都蕴含哲理,或揭露和批判社会矛盾,或抒发对人生的感悟,或总结日常生活经验。

22. B 【解析】本题考查戏曲常识。评剧原名蹦蹦戏、落子戏,1935 年正式定名

"评剧",后又吸收东北二人转的音乐和剧目,融合京剧、皮影等音乐和表演艺术,代表人物有新凤霞、小白玉霜等,代表作品有《刘巧儿》《花为媒》《杨三姐告状》等。

A 项,越剧由浙江嵊州"落地唱书"发展而来,主要曲调有"四工腔""尺调腔"和"弦下腔"三种,代表人物有袁雪芬、尹桂芳等,代表作品有《梁山伯与祝英台》《红楼梦》《西厢记》等。

C 项,黄梅戏是安徽地方剧种,原名"黄梅调""采茶戏",代表人物有严凤英、王少舫、马兰、张云风等,代表作品有《天仙配》《女驸马》《牛郎织女》等。

D 项,豫剧由河南梆子发展而来,代表人物有马金凤、常香玉、牛得草等,代表作品有《穆桂英挂帅》《花木兰》《拷红》《七品芝麻官》《朝阳沟》等。

23. C 【解析】本题考查民族服饰。傣族女子服饰因地域不同而有明显的差异。如西双版纳女子上身穿紧身窄袖短衫、下身穿长及脚面的筒裙,束银腰带,喜欢留长发,并挽髻于顶,插上梳子或鲜花,显得典雅大方。故 C 选项的图片为傣族形象。

A 选项为黎族服饰,在传统黎族服饰中,黎族妇女常穿直领、无领、无纽对襟上衣,有的地方穿贯头式上衣,下穿长短不同的筒裙,束发脑后,插以骨簪或银簪,披绣花头巾,戴耳环、项圈和手镯。

B 选项为汉族服饰,汉服的领型最典型的是"交领右衽",就是衣领直接与衣襟相连,衣襟在胸前相交叉,左侧的衣襟压住右侧的衣襟,在外观上表现为"y"字形,形成整体服装向右倾斜的效果。

D 选项为羌族服饰,女子缠头帕,衣衫长及踝,襟边、袖口、领边等处绣有花边,腰束绣花围裙与飘带,腰带上也绣着花纹图案。

24. A 【解析】本题考查外国绘画流派的代表人物。19 世纪下半叶,法国有一群画家走出画室,探索和表现大自然光与色的变化,把变幻不定的自然景象的光色效果展现在画布上。他们有着大体相同的艺术追求,代表人物是莫奈、马奈、雷诺阿、德加,还有毕沙罗和西斯莱等。莫奈的题为《印象·日出》的油画,突出表现了这一新的画风。1874 年作品展出后被批评家嘲讽为"印象主义","印象派"由此而得名。"印象派"最重要的贡献是发现和表现户外自然光下的色彩,作品具有前所未有的色彩丰富,色调清新、明快的特点,这在绘画史上是一次重大革新,也给后来的现代美术以很大的影响。

B 项,学院派也称"学院主义",是 17 世纪开始在欧洲各国官办的美术学院中形成的一种画派。以保守、陈腐的观点,从基督教传说、神话故事中吸取题材,或画阿谀当代权贵的作品。在艺术上采取死板格式,追求繁琐、浮华的细节。以古典传统维护者自居,排斥其他学派艺术创造和革新。代表画家有法国的勒布朗、席罗姆、布格柔、俄

国的勃鲁尼等。

C 项，古典主义画派艺术家们渴望重现古希腊和古罗马的简朴、庄重，追求普遍和永恒的视觉艺术原则，传达严肃的道德观念，代表画家有大卫、安格尔等。

D 项，浪漫主义画派将西方古典绘画推向一个崭新的层面，代表人物有戈雅、德拉克洛瓦、席里柯等。画家运用浪漫主义的表现手法，以充满激情的艺术表现力，展现了对历史和自然题材的强烈诉求。

25. B 【解析】本题考查中位数的计算。中位数是指按顺序排列在一起的一组数据，若该组数据为奇数个，位于中间位置的数是中位数；若该组数据为偶数个，位于中间两个数的平均数就是中位数。由于题干所给的数据总数为偶数，所以其中位数是居于中间位置的两个数值的平均值，即(103 + 107)/2 = 105。

26. A 【解析】本题考查 Excel 中的函数知识。SUM 是求和函数，可以计算参数表中的参数总和。RANK 是排名函数，主要用于计算某数值在一列数值中相对于其他数值的大小排位。COUNT 是统计函数，可以计算区域中包含数值的单元格个数。AVERAGE 是求平均值函数，可以计算所有参数的平均值。张志刚的总成绩即语文、数学、英语三科成绩的总和，应当用求和函数 SUM 计算。

27. A 【解析】本题考查 Word 文档排版。悬挂缩进是段落的首行文本不加改变，而除首行以外的文本缩进一定的距离。悬挂缩进常用于项目符号和编号列表。故本题答案为 A。

B 项，首行缩进是将段落的第一行从左向右缩进一定的距离，首行外的各行都保持不变，便于阅读和区分文章整体结构。

C 项，左缩进是整段文档相对于文档左边框右移一定的距离。

D 项，右缩进是整段文档相对于文档右边框左移一定的距离。

28. C 【解析】本题考查类比推理。题干中，“医生”和“军人”是交叉关系，如军医。A、B 两项是全异关系；C 项是交叉关系，如青年干部；D 项是包含关系，明星包含影星、歌星等。故本题选 C。

29. D 【解析】本题考查图形推理。观察题干中的图形可发现，大图形和小图形的形状相同，位置进行了调整，即小图形是由大图形旋转后得到的。故本题答案为 D。

## 二、材料分析题(参考答案)

30. 材料中，董老师的教育行为体现了新课程倡导的教师观，值得肯定。

(1) 从教师与学生的关系看，教师是学生学习的促进者。这要求教师不仅要向学生传播知识，更要引导学生沿着正确的道路前进，引导学生学会自我调适、自我选择，向更高的目标前进。材料中董老师采用不同颜色的纸片有针对性地帮助学生解决学

习中遇到的各种问题，有利于学生知识的拓展和能力的提升，真正体现了教师是学生学习的促进者。

(2)从教学与研究的关系看，教师是教育教学的研究者。教师即研究者，意味着教师在教学过程中要以研究者的心态置身于教学情境之中，以研究者的眼光审视和分析教学理论与教学实践中的各种问题，对自身的行为进行反思，对出现的问题进行探究，对积累的经验进行总结，最终形成规律性的认识。材料中，董老师在分析学生认知规律和学习特点的基础上研究出用不同颜色的纸片来提升教学针对性，提高教学效果，体现了董老师是教育教学的研究者。

(3)在对待自我上，强调反思。新课程非常强调教师的教学反思，教学反思有助于教师形成和培养自我反思的意识和自我监控的能力。材料中董老师采用不同颜色的纸片辅助教学的方法，正是其在教学过程中不断反思与总结经验的基础上得来的，是新课程强调教学反思的体现。

(4)在对待与其他教育者的关系上，强调合作。在教育教学过程中，教师除了面对学生外，还要与周围其他教师发生联系，要与学生家长进行沟通与配合。材料中董老师面对徒弟王老师的问题，能够进行教学方法上的分享与指导，是与其他教师共同进步，团结协作的表现。

材料中董老师的做法符合新课程倡导的教师观，值得学习和借鉴。

(共14分。对董老师的行为评价正确得2分；"学习的促进者""教育教学的研究者""自我反思""合作"四点，每个知识点3分，给出理论依据2分，结合材料合理阐述1分)

31. 材料中王老师的行为是正确的，体现了教师职业道德的相关要求，值得我们学习借鉴。

(1)爱岗敬业的师德规范要求教师要忠诚于人民教育事业，志存高远，勤恳敬业，甘为人梯，乐于奉献。对工作高度负责，认真备课上课，认真批改作业，认真辅导学生。不得敷衍塞责。材料中王老师积极承担疫情防控的相关工作，在进行线上教学时精心设计和讲解直播课，坚持在线批改作业等行为，体现了爱岗敬业的职业道德。

(2)关爱学生的师德规范要求教师要关心爱护全体学生，尊重学生人格，平等公正对待学生。对学生严慈相济，做学生良师益友。保护学生安全，关心学生健康，维护学生权益。材料中，王老师通过电话、微信等方式每天询问、记录、上报学生动向和身体情况，叮嘱他们做好防护，在线上教学时积极关注学生的心理状况，体现了关爱学生的职业道德。

(3)教书育人的师德规范要求教师要遵循教育规律，实施素质教育。循循善

诱,诲人不倦,因材施教。培养学生良好品行,激发学生创新精神,促进学生全面发展。不以分数作为评价学生的唯一标准。材料中王老师在直播课中注重引导学生互动,还建立班级学习群引导大家讨论,课堂与学习气氛活跃,体现了教书育人的职业道德。

(4)为人师表的师德规范要求教师要坚守高尚情操,知荣明耻,严于律己,以身作则。衣着得体,语言规范,举止文明。关心集体,团结协作,尊重同事,尊重家长。作风正派,廉洁奉公。自觉抵制有偿家教,不利用职务之便谋取私利。材料中,王老师主动承担防疫值班工作,起到带头作用,把初心写在行动上,把使命落在岗位上,为学生树立了良好榜样,体现了为人师表的职业道德。

(5)终身学习的师德规范要求教师要崇尚科学精神,树立终身学习理念,拓宽知识视野,更新知识结构。潜心钻研业务,勇于探索创新,不断提高专业素养和教育教学水平。材料中,面对线上教学的种种困难,王老师就地取材,自制教学用具,布置“直播间”,学习了许多的新技能,体现了终身学习的师德规范。

综上所述,王老师的行为遵循了教师职业道德规范,值得提倡。

(共14分。对王老师的行为评价正确得2分;从“爱岗敬业”“关爱学生”“教书育人”“为人师表”“终身学习”角度答出五点,给出每点的理论依据并结合材料阐述,可酌情给8~12分)

32.(1)“礼”是整个中国人世界里一切习俗行为的准则,标志着中国的特殊性。中国是文明礼仪之邦,礼仪与文明是相统一的,礼仪是文明的载体,文明是礼仪的内涵,没有了礼仪,文明也就无所依附。

(共4分。从“‘礼’是准则”“礼仪与文明相统一”两方面展开回答得4分)

(2)发展进程:因为集体生存、社会发展的需要,产生了“礼”的仪式。甲骨文的“礼”与祭祀有关,“礼”是履行敬神祈福的仪式。“礼”经夏、殷、周三代沿革,到周公的时代已经比较完善,礼仪准则数量不断增多,但根据时间、场合和对象制订的“礼”,不需要时时、处处、人人都去掌握。发展到如今,“礼”分虚实两种,已经成为整个中国人世界里一切习俗行为的准则,是文明的载体,主要体现在外交与社交领域。

存在意义:“礼”的存在符合集体生存、社会发展的需要;大到国家和社团,小到街邻和家庭,“礼”无处不在,说明了“礼”在现今外交和社交领域拥有重要地位;“礼”标志着中国的特殊性;“礼”是把价值观念、制度设计、物质载体统合在一起,并且包含了风俗习惯的文化形态;“礼仪”是中国文明的载体;文化的传承不仅依靠语言、文字,还依靠礼仪。

（共10分。关于发展进程，先答出“礼”产生的原因得1分，再从“甲骨文时期”“到周公的时代”和“发展到如今”三个阶段分析“礼”的发展进程得3分。关于存在意义，从“生存、发展需要”“无处不在”“标志”“文化形态”“文明载体”和“文化传承”六个方面进行回答得6分）

**三、写作题**

33.**【写作思路】**(1)根据材料一中“冬者岁之余，夜者日之余，阴雨者时之余也”，我们可以得出，“善于利用时间”“珍惜闲暇时间”“终身学习，奋斗不止”等立意。

(2)根据材料二中“‘画者工之余，诗者睡之余，寿者劫之余’，将画画、写字、作诗、睡觉等日常生活所做的事融入自己的生活中”，可以理解为要将学习与日常生活融为一体，而不是将两者割裂开来。

**【参考范文】**

**加倍人生**

事半可以功倍。中国人常说“事半功倍”，意思是用一半的力量，却得到加倍的效果。什么人能事半功倍？除了少数特别聪明、行动特别快的人，能事半功倍的常常是懂得“一时两用”甚至“一时三用”的人。

一分钟可以干很多的事情，一分钟可以写二十多个字，可以走一百多步路，可以看一页书。如果这样做一个小时，就可以写一千多个字，走好几千步路，看好几十页书。只要把时间充分利用，一天中能做的事情还是很多的！

莫扎特只活了35岁，但在他短短的一生中却有600多首旷世之作遗留于世。可想而知，在莫扎特短短的35年生命里，他是如何安排自己的时间进行学习与创作的。反观那些活了七八十年却默默无闻的音乐家，纵然有可能是天赋所限，但他们对时间的安排也绝比不上莫扎特。

鲁迅的成功，有一个重要的秘诀，就是珍惜时间。鲁迅年少念私塾时，父亲正患重病，两个弟弟年纪尚幼，鲁迅不仅经常上当铺，跑药店，还得帮助母亲做家务。为免影响学业，他必须做好精确的时间安排。他曾说过：时间就像海绵里的水，只要愿挤，总还是有的。鲁迅读书的兴趣十分广泛，所以时间对他来说，实在非常重要。在鲁迅的眼中，时间就如同生命。

“少壮不努力，老大徒伤悲。”有多少因为不珍惜时间而暗自后悔的人呢？时间是不会等人的。我们生活在时间里，却又往往忽视时间的流逝。有多少人在行将老去时，才会恍然醒悟，你的人生还有许多事未做，还有许多事等着你去做。与其碌碌无为地度过一生，不如抓紧时间，利用人生中的每一分，每一秒，为自己的生命增添色彩，让自己的人生更有意义，更值得回味。

人生大部分时间几乎都是重复的，所以，我们总以为自己的时间还长。有过这样一则童话：如果时间可以买卖，那么大人们会不惜重金来买时间，因为他们不想那么快老去；相反，调皮的孩子则会嬉戏着卖出时间，因为他们想快快长大，去外面的世界探索更多新奇有趣的事物。可没人注意到时间正在身边悄悄流逝，一分一秒，从未停止，不管你如何一再地想要阻止时间的流逝，到头来会发现，一切都是徒劳，过去的已经过去，现在的也在流逝。

人或许永远跑不过时间，但总归可以跑快一些，积少成多，在这多出来的步伐里，你可能就会创造出很多东西，就可以在岁月的长河中留下光辉的一瞬。

居里夫人、鲁迅、巴尔扎克、雨果，他们都是和时间赛跑的人。居里夫人连椅子都不肯多摆，害怕来客坐下来谈天说地耽误了时间；鲁迅一天必须完成规定的文字；巴尔扎克为了多写文章，拼命地喝咖啡提神；雨果通过运动使本来枯萎的生命又得到延长，又为人类写出了许多光辉的著作。他们都是善于把握时间、利用时间的人，所以活出了加倍人生，所以为我们带来了许多精彩的作品与发明，从而青史留名。

“逝者如斯夫，不舍昼夜”，时间不会因为人的哀叹而停止，也不会因为人的强求而放慢脚步，而我们只有抓住从身边悄悄流逝的分分秒秒，才能活出加倍人生。

（共50分。这篇作文开门见山，提出中心论点。列举生活小事、中外名人事例和童话故事，论据多样，论述充分有力。结尾引用诗文，增加文采。本篇作文拟给48分）

## 2021年上半年中小学教师资格考试真题试卷（六）

**一、单项选择题**

1. D 【解析】本题考查素质教育的内涵。“熟练与传承”意指熟练掌握与继承知识和技能，主要强调的是重复、相同，而创新精神需要创造出一些不同于以往的内容，强调的是不同，故“熟练与传承”不是适合培养学生创新精神的方法。而“开拓”“创造”“想象”这些都与创新紧密相关，有利于培养学生的创新精神。

2. A 【解析】本题考查教师专业发展的阶段理论。斯德菲提出了教师的人文发展模式，又称教师更新生涯发展模式，将教师的发展分为以下五个阶段：(1)预备生涯阶段：主要为新任职的教师或重新任职的教师。(2)专家生涯阶段：处于这一阶段的教师具有较高水平的教学能力和技巧；有较高的透视力，可随时掌握学生的动态，并对学生有较高的期望值；能激发自我潜能，达到自我实现。(3)退缩生涯阶段：包括初期退缩、持续退缩和深度退缩三个阶段。(4)更新生涯阶段：此阶段的教师在开始出现

厌烦的征兆时，就采取较为积极的应对措施。措施得当，仍会主动致力于吸纳新知识，并且更成熟、更有针对性。(5)退出生涯阶段：到了退休年龄，或由于其他原因而离开教育岗位。张老师具有较高水平的教学能力和技巧，还注重激发自我潜能，这些都符合专家生涯阶段的特点，故选 A 项。

3. A 【解析】本题考查学生观。陶行知明确指出："活的人才教育不是灌输知识，而是将开发文化宝库的钥匙，尽我们知道的交给学生。文化钥匙主要有四把：即国文、数学、外国文、科学方法。"陶行知特别强调科学方法，包括治学、治事各方面。在培养治学能力方面，他认为，理想的教育应该是以学生为行动的主体，同时以学生自身之知为领导，所发展之行与知不断连锁的过程；在培养治事能力方面，他主张学校要"为学生预备种种机会，使学生能够自己组织起来，养成他们自己管理自己的能力"。陶行知指出，养成学生自我教育的精神，使他们学会学习，掌握独立求知的方法，这比传授知识更重要。教师不应将现成答案告诉学生，而应引导学生自己去寻找解决问题的方法，去揭示问题的答案。故题干话语反映了陶行知注重学生主体的发展，把学生当作发展的主人的观念，表明教师的责任在于引导学生的发展，尊重了学生的独立性。B、C、D 三项均有体现。

A 项，"完整性"是指学生并不是单纯的抽象的学习者，而是有着丰富个性的完整的人。要把学生作为完整的人来对待，就必须反对那种割裂人的完整性的做法，还学生完整的生活世界，丰富学生的精神生活，给予学生全面展现个性力量的时间和空间。分析题干话语，陶行知反对灌输知识，主张培养学生自动自觉、自我教育的精神，其理念核心是要促进学生主动发展，故 A 项与题意不符。本题为选非题，答案选 A。

4. B 【解析】本题考查教师角色。课例研究实际上就是围绕课堂教学实例所展开的研究。题干中的张老师运用诗歌《我用残损的手掌》开展课例研究，并将研究报告提供给青年教师学习，体现了张老师对青年教师在专业成长上的帮助，体现的教师角色是同侪共进的合作者。

A 项，教师既是学生学习的指导者，又是教学过程的领导与管理者，作为教学过程的管理者，必须承担对教学过程进行设计、组织、控制、激励和领导的职能。题干未体现张老师对教学过程的管理，排除。

C 项，教师是学生成长的示范者，这要求教师在学生面前能够自我约束言行，在工作之中善于自查自省自纠，对学生起到表率作用。与题干不符，排除。

D 项，教师是校本课程开发的重要主体之一，是重要的课程生产者与设计者。教师应围绕学生的学习，充分挖掘各种资源的潜力和深层次价值，引导帮助学生走出教科书、走出课堂和学校，充分利用校内外各种资源，在社会的大环境里学习和探索。与

题干不符,排除。

**易错提示:**考生在做题时,需要读懂题干,找出题干中的关键词。本题题干的关键词是"提供给青年教师学习",考生可根据此关键词得知教师的角色是合作者。

5. D 【解析】本题考查《中华人民共和国教师法》。根据《中华人民共和国教师法》第九条规定,为保障教师完成教育教学任务,各级人民政府、教育行政部门、有关部门、学校和其他教育机构应当履行下列职责:(一)提供符合国家安全标准的教育教学设施和设备;(二)提供必需的图书、资料及其他教育教学用品;(三)对教师在教育教学、科学研究中的创造性工作给以鼓励和帮助;(四)支持教师制止有害于学生的行为或者其他侵犯学生合法权益的行为。题干中马老师找李丁妈妈谈话的行为是正确的,而校长批评马老师"多管闲事"的做法是不正确的,学校应当支持教师制止有害于学生的行为。

6. C 【解析】本题考查《中华人民共和国教育法》(2015 年修正)。根据《中华人民共和国教育法》第四十三条规定,受教育者享有"参加教育教学计划安排的各种活动,使用教育教学设施、设备、图书资料"的权利。第三十条规定,学校及其他教育机构应当履行"维护受教育者、教师及其他职工的合法权益"的义务。题干中学校的做法侵犯了学生的受教育权。

7. A 【解析】本题考查《中华人民共和国未成年人保护法》(2012 年修正)。根据《中华人民共和国未成年人保护法》第五十六条规定,讯问、审判未成年犯罪嫌疑人、被告人,询问未成年证人、被害人,应当依照刑事诉讼法的规定通知其法定代理人或者其他人员到场。题干中警察要求询问小华时并未通知小华的父母到场,故班主任的做法正确,履行了保护未成年人的职责。B 选项,警察要求找小华了解情况,并未侵犯小华的人格尊严权。故本题选 A。

8. C 【解析】本题考查《中华人民共和国预防未成年人犯罪法》(2012 年修正)。根据《中华人民共和国预防未成年人犯罪法》第二十一条规定,未成年人的父母离异的,离异双方对子女都有教育的义务,任何一方都不得因离异而不履行教育子女的义务。

9. D 【解析】本题考查侵犯学生权利的表现。隐私包括个人私生活、个人日记、照片、储蓄及财产状况和通讯秘密等。隐私权是公民生活中不愿公开或不愿为他人所知悉的个人秘密不可侵犯的人身权利。学校和教师侵犯学生隐私权的表现形式有:故意隐匿、毁弃或者非法开拆学生信件,披露、宣扬学生自身及家庭成员资料,提供学生成绩的方式不适当等。题干中班主任擅自翻看学生书包的做法侵犯了学生的隐私权。

**方法技巧:**关于学生的权利和保护是教师资格考试笔试的常考点,针对学生的各种权利,考生可根据以下关键词句进行区分和记忆。

(1)名誉权——获得公正评价,名声不被损害污蔑。

(2)健康权——生理机能正常运作,身体功能完善发挥。

(3)身体权——身体完整,行动自由。

(4)肖像权——有权依法制作、使用、公开或者许可他人使用自己的肖像。

(5)荣誉权——不得诋毁、贬损学生的荣誉,不得非法剥夺或撤销学生的荣誉称号。

(6)姓名权——有权决定、使用、变更或者许可他人使用自己的姓名,但不得违背公序良俗。

(7)隐私权——个人私生活秘密、个人信息(个人数据)不被披露。

10. B 【解析】本题考查《中华人民共和国宪法》。根据《中华人民共和国宪法》第九十八条规定,地方各级人民代表大会每届任期五年。

11. C 【解析】本题考查《中华人民共和国未成年人保护法》(2012 年修正)。根据《中华人民共和国未成年人保护法》第六十六条规定,营业性歌舞娱乐场所、互联网上网服务营业场所等不适宜未成年人活动的场所允许未成年人进入,或者没有在显著位置设置未成年人禁入标志的,由主管部门责令改正,依法给予行政处罚。根据《互联网上网服务营业场所管理条例》(2019 年修订)第四条规定,县级以上人民政府文化行政部门负责互联网上网服务营业场所经营单位的设立审批,并负责对依法设立的互联网上网服务营业场所经营单位经营活动的监督管理。所以,互联网上网服务营业场所的主管部门是文化行政部门,本题选 C。

12. C 【解析】本题考查《中华人民共和国未成年人保护法》(2012 年修正)。根据《中华人民共和国未成年人保护法》第三十七条规定,禁止向未成年人出售烟酒,经营者应当在显著位置设置不向未成年人出售烟酒的标志;对难以判明是否已成年的,应当要求其出示身份证件。故题干中王某的做法不合法,本题选择 C 项。

13. A 【解析】本题考查教师的职业行为。题干中姜老师经常资助家庭困难的学生,并有针对性地对学生进行心理辅导,这说明姜老师在教育过程中,做到了关怀学生,爱护学生,姜老师的教育行为选择是基于关怀。

14. B 【解析】本题考查《关于加强和改进新时代师德师风建设的意见》的相关内容。《关于加强和改进新时代师德师风建设的意见》提出,全面加强教师队伍思想政治工作。依托高水平高校建设一批教育基地,同时统筹党校(行政学院)资源,定期开展教师思想政治轮训,使广大教师更好掌握马克思主义立场观点方法,认清中国和

世界发展大势，增进对中国特色社会主义的政治认同、思想认同、理论认同、情感认同。

15. A 【解析】本题考查教师职业道德的范畴。教师道德荣誉是指社会对教师的教育教学行为的社会价值做出的客观评价，以及教师由此所产生的个人的主观意向。教师道德荣誉是推动教师履行教师道德义务的巨大的精神力量。教师一旦树立了荣誉观念，那就表明了他已把履行一定的教师道德义务变成了他的内心信念和自觉要求，表明他决心把这种信念和要求转化为相应的行动。教师道德荣誉的实质是教师对人民、对祖国、对党和对教育事业的无私奉献，是全心全意为学生服务。题干中的王老师虽然教了几十年的书，但他仍然要求与年轻教师一起参加培训，说明王老师注重自己的专业成长，具有终身学习的理念，体现了他对教育事业的热爱之情以及对教育事业的无私奉献精神。故题干的描述表明王老师重视教师道德荣誉。

16. C 【解析】本题考查教师的仪表行为规范。教师的仪表行为规范的要求之一是：衣着整洁，朴实大方，服饰要符合职业特点，体现教师为人师表的好形象。题干中的中学规定教师不能穿超短裙和破洞牛仔裤等服装体现了对教师仪表得当的规范。

17. A 【解析】本题考查《佛国记》的作者。法显是东晋僧人、旅行家、翻译家。东晋隆安三年（公元 399 年）同慧景、道整、慧应、慧嵬等四人，从长安出发，穿行大戈壁，经西域诸国，越葱岭，遍历北、西、中、东天竺等地。公元 412 年回到青州长广郡牢山（今山东青岛崂山）。前后凡十四年，经千难万险，游三十余国，带回很多梵本佛经。记旅行见闻，撰成《佛国记》，为研究古代中亚、南亚各国历史和中外交通史的重要资料，已被译成多种文字出版。《法显传》又名《历游天竺记》《昔道人法显从长安行西至天竺传》《释法显行传》《历游天竺记传》《佛国记》等。

B 项，玄奘是唐朝僧人，佛教学者、旅行家，中国佛教四大译经家之一，法相宗创始人。贞观初年，高僧玄奘不畏艰难，矢志不移，到达天竺（古印度），回国后根据他的口述，由弟子记录写成《大唐西域记》。玄奘的取经事迹为《西游记》的原型。

C 项，朱士行是三国时期魏国僧人。公元 260 年出家为僧。同年，因在洛阳讲《小品般若》，感到文句艰涩，难以贯通，决心寻找原本。从雍州出发，西渡流沙，到达于阗（今新疆和田一带），得梵本《大品般若》。朱士行是内地最早往西域的求法僧人。

D 项，竺法护是西晋僧人，8 岁从竺高座出家，随师游历古西域各地，遍通三十六国语言，并得很多梵本经典。

18. B 【解析】本题考查最早使用指南针的朝代。北宋末年，中国的海船上开始使用指南针。朱彧在 1119 年写成《萍洲可谈》一书，书中写道：“舟师识地理，夜则观星，昼则观日，阴晦观指南针。”这是世界航海史上使用指南针航海的最早记录。

19. C 【解析】本题考查网络信息安全常识。随便接收或安装插件和不文明程

序、直接运行或直接打开不明电子邮件中的附件文件等可能会对计算机网络安全造成威胁,导致个人信息泄露。

A 项,对于用户而言,在公共场合应尽量避免连接免费 Wi-Fi,如需连接则应在连接公共 Wi-Fi 前确认 Wi-Fi 名称是否与商家提供的 Wi-Fi 名称相同。在使用公共 Wi-Fi登录 QQ、淘宝等需要身份验证应用时,最好使用二维码登录。避免在公共 Wi-Fi 网络环境下进行账号、密码等信息的提交。此外要避免对网银等的使用,对于安全软件告警的 Wi-Fi 网络,要及时关闭。

B 项,用户传输涉及个人信息或隐私内容的文件时,可以使用加密技术。用密码技术将信息隐蔽起来,再将隐蔽后的信息传输出去,那么即使信息在传输过程中被窃取或截获,窃取者也不能了解信息的内容。

D 项,为了防止内部局域网络受到外来攻击,需要在内网与外网中间建立一道安全防线,对外网与内网之间的信息传递进行存取、传递、审计和隔离等,这道防线就是防火墙。防火墙可以通过设置入站规则和出站规则,在内部网络和外部网络之间进行安全有效的信息沟通。轻易更改防火墙的入站规则和出站规则,可能会导致不明入侵者的非法访问,从而泄露个人信息。

**20.** A 【**解析**】本题考查地理标志。香槟是法国的地理标志产品;帕尔玛火腿是意大利帕尔玛省特产;杜奥(Dao)产区是葡萄酒重要产区,在葡萄牙中北部;西班牙的蒙切哥乳酪是《中欧地理标志协定》中首批受保护的欧盟地理标志产品。

**21.** A 【**解析**】本题考查外国文学著作中的主人公。A 项,于连是《红与黑》的主人公,他靠着自己的聪明才智和坚韧不拔的毅力,为了实现自己的巨大野心而孤身一人在一个等级森严的社会里艰苦地奋斗着。B 项,杜洛瓦是莫泊桑的长篇小说《漂亮朋友》中的人物。C 项,莫罗,法国象征主义画家。D 项,拉斯蒂涅是巴尔扎克的小说《高老头》以及整个《人间喜剧》中的人物。

**22.** B 【**解析**】本题考查古代年龄称谓。古语中的“桃李年华”指的是 20 岁左右的女性。A、C、D 三项均对应正确,本题为选非题,故选 B。

**方法技巧:**考生可通过下文的记忆口诀掌握古代年龄称谓。

未满周岁称襁褓,两岁三岁是孩提,儿童换牙称始龀,女七男八发垂髫,九岁儿童称总角。女孩十二称金钗,十三豆蔻年华美,十五及笄始成人,十六芳华如碧玉,二十艳艳如桃李,二十四岁到花信,徐娘半老三十岁。男子束发十五岁,二十成年行冠礼,三十而立成家业。四十不惑阅历丰,年逾五十知天命,六十耳顺花甲年,人生七十古来稀,八九十岁称耄耋,百岁期颐子供养。

**23.** D 【**解析**】本题考查中国古代彩塑的代表作品。唐代是敦煌莫高窟彩塑发展

的顶峰，这一时期的莫高窟彩塑不仅能表现大型佛像，更善于表现与真人等大的群像，代表作品为第45窟彩塑。山西大同的云冈石窟开凿于北魏时期，山西太原的晋祠是祭祀西周初晋国第一任诸侯姬虞的祠堂，甘肃天水的麦积山石窟始建于后秦时期。

24. C 【解析】本题考查冬季奥运会项目的标识。高山滑雪起源于欧洲的阿尔卑斯地区，故又称阿尔卑斯滑雪，1936年起被列为冬奥会比赛项目。运动员手持滑雪杖，脚踏滑雪板从高坡快速回转、降下。本题选C。选项图片是2014年俄罗斯索契冬奥会的项目图标，A项是跳台滑雪，B项是冬季两项（即越野滑雪和射击），D项是越野滑雪。

25. C 【解析】本题考查区分度的计算。极端分组法计算区分度的公式：$D=P_H-P_L$，其中，D为区分度，$P_H$为高分组通过该题的人数比例，$P_L$为低分组通过该题的人数比例。则D＝85%－25%＝60%＝0.60，本题选C。

26. B 【解析】本题考查Excel中的函数。在Excel中，STDEVP（）函数用于计算标准差，SUM（）函数用于求和，MODE（）函数用于统计众数，AVERAGE（）函数用于计算平均值。

27. D 【解析】本题考查常见的计算机顶级域名。在常见的网址后缀名中，“.gov”表示政府部门，“.edu”表示教育机构，“.org”表示非营利组织，“.com”表示商业机构。

28. D 【解析】本题考查类比推理。题干中“大学生”和“志愿者”是交叉关系。ABC三项均为交叉关系，D项“医生”和“护士”是全异关系，与题干逻辑关系不一致。故选D。

29. C 【解析】本题考查图形推理。题干正方体的数量依次为2、4、6，呈现公差为2的等差数列规律，故空白处正方体的数量应为8。故选C。

**二、材料分析题（参考答案）**

30. 材料中李老师的做法不正确，违背了“以人为本”的学生观的理念，李老师需要反思并改正自己的教学行为。

（1）学生是发展中的人，有着巨大的发展潜能，教师要以发展的眼光看待学生。材料中，李老师为不影响公开课的教学效果，让英语“差生”坐在最后一排，导致这些学生无精打采，不认真听课，李老师的做法表明他没有认识到学生是处于发展中的人。李老师应当认识到，学生一时的落后并不意味着永远落后，教师应当尊重、赞赏学生，积极地引导、帮助学生成长。

（2）学生是独特的、完整的人，每个学生都有自身的独特性。材料中，李老师在公开课上对英语“差生”缺乏关注，没有因材施教，引导他们积极参与到课堂中来，这不

利于学生的个性健康发展。在教学中，李老师应当帮助和引导这些学生，布置一些适合这些学生能力的学习任务，做到因材施教，促进学生发展。

(3)学生是学习的主体。材料中，李老师在公开课前安排英语“差生”坐到教室后面，并且课后对他人提出的建议不认可，这表明李老师没有认识到学生是学习的主体。李老师应当合理安排和设计教学，在教学中注重发挥学生的主体作用，帮助学生进步。

综上所述，李老师应当树立“以人为本”的学生观，积极反思并改正自己的教学行为。

（共 14 分。对李老师的行为评价恰当得 2 分；答出“学生是发展中的人”“学生是独特的人”“学生是学习的主体”三点，每点 4 分，给出理论依据 1 分，结合材料合理阐述 1 分，答出对“差生”的正确处理措施 2 分）

31. 材料中邹老师的行为符合教师职业道德规范的要求，值得肯定和提倡。

(1)“爱岗敬业”的师德规范要求教师忠诚于人民教育事业，志存高远，勤恳敬业，甘为人梯，乐于奉献。对工作高度负责，认真备课上课，认真批改作业，认真辅导学生。不得敷衍塞责。材料中，邹老师对工作认真负责，对学生提出的难懂的问题不厌其烦地解释，认真辅导学生，这表明邹老师做到了爱岗敬业。

(2)“关爱学生”的师德规范要求教师关心爱护全体学生，尊重学生人格，平等公正对待学生。对学生严慈相济，做学生良师益友。保护学生安全，关心学生健康，维护学生权益。不讽刺、挖苦、歧视学生，不体罚或变相体罚学生。材料中，邹老师关心那些“顽皮生”，利用课余时间了解学生的生活和学习情况，对学生的意见和要求能换位思考，对犯错学生不严厉惩罚而是给予指导，帮助他们改正，这些都体现了邹老师关爱学生。

(3)“教书育人”的师德规范要求教师遵循教育规律，实施素质教育。循循善诱，诲人不倦，因材施教。培养学生良好品行，激发学生创新精神，促进学生全面发展。不以分数作为评价学生的唯一标准。材料中，邹老师对班级里的“顽皮生”耐心引导，并答疑解惑，还带着学生到校外参观、郊游，指导有错的学生改正，促进了学生的发展，这些都体现了邹老师做到了教书育人。

(4)“为人师表”的师德规范要求教师坚守高尚情操，知荣明耻，严于律己，以身作则。衣着得体，语言规范，举止文明。关心集体，团结协作，尊重同事，尊重家长。作风正派，廉洁奉公。自觉抵制有偿家教，不利用职务之便谋取私利。材料中，邹老师不收学生送的名牌领带，将领带退还，这说明邹老师做到了廉洁奉公，不利用职务之便谋取私利，体现了为人师表。

综上所述，邹老师的行为符合教师职业道德规范的要求，做法恰当且合理，值得提倡和学习。

（共 14 分。对邹老师的行为评价正确得 2 分；答出“爱岗敬业”“关爱学生”“教书育人”“为人师表”四点，每个知识点 3 分，给出理论依据 1 分，结合材料合理阐述 2 分）

32.（1）①欧洲国家对非洲的殖民扩张和长达数世纪的奴隶贸易；②非洲的生态体系和社会关系被打破。

（共 4 分。从外部来源和内部来源两个方面进行回答；外部来源答出“殖民扩张”“奴隶贸易”2 分；内部来源答出“生态体系”“社会关系”2 分）

（2）①政治因素。19 世纪末，帝国主义国家掀起了瓜分世界狂潮，非洲被欧洲列强瓜分殆尽，殖民征服加剧了传染病在非洲的传播。

②医学和科学技术的发展。西方医学和科学技术的发展，尤其是奎宁被用于疟疾防治，使得欧洲殖民者得以深入非洲内陆地区。

③生态、社会、经济、人口因素。殖民统治下非洲经历了前所未有的生态、社会与经济变动。殖民者在非洲进行矿山开采、橡胶采集、修筑公路和铁路以及军事招募，需要大量非洲劳动力。殖民政府通过征税、工资以及强制等手段，迫使非洲人离开农村外出务工。强制劳动以及公路和铁路交通使得非洲民众的流动更为频繁，在客观上加剧了传染病在不同地区之间的传播。

（共 10 分。从“政治因素”“医学和科学技术的发展”“生态、社会、经济、人口因素”三个方面进行回答得 3 分；“政治因素”答出帝国主义国家、欧洲列强对非洲的殖民征服得 2 分；“医学和科学技术的发展”答出奎宁的使用使殖民者深入非洲内陆地区得 2 分；“生态、社会、经济、人口因素”答出非洲民众频繁流动的两点原因是殖民者统治下的强制劳动和公路、铁路交通，并结合文章内容具体阐述得 3 分）

三、写作题

33.【写作思路】（1）从小钟角度：①不忘初心，奋力拼搏；②不忘初心，坚守理想（梦想）；③坚定走好自己选择的路。

（2）从社会角度：薪火相传，文化传承。

（3）从樊锦诗角度：榜样的力量；坚持。

【参考范文】

**因为热爱，所以追求**

生活不止眼前的苟且，还有诗和远方的田野。而那诗和远方，便是喜欢、热爱的方向。湖南留守女孩小钟高考成绩优秀，却选择北京大学冷门的考古专业，是因为她从小就喜欢历史和文物。对她来说，“敦煌的女儿”樊锦诗就是她的诗和远方！因为热

爱,所以追求。

她是备受宠爱的江南闺秀,是风华正茂的北大高材生,却奉献了大半辈子的光阴守护着荒野大漠的七百三十五座洞窟。人们亲切地喊她"敦煌的女儿",她却说,我其实也想过离开。然而,在每一个荆天棘地的人生路口,她都选择了坚守。她就是樊锦诗,1963 年北京大学毕业后,进入敦煌文物研究所工作,历任敦煌研究院副院长、院长、名誉院长,为敦煌文化的研究、保护和传承坚守了数十个春秋,并且还在继续做着贡献,被评为"感动中国 2019 年度人物"。正是因为热爱敦煌的塑像和壁画,她才一直坚守在那里。

现在,专业选择越来越受到学生和家长的关注,不少人削尖了脑袋都想进入一些热门专业、有"钱"途的专业,而高考成绩优秀的留守女孩小钟却选择了北京大学冷门的考古专业。这件事引起了人们的热议。人们为她感到惋惜,认为她留守多年,其父母为了生活长期在外打工,一家人过得极不容易,既然高考成绩这么好,改善家庭经济条件应成为她挑选专业的首要目的。与其他热门专业相比,考古专业不仅要坐冷板凳,而且没"钱"途。但是,我国成千上万的科研工作者都在坐冷板凳、下"笨功夫",比如"两弹一星"功勋,现在的大型飞机、航母、深海探测器、天眼、北斗系统的设计者们,以及诺贝尔奖得主屠呦呦、杂交水稻之父袁隆平、中国战略科学家黄大年等。假如他们当初带着世俗的观念来选择专业,认为选择药学、农业、地球物理等专业,或者整天坐在办公室画图纸,既难以出名又没"钱"途,就无法取得当前的巨大成就。即使从世俗的角度来看,追捧热门专业、看低考古等冷门专业,也是目光短浅之举。因为现在的选择可能会关涉未来人生的发展方向、职业道路,所以更需要慎重,需要冷静,需要发自内心。原因很简单,只有是自己感兴趣、热爱的专业领域,我们才能更好地投入,更好地付出。因为热爱,所以追求;因为追求,所以成功。

在自己热爱的事情面前,我们要坚守自己的本心,勇于追求。席慕蓉曾经说过:"在一回首间,才忽然发现,原来,我一生的种种努力,不过只为了周遭的人对我满意而已。为了博得他人的称许与微笑,我战战兢兢地将自己套入所有的模式、所有的桎梏。走到途中才忽然发现,我只剩下一副模糊的面目,和一条不能回头的路。"人生是自己的,不必刻意为了他人的眼光轻易改变自己。坚守住自己的初心,才能成就自己的人生。

因为热爱,所以追求。因为热爱,所以坚守。热爱是成功的奠基石,没有任何一种成功不是以热爱为基石的。

(共 50 分。由名人名言和材料入手,引出中心论点,说服力强。列举事例之多,且详略得当。语言流畅,富有文采。本篇作文拟给 48 分)

## 2020 年下半年中小学教师资格考试真题试卷(七)

### 一、单项选择题

1. C 【解析】本题考查素质教育的内涵。素质教育的新型学习方式强调学生的自主、合作、探究,教师由原来课堂教学的主导者转变为学生学习活动的组织者、探究发现的引导者、与学生共同学习的合作者。其中,自主学习关注学习者的主体性和能动性,是学生自主而不受他人支配的学习方式。题干中老师量化了素质教育的目标,能够关注到学生的全面发展,但忽视了全体学生的主动发展,窄化了素质教育的内涵,是对素质教育内涵理解的偏差。故本题选 C。

A 项,题干语文老师的做法未体现其干扰了学生学习节奏,排除。

B 项,题干中的学习方法有读、识、听、品、背,属于常规学习方式,未体现学习方法的优化,排除。

D 项,素质教育可以通过改革学科教学,重视社会实践,谋求学校与家庭、社区教育的结合等途径开展。与题干不符,排除。

2. C 【解析】本题考查教师专业发展的阶段。伯利纳将教师专业发展分为五个阶段,分别是新手阶段、熟练新手阶段、胜任阶段、业务精干阶段、专家阶段。新手阶段的教师是指刚刚从事教学工作的教师,在此阶段他们主要需求是了解与教学有关的实际情况,熟悉具体的教学情境;新手教师经过 2 ~ 3 年逐渐发展成为熟练新手,该阶段他们需要把实践经验与书本知识逐渐整合,开始逐步掌握教学过程的内在联系,这正是凝练教育教学经验的过程;在业务精干阶段的教师在教学机智、教学智慧、观察力、决策力方面有所增强,教学行为已经达到了灵活、流畅的程度;专家阶段的教师一般是在工作 10 年及以上,这时他们已经熟练掌握了教育教学方法,并且情感上对教育充满了热爱与责任感。系统学习基础理论知识主要是在职前期需要解决的问题。综上所述,本题选 C。

3. D 【解析】本题考查教育公正的相关知识。教育公正体现在教育活动中就是要保证所有学生的教育机会均等,性别不应该是教师差别对待学生的理由,在教育教学活动中,教师要平等公正地对待每一个人,坚持教育公正。本题中王老师的做法不合理,有违公平待生的理念。故本题选 D。

A 项,王老师因性别差异而采取不同方式对待班上的男生、女生,其做法是不合理的,并未体现王老师的教育智慧,排除。

B 项,教师应革新自身教育观念,遵循素质教育理念,公平、公正对待每一位学生。

王老师区别对待学生的做法不合理，排除。

C 项，王老师区别对待男生、女生，这种做法违背了教育公正，与因材施教无关，排除。

4. A 【解析】本题考查教师专业发展的相关知识。进行教学反思是教师成长的途径，教学反思是指教师以自己的教学活动过程为思考对象，对自己所做出的某种教学行为、决策以及由此所产生的结果进行审视和分析的过程。本题中影老师在实施新的教学设计之后对自己的提问属于教学反思。故本题选 A。

B 项，善于自我激励的教师，对教育事业能保持高度热情，具有较高的教学能力，从而使各项工作高质有效。题干中影老师的自我提问是在反思个人教学，并非自我激励，与题干不符。

C 项，影老师经常实施新的教学设计并自我反思，题干未体现影老师缺乏教育自信，排除。

D 项，题干未体现影老师缺乏学习方法，排除。

5. B 【解析】本题考查《中华人民共和国宪法》的相关知识。我国《宪法》第三十五条规定，中华人民共和国公民有言论、出版、集会、结社、游行、示威的自由。第三十六条规定，中华人民共和国公民有宗教信仰自由。第四十七条规定，中华人民共和国公民有进行科学研究、文学艺术创作和其他文化活动的自由。第五十六条规定，中华人民共和国公民有依照法律纳税的义务。税收具有强制性特点，依法纳税是公民必须履行的基本义务，不属于公民自由。故本题选 B。

6. C 【解析】本题考查《中华人民共和国教育法》(2015 年修正)的相关知识。《中华人民共和国教育法》第八十条规定，任何组织或者个人在国家教育考试中有下列行为之一，有违法所得的，由公安机关没收违法所得，并处违法所得一倍以上五倍以下罚款；情节严重的，处五日以上十五日以下拘留；构成犯罪的，依法追究刑事责任；属于国家机关工作人员的，还应当依法给予处分：(一)组织作弊的；(二)通过提供考试作弊器材等方式为作弊提供帮助或者便利的；(三)代替他人参加考试的；(四)在考试结束前泄露、传播考试试题或者答案的；(五)其他扰乱考试秩序的行为。沈某累计获利 1 万元，按规定应当处以其违法所得一倍以上五倍以下的罚款，即罚款金额是 1 万元以上、5 万元以下，故本题选 C。

7. D 【解析】本题考查《中华人民共和国义务教育法》的相关知识。《中华人民共和国义务教育法》第二十四条规定，学校不得聘用曾经因故意犯罪被依法剥夺政治权利或者其他不适合从事义务教育工作的人担任工作人员。题干中，姜某因故意犯罪被剥夺政治权利，不具备从事义务教育工作的基本条件，陈校长拒绝其求职的做法是

合法的。本题选D。

A项,我国《刑法》第一百条规定,依法受过刑事处罚的人,在入伍、就业的时候,应当如实向有关单位报告自己曾受过刑事处罚,不得隐瞒。剥夺政治权利属于刑事处罚附加刑的一种,陈校长了解姜某是否受过刑事处罚的做法未侵犯其隐私权。

B项,平等就业权强调劳动者平等地获得参加社会劳动的机会,不因民族、种族、性别、宗教信仰等不同而遭受歧视。根据国家的法律、法规,除对就业条件有明确要求的以外,比如有违法犯罪记录者不得报考公务员、担任教师等,其他招聘单位不得在性别、民族、种族、宗教信仰等方面设置条件限制。姜某曾因故意犯罪被剥夺政治权利,按照我国《义务教育法》的规定,学校不能聘用姜某。故陈校长的做法合法,未侵犯姜某的平等就业权。

《中华人民共和国教育法》第二十九条规定,学校及其他教育机构行使"聘任教师及其他职工,实施奖励或者处分"的权利,C项不选。

8. A 【解析】本题考查《中华人民共和国教师法》的相关知识。《中华人民共和国教师法》第三十七条规定,教师有下列情形之一的,由所在学校、其他教育机构或者教育行政部门给予行政处分或者解聘:(一)故意不完成教育教学任务给教育教学工作造成损失的;(二)体罚学生,经教育不改的;(三)品行不良、侮辱学生,影响恶劣的。本题中的何某暗示家长送礼的行为属于品行不良,造成了不良影响,教育行政部门依法可给予其行政处分或将其解聘。本题选A。

B项,依照我国相关法规,教育行政部门有权对教师给予警告、罚款、撤销教师资格等教育行政处罚。但教育行政部门没有行政拘留权,行政拘留一般由公安机关、国家安全机关作出,B项说法错误。

C项,教师违规收受家长礼物,一般由教育行政部门责令退还所收礼物,并给予教师相应处分,但不得加倍罚款。C项说法错误。

D项,依据《中华人民共和国教师法》第十四条规定,受到剥夺政治权利或者故意犯罪受到有期徒刑以上刑事处罚的,不能取得教师资格;已经取得教师资格的,丧失教师资格。何某并未受到刑事处罚,不符合丧失教师资格的条件,故D项排除。

**方法技巧:**关于学校有权给予教师行政处分或解聘的三项前提条件,考生可通过"固体乳"这一谐音法来记忆。(1)"固"指教师故意不完成教育教学任务给教育教学工作造成损失;(2)"体"指教师体罚学生,经教育不改;(3)"乳"指教师品行不良、侮辱学生,影响恶劣。

9. A 【解析】本题考查《学生伤害事故处理办法》的相关知识。《学生伤害事故处理办法》第九条规定,学校教师或者其他工作人员体罚或者变相体罚,或者在履行

职责过程中违反工作要求、操作规程、职业道德或其他有关规定，造成学生伤害事故，学校应当依法承担相应的责任。题干中体育课老师迟到，违反了工作章程，因此学校应承担相应的责任。第十条规定，因学生或者其监护人知道学生有特异体质，或者患有特定疾病，但未告知学校造成的学生伤害事故，学生或者未成年学生监护人应承担相应的责任。宋某有先天性心脏病但并未事先告诉学校，因此其监护人应承担相应的责任。在此次事故中，应依法承担责任的是学校和宋某的监护人。故本题选 A。

10. D 【解析】本题考查《中华人民共和国教师法》的相关知识。《中华人民共和国教师法》第七条规定，教师享有按时获取工资报酬，享受国家规定的福利待遇以及寒暑假期的带薪休假的权利。本题中某中学以扣发工资强迫教师在寒假期间加班的做法是不正确的，侵犯了教师的带薪休假权。故本题选 D。

A 项，学校有“按照章程自主管理”“组织实施教育教学活动”的权利，也有“维护受教育者、教师及其他职工的合法权益”的义务。题干中学校对寒假期间不加班的教师予以扣发工资处理，这种做法不正确，排除。

B 项，学校应当合理安排工作，做好计划，避免节假日加班。因工作需要确需加班的，要对加班的教师给予及时合理的补偿，如支付加班工资、予以补助、调休等，并实行适当的、人性化的请假、休假方式。题干中学校要求所有教师在寒假加班两周，对不加班的教师扣发工资，这种做法不正确，排除。

C 项，一切法律权利都内在地包含了自由的权利，自由权利的范围包括生命自由、职业自由、劳动自由、迁徙自由、婚姻自由、信仰自由、言论自由、发展自由等。人的自由权不能剥夺，特殊情况下，只能做适当限制。发展权包含了每个人平等地发展的要求，主要是指每个人在既有基础上向前发展的权利。题干并未体现学校侵犯了教师的自由发展权，排除。

11. A 【解析】本题考查《中华人民共和国未成年人保护法》(2012 年修正)的相关知识。《中华人民共和国未成年人保护法》第四十三条规定，县级以上人民政府及其民政部门应当根据需要设立救助场所，对流浪乞讨等生活无着未成年人实施救助，承担临时监护责任；公安部门或者其他有关部门应当护送流浪乞讨或者离家出走的未成年人到救助场所，由救助场所予以救助和妥善照顾，并及时通知其父母或者其他监护人领回。对孤儿、无法查明其父母或者其他监护人的以及其他生活无着的未成年人，由民政部门设立的儿童福利机构收留抚养。陈明是在外过着流浪乞讨生活的孤儿，应当由民政部门设立的儿童福利机构收留抚养，本题选 A。

B 项，专门学校是对有严重不良行为的未成年人进行专门教育的场所。陈明并非有严重不良行为的未成年人，故不能将其送到专门学校接受教育改造。排除。

C 项，对没有完成义务教育的未成年人，有关部门应当保证其继续接受义务教育。学校是实施教育的场所，对学生不承担监护职责。故孤儿陈明应当先由民政部门设立的儿童福利机构收留抚养，民政部门对陈明承担监护责任。若陈明没有完成义务教育，再由人民政府及其有关部门保障陈明继续接受义务教育。

D 项，收容教养是对因不满 16 周岁不予刑事处罚的未成年人所采取的强制性教育改造措施。2020 年修订的《中华人民共和国预防未成年人犯罪法》已将“收容教养”措施改为“专门矫治教育”，针对未成年人的“收容教养”制度正式退出历史舞台。陈明是过着流浪乞讨生活的孤儿，不应被当地人民政府收容教养。与题干不符，排除。

12. D 【解析】本题考查《中华人民共和国教育法》(2015 年修正)的相关知识。《中华人民共和国教育法》第三十七条规定，受教育者在入学、升学、就业等方面依法享有平等权利。本题中周老师的做法侵犯了张晓的平等升学权，是不合法的。故本题选 D。

A 项，学校招生录取应当合法、合规，周老师的做法不合法，排除。

B 项，任何单位和个人不得歧视有专门学校就读经历的学生。周老师因张晓有过在专门学校就读的经历就对其做退档处理，这属于歧视。无论张晓填写几个志愿，周老师的做法是不合法的，B 项说法错误，排除。

C 项，学习自由是学生可以自由地学习感兴趣的学科，可形成他们自己的论断和发表他们自己的意见。与题干不符，排除。

13. B 【解析】本题考查教育机智。教育机智是教师在教育教学过程中的一种特殊定向能力，是指教师能根据学生新的特别是意外的情况，迅速而正确地做出判断，随机应变地采取及时、恰当而有效的教育措施解决问题的能力。本题中章老师面对课堂突发事件，应发挥自己的教育机智，在保证课堂正常进行的同时维护学生身心健康。在这一前提下继续上课，留待课后处理是合理的做法。故本题选 B。

A、C 项，立即停课或召开班会都会导致本节课的教学无法正常进行，影响班级教学进度，排除。

D 项，等待学生检举一方面会影响教学进度，另一方面会破坏学生间的和谐关系，排除。

14. C 【解析】本题考查学生观。学生是完整的人，学生并不是单纯的抽象的学习者，而是有着丰富个性的完整的人。这要求教师在教育活动中要把学生作为完整的人来对待，反对那种割裂人的完整性的做法，还学生完整的生活世界，丰富学生的精神生活，给予学生全面展现个性力量的时间和空间。本题中范老师撤销晓月班干部职务

的做法忽视了学生发展的完整性。故本题选 C。

晓月的妈妈因担心班级事务影响晓月的学习而不愿让孩子担任班干部,这表明晓月妈妈的教育理念不恰当,范老师应当转变晓月妈妈的教育观念,而非听从家长的意见,不让晓月担任班干部。故 A、B 两项说法不恰当,排除。

D 项,以人为本的班级管理要求班主任在班级管理工作中认识并承认学生发展的差异性,根据学生的个体差异,充分发挥其本身的潜能,既关注共性又讲求个性,既关照全面又兼顾局部。题干并未体现范老师忽视了班级管理的差异性,排除。

**15. B** 【**解析**】本题考查教师职业道德情感。教师职业道德情感是个体履行教书育人职责时所产生的一种内心愉悦的或是内疚不安的情感体验,它的生成需要安全感、归属感、敬畏感及自尊感四个基础性要素。其中归属感是指个体自觉被他人或被团体认可与接纳时的一种感受。王校长推荐新入职的丁老师参加学校集体活动,帮助他快速融入集体,是培养新教师归属感的表现,也是重视教师职业道德情感生成的基础性要素构建的表现。故本题选 B。

**16. C** 【**解析**】本题考查教师关怀的特点。本题中乔老师从晓甜喜欢写作这一兴趣爱好入手,对她进行关怀教育,说明乔老师教育学生注重方式方法。故本题选 C。

**17. A** 【**解析**】本题考查生物医学常识。A 项,白细胞是机体防御系统的重要组成部分,白细胞通过吞噬、产生抗体等方式来抵御与消灭入侵的病原微生物,以实现对机体的防御保护作用。

B 项,红细胞是血液中数量最多的细胞,主要生理功能是运送氧气和二氧化碳,同时还具有免疫功能。

C 项,血小板的主要生理功能有参与生理性止血的全过程、促进凝血、维持毛细血管壁的完整性等。

D 项,蛋白质是生命的物质基础,一切有生命的地方,都有蛋白质的存在。故本题选 A。

**18. D** 【**解析**】本题考查国际奥林匹克竞赛的项目。国际奥林匹克竞赛,又称国际奥赛,是一项面向全球各地中学生的国际性学科知识竞赛,主要包括数学、物理学、化学、生物学、信息学等领域。奥林匹克竞赛中没有电子奥林匹克竞赛这一项,故本题选 D。

**19. A** 【**解析**】本题考查《汉谟拉比法典》的呈现形式。《汉谟拉比法典》全文用楔形文字刻在黑色的玄武岩上,是世界上现存的第一部比较完备的成文法典。故本题选 A。

**20. C** 【**解析**】本题考查《抱朴子》的作者。《抱朴子》为东晋葛洪所撰,分内、外

篇,内篇主要讲述神仙方药、鬼怪变化、养生延年,禳灾却病,属于道家养生范围。该书记载的炼丹理论与方法、医学知识对我国古代化学、医学的发展有一定的贡献。故本题选 C。

A 项,许逊是晋代道教人物,“净明派”创始人,著有《灵剑子》等书。

B 项,魏伯阳是东汉时期黄老道家、炼丹理论家,道教“丹鼎派”的理论奠基人,所著《周易参同契》是现存最早系统阐述炼丹理论的著作。

D 项,陶弘景是南朝道教学者、炼丹家、医药学家,所撰《本草经集注》是一部极具价值的药学著作。

**21.** A **【解析】**本题考查四大名著的开篇词。“满纸荒唐言,一把辛酸泪。都云作者痴,谁解其中味”出自我国古典文学名著《红楼梦》的开卷。意指全书都是由血泪交融而成;人们只会说作者太痴情了,又有谁能了解作者在写作时内心的千愁万苦呢?题干中的两句诗常被写文章的人用来抒发自己不为人知的满腹悲愤。故本题选 A。

**方法技巧:**中国古代四大名著的开卷词见下文。

《红楼梦》的开卷词——满纸荒唐言,一把辛酸泪。都云作者痴,谁解其中味。

《三国演义》的开卷词——滚滚长江东逝水,浪花淘尽英雄,是非成败转头空,青山依旧在,几度夕阳红。白发渔樵江渚上,惯看秋月春风,一壶浊酒喜相逢,古今多少事,都付笑谈中!

《水浒传》的开卷词——试看书林隐处,几多俊逸儒流。虚名薄利不关愁,裁冰及剪雪,谈笑看吴钩。评议前王并后帝,分真伪占据中州,七雄扰扰乱春秋。兴亡如脆柳,身世类虚舟。见成名无数,图名无数,更有那逃名无数。霎时新月下长川,沧海变桑田古路。讶求鱼缘木,拟穷猿择木,有恐是伤弓曲木。不如且覆掌中杯,再听取新声曲度。

《西游记》的开卷词——混沌未分天地乱,茫茫渺渺无人见。自从盘古破鸿蒙,开辟从兹清浊辨。覆载群生仰至仁,发明万物皆成善。欲知造化会元功,须看《西游释厄传》。

**22.** B **【解析】**本题考查外国音乐形式。A 项,爵士音乐是 19 世纪末 20 世纪初产生于美国新奥尔良的一种舞曲性质的音乐,主要来源于黑人劳动歌曲及在婚丧仪式或社交场合所唱的歌曲。

B 项,古典音乐是对过去时代具有典范意义或代表性音乐的泛指,亦是现代派音乐或爵士音乐的对称。

C 项,标题音乐指采用标题或说明文字提示作品文学性、戏剧性或绘画性内容的

器乐曲。

D 项，主调音乐是多声部音乐的一种，整部作品的进行以其中某一个声部的旋律为主，其他的声部以和声或节奏等手法进行陪衬和伴奏。

23. B 【解析】本题考查中国古代民间传说。“八仙”一般是指铁拐李、汉钟离、张果老、蓝采和、何仙姑、吕洞宾、韩湘子、曹国舅这八位神仙人物。在传说中，八仙各有不同的法器，铁拐李有铁杖及葫芦，汉钟离有芭蕉扇，张果老有纸叠驴，蓝采和有花篮，何仙姑有荷花，吕洞宾有长剑，韩湘子有横笛，曹国舅有玉板。A 项背长剑的是吕洞宾，B 项吹横笛的是韩湘子，C 项手持玉板的是曹国舅，D 项抱芭蕉扇的是汉钟离。故本题选 B。

24. C 【解析】本题考查难度的计算。根据难度计算公式 $P = \frac{P_H + P_L}{2}$，其中，$P_H$ 为高分组答对某题的百分比，$P_L$ 为低分组答对某题的百分比。故可计算出难度 $P = \frac{\frac{45}{54} + \frac{9}{54}}{2} = 0.50$。

25. D 【解析】本题考查信度相关知识。影响信度的因素主要有被试的因素、测验的长度、测验的难度等。一般来说，在一个测验中增加同质的题目，可以使信度提高。故本题选 D。

26. B 【解析】本题考查 Word 的表格操作。A 选项，选中需要合并且连续的单元格，右击鼠标，选择“合并单元格”即可实现单元格的合并。

B 选项，两张表格中间有换行符，无法合并成同一张表格，若在第一张表格后边直接再插入一张表格，则他们是同一张表格，而不是两张表格。

C 选项，在表格内部任意地方右击鼠标，选择“拆分表格”即可对表格进行拆分。

D 选项，选中表格，右击鼠标，选择“表格属性”进行设置即可。故本题选 B。

27. D 【解析】本题考查 Excel 函数的作用。选项 A 是求和函数，选项 B 是统计指定区域中符合指定条件的单元格数量的函数，选项 C 是求最小值函数，选项 D 是求平均值函数。故本题选 D。

28. B 【解析】本题考查类比推理。题干中“绿茶”和“茶叶”是包含关系。A 项，“蔬菜”和“水果”是并列关系，与题干逻辑关系不一致，排除。B 项“雨伞”和“雨具”是包含关系，与题干逻辑关系一致。C 项，“跑鞋”和“跑道”是全异关系，与题干逻辑关系不一致，排除。D 项，“面粉”是制作“面包”的一种材料，与题干逻辑关系不一致，排除。故本题选 B。

**方法技巧**:类比推理是常考点,考生在做题时,首先需要明晰题干所给词语之间的逻辑关系,再找准选项词语间的逻辑关系,比较异同,选择最佳选项。常见的概念间关系有以下几种。

全同关系:北京——中国的首都。

包含关系:蔬菜——茄子。

交叉关系:大学生——共产党员。

全异关系:老虎——尺子。

29. C 【**解析**】本题考查数字推理。分析题干可得出规律:从第三项开始,每前两项之和再加上 2 即为后一项的数值。即 8 + 10 + 2 = 20;10 + 20 + 2 = 32;20 + 32 + 2 = (54);32 + (54) + 2 = 88。故本题选 C。

**二、材料分析题(参考答案)**

30. 崔老师的部分教育理念虽然值得借鉴,但他的做法不符合素质教育观的相关要求。具体分析如下:

(1)素质教育强调教师应面向全体学生。素质教育倡导人人有受教育的权利,强调在教育中每个人都得到发展,而不是只注重一部分人,更不是只注重少数人的发展。材料中崔老师喜欢找学习好的学生进行谈话,而对于成绩不太好的学生却不加干预,说明崔老师只注重个别学生的发展,违背了素质教育面向全体学生的要求。

(2)素质教育应促进学生的全面发展。素质教育倡导的是在教育中使每个学生都得到充分的、全面的发展。实施素质教育必须坚持德育、智育、体育、美育和劳育五育并举,促进学生生动活泼地发展。材料中崔老师对偏科的学生以及不喜欢体育锻炼的学生过分“宽容”,不利于学生综合素质的提高,违背了素质教育促进学生全面发展的要求。

(3)素质教育应促进学生个性发展。每个人由于先天禀赋、环境影响、接受教育的内化过程等方面存在诸多差异,因此要求教师对学生进行差异性教育,因势利导,因材施教。材料中崔老师虽然意识到学生之间存在差异,但并没有针对学生的差异进行针对性教学,过于消极,没有促进学生的个性发展。

(4)实施素质教育应当注重学校与家庭、社区教育的结合。家庭教育对学生的思想品德、心理素质、审美素质等起着启蒙和培养的作用,它的教育功能是学校以及社会其他群体所无法替代的。材料中,崔老师认为教育学生是老师的责任,没必要敦促学生家长支持学校工作,这种观念忽视了家庭教育的作用,不利于做好家校合力,共同促进学生发展。

综上所述,崔老师没有正确落实素质教育观,没能促进全体学生的全面发展和个

性发展,作为老师我们应引以为戒。

(共14分。对崔老师的行为评价准确得2分;"面向全体""全面发展""个性发展""家校合力"四点,每个知识点3分,给出理论依据2分,结合材料合理阐述1分)

31. 材料中,毕老师一开始的做法是不当的,经过反思后的做法符合教师职业道德的要求,我们应辩证地看待毕老师反思前后的做法。

(1)为人师表的师德规范要求教师严于律己,以身作则,衣着得体,语言规范,举止文明。材料中毕老师因生气便使劲把教材往地上一摔,继而大声训斥孙涛,收到孙涛的辞职信后,又当众宣布罢免孙涛的职务,这一连串的行为都容易给学生带来消极影响,违背了为人师表的师德规范。

(2)教书育人的师德规范要求教师遵循教育规律,实施素质教育,循循善诱,诲人不倦,因材施教。材料中,毕老师反思之后,心平气和地与孙涛交谈,引导他正确看待学习和班级工作之间的关系,让他明白只要努力就一定能同时搞好学习和班级工作,符合教书育人的师德规范。

(3)爱岗敬业的师德规范要求教师对工作高度负责,不得敷衍塞责。材料中毕老师在反思之前遇到了问题就把责任推卸到孙涛身上,违背了爱岗敬业的师德规范。在反思之后,毕老师认识到自己行为的不妥当,主动找孙涛道歉并进行长谈,最终顺利解决了问题。

(4)关爱学生的师德规范要求教师关心爱护全体学生,尊重学生人格,平等公正对待学生;对学生严慈相济,做学生的良师益友。材料中毕老师刚开始严厉斥责孙涛,没有做到严慈相济,违背了关爱学生的师德规范。经过反思之后,毕老师找孙涛长谈,一起分析问题所在,最终共同解决了问题。

综上所述,作为教师我们应该正确践行职业道德规范,做一名合格的教师。

(共14分。对毕老师的行为评价准确得2分;"为人师表""教书育人""爱岗敬业""关爱学生"四点,每个知识点3分,给出理论依据2分,结合材料合理阐述1分)

32. (1)"思想质量上的差强人意"可以从以下几个方面来分析:首先,物质价值的创造与拥有在相当大的程度上压倒了精神价值的创造与实现。其次,功利主义的价值观占据了主流,物质价值和精神价值直接的关系已经失衡,我们当下生活所出现的问题并不在现象与问题本身,而在于意义与价值出现了偏差。最后,宣泄式、怨怼式甚至破坏式写作成为潮流。

(共4分。答出与"物质价值的创造与拥有""功利主义的价值观""宣泄式、怨怼式、破坏式写作"相关的3个要点得4分)

(2)不足在于:①思想质量上差强人意,功利主义占据主流,精神价值被物质价值所压倒,两者失衡。②地方与无名或隐名写作,还不能担起将自身转化成社会建设路径的重任。③地方与无名或隐名写作对理想与价值的探讨或肯定仍存在不足,且缺少守护传统价值以及提出新价值观的力量。

作者期望的地方性写作理想状态:①地方性写作发展状态应该具有自我调节和自我修复功能,调节、修复人与社会在意义和价值上出现的偏差,成为建设理想社会的一种途径。②地方性写作应该是动态平衡的,一方面要平衡好物质价值和精神价值的比重,避免价值失衡,另一方面要积极探讨或肯定理想与价值,提出新的价值观。③社会应对地方性写作报以宽容鼓励的态度,重视并促进地方性写作的发展。

(共10分。关于不足,答出"精神价值被物质价值所压倒""地方与无名或隐名写作不能承担重任""地方与无名或隐名写作对理想与价值的探讨"相关的3个要点得5分;关于理想状态,答出与"自我调节和自我修复""动态平衡""社会对其的宽容鼓励"相关的3个要点得5分)

**三、写作题**

33.**【写作思路】**根据材料内容,人们对"抢红包"现象大致有三类看法:(1)对"抢红包"持支持态度,认为值得发扬。这是从赞同新科技、新事物的角度来说的,新事物既然出现并能生存下去就一定有其存在的理由及空间,科技的发展也一定会改变传统的观念,不妨把"抢红包"看作继电话拜年、短信拜年后的又一发展。它同样能传递人与人之间的情感。(2)对"抢红包"持反对态度,认为这种"认钱不认情"的行为会让感情更加疏远,对社会风气也是不好的引导,故应予以摒弃。(3)第三种态度是辩证看待"抢红包"。"抢红包"形式新颖,老少同乐,但在玩的同时应注意度的把握,不可盲目沉浸其中,甚至陷入金钱的牢笼。它可以成为亲情的润滑剂,但应注意时间和场合。

**【参考范文】**

**守护本心**

"抢红包"似乎已经成为重要的社交手段以及潮流,不管是同事交流,还是亲朋相聚,动动手指,点点红包,就能让气氛热烈起来。但是,在这潮流之中,我宁愿骄傲着落伍,守护本心。

总有那么一些人守护着心灵的净土。诸葛亮坚守着"非淡泊无以明志,非宁静无以致远"的人生信条;陶渊明证明了"不为五斗米折腰"的傲然正气;林清玄保持着"身如浮木,心有沉香"的深沉之心。而现在,时代在飞速进步,人心却日渐浮躁。传统的交际转移到虚拟的网络世界,而红包,变成了简单的氛围道具,在"抢"与"被抢"的过

程中,丢失了其背后的深厚传统内涵。

红包满天,趋之若鹜者与日俱增,似乎不发红包便是不近人情,不解世道。可是这样真的有用吗?逢年过节本就因手机娱乐而相距甚远的亲情,再一次被这火热的"红包革命"推向更远的角落,愈演愈烈的网络亲情似乎已经便捷到足不出户便可维系保持,可是,当你划开屏幕接收那一份份鲜红的数据时,是否有小时候双手接过长辈红包时的那种欣喜若狂?是否有在枕下藏了一夜,第二天迫不及待拆开红包的那份小心珍藏?

某公司发布了一项研究报告,表明人们的平均注意力时间由20秒降低到10秒,而这只花了50年。新兴事物带来了巨大的便利,同时也给予人们很大的伤害,新的文化未必都是好的,过于追求新鲜事物,会让自己处于危险之中。而传统文化,与之相比更显出了优越之处。经过几千年的沉淀与凝聚,传统文化已经成为一个民族取之不尽,用之不竭的伟大精神动力。

酒中陈酿最为甘醇,文化也如此。信息爆炸的时代,人们追求更快更迅捷,却全然不顾那些本应该慢下来的事物,如果说中国的发展是建设一座大楼,那传统就是地基,没有坚实的地基,楼房建得越高就越危险。所以,放下手机,放下抢红包的手指,好好品味我们的传统,去发现它们的朴实和高贵。

网络世界毕竟是虚拟的,真实可感的现实世界才是最动人的。暮春之落英,暖夏之素莲,深秋之红叶,严冬之飞雪,天天蜷缩在狭小居室中"抢红包"的你,多久没有身处自然之中感受四季的变换,多久没有站在日光之下倾听清风的细语了?为了手机上几分几毛的单调数字,那么多人竟然放弃了无穷无尽的自然之美,若是心系自然的古人知道了,也会唏嘘不已吧。

因此,别让红包"抢"走你欣赏自然的眼睛。"抢红包"只是这个信息时代的一段剪影。这个时代里,有太多东西混淆人们的视听,扰乱人们的心绪,只有珍惜时光,坚守本心,心向自然,才能留住真情,留住自我,留住红包内涵里传统的福运。

(共50分。根据材料展开写作,作文立意准确,论点清晰,论据充足。引用诗文,运用排比、比喻的修辞手法,增加文章文采和气势。本篇作文拟给47分)

## 2019年下半年中小学教师资格考试真题试卷(八)



### 一、单项选择题

1. B 【解析】本题考查素质教育的内容。素质教育是对各级各类学校提出的要求,实施素质教育应当贯穿于幼儿教育、中小学教育、职业教育、成人教育、高等教育等

各级各类教育,不仅仅适用于基础教育,故 B 选项是错误的。

A 项,按照中共中央、国务院《关于深化教育改革全面推进素质教育的决定》,实施素质教育,必须把德育、智育、体育、美育等有机地统一在教育活动的各个环节中。学校教育不仅要抓好智育,更要重视德育,还要加强体育、美育、劳动技术教育和社会实践,使诸方面教育相互渗透、协调发展,以促进学生的全面发展和健康成长。A 项表述正确。

C 项,素质教育是一种教育理念,依据人和社会发展的实际需要,遵循教育规律,全面培养学生的基本素质,促进学生身心和谐发展。C 项表述正确。

D 项,素质教育简要地说,就是因材施教,并不是平均发展,更不可能是全优教育,而是要充分调动学生的学习积极性,完善学生个体素质基础之长,弥补和限制其素质基础之短,使之获得相辅相成的协调发展。D 项表述正确。

2. C 【解析】本题考查教师职业的劳动特点。教师劳动的复杂性包括劳动对象的复杂性,教师的劳动对象是千差万别的人。教师不仅要经常在同一个时空条件下,面对全体学生,实施统一的课程计划、课程标准,还要根据每个学生的实际情况因材施教。题干中吴老师的话主要说明了学生的差异性,进而体现了教师劳动对象的复杂性。

3. A 【解析】本题考查教师专业发展的途径。校本研修是基于校级研修活动的制度化规范,是在学校、教师自我反思的基础上,在教师发展共同体的相互作用下,进而在教育专家的指导与专业引领下,由学校自行设计与策划,并具体安排实施的一系列、分阶段、有层次的教师教育(包括教师培养、教师培训、教师进修、教师终身学习及教师继续教育)与教育研究(包括教学研究及常规教研、教育科研)。依据题干所述,在每周五,校内老师们定期会针对学校教学问题进行研讨与反思,并且会向校外大学教授、名师请教,这符合校本研修的内涵。

4. A 【解析】本题考查中学生的全面发展与教育公正。教育公正要求所有学生题干中学校将学习成绩好的学生单独编班,并组织优质师资对这个班进行重点辅导,这种做法违背了教育公平。

5. C 【解析】本题考查《中华人民共和国宪法》的相关知识。《中华人民共和国宪法》第一百二十五条规定,中华人民共和国国家监察委员会是最高监察机关。国家监察委员会领导地方各级监察委员会的工作,上级监察委员会领导下级监察委员会的工作。

6. D 【解析】本题考查学校及学生的权利与义务。权利冲突是指两个或多个权利在运行过程中,各自权利所含的利益发生对立而无法均予满足,一项权益的实现必

须以对方权益克减甚至放弃为条件的情形。如学生隐私权和学校管理权的冲突、公众人物隐私权与社会公众知情权的冲突等。联合国《公民权利和政治权利国际公约》将公民隐私权列为“可以克减”的人权,即法律在维护公民隐私利益的同时,需要从维护公共利益角度对隐私权的内容和行使作出必要限制。学校管理中信息公开和隐私权的保护是目前还在探讨的问题,一般认为:(1)当学生的隐私涉及学校教育管理公共利益时,学校的管理权具有优先性。(2)当学生的隐私与学校教育管理公共利益无关时,法律应特别保护学生的隐私权。

我国《教育法》第二十九条规定,学校有“对受教育者进行学籍管理,实施奖励或者处分”的权利。第四十四条规定,受教育者应当履行“遵守所在学校或者其他教育机构的管理制度”的义务。依照《安徽省全日制普通高级中学学籍管理办法》第十四条规定,对学生的处分,由班主任会同任课教师提出,经教导处或政教处审查属实后,报经校务会议讨论决定。属警告、记过、留校察看处分,由学校批准公布;属勒令退学和开除学籍处分,应报市级教育行政部门批准后,由学校公布。综上所述,为了行使学校管理权,达到警示、教育、肃清风纪等目的,学校在遵循隐私权克减的必要限度原则下,可以在一定范围内公开对违规违纪学生的处分。

题干中张某严重违反校纪被学校给予留校察看处分,根据相关学籍管理办法,可以由学校批准公布。综合考虑,该题选D。

7. D 【解析】本题考查《中华人民共和国预防未成年人犯罪法》(2012年修正)。《中华人民共和国预防未成年人犯罪法》第四十五条规定,对于审判的时候被告人不满十八周岁的刑事案件,不公开审理。故D项正确。

教师不得体罚学生,A项错误;学校不得开除义务教育阶段学生,B项错误;父母或者其他监护人不得使接受义务教育的未成年人辍学,C项错误。

**易错提示:**本题错误的原因可能是考生未认真审题。题干要求选择“没有违反相关法律规定的”,根据法条内容可知,教师罚站、学校开除义务教育阶段学生、强迫未成年学生辍学都违反了相关法律规定,本题是选非题,答案应当是D项。考生在做单选题时,一定要逐字阅读题干,标画出重点字眼,避免因审题不认真而失分。

8. C 【解析】本题考查《中华人民共和国未成年人保护法》(2012年修正)。《中华人民共和国未成年人保护法》第二十五条规定,依法设置专门学校的地方人民政府应当保障专门学校的办学条件,教育行政部门应当加强对专门学校的管理和指导,有关部门应当给予协助和配合。

9. B 【解析】本题考查《中华人民共和国义务教育法》。《中华人民共和国义务教育法》第二十九条规定,教师在教育教学中应当平等对待学生,关注学生的个体差

异，因材施教，促进学生的充分发展。教师应当尊重学生的人格，不得歧视学生，不得对学生实施体罚、变相体罚或者其他侮辱人格尊严的行为，不得侵犯学生合法权益。对于犯错的学生，教师不得歧视，应公平对待，一视同仁。因此，题干中班主任歧视犯过错误的熊某，不让他参加班级活动的做法是不正确的。排除A、C选项，本题选B。

D项，学生享有名誉权。名誉是对民事主体的品德、声望、才能、信用等的社会评价。任何组织或者个人不得以侮辱、诽谤等方式侵害学生的名誉权。与题干不符，排除。

**10.** B **【解析】**本题考查《学生伤害事故处理办法》。《学生伤害事故处理办法》第二十八条规定，未成年学生对学生伤害事故负有责任的，由其监护人依法承担相应的赔偿责任。该事故发生在放学后，付某是过错方，因为其是未成年人，因此应由其监护人承担全部赔偿责任，与学校、餐馆无关。

**11.** C **【解析】**本题考查《中华人民共和国未成年人保护法》(2012年修正)。《中华人民共和国未成年人保护法》第五十八条规定，对未成年人犯罪案件，新闻报道、影视节目、公开出版物、网络等不得披露该未成年人的姓名、住所、照片、图像以及可能推断出该未成年人的资料。学生享有隐私权。隐私是学生的私人生活安宁和不愿为他人知晓的私密空间、私密活动、私密信息。任何组织或者个人不得以刺探、侵扰、泄露、公开等方式侵害学生的隐私权。该电视台的行为侵犯了蒋某的隐私权。

**12.** B **【解析】**本题考查《中华人民共和国预防未成年人犯罪法》(2012年修正)。《中华人民共和国预防未成年人犯罪法》第三十五条规定，对未成年人实施本法规定的严重不良行为的，应当及时予以制止。对有本法规定严重不良行为的未成年人，其父母或者其他监护人和学校应当相互配合，采取措施严加管教，也可以送工读学校进行矫治和接受教育。对未成年人送工读学校进行矫治和接受教育，应当由其父母或者其他监护人，或者原所在学校提出申请，经教育行政部门批准。张某只有13岁，虽实施抢劫，但不承担刑事责任，学校也不能将其开除。对此，可送工读学校进行矫治，故B项正确。

**13.** D **【解析】**本题考查现代教师角色的转变。从教师与学生的关系看，教师是学生学习的促进者。其中包括教师是学生人生的引路人，这要求教师不仅要向学生传播知识，更要引导学生沿着正确的道路前进，并不断在他们成长的道路上设置不同的路标，成为学生健康心理和健康品德形成的促进者、催化剂，引导学生学会自我调适、自我选择，向更高的目标前进。题干中，班主任孙老师在班会上对大操大办生日会的风气进行了批评，要求厉行节俭。这属于班主任对学生品行的引导。

**14.** B **【解析】**本题考查《中小学教师职业道德规范》的主要内容。终身学习要

求教师要崇尚科学精神,树立终身学习理念,拓宽知识视野,更新知识结构;潜心钻研业务,勇于探索创新,不断提高专业素养和教育教学水平。题干中王老师在教学中总是尝试新的教学方法,体现了终身学习的理念。“学而不已,阖棺乃止”比喻学习没有止境,到进入棺材那一刻才终止。这句话是孔子所说,出自西汉学者韩婴的《韩诗外传》,符合终身学习的理念。

“吾生也有涯,而知也无涯”出自《庄子》,意思是:我的生命是有限的,而知识却是无穷无尽的。“古人于为学,终生与之俱”出自清代梁启超的五言诗,意思是:古代人把学习当作一件终身大事来对待。“朝闻道,夕死可矣”出自《论语》,意思是:早晨能够得知真理,即使当晚死去,也没有遗憾。A、C、D 选项均不符合题意,故本题选 B 项。

**15.** D 【**解析**】本题考查《中小学班主任工作规定》的相关内容。班主任在日常教育教学管理中,有采取适当方式对学生进行批评教育的权利。面对学生在教室乱扔废纸的问题,教师应该对学生进行批评教育,督促学生养成好习惯。本题选 D。

A 项,老师将学生赶出教室的做法不恰当,侵犯了学生的受教育权。

B 项,建立惩罚机制可能会抑制学生不良行为的发生,但惩罚的使用要慎重,否则惩罚不当可能会激化师生矛盾、影响班级氛围。B 项非最佳做法。

C 项,教师应培养学生良好品行,促进学生全面发展。只关注学生成绩而忽视良好卫生习惯的培养,这种做法是不恰当的,排除。

**16.** A 【**解析**】本题考查教师职业行为规范以及素质教育的内涵。素质教育要求促进学生的全面发展,不可忽视孩子的兴趣和个性。教师处理与同事之间的关系要做到:互相尊重,切忌嫉妒;相互学习,取长补短;平等相待,不卑不亢;乐于助人,关心同事。面对题干所述的情况,田老师应该努力取得同事的支持,继续指导学生活动。本题选 A。

开展兴趣小组活动有利于培养学生特长,促进学生个性发展,田老师的做法是正确的。部分科任教师因担心学生成绩而反对开展兴趣小组活动,表明这些科任教师没有树立素质教育理念,唯成绩论。故田老师不应听取这些科任教师的意见,暂停兴趣小组活动。B、D 项排除。

C 项,利用校长威信固然可以使同事不发表反对意见,但这种以势压人的做法不利于建立与维持教师间的和谐关系。C 项做法不恰当。

**17.** A 【**解析**】本题考查地球公转产生的现象。地球的自转是指地球绕着地轴的旋转运动。地球自转的方向是自西向东,自转一周的时间为 24 小时。太阳东升西落、昼夜不断更替、不同地区的时差,这些现象都是地球自转造成的。地球在自转的同时,

还围绕太阳不停地公转。地球公转的方向是自西向东,公转一周的时间是一年。季节的变化就是由地球公转造成的。此外,日食和月食是由月球沿着地球公转引起的。A、C、D 项排除,本题选 B。

18. A 【解析】本题考查新中国的航空航天成就。北斗卫星导航系统是中国自主建设运行的全球卫星导航系统,覆盖中国全境及周边国家地区,是为全球用户提供全天候、全天时、高精度的定位、导航和授时服务的国家重要时空基础设施。D 项表述正确。

北斗系统提供服务以来,已在交通运输、农林渔业、水文监测、气象测报、通信授时、电力调度、救灾减灾、公共安全等领域得到广泛应用,服务国家重要基础设施,产生了显著的经济效益和社会效益。基于北斗系统的导航服务已被电子商务、移动智能终端制造、位置服务等厂商采用,广泛进入中国大众消费、共享经济和民生领域。A 项表述错误。本题为选非题,故选 A。

北斗系统具有以下特点:(1)北斗系统空间段采用三种轨道卫星组成的混合星座,与其他卫星导航系统相比,高轨卫星更多,抗遮挡能力强,尤其低纬度地区性能优势更为明显;(2)提供多个频点的导航信号,能够通过多频信号组合使用等方式提高服务精度;(3)创新融合了导航与通信能力,具备定位导航授时、星基增强、地基增强、精密单点定位、短报文通信和国际搜救等多种服务能力。B、C 项说法正确。

19. C 【解析】本题考查地理大发现时期的航海家。阿蒙森是 19 世纪挪威的极地探险家,他在探险史上获得了两个“第一”:第一个航行于西北航道,第一个到达南极点。他不属于 15 世纪到 17 世纪地理大发现时期的航海家。

1488 年,迪亚士带领船队航行至非洲大陆最南端并发现好望角;1492 年,哥伦布航抵“美洲”,开辟了欧美航线;1498 年,达・伽马开辟自西欧绕过非洲南端直达印度的航路;1519—1522 年麦哲伦船队首次完成环球航行。

20. B 【解析】本题考查外国文学著作及其作者。马克・吐温,美国作家、演说家,是美国批判现实主义文学的奠基人。马克・吐温一生写了大量作品,体裁涉及小说、剧本、散文、诗歌等各方面。A、C、D 项均是马可・吐温的作品。B 项《老人与海》是美国作家海明威的作品。

21. D 【解析】本题考查先秦文学的代表人物及其著作。屈原是“楚辞”的创立者和代表人物,其作品有《天问》《九歌》等。其中《湘夫人》出自《九歌》。

A 选项,《九辩》是中国古代浪漫主义诗集《楚辞》中的一首感情深挚的长篇抒情诗,为战国时期楚国人宋玉所作。

B、C 选项,《风赋》和《高唐赋》收录在《文选》中,一般认为属宋玉之作。宋玉是

赋的开创性作家，传世数篇，描写细腻，构思新颖，句式富有变化，在赋史上均有深远影响。

22. A 【解析】本题考查《世界记忆遗产名录》的内容。《世界记忆遗产名录》收编的是符合世界意义入选标准的文献遗产，是世界记忆工程的主要名录。本题选 A。世界文化遗产包括文物、建筑群、遗址三类，B 项不选。昆曲在 2001 年被联合国教科文组织列为"人类口述和非物质遗产代表作"，是中国首批世界级非物质文化遗产，C 项不选。世界遗产的评估、审查、公布由联合国教科文组织负责，D 项不选。

23. D 【解析】本题考查秦朝的统治措施。题干中强调秦始皇统一度量衡，度指长度，量指体积，衡指重量。秦半两钱表示货币；秦铜马车是出土于秦始皇陵墓的历史文物；阳陵虎符是调动军队的兵符；商鞅方升又称商鞅量，是秦国制造的标准量器。所以本题选 D。

24. C 【解析】本题考查古希腊、罗马文化。君主立宪是在保留君主制的前提下，通过立宪，树立人民主权、限制君主权力、实现事务上的共和主义理想，但不采用共和政体。世界上最早的君主立宪制国家是英国。本题为选非题，故选 C 项。

A 项，简单地说，公民教育以培养合格的公民为基本目标。公民教育的历史可以追溯到古希腊、古罗马时期，但真正意义上的公民教育却始于近代。"公民"是公民教育的核心概念，这一概念产生于古希腊城邦的奴隶制民主政治制度下，指享有一定权利的自由民。到近代资产阶级革命时，资产阶级提出了"天赋人权，主权在民"的思想，"公民"才发展为指国家的所有人。

B 项，古希腊雅典城邦的执政官梭伦首创了陪审法庭。陪审法庭是雅典城邦的一个重要国家机构，凡 30 岁以上的公民都可以被选为法官，他们分组审理各种案件，用投票的办法，对公民提出的诉讼进行判决。雅典城邦的陪审法庭，是希腊城邦司法民主化的标志，对西方近、现代的司法民主化产生了深远的影响。

D 项，全民公决是指有选举权的一切公民就国家生活中最重要的问题进行投票表决。全民公决起源于古希腊的公民大会。公民大会每月举行一次，由国王主持，凡年满 30 周岁的城邦公民都有权参加。但是，公民不能在会上对长老会议提出的建议进行讨论，只能简单地表示同意或反对。长老会议的建议，只有在公民大会上通过，才能生效。

25. C 【解析】本题考查标准差的相关知识。标准差即方差的平方根。标准差反映一个数据集的离散程度。标准差越大，数据的离散程度越大；标准差越小，数据的离散程度越小。标准差系数又称变异度系数，是标准差与平均数之比的相对值。标准差系数越小，代表性越强。故该题选 C。

26. B 【解析】本题考查 Word 的表格操作。在 Word 的编辑状态下，选择整个表格后，执行“删除行”命令，整个表格都会被删除。

27. D 【解析】本题考查 Excel 中的函数。RANK 函数用于排序，若要在单元格 F2 中求出 6 名学生的总成绩排名，输入的公式应为 = RANK( E2, \$E \$2 : \$E \$7)。其中 E2 表示总成绩，使用相对地址引用，代表的是要排序的数；\$E \$2 : \$E \$7 表示的是整个总成绩所在的区域，使用绝对地址引用。

28. D 【解析】本题考查类比推理。“教授”和“科学家”是交叉关系，所有选项中，只有 D 项是交叉关系，其余三项都是并列关系。

29. B 【解析】本题考查数字推理。根据“1 = 4”“2 = 8”“3 = 24”可以看出规律是：从第二个等式开始，每一个等式的前一个数字乘以前一个等式的后一个数字，构成本等式的后一个数字，即 $4 \times 2 = 8$，$8 \times 3 = 24$，$24 \times 4 = 96$，所以 4 = 96。

**方法技巧**：在教师资格考试笔试中，数字推理是考查考生逻辑推理能力的一种常见考法。如果题干所给各项数字相差较大，考生可从积数列与积数列变式的角度入手寻找规律；各项数字相差较小时，可从和数列及其变式、等差数列的角度思考；或者从相邻两项的和、差、积、商着手。有时，数字推理题的运算还会涉及一个常数值的加减乘除。

**二、材料分析题(参考答案)**

30. 材料中，徐老师的行为体现了新课程倡导的教师观的要求，值得肯定。

(1)从教师与学生的关系来看，新课程倡导教师要成为学生学习的促进者。这要求教师要充分尊重学生的主体地位，在教学中激发学生的学习动机，培养学生的自主学习能力和探究能力，激发学生的潜能。材料中徐老师设计了“课前五分钟”、自编课本剧、班级读书交流会等形式多样的教学环节，激发了学生学习的积极性，尊重了学生的主体地位，培养了学生多方面的能力，激发了学生的潜能，真正体现了教师要成为学生学习和发展的促进者的要求。

(2)从教学与课程的关系看，新课程要求教师应该是课程的建设者和开发者。这就需要教师改变学科本位的观念和被动实施课程的做法，变“教教材”为“用教材教”，创造性地使用教材。材料中徐老师针对不同教学内容运用不同的教学方法，与时俱进，重视利用现代教育技术手段，不断变换教学思路寻找新的切入口，玩转课堂，让自己的课堂更加丰富多彩，符合课程建设者和开发者的要求。

(3)在对待自我上，新课程强调反思。这就需要教师不断地对自己的教育教学工作进行反思，在教学前、教学中、教学后进行反思。材料中徐老师坚持每天梳理课堂，形成了二十多万字的教学日志，正是对教学深入研究、对自己不断反思的体现。

(4)在对待与其他教育者的关系上,新课程强调合作。不同学段、不同学科之间的老师要相互配合,齐心协力地培养学生。材料中徐老师二十万多字的教学日志提供给学校当作校本培训的资料,促进交流,共同进步,正是团结合作的体现。

材料中徐老师的做法是合理的,符合新课程倡导的教师观要求,值得其他老师借鉴。

(共14分。对徐老师的行为判断正确得2分;"学生学习促进者""课程建设开发者""自我反思""注重合作"四点,每个知识点3分,给出理论依据2分,结合材料合理阐述1分)

31. 材料中"我"的教育行为符合教师职业道德的相关要求,是值得肯定的。

(1)材料中老师的教育行为体现了关爱学生。关爱学生要求教师做到关心爱护全体学生,尊重学生人格,平等公正对待学生。材料中老师帮助晓义改变现状,让他担任体育委员,并在有家长反对时表示会对所有学生负责,体现了关爱学生。

(2)材料中老师的教育行为体现了教书育人。教书育人要求教师在工作中循循善诱,诲人不倦,因材施教。培养学生良好品行,激发学生创新精神,促进学生全面发展。不以分数作为评价学生的唯一标准。材料中老师不仅看到晓义的缺点还看到了他的优点,让精力充沛的他当体育委员,体现了教书育人。

(3)材料中老师的教育行为体现了爱岗敬业。爱岗敬业要求教师要甘为人梯,乐于奉献,对工作高度负责,不得敷衍塞责。材料中老师面对调皮捣蛋的晓义不仅进行家访,了解学生情况,三年内还经常与其谈话,与家长沟通,体现了爱岗敬业。

(4)材料中老师的教育行为体现了为人师表。为人师表要求教师关心集体,团结协作,尊重同事,尊重家长。材料中老师在对晓义的教育过程中对其进行了多次家访,积极与家长进行沟通交流,体现了为人师表。

综上所述,我们应该学习材料中该老师的教育行为,促进学生全面发展。

(共14分。对材料中老师的行为判断正确得2分;"关爱学生""教书育人""爱岗敬业""为人师表"四点,每个知识点3分,给出理论依据2分,结合材料合理阐述1分)

32. (1)①放翁这两句诗,对得很工整,其实则只是字面上的堆砌,而背后没有人。②此诗没有特殊的意境与特殊的情趣,诗是死而滞的。

(共4分。从诗的用词和意境情趣两方面进行分析得4分)

(2)"雨中山果落,灯下草虫鸣"体现了王维"不著一字,尽得风流"的作诗境界。

①"落"和"鸣"这两个字中透露出天地自然界的生命气息来。自然界中的声音和

景物都跑到屋里人的视听感觉中,使人顿感山果草虫的生命,而同时又感到夜雨的凄凉。②作诗人所感觉的没讲出来,这是一种意境。而妙在他不讲,他只把这一外境放在前边给你看,好让读者自己去领略。③读者读了这两句诗,在自己心上,也感觉出了在这两句诗中所含的意义。这是一种设身处地之体悟。亦即所谓欣赏。④摩诘诗之妙,妙在他对宇宙人生抱有一番看法,他虽没有写出来,但此情此景,却已尽在纸上,这是作诗的很高境界,也可说摩诘是由学禅而参悟到此境。

(共10分。先答出"'不著一字,尽得风流'的作诗境界"得2分,再从"用字""作诗人""读者""摩诘诗之妙"4个角度进行分析得8分)

**三、写作题**

33.**【写作思路】**从题干可知这是一篇材料作文,考生要能从材料中提炼出自己的观点。本题的立意点有三个。第一,司机在遵守公司制度的前提下,热心帮助老人,可就"规则与情理"立意。第二,根据司机在面对无故指责时,依然遵守公司制度,可从"遵守规则"立意。第三,从乘客一味指责司机的做法,却没有真正帮助老人解决实际问题这一角度,可以立意为"己所不欲,勿施于人"。

**【参考范文】**

**规则**

没有规矩不成方圆。偌大的世界若没有规则,何来和平与发展?何谈安居与乐业?何谈健康与快乐?"规则"好比是方向盘,方向盘虽然限制了车轮,但却保证了车轮正确的前进方向,规则对我们自身也是如此。但有时候,如果方向盘转向了错误的方向,我们也可以通过正确的方法纠正。规则并不是我们生活中的掣肘,而是帮助我们创造美好生活的辅助。

面对正确的规则我们应该坚决捍卫,让规则成为我们健康生活的保障。

拜伦曾说:"如果人人都只为自己的生活去生活,那么这个世界将会冷却下来;如果一个人只纠缠于自己的私欲,那么世界就只会凝结成冰,充斥着冷漠,哪里会有未来呢?"是啊,生活中人们不光要扼杀自己的私心,还要尊重规则。我国自古以来都是一个崇尚法治的国家,依法治国基本方略的提出,使纷纷扰扰的社会变得井然有序。这难道不足以证明规则是给予我们一个赖以生活,维护自己权利的法宝吗?

有一则寓言讲述了这样一个故事:有一位骑师,训练了一匹十分温顺的好马。他想,给这样的好马加上缰绳是多余的,于是有一天骑马外出,就解掉了缰绳。马儿在原野上自由自在地奔跑,跑得越来越快。骑师无法控制,也不能重新给马儿拴上缰绳,最后竟被摔下了马背。马也冲下了幽深的山谷,摔得粉身碎骨。这则寓言告诉我们有时候规则是对我们的保护而不是限制。在现实的学习生活中,学生都渴望得到自由,希

望无拘无束地生活、学习,而不是被学校、老师重重包围,禁锢在一隅之地。但是大家想一想,如果我们只要自由,不要规则,我们会不会最终像这匹好马一样,落得一个凄惨的下场。

和许多行为习惯一样,规则意识的培养不是一朝一夕的事,教师在教学过程中要保持一定的耐心,在各种生活情境中让学生了解规则,明确自己的行为。现今由于很多学校都实行寄宿制,学校几乎成了学生的第二个家,因此有些学生便不顾室友的感受在寝室养宠物,他们也许是不知道学校的规则,也许是无视学校规则。这时候作为一名教师应该给予学生正确的引导,让学生明白规则的重要性,以及他的行为会给学校、其他学生带来的影响。

当然,如果有的规则成为生活的掣肘,我们也可以适当改变,让我们的生活更加精彩。爱迪生有一次将一个形状很不规则的灯泡交给一位平日里非常恃才自傲的研究人员,请他准确地算出灯泡的容积。那人随手接过灯泡轻飘飘地说:"太简单了。"两个小时过后,爱迪生来问他答案,只见他桌子上到处是公式,但算了半天却还没有一个结果。爱迪生就拿起一杯水倒满灯泡,然后将灯泡里的水倒入量杯中,灯泡的容积就被轻而易举地测量了出来……这个事例中,爱迪生打破了规则,放弃了几何计算,才得以求出这个问题的答案。

规则固然是重要的,但有时候我们也要根据实际情况适当改变规则。

(共 50 分。开篇以三个问句并列,结构新颖,引人思考。论证内容充实,并结合现实生活,使文章内容更丰满。本篇作文拟给 46 分)

## 2019 年上半年中小学教师资格考试真题试卷(九)

**一、单项选择题**

1. A 【**解析**】本题考查实施素质教育易出现的误区。把素质教育等同于课外活动、兴趣小组活动等内容,认为开设了音乐、体育、美术等课程就是进行素质教育,认为让学生多参加一些兴趣活动,多蹦蹦、多跳跳就是在搞全面发展的素质教育。这种认识与素质教育的真正内涵格格不入,是错误的。素质教育是一个广泛的概念,它包含的内容十分丰富,进行这些方面的教育仅仅是实践素质教育的一个侧面。课堂是实施素质教育的主要场所,素质教育应完全占据课堂教学与学科教学的主阵地,应将课堂视为实施素质教育的主渠道。故题干中校长将素质教育等同于课外活动的观点是错误的,是对素质教育形式化的误解,排除 CD 两项,本题选 A。

开展兴趣小组活动是落实素质教育、促进学生综合素养提升的途径之一,B 项说

法错误，排除。

2. B 【解析】本题考查素质教育的内涵。素质教育是面向全体学生的教育，应使每一位学生都得到发展。题目中的老师并没有因为陈涛总是不会还爱举手回答问题就训斥他，而是在课后积极帮助、鼓励他，说明老师不想放弃任何一位学生。

A 项，老师的做法并未得罪全体学生，是关爱学生的体现，排除。

C 项，老师的做法没有挫伤其他同学的主动性，排除。

D 项，班级中其他同学讥笑陈涛的行为是错误的、不正义的，老师鼓励陈涛的做法是正确的，D 项说法错误，排除。

3. B 【解析】本题考查环境对人的影响。气质是表现在心理活动的强度、速度、灵活性与指向性等方面的一种稳定的心理特征，即我们平时所说的脾气、秉性。人的气质是先天的，由遗传因素决定，受生理影响较大，不易受环境影响。因此，学校优化育人环境，很难促进学生的气质的发展，B 项说法错误。本题为选非题，故选 B。

4. D 【解析】本题考查教师专业发展的阶段。福勒和布朗根据教师的需要和不同时期所关注的焦点问题，把教师的成长划分为关注生存、关注情境和关注学生三个阶段。(1)处于关注生存阶段的一般是新教师，他们非常关注自己的生存适应性，最担心的问题是“学生喜欢我吗”“同事们如何看我”“领导是否觉得我干得不错”等。(2)处于关注情境阶段的教师关心的是如何教好每一堂课，以及班级大小、时间压力和备课材料是否充分等与教学情境有关的问题，如“内容是否充分得当”“如何呈现教学信息”“如何掌握教学时间”等。处于“关注学生阶段”的教师将考虑学生的个别差异，认识到不同发展水平的学生有不同的需要，某些教学材料和方式不一定适合所有学生。题干中张老师经常考虑的问题的关注点都在学生身上，故其所处的教师专业发展阶段是关注学生阶段。

5. D 【解析】本题考查《中华人民共和国宪法》的相关内容。《中华人民共和国宪法》第一条规定，中华人民共和国是工人阶级领导的、以工农联盟为基础的人民民主专政的社会主义国家。社会主义制度是中华人民共和国的根本制度。中国共产党领导是中国特色社会主义最本质的特征。禁止任何组织或者个人破坏社会主义制度。

社会主义协商民主是在中国共产党领导下，人民内部各方面围绕改革发展稳定重大问题和涉及群众切身利益的实际问题，在决策之前和决策实施之中开展广泛协商，努力形成共识的重要民主形式。与题干不符，A 项排除。

国体是指国家的阶级性质和阶级内容，反映社会各阶级在国家中的地位。政体也叫作国家的形式，是指国家政权的组织形式和管理形式，即统治阶级采取何种方式组织自己的政权机关，实现自己的统治。国体和政体是互相关联的，国体决定政体，政体

作为国家政权的组织形式,必须适应国体的要求,服从和服务于统治阶级的意志和利益,体现国体的性质。人民民主专政是我国的国体,人民代表大会制度是我国的政体。B、C 项排除。

6. B 【解析】本题考查《中华人民共和国教育法》(2015 年修正)。《中华人民共和国教育法》第三十条规定,学校及其他教育机构应当履行下列义务:(一)遵守法律、法规;(二)贯彻国家的教育方针,执行国家教育教学标准,保证教育教学质量;(三)维护受教育者、教师及其他职工的合法权益;(四)以适当方式为受教育者及其监护人了解受教育者的学业成绩及其他有关情况提供便利;(五)遵照国家有关规定收取费用并公开收费项目;(六)依法接受监督。题干中该初中未向社会公开收费项目的做法是不合法的。

7. D 【解析】本题考查教师的职业义务。提高自身的业务水平是《中华人民共和国教师法》对教师提出的一条要求,题干中黄某拒绝参加教师培训活动的做法是不正确的,不利于自身业务水平的提高。本题选 D。

权利是指国家通过宪法和法律规定的公民从事某种行为的可能性;义务是指国家通过宪法和法律规定公民从事某种行为的必要性。权利可以放弃,义务不能放弃。教师可以放弃个人权利,但必须履行义务,“提高自身业务水平”是教师应履行的义务,故 A、B 项排除。

在教师专业发展中,专业自主是其重要组成部分,教师不仅是学校生活的主要参与者,而且影响着学校发展的方向。在课堂教学情境中教师更具有课程与教学的相对自主权,在课程设计、教学过程、学习动机、学生管理、学生评价等方面享有“法理”权威,无论是同事还是行政人员都不能妨碍这种权威。与题干无关,故 C 项排除。

8. A 【解析】本题考查《中华人民共和国义务教育法》。根据《中华人民共和国义务教育法》第二十四条规定,学校不得聘用曾经因故意犯罪被依法剥夺政治权利或者其他不适合从事义务教育工作的人担任工作人员。故题干中的陈某不能被学校聘用。

9. B 【解析】本题考查《中华人民共和国预防未成年人犯罪法》(2012 年修正)。《中华人民共和国预防未成年人犯罪法》第三十五条规定,对未成年人送工读学校进行矫治和接受教育,应当由其父母或者其他监护人,或者原所在学校提出申请,经教育行政部门批准。

10. D 【解析】本题考查《中华人民共和国预防未成年人犯罪法》(2012 年修正)。《中华人民共和国预防未成年人犯罪法》第四十四条规定,对于被采取刑事强制措施的未成年学生,在人民法院的判决生效以前,不得取消其学籍。

11. C 【解析】本题考查《学生伤害事故处理办法》。《学生伤害事故处理办法》第九条规定，因学校组织学生参加教育教学活动或者校外活动，未对学生进行相应的安全教育，并未在可预见的范围内采取必要的安全措施而造成的学生伤害事故，学校应当依法承担相应的责任。第二十三条规定，对发生学生伤害事故负有责任的组织或者个人，应当按照法律法规的有关规定，承担相应的损害赔偿责任。题干所述学生伤害事故中，学校有一定的过错，有过错的学校应当依法承担相应的责任。所以，学校应当对林某依法赔偿损失。

**方法技巧：**学生伤害事故中责任的划分是教师资格笔试的常考点也是难点，考生注意仔细阅读题干，分清不同情况下谁应当承担责任。

<table>
<tr><th>事故担责情况</th><th colspan="2">参考条文</th></tr>
<tr><td>学校负责</td><td colspan="2">《学生伤害事故处理办法》第 9 条</td></tr>
<tr><td rowspan="2">学校不负责</td><td>学校职责范围内，但学校不知情或已尽相应职责，行为并无不当</td><td>《学生伤害事故处理办法》第 12 条</td></tr>
<tr><td>非职责范围</td><td>《学生伤害事故处理办法》第 13 条</td></tr>
<tr><td>学生或未成年学生监护人负责</td><td colspan="2">《学生伤害事故处理办法》第 10 条</td></tr>
<tr><td>致害人负责</td><td colspan="2">《学生伤害事故处理办法》第 14 条</td></tr>
</table>

12. C 【解析】本题考查《中华人民共和国教育法》(2015 年修正)。《中华人民共和国教育法》第三十一条规定，学校及其他教育机构的校长或者主要行政负责人必须由具有中华人民共和国国籍、在中国境内定居、并具备国家规定任职条件的公民担任，其任免按照国家有关规定办理。所以，不具备中国国籍的外籍人士不能担任该学校的校长，该学校的做法是错误的。

**方法技巧：**学校及其他教育机构的校长或者主要行政负责人必须由具有中华人民共和国国籍、在中国境内定居、并具备国家规定任职条件的公民担任，其任免按照国家有关规定办理。考生需注意，以上三项条件必须同时具备才有资格担任校长或主要行政负责人。学校的教学及其他行政管理，由校长负责。

13. A 【解析】本题考查教师职业的劳动特点。教师职业劳动的特殊性主要表现在以下几个方面：

(1)教师劳动目的和任务的特殊性。教师承担着传播人类文化、开发人类智能、塑造人类灵魂的神圣职责。"教书育人"是教师的最基本职责。教师要教授科学文化知识，培养学生的优良品德，解答学生关于做人和文化知识方面的疑难问题。

(2)教师劳动对象的特殊性。教师劳动的对象,是在家庭、学校、社会生活等环境背景的干预和影响下,不断成长着的有思想、有感情、有个性的儿童和青少年。

(3)教师劳动手段和工具的特殊性。教师在教学过程中,需要一定的教材、教具、实验仪器设备等物质性工具和手段。但是,它们并不是主要的劳动手段和工具,它们仅仅起着辅助作用。教师劳动最主要的工具和手段是教师自身所具有的综合素质,包括教师个体的政治思想素质、道德品质、个性心理素质、科学文化知识和才能,以及传授知识的本领与技巧等。

(4)教师劳动中人际关系的特殊性。与其他职业劳动相比较,教师劳动中的人际关系有两大特点:一是关系复杂众多,二是关系重要。

(5)教师劳动产品的特殊性。教师劳动的结果是产生掌握一定文化科学知识、形成一定思想品德的人。这种特殊的劳动“产品”,具有其他劳动产品无法比拟的社会价值和意义。从整体社会来讲,教师不仅直接对其劳动“产品”产生深远的影响,而且还会通过他们的“产品”去影响社会上更多的人。

题干中王老师发现学生抄袭了一道 1 分的试题,他没有简单地指责学生,而是通过打分使学生自己认识到错误,并主动改正错误。这一过程体现了教师劳动对象的特殊性、劳动任务的特殊性及劳动工具的特殊性。B、C、D 三项排除。题干并未体现阶段的特殊性,本题为选非题,故选 A。

**14. A 【解析】**本题考查《中小学教师职业道德规范》(1997 年)。廉洁从教要求教师坚守高尚情操,发扬奉献精神,自觉抵制社会不良风气影响。不利用职责之便谋取私利。具体表现为教师在整个从教生涯中都要坚持行廉操法的原则,不贪学生及家长的钱物,不贪占公共和他人的钱物,不染社会上出现的一些贪、贿、欲等恶习,始终以清廉纯洁的道德品行为学生和世人做出表率。故 B、D 均属于廉洁从教内容,排除。

C 项,根据我国相关政策法规,中小学教师不得参与有偿补课,不得从事有偿家教,不得利用职务之便兼职兼薪、谋取私利,不得擅自从事影响教育教学本职工作的兼职兼薪行为。这是为规范教师从教行为、倡导廉洁自律风气而作出的禁止性规定。故 C 选项与“廉洁从教”有关。

A 选项“不在学生面前抱怨自己的薪酬”是强调教师语言的规范,属于为人师表的内容。本题为选非题,答案选 A。

**15. A 【解析】**本题考查教师与学生家长的关系。家长与教师的关系是平等的,是互相协作的关系。题干中的方老师要求家长完全按照自己的方法教育孩子,没有尊重家长的意见,看似认真负责,实则是把自己应该做的工作托付给了家长,把家长当作自己的“助教”,这种做法是不可取的。

B 项，分析题干，方老师和家长联系紧密，与家长共商对策教育犯错学生，可见方老师并未把教育责任完全推卸给家长，B 项说法有失偏颇，排除。

方老师注重家校合力，但其要求家长每天孩子学习情况、让家长完全按自己的方法教育孩子的做法不值得提倡，C、D 项排除。

**16.** C 【**解析**】本题考查教师的教育机智。教师也有知识的盲点和缺陷，应该和学生一样做新知识的学习者与追求者。教师要真诚面对学生，不能也不必虚伪，这样才能赢得学生的信任和爱戴。题干中王老师遇到不会的字应该及时向学生请教，这样既能达到教学相长，也能赢得学生的尊重与爱戴。

A 项，王老师在点名中遇到了不认识的字，课后查字典不能解决当前问题，做法不妥，排除。

B 项，王老师已经读出了学生名字的前两个字的读音，此时突然停止去拿手机查询，会导致学生产生疑问，且课堂上使用手机会起到不好的示范作用，做法不妥，排除。

D 项，若王老师借打印不清来掩饰自己不认识汉字读音，属于对工作敷衍塞责，做法不妥，排除。

**17.** B 【**解析**】本题考查生物医学常识。维生素 C 能抗坏血病，是广泛存在于新鲜的水果蔬菜及许多生物中的一种重要的维生素。

叶酸是一种水溶性维生素，在蛋白质合成及细胞分裂与生长过程中具有重要作用，对正常红细胞的形成有促进作用。缺乏时可致红细胞中血红蛋白生成减少、细胞成熟受阻，导致巨幼红细胞性贫血。

谷氨酸是一种酸性氨基酸，医学上主要用于治疗肝性昏迷，还用于改善儿童智力发育。

维生素 B 族包括维生素 $B_1$（硫铵）、维生素 $B_2$（核黄素）、维生素 $B_3$（烟酸）、维生素 $B_5$（泛酸）、维生素 $B_7$（生物素）、维生素 $B_9$（叶酸）等。它们不是组成机体结构的物质，也不是供能物质，但参与体内辅酶的组成，调节物质代谢。有溶于水的特性，不能在体内合成，必须由食物提供，过剩则由尿排泄，不存储体内，故须每日供给，过量无毒性，若缺乏可出现临床症状。

**18.** B 【**解析**】本题考查勾股定理的几种名称。勾股定理是一个基本的几何定理，指直角三角形的两条直角边的平方和等于斜边的平方。中国古代数学家称直角三角形为勾股形，并且直角边中较短者为勾，另一长直角边为股，斜边为弦，所以称这个定理为勾股定理，也有人称商高定理。公元前 6 世纪希腊数学家毕达哥拉斯证明了勾股定理，因而西方人都习惯地称这个定理为毕达哥拉斯定理。欧几里得定理是指在直角三角形中，斜边上的高是两直角边在斜边上射影的比例中项，每一条直角边是这条

直角边在斜边上的射影和斜边的比例中项。故本题选 B。

19. C 【解析】本题考查海上丝绸之路的起点城市。“福船”自 1974 年在福建泉州湾后渚港出土以来，一直保存在泉州海外交通史博物馆的古船陈列馆中。联合国教科文组织认定泉州为“海上丝绸之路”的起点，泉州宋船就是重要物证。这条古船是当之无愧的“海上丝路”见证者。

20. B 【解析】本题考查德意志帝国的建立。19 世纪六七十年代，在俾斯麦的领导下，普鲁士通过三次王朝战争完成了德国的统一大业。1871 年，德意志帝国建立。

拿破仑，法国军事家、政治家，法兰西第一帝国的缔造者。对内，他多次镇压反动势力的叛乱，颁布了《拿破仑法典》，完善了世界法律体系，奠定了西方资本主义国家的社会秩序。对外打赢五十余场大型战役，沉重地打击了欧洲各国的封建制度，捍卫了法国大革命的成果。

黑格尔，德国哲学家，古典唯心主义哲学代表人物。黑格尔在康德哲学思想的基础上，发扬并创立了庞大的客观唯心主义哲学体系。他的哲学体系第一次对辩证法的基本内容进行了全面系统的阐述，其中以矛盾学说为核心。

希特勒，纳粹德国国家元首，他确立了法西斯专制统治，同日本、意大利结成法西斯联盟，挑起了第二次世界大战。

21. D 【解析】本题考查中国上古神话人物。嫘祖是我们先祖女性中的杰出代表，在嫘祖的倡导下，人们开始了栽桑养蚕的历史，后人为了纪念嫘祖这一功绩，就将她尊称为“先蚕娘娘”“先蚕圣母”。

A 项，黄帝统一天下，奠定中华，肇造文明，惜物爱民，被后人尊为中华民族的“人文初祖”。

B 项，神农尝百草，制耒耜，提倡农耕，制作医药，被尊为农业之神、医药之祖。

C 项，女娲抟土造人、炼石补天，被尊称为“人祖”“娲皇”。

22. C 【解析】本题考查鲁迅的代表作。插图展现了一位穿长衫的老人和一群孩子在酒馆门口，桌子上放着酒和豆子。而鲁迅小说《孔乙己》中的孔乙己便是“站着喝酒而穿长衫的唯一的人”，会教小孩子们认字和给他们分茴香豆吃。故插图中的形象为孔乙己。

《故乡》记载了鲁迅回到故乡绍兴的见闻和感受，通过肖像描写和富有性格特征的语言、行动的变化刻画了杨二嫂、闰土等人物。

《社戏》一文中，鲁迅回忆了少年时代和农村小伙伴们一起生活、玩耍，特别是同去赵庄看社戏的情景，刻画了一群栩栩如生的农村儿童的形象。

《祝福》描写了农村妇女祥林嫂一生的悲惨遭遇，塑造了一个带血的、充满创伤

的、勤劳善良而倔强的中国劳动妇女的形象,有力地抨击了封建制度和封建伦理道德残酷迫害妇女的罪行。

23. A 【解析】本题考查"甲骨四堂"代表的学者。甲骨四堂是指中国近代四位研究甲骨文的著名学者:罗振玉(号雪堂)、王国维(号观堂)、郭沫若(字鼎堂)、董作宾(字彦堂)。

孙诒让,清代学者,著有《契文举例》一书,书中考释出一百多个甲骨文字,是中国历史上第一部甲骨文考释著作。季羡林,语言学家、文学家、国学家、教育家,精通吐火罗文,与饶宗颐并称"南饶北季"。陈寅恪,历史学家、古典文学家、语言学家,通晓多种语言文字。

24. B 【解析】本题考查中国当代作曲家及其代表作。《红楼梦》插曲《枉凝眉》《红豆曲》《葬花吟》等的曲作者是王立平。

谭盾曾为武侠电影《卧虎藏龙》作曲配乐,并于 2001 年获得第 73 届奥斯卡金像奖最佳原创音乐奖。

苏聪,旅德作曲家,代表作为《交响序曲》《李斯特钢琴幻想曲》,1987 年,应聘为影片《末代皇帝》其中一曲作曲,获第六十届奥斯卡最佳原作音乐奖。

徐沛东是我国知名的作曲家,代表作有《我热恋的故乡》《苦乐年华》《大地飞歌》《爱我中华》等。

25. B 【解析】本题考查众数的计算。众数是一组数据中出现次数最多的数值。观察题干中试题的得分分布可知,得分为 2 的频数 489 是所有频数中最大的,因此该试题得分的众数为 2。

26. D 【解析】本题考查 Word 的基本操作。在"插入"选项卡下找到"符号"功能按钮,"符号"下拉菜单中点击"其他符号",就可以找到题干中想要添加的特殊符号。

27. A 【解析】本题考查 Excel 工作界面中功能区各选项卡的内容。点击题干所述图标可实现在工作表中插入图表。

28. D 【解析】本题考查等比数列及其变式。前四个数字形成数列:101,169,305,577。该数列的后一项减去前一项的差形成新数列:68,136,272。在新数列中,后一项是前一项的 2 倍。则空缺处应该填入的数字为 $577+272\times2=1121$。

29. C 【解析】本题考查命题的推理。该题要求得出"只有本地人当经理,才能把企业搞好"的否命题,即否定"本地人当经理",也可以得出"把企业搞好"。否定"本地人当经理",也就是不由本地人当经理。故选 C。

**二、材料分析题(参考答案)**

30. 材料中李老师的做法是合理的,符合新课改背景下的教师观要求,值得我们

借鉴，具体表现在：

(1)从教师角色转变的角度来看：

①从教师与学生的关系看，新课程要求教师应该是学生学习的促进者。材料中，李老师通过自己的做法影响学生，引导学生认识到如果自己把学习计算机的热情和努力用在学习其他内容上也可以学得很好，激发了学生学习的积极性。

②从教学与研究的关系看，新课程要求教师应该是教育教学的研究者。材料中，李老师以教学札记的形式记录自己教学中遇到的实际问题和解决方法、时刻总结经验，最终取得了良好的效果。

(2)从教师行为转变的角度来看：

①在对待师生关系上，新课程强调尊重、赞赏。材料中，当学生在物理方面没有兴趣，经常不及格之时，李老师并没有否定学生，而是通过现身说法的形式给予学生肯定和鼓励。在引导和鼓励中充分体现着尊重和信任，并积极肯定学生在计算机方面的成就。

②在对待教学上，新课程强调帮助、引导。材料中，李老师引导学生让学生认识到他在计算机方面的成功，并且可以通过这样的方式在其他学科上也有进步，把这种进步变成学习各个学科的方式和方法。

③教师在对待自我上，新课程强调反思。材料中，李老师通过自己的不断反思和总结，积累经验。积累面对不同学生时应采取的教育方法。

综上所述，作为新时代的教育者，我们应该像李老师一样，不断地进行教师角色的转化，不断地引导学生、帮助学生，让学生在肯定和鼓励中不断体会到学习带来的快乐。

(共14分。对李老师的行为判断正确得2分；“学生学习促进者”“教育教学研究者”“尊重、赞赏学生”“帮助、引导学生”“自我反思”五点，每个知识点2分，给出理论依据1分，结合材料合理阐述1分)

**31.** 材料中“我”的教育行为符合教师职业道德规范的相关要求，是值得肯定的。

(1)“爱岗敬业”的师德规范要求教师要“忠诚于人民教育事业，志存高远，勤恳敬业，甘为人梯，乐于奉献。对工作高度负责，认真备课上课，认真批改作业，认真辅导学生，不得敷衍塞责。”材料中教师对工作高度负责，在新生入学之初就注意引导他们适应新环境，说明他做到了爱岗敬业的师德要求。

(2)“关爱学生”的师德规范要求教师要“关心爱护全体学生，尊重学生人格，平等公正对待学生。对学生严慈相济，做学生良师益友。”材料中教师为了让进入陌生新环境的初一新生尽快适应，采取了一系列措施，同时该教师还确立了班规，引导学生树

立集体观念。这些都是关爱学生的体现。

(3)“教书育人”的师德规范要求教师要“遵循教育规律,实施素质教育。循循善诱,诲人不倦,因材施教。培养学生良好品行,激发学生创新精神,促进学生全面发展。”材料中教师注意引导学生树立集体观念,并设立了各种为班级服务的“志愿者”岗位,班级每一项工作都有“志愿者”在服务。这样有助于培养学生的良好品行,促进学生全面发展。这符合教书育人的师德要求。

(4)“为人师表”的师德规范要求教师要“关心集体,团结协作,尊重同事,尊重家长。”材料中教师在微信群里发起讨论和交流,耐心听取家长的意见等,做到了尊重家长,体现了为人师表的师德规范。

(共14分。对材料中老师的行为判断正确得2分;“爱岗敬业”“关爱学生”“教书育人”“为人师表”四点,每个知识点3分,给出理论依据2分,结合材料合理阐述1分)

32.(1)“见解”指来自平时生活中人与人之间的交流,或者从各种小报、娱乐媒体上得到的“思想”。

后果:影响所谓的“思想”的形成;左右日常生活观念;看待事物的角度和高度,遵循的标准,不过是取自庸常的似是而非,对社会的判断,对文学艺术的判断,对人的判断,对时事的判断,对诸多问题的判断,不可能具备更高、更清晰的思维坐标。

(共4分。答出“见解”的意义得1分;“后果”答出与“影响所谓‘思想’的形成”“左右日常生活观念”“不能具备更高、更清晰的思维坐标”相关的3个要点得3分)

(2)①需要最起码的阅读,这样可以知道世界之大、历史之长、思想之多。

②了解不同的文化,掌握知识与艺术理解能力,能真正提高认识能力,帮助深入理解文学作品。

③要学会反省,反省自己是否闭塞和懒惰,是否错过了一些了不起的思想与智慧。这样能够发现一些见解、主意、方法的真正内容,提高自己的精神水准。

(共10分。答出与“需要最起码的阅读”“了解不同的文化,掌握知识与艺术理解能力”“学会反省”相关的3个要点得10分)

## 三、写作题

33.【写作思路】从题干可知这是一篇材料作文,考生要能从材料中提炼出自己的观点。本题的最佳立意观点要从丹麦队员的身上找,可以从公平竞争、体育精神、输与赢、尊重等方面立意。此外,从伊朗队员身上也可以找到正确的立意观点,即做事要一心一意等。

【参考范文】

## 公平竞争，才能实现真正的双赢

有时候，有比“赢”更重要的事情，也有比赢更让人铭记的事情。就像材料中的丹麦队一样，“点球”本是他们得分的绝佳机会，但在主教练的授意下，丹麦队队长故意将点球踢飞。这一举动是对对手的尊重，是对自己尊严的维护，是对公平竞技的体育精神的追求。在场球迷的掌声不是为某队竞技的胜利而响起，而是为坚持公平竞争原则的丹麦队主教练和球员响起。这启示我们：坚持公平竞争，才能实现真正的双赢。

在个人的竞争中，坚持公平竞争，才能实现真正的双赢，才会形成良性循环。在我们学校，老师与老师之间，班主任与班主任之间，既存在着合作，也存在着竞争。尽管竞争激烈，但学校一直坚持着公平原则。不仅会以学生的成绩衡量教师的教学水平和业绩，也会综合衡量学生各方面的能力水平，对每个教师进行排名比较，计算业绩。同时，学校还会定期开展“三课”活动——跟踪课，同课异构，示范课。这些活动旨在让教师之间互相学习，互相竞争，取长补短，在学习与竞争中共同进步，共同成长。在这种公平竞争的氛围中，教师的教学水平将会得到锻炼与提高，学生的能力也会相应提高，自然，学校的竞争力和影响力也会水涨船高，各方面都实现了共赢！

在企业的竞争中，坚持公平竞争，才能实现真正的双赢。商场上的竞争无处不在，其实质是彼此实力的较量。不公平的竞争会拉大差距，激化矛盾，得不偿失，甚至造成两败俱伤。当年的“3Q 大战”就是个很好的例子。奇虎 360 与腾讯之间为了各自的利益互相攻击，竞争相当激烈，乃至违背了公平竞争原则，最后双方互诉三场，通过最高法院判决才分出胜负。这场“战斗”持续了三年多，双方损失巨大，就算赢了也是得不偿失。在企业的发展中，树立公平竞争意识，开展良性竞争，才能扬长避短，将精力放于优化自身、提升企业竞争力上，才能有真正的赢家。

在国家的竞争中，坚持公平，才能实现真正的双赢，才会形成良性循环。清代人何启认为：“公与平者，即国之基址也。”近年来，中国正在向世界展现出一个蓬勃发展的大国形象。“公平竞争”的观念深深扎根于中国的土壤，并成为助力中国现代化发展的重要精神力量。“一带一路”的倡议，不但再现了古代丝绸之路的繁华景象，而且激活了“和平合作、互学互鉴、互利共赢”的丝路精神，使古丝绸之路焕发出新的生机。正因如此，中国的朋友圈才能不断扩大。相反，美国曾经发起的贸易战，不但违背了公平竞争原则，而且对本国企业的发展也是不利的。这是一种两败俱伤的做法，最终只会搬起石头砸自己的脚。

公平竞争，于个人、企业和国家的发展发挥着不可替代的作用。坚持公平竞争，方

能使自己成为更好的自己，使企业在竞争中不断发展壮大，形成良性循环，使国家在和平发展中造就共赢。

（共 50 分。文章由材料切入，引出中心论点，形式新颖。从“个人”“企业”“国家”3 个方面展开论述，逐步深入，循循善诱。采用排比的修辞手法，增加文章气势。语言流畅，感情真实。本篇作文拟给 48 分）

## 2018 年下半年中小学教师资格考试真题试卷（十）

### 一、单项选择题

**1. A 【解析】**本题考查“以人为本”的学生观。A 项，“以人为本”的学生观注重学生发展的差异性。人是有差异的，由于先天遗传的因素以及后天成长的条件影响，每个学生的身心特点、发展速度以及可能达到的发展水平是不同的。教师要承认、尊重学生发展的差异性，为每个不同发展的学生提供充分发展的条件，建立一种以促进学生自我发展为目的、多指标、多元的评价机制，适应并开发不同水平学生的潜能。题干中，李老师关注到学生的差异，记录、分析学生在做作业过程中的一些有趣、特殊现象以及心理变化，将自己通过分析研究得出的判断结果作为设计、布置、批改、反馈作业的重要依据，因材施教，促进学生发展。本题选 A。

B 项，教师在课程设计、教学过程、学习动机、学生管理、学生评价等方面具有专业自主权。题干要求从“学生观”角度分析，B 项描述的是李老师行为的积极作用，与题干不符，排除。

C 项，“以人为本”的学生观强调学生发展的主体性。每一位学生的内部都存在着主动求知、主动求发展的欲望，教师的责任在于激活学生内在发展的内驱力，激活学生主体发展的意识，调动学生主体发展的积极性。教师要摒弃专制的作风，为学生构建和谐宽松的教学环境和更为广阔的活动空间，教会学生学习，使学生成为自我教育的主体。题干案例主要在描述李老师的教学方式，并未体现教师注重学生发展的主体性，C 项排除。

D 项，李老师的做法优化了作业设计与布置，提升了布置作业的有效性。但题干要求从“学生观”角度分析，D 项描述的是李老师的教学成效，与题干不符，排除。

**2. B 【解析】**本题考查素质教育的内涵。素质教育是促进学生全面发展的教育，素质教育倡导的是在教育中使每个学生都得到充分的、全面的发展。实施素质教育必须坚持德育、智育、体育、美育和劳动技术教育并举，促进学生生动活泼地发展。学校教育不仅要抓好智育，更要重视德育，还要加强体育、美育、劳动技术教育和社会实践，

使诸方面的教育相互渗透、协调发展，促进学生的全面健康成长。图中该生的心理测验成绩不及格，但仍把他当作优秀学生对待，说明学校忽视心理健康的教育，这不利于学生的全面发展。

3. A 【解析】本题考查教师观的内容。从教师与学生的关系看，教师是学生学习的促进者。教师是学生人生的引路人。这要求教师不仅要向学生传播知识，更要引导学生沿着正确的道路前进，并不断在他们成长的道路上设置不同的路标，成为学生健康心理和健康品德形成的促进者、催化剂，引导学生学会自我调适、自我选择，向更高的目标前进。题干中桂老师对朱松的评价，有利于激发朱松的学习动力，故选择A项。

4. D 【解析】本题考查新课程倡导的教师观。王老师为了提高教学水平，有向其他老师学习的意识，说明他具备诚恳学习的态度，但是他提高自己的方式是完全模仿李老师，说明他缺乏反思意识、忽视了学生的差异性、缺乏教学创新。

5. B 【解析】本题考查《中华人民共和国教育法》（2015 年修正）。《中华人民共和国教育法》第七十六条规定，学校或者其他教育机构违反国家有关规定招收学生的，由教育行政部门或者其他有关行政部门责令退回招收的学生，退还所收费用；对学校、其他教育机构给予警告，可以处违法所得五倍以下罚款；情节严重的，责令停止相关招生资格一年以上三年以下，直至撤销招生资格、吊销办学许可证；对直接负责的主管人员和其他直接责任人员，依法给予处分；构成犯罪的，依法追究刑事责任。因此，可对学校采取的措施是退回所招学生且退还所有费用，故 B 项符合题意。

**方法技巧：**本题涉及法条考点可通过以下表格进行记忆。

| 对象 | 处理办法 |
| --- | --- |
| 违法招收的学生 | 不予招收，退还费用 |
| 违法招收学生的学校、其他教育机构 | 退回所招学生且退还所有费用；给予警告，可以处违法所得五倍以下罚款；情节严重的，责令停止相关招生资格一年以上三年以下，直至撤销招生资格、吊销办学许可证 |
| 直接负责的主管人员和其他直接责任人员 | 依法给予处分；构成犯罪的，依法追究刑事责任 |

6. A 【解析】本题考查教师的职业权利。教师具有获取报酬待遇权，获取报酬待遇权即按时获取工资报酬，享受国家规定的福利待遇以及寒暑假期的带薪休假的权利。这是教师的基本物质保障权利。产假是国家规定的福利待遇，学校的做法不合

法，侵犯了教师依法享有的享受国家规定的福利待遇的权利。

7. D 【解析】本题考查《中华人民共和国义务教育法》(2015 年修正)。《中华人民共和国义务教育法》第十四条规定，根据国家有关规定经批准招收适龄儿童、少年进行文艺、体育等专业训练的社会组织，应当保证所招收的适龄儿童、少年接受义务教育；自行实施义务教育的，应当经县级人民政府教育行政部门批准。

8. C 【解析】本题考查侵犯学生隐私权的表现。学生享有隐私权。隐私是学生的私人生活安宁和不愿为他人知晓的私密空间、私密活动、私密信息。任何组织或者个人不得以刺探、侵扰、泄露、公开等方式侵害学生的隐私权。隐私包括个人私生活、个人日记、照片、储蓄及财产状况和通讯秘密等。题干中老师检查学生的手机，以便了解学生情况的做法，侵犯了学生的隐私权。

9. A 【解析】本题考查《中华人民共和国预防未成年人犯罪法》(2012 年修正)。《中华人民共和国预防未成年人犯罪法》第四十五条规定，对于审判的时候被告人不满十八周岁的刑事案件，不公开审理。题干中的犯罪人赵某只有 14 岁，故本题选 A。

10. C 【解析】本题考查《学生伤害事故处理办法》的相关内容。《学生伤害事故处理办法》第九条规定，学校教师或者其他工作人员在负有组织、管理未成年学生的职责期间，发现学生行为具有危险性，但未进行必要的管理、告诫或者制止而造成的学生伤害事故，学校应当依法承担相应的责任。题干中，李老师没有对陈某的行为进行管理或制止，故学校应依法承担相应责任。《学生伤害事故处理办法》第十条规定，学生违反法律法规的规定，违反社会公共行为准则、学校的规章制度或者纪律，实施按其年龄和认知能力应当知道具有危险或者可能危及他人的行为，造成人身伤害事故，学生应当依法承担相应的责任。题干中，陈某违反课堂纪律，悄悄移开顾某的座椅，其行为直接对顾某造成了伤害，陈某应依法承担起这起伤害事故的相应责任。故本题选 C。

11. D 【解析】本题考查《中华人民共和国教育法》(2015 年修正)。《中华人民共和国教育法》第三十六条规定，学校及其他教育机构中的管理人员，实行教育职员制度。学校及其他教育机构中的教学辅助人员和其他专业技术人员，实行专业技术职务聘任制度。

12. A 【解析】本题考查《中华人民共和国宪法》相关内容。根据《中华人民共和国宪法》第一百三十四条规定，中华人民共和国人民检察院是国家的法律监督机关。

**方法技巧**：考生注意识记和区分我国各国家机构的地位。

| 国家机构 | 地位 |
| --- | --- |
| 全国人大 | 最高国家权力机关 |
| 国务院 | 最高国家行政机关 |
| 最高人民法院 | 最高审判机关 |
| 最高人民检察院 | 最高检察机关 |
| 国家监察委员会 | 最高监察机关 |

13. D 【解析】本题考查《中小学教师职业道德规范》。教师的职业特征决定教师在教学和工作中要认识到自己的言行对学生思想品德和个性的影响，努力做到言传身教、为人师表。题干中教师习惯性地将剩余粉笔头"潇洒地"投向教室后面的垃圾桶的行为引起了学生的争相模仿，没有给学生做出好的榜样，所以该教师应该注重道德行为的内化。

14. B 【解析】本题考查《中小学教师职业道德规范》。《中小学教师职业道德规范》（2008 年）中的"教书育人"要求教师要"遵循教育规律，实施素质教育。循循善诱，诲人不倦，因材施教。培养学生良好品行，激发学生创新精神，促进学生全面发展。不以分数作为评价学生的唯一标准"。题干中教师唯分是举，认为学生考试成绩不好就不会有好的发展前途，这是不合理的，他应该对学生综合评价之后再与家长沟通。

15. B 【解析】本题考查教师与学生、同事的关系。教师与学生之间要做到：热爱学生，关心学生，尊重学生；严格要求，耐心教导，循循善诱，不偏不袒；不以师生关系谋取私利。教师之间要做到：互相尊重，切忌嫉妒；相互学习，取长补短；平等相待，不卑不亢；乐于助人，关心同事。教师应公平公正，在不了解具体情况的前提下，班主任应该先问清缘由再行处理。

16. C 【解析】本题考查《中小学教师职业道德规范》的内容。《中小学教师职业道德规范》中的"关爱学生"要求教师关心爱护全体学生，尊重学生人格，平等公正对待学生。对学生严慈相济，做学生良师益友。保护学生安全，关心学生健康，维护学生权益。不讽刺、挖苦、歧视学生，不体罚或变相体罚学生。题干中老师处理问题的方式过于简单粗暴，容易伤害学生的自尊心，不利于良好师生关系的构建。

17. B 【解析】本题考查文化遗产中的八大菜系。"文思豆腐"是一道有着悠久历史的江苏传统名菜，属于淮扬菜、苏菜系。鲁菜的经典菜有德州扒鸡、九转大肠、把子肉、四喜丸子等。粤菜的经典菜肴有脆皮烧鹅、白切鸡、红烧乳鸽、老火靓汤、糖醋咕

噜肉等。徽菜的代表菜肴有臭鳜鱼、八公山豆腐、符离集烧鸡、徽州毛豆腐等。

18. C 【解析】本题考查外国近代天文学家及其成就。伽利略是意大利著名数学家、物理学家、天文学家和哲学家,近代实验科学的先驱者。伽利略发明了第一台折射式天文望远镜,用这种望远镜发现了木星的卫星。

19. C 【解析】本题考查第二次世界大战的相关历史事件。欧洲国际军事法庭在第二次世界大战结束后由战胜国对欧洲轴心国的军事、政治和经济领袖进行了数十次军事审判。由于审判主要在德国纽伦堡进行,故总称为“纽伦堡审判”。

20. D 【解析】本题考查历史典故与人物。公元前266年,秦昭王任用范雎为相,并积极推行范雎的“远交近攻”策略。

孙膑,战国时期著名兵法家,军事家孙武的后裔,著有《孙膑兵法》一书。孙膑到齐国后,因“田忌赛马”一事展露才华,被齐威王任命为军师,创造了“围魏救赵”的战法,大败魏军于桂陵和马陵。

张仪,战国时期著名的纵横家,担任秦相时以连横之策说服六国服从秦国,迫使魏献出上郡,帮助秦惠文君称王,瓦解齐、楚联盟,夺取楚汉中地,使秦更为强大,受封为武信君。

苏秦,战国时期著名的纵横家、政治活动家,与张仪、孙膑、庞涓皆师从鬼谷子。致力于纵横之术,倡导合纵说。曾游说六国合纵御秦,使秦不能向东扩张。

21. B 【解析】本题考查二十四节气。夏至,是二十四节气之一。夏至这天,太阳直射地面的位置到达一年的最北端,几乎直射北回归线,此时,北半球各地的白昼时间达到全年最长。

22. D 【解析】本题考查中国古代陵墓。1972年,马王堆汉墓出土保存完好的辛追夫人尸体。这为研究历史真相提供了最为原始的资料。满城汉墓,西汉中山靖王刘胜及其妻窦绾之墓,出土的文物有金缕玉衣、长信宫灯、博山炉等。狮子山汉墓,西汉楚王的陵墓,出土文物有雕龙玉璜、镶玉漆棺、铜扁壶等。南越王墓,西汉南越国第二代国王赵眜的陵墓,出土文物中以“文帝行玺”金印和“丝缕玉衣”最具价值。

23. B 【解析】本题考查外国文学的代表人物及其代表作。《这里的黎明静悄悄》是苏联著名作家瓦西里耶夫的代表作。

米哈依尔·肖洛霍夫是苏联著名作家,1965年因作品《静静的顿河》获得诺贝尔文学奖。

法捷耶夫是苏联社会主义现实主义文学的杰出代表之一,代表作品有《逆流》《毁灭》《最后一个乌兑格人》等。

帕斯捷尔纳克是苏联作家、诗人、翻译家,1958年以长篇小说《日瓦戈医生》获得

诺贝尔文学奖，主要作品有诗集《云雾中的双子座星》《生活是我的姐妹》等。

24. D 【解析】本题考查外国雕塑的代表人物及其代表作。《思想者》原为《地狱之门》组雕的一部分，后翻铸成铜像。《地狱之门》取材于但丁的《神曲》，思想者是罗丹用以象征但丁的形象。一个强有力的巨人弯腰屈膝地坐着，右手托腮，嘴咬着自己的手，他默默凝视着下面被洪水吞噬的苦难深重的人们。

25. D 【解析】本题考查信度。信度指测验结果的稳定性或可靠性，即某一测验在多次施测后所得到的分数的稳定、一致程度。影响信度的因素主要有被试的样本、测验的长度、测验的难度等。根据图中曲线可知，A、B、C 项表述正确，而 D 项中考试结果的信度几乎不会达到极值 1。

26. D 【解析】本题考查 Word 基本操作中的查找与替换。在“编辑”菜单下可以找到“替换”。

27. B 【解析】本题考查 Excel 中的单元格区域。单元格区域 B3: E5所包含的单元格的个数是 12。这 12 个单元格依次分别是：B3、B4、B5、C3、C4、C5、D3、D4、D5、E3、E4、E5。

28. A 【解析】本题考查等比数列及其变式。题干数列的规律是：$55-11=44=44\times1$，$187-55=132=44\times3$，$583-187=396=44\times9$，因此第五个数 $=583+44\times27=1771$。

29. C 【解析】本题考查联言命题推理。“以事实为根据，以法律为准绳”是联言判断，C 项“若想人不知，除非己莫为”是假言判断，其他选项是联言判断，故选 C 项。

**二、材料分析题（参考答案）**

30. 材料中陈老师的做法遵循了以人为本的学生观，是值得赞扬的。

（1）学生是发展中的人，要用发展的观点认识学生。材料中的陈老师在王春回答不出来问题时，没有批评他，反而鼓励他，最后王春克服胆怯能上台发言，体现了学生是发展中的人。

（2）学生是独特的人。每个学生都是不一样的个体，具有自身的独特性。材料中的陈老师针对王春胆怯的特点，因材施教，鼓励他发言，体现了学生是独特的人。

（3）学生是具有独立意义的人。每个学生都是独立于教师的头脑之外，不以教师的意志为转移的客观存在，学生是学习的主体。材料中的陈老师在提出问题后，先让学生组内讨论，并且还给学生推荐很多书目等等，提高了学生学习的积极性和主动性，体现了学生是学习的主体。

综上所述，陈老师践行了以人为本的学生观，促进了学生的发展。

（共14分。对陈老师的行为判断正确得2分；“学生是发展中的人”“学生是独特的人”“学生是学习的主体”三点，每个知识点4分，给出理论依据2分，结合材料合理阐述2分）

31. 材料中于老师的教育行为符合《中小学教师职业道德规范》中的相关要求，是正确的。

（1）于老师的教育行为体现了关爱学生的教师职业道德规范要求。“关爱学生”要求教师要“关心爱护全体学生，尊重学生人格，平等公正对待学生”。材料中，于老师发现学生的不当行为之后没有训斥学生，而是主动缓和气氛，体现了尊重学生人格，平等公正的态度，符合关爱学生的教师职业道德要求。

（2）于老师的教育行为体现了教书育人的教师职业道德规范要求。“教书育人”要求教师要“循循善诱，诲人不倦，因材施教。培养学生良好品行，激发学生创新精神，促进学生全面发展”。材料中，于老师能够耐心地询问事件发生的过程，对学生进行有针对性的引导，体现了教书育人的教师职业道德要求。

（3）于老师的教育行为体现了爱岗敬业的教师职业道德规范要求。“爱岗敬业”要求教师“忠诚于人民教育事业，志存高远，勤恳敬业，甘为人梯，乐于奉献。对工作高度负责，认真备课上课，认真批改作业，认真辅导学生。不得敷衍塞责”。材料中，于老师能够恰当应对学生的问题，并且课后主动帮助学生解决问题，引导学生认识到自己的错误，体现了爱岗敬业的职业道德规范要求。

综上所述，材料中于老师的教育行为遵循了教师职业道德规范的要求，值得每一位老师学习。

（共14分。对于老师的行为判断正确得2分；“关爱学生”“教书育人”“爱岗敬业”三点，每个知识点4分，给出理论依据2分，结合材料合理阐述2分）

32. （1）文章认为古典诗词意象选择的原则是思想。没有思想的指导，就没有正确的意象选择，普通人司空见惯的一些平常物，在诗人思想的指导下，就会被赋予不同寻常的意义。

（共4分。答出“原则是思想”并结合文本进行分析得4分）

（2）中国古典诗词意象是“合订本”，意指诗词中的画面都是“独立成篇”的，但是又不会让人觉得他们是独立的、支离散乱的。在读者的心神体会中，那些画面有一种血肉相连的内在联系，成为一个密不可分的有机整体。这种关系是作者阅尽世事之后的审美结果，没有崇高的审美情操，没有敏锐的审美判断和娴熟的文学技巧是不可能有这样的意象结果出现的。

（共 10 分。从“诗词中的画面”“读者的心神体会”“作者阅尽世事之后的审美结果”3 个方面进行回答得 10 分）

三、写作题

33.【写作思路】(1)短板指不足之处，长板指长处。可以从发挥人的长处和发扬人的优点的角度进行立意，引到教育方面即可。(2)转变一种思路，就可以得到一种新的结果。可以从“转变思路”“打破传统思维”方面来立意，谈及创新思维也是可以的，但要从具体的“转变思路”引到“创新思维”的立意上来。

【参考范文】

**取长补短方能久远**

关于短板与长板的这个问题，在学校便接触过。长板和短板都是木桶的一部分，如同一个团队一样，团队内分工不同，各有长短，只有取长补短，才能发展得更好，走得更远。

取长补短是稳定发展的前提。“木桶原理”认为，一个木桶能装多少水，取决于最短的那个板。而“新木桶原理”认为，木桶倾斜一定角度之后装的水才是它的真正容量，木桶的长板越长，装水越多。但是，虽然木桶倾斜之后也能多装水，又要如何才能保证木桶一直保持倾斜，且倾斜角度不变呢？因此，要想保持平稳发展，只有取长补短，共同进步才是硬道理。

取长补短是团队建设的基石。在百事可乐的最初 70 多年里，它一直是一种地方性的饮料品牌。直到 20 世纪初，百事可乐发现了自身发展的“短板”——自身地方性的特点限制了市场的扩大。于是百事可乐将老牌的可口可乐作为自己的对手，并依据可口可乐的市场盲点，抢先制定出“年轻一代”的品牌策略，找到了自己市场发展的“长板”。老牌的可口可乐也从后辈身上，看到了自身的危机，发现了自己的不足之处，天下惟我独尊的意识开始改变。于是，一个新的时代开始了。这对伟大的对手，从彼此的身上找到了自己的“短板”和“长板”，并以此取长补短，造就了一场伟大的竞争。所以，只有发挥每个人的长处，弥补别人的短处，才能真正地稳定发展。

取长补短是团队协作的盾牌。每一支球队都有它的分工，足球分前卫后卫、前锋中锋、守门员；篮球有控球和得分后卫、大小前锋、中锋，只有各位置分工合作，相互配合才能发挥一支球队的最大能量。比如我们的中国女排，有主攻，有副攻，还有接应、一传二传、自由人，她们取长补短、相互配合，最终在球场上取得优异的成绩，大放异彩。对于球队的队员来说，不仅要有个人突出的能力，更要在自己的位置上发挥最大的优势，弥补他人的短板，队员之间协调合作，这样才能造就一个无坚不摧的团队。

取长补短是团队发展的助推器。我们都熟悉的京东,一直坚持自建物流,这场曾经不被业界看好的布局,现在却成为京东区别于其他电商平台的最大优势。京东快递员几万人,全国34个城市仓储中心,几千个快递站,如今又跟随智能时代的步伐,建立了无人仓、无人配送站,开启了无人机配送,引领"新一代物流"趋势。另一方面,京东与腾讯深度合作,弥补自身在移动社交和支付方面的短板。腾讯向京东提供微信、QQ入口位置和在线支付方面的支持,这些都将助力京东商城的发展,进一步提升消费者的京东网购体验。发挥物流优势,补齐移动端短板,京东的未来发展不可限量。

没有哪个人是各项全能的,人们总是在取长补短的过程中不断发展自己,提升自己;没有哪个团队的队员是均衡发展的,只有取长补短,找准每个人的长处,弥补别人的短处,才能缔造一个完美的团队。取长补短方能久远。

(共50分。作文立意准确,论点清晰,论据充足,运用"总—分—总"的结构论证了"取长补短"的必要性。中间四段的首句以排比的形式呈现,形式新颖。本篇作文拟给48分)

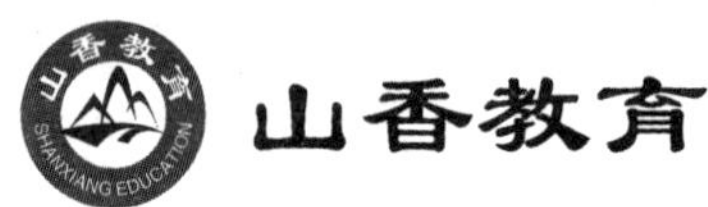


国家教师资格考试

# 历年真题详解及预测试卷

综合素质·中学(预测答案本)

# 目　录

## 国家教师资格考试预测试卷(十一)

一、单项选择题

1. D 【解析】个体身心发展的个别差异性规律要求教师在教育教学中做到因材施教。题干中的学校通过开设攀岩、足球等各种不同类型的课程来促进学生的多元发展,这遵循了学生发展的个别差异性。

2. D 【解析】教师即教育教学的研究者,意味着教师在教学过程中要以研究者的心态置身于教学情境之中,以研究者的眼光审视和分析教学理论与教学实践中的各种问题,对自身的行为进行反思,对出现的问题进行探究,对积累的经验进行总结,最终形成规律性的认识。题干中,陆老师认为,教师的任务不仅是教学,还要在遇到问题时用自身的理论知识去分析总结,并积极寻找解决方法。这体现了教师是教育教学的研究者。D 项符合题意。

3. A 【解析】素质教育是以培养创新精神和实践能力为重点的教育,倡导在重视培养学生创新精神的同时,改变以往只重书本知识、忽视实践能力培养的现象。题干中学校广泛开展“快乐进课堂”活动,鼓励学生在课堂上多看、多做、多议,亲身体验探究式学习,这种做法能够激发学生的兴趣,发挥学生的潜能,培养学生的实践能力。本题选 A。

4. B 【解析】题干的描述表明万老师态度认真、工作努力,但其课堂教学以讲授为主,缺乏对学生能力的培养,导致教学效果不好,这表明其教学方式可能存在问题。因此,万老师需要改进教学方式,提高教学效果。

5. D 【解析】著作权是指作者和其他著作权人对文学、艺术和科学工程作品所享有的各项专有权利。著作权人对其作品享有发表权,任何人不得未经许可发表其作品。题干中学校未经兰兰及其家长的同意就将兰兰的画拿给出版社出版,侵犯了兰兰的著作权,故不合法。

**易错提示:**本题考生可能会混淆著作权与财产权。简单来说,一部作品是否发表、作者署名、作品的修改等权利都属于著作人身权,作品出版发行等带来的收益、奖金等都是著作财产权。考生做题时,如果题干强调作品的发表、署名,一般是侵犯学生的著作权。如果题干强调奖金、作品发表后得到的钱财等,一般是侵犯学生的财产权。此外,学生的知识产权、专利等某些智力成果带来的财产收益,如果被侵犯,也属于侵犯财产权。

6. A 【解析】《中华人民共和国未成年人保护法》第九十四条规定,具有下列情

形之一的，民政部门应当依法对未成年人进行长期监护：（一）查找不到未成年人的父母或者其他监护人；（二）监护人死亡或者被宣告死亡且无其他人可以担任监护人；（三）监护人丧失监护能力且无其他人可以担任监护人；（四）人民法院判决撤销监护人资格并指定由民政部门担任监护人；（五）法律规定的其他情形。题干中相关部门一直没有找到小孙的父母或者其他监护人，故应由民政部门对小孙进行长期监护，本题选择 A 项。

7. B **【解析】**《中华人民共和国宪法》第九十六条规定，地方各级人民代表大会是地方国家权力机关。第一百零五条规定，地方各级人民政府是地方各级国家权力机关的执行机关，是地方各级国家行政机关。故本题选择 B 项。

8. A **【解析】**《中华人民共和国预防未成年人犯罪法》第三十四条规定，未成年学生旷课、逃学的，学校应当及时联系其父母或者其他监护人，了解有关情况；无正当理由的，学校和未成年学生的父母或者其他监护人应当督促其返校学习。对于题干中的情形，学校应当及时与陈某的监护人联系，告知陈某的情况，督促陈某返回学校上课。

9. A **【解析】**根据《学生伤害事故处理办法》第九条规定，因学校的校舍、场地、其他公共设施，以及学校提供给学生使用的学具、教育教学和生活设施、设备不符合国家规定的标准，或者有明显不安全因素造成的学生伤害事故，学校应当依法承担相应的责任。题干中学校教室的天花板属于学校的公共设施，所以此次事故中应当承担责任的是学校。

10. B **【解析】**根据《中华人民共和国教师法》第三十七条规定，教师有下列情形之一的，由所在学校、其他教育机构或者教育行政部门给予行政处分或者解聘：（一）故意不完成教育教学任务给教育教学工作造成损失的；（二）体罚学生，经教育不改的；（三）品行不良、侮辱学生，影响恶劣的。教师有前款第（二）项、第（三）项所列情形之一，情节严重，构成犯罪的，依法追究刑事责任。田老师说话刻薄，严重伤害了学生的自尊心，所以，学校可以给予其行政处分。

11. A **【解析】**《中华人民共和国义务教育法》第五十九条规定，有下列情形之一的，依照有关法律、行政法规的规定予以处罚：（一）胁迫或者诱骗应当接受义务教育的适龄儿童、少年失学、辍学的；（二）非法招用应当接受义务教育的适龄儿童、少年的；（三）出版未经依法审定的教科书的。

**易错提示：**根据《中华人民共和国未成年人保护法》，对单位或个人招用未成年人的情况做出规定。

| 对象 | 招用情况 |
| --- | --- |
| 未满十六周岁未成年人 | 任何组织或者个人不得招用,国家另有规定的除外 |
| 已满十六周岁未成年人 | 营业性娱乐场所、酒吧、互联网上网服务营业场所等不适宜未成年人活动的场所不得招用 |
| | 招用的单位和个人应当执行国家在工种、劳动时间、劳动强度和保护措施等方面的规定,不得安排其从事过重、有毒、有害等危害未成年人身心健康的劳动或者危险作业 |

12. D 【解析】根据《中华人民共和国教育法》第十四条规定,国务院和地方各级人民政府根据分级管理、分工负责的原则,领导和管理教育工作。中等及中等以下教育在国务院领导下,由地方人民政府管理。高等教育由国务院和省、自治区、直辖市人民政府管理。故本题答案选 D 项。

13. B 【解析】教书育人的教师职业道德规范要求教师不以分数作为评价学生的唯一标准。题干中的班主任把班上所有学生的成绩进行排名并认为倒数第一的学生"真是没救了"的做法,违反了这一规范。关爱学生的教师职业道德规范要求教师关心爱护全体学生,尊重学生人格,平等公正对待学生。题干中的班主任对学生所说的话说明他没有尊重学生人格,违反了这一规范。

14. D 【解析】坚定教师职业道德信念,是师德修养的核心问题。教师职业道德信念是教师对职业理想、职业人格、职业原则、职业规范的坚定不移的信仰,是深刻的师德认识、炽热的师德情感和顽强的师德意志的统一,是把师德认识转变为师德行为的中间媒介和内驱力,并使师德行为表现出明确性和一贯性。题干中,边远地区的教师能够不怕艰苦的条件,坚定地站在教育岗位上的一个重要原因,就是他们具有献身边远地区教育的坚定信念。

15. C 【解析】教师职业行为规范要求教师之间要互相尊重,切忌嫉妒;相互学习,取长补短;平等相待,不卑不亢;乐于助人,关心同事。题干中,张老师与同事之间团结友爱、互相帮助,在遇到教学问题时,会尊重其他教师的意见,这些做法反映了张老师与同事之间是一种良好的师师互动关系。

16. B 【解析】教师的劳动具有长期性。其劳动的成效并不是一时就可以检验出来的,而是需要教师付出长期的大量的劳动才能看到结果、得到验证,教师的某些影响对学生终身都会产生作用。文学家加缪获得诺贝尔文学奖后第一时间给小学老师表达感谢反映了教师劳动具有长期性。故本题选 B。

A 项,教师劳动的复杂性主要表现在劳动性质、劳动对象、劳动任务、劳动过程和

劳动手段五个方面。排除。

C项，教师劳动的创造性主要是由劳动对象的特点决定的。教师劳动的创造性主要表现在以下三个方面：(1)因材施教；(2)教学方法上的不断更新；(3)教师需要"教育机智"。排除。

D项，教师劳动的示范性指教师的言行举止等都会成为学生学习的对象。排除。

17. B 【解析】当汽车因燃油泄漏着火时，不能用水浇灭。因为汽油的比重比水小，如果用水灭火，汽油会浮在水面上继续燃烧，并且会随着水四处蔓延而扩大燃烧面积，危及周围物体的安全。因此，汽车燃油泄漏着火时，应使用灭火器。本题为选非题，故选B项。

18. B 【解析】小满是二十四节气之一。小满节气意味着进入了大幅降水的雨季，雨水开始增多，往往会出现持续大范围的强降水。夏收作物已盈满但未完全成熟，农事正做准备。煮茧缫丝要动纺车；菜籽榨油，油坊要动油车；夏种插秧，灌溉农田，要踏水车，称"小满动三车"。本题为选非题，故选B项。

19. D 【解析】《日出·印象》是法国画家莫奈的代表作之一。本题选D。

A项，雷诺阿，法国印象派画家，代表作有《煎饼磨坊的舞会》《包厢》等。

B项，高更，法国后印象派画家，代表作有《黄色基督》《我们从哪里来？我们是谁？我们到哪里去？》等。

C项，毕沙罗，法国印象派画家，代表作有《塞纳河和卢浮宫》《雪中的林间大道》等。

20. D 【解析】阿尔卑斯山脉位于欧洲南部，是欧洲最高大宏伟的山脉。它西起法国尼斯附近的地中海海岸，经意大利北部、瑞士南部、列支敦士登、德国南部，东至奥地利的维也纳盆地，呈弧形东西延伸。故本题选择D选项。

21. C 【解析】东汉时张衡发明了候风地动仪，C项符合题意。徐霞客所著的《徐霞客游记》是世界上最早介绍喀斯特地貌的地理学著作；毕昇发明了活字印刷术；元朝郭守敬改进了简仪和圭表，A、B、D三项都不符合题意。

22. A 【解析】题干这句话出自《孟子·尽心上》，原句为"穷则独善其身，达则兼善天下"。后人改"兼善"为"兼济"。这是儒家的思想主张。本题选A。

B项，法家，代表人物韩非子，主要思想是以法治国，树立君主的权威，建立中央集权专制统治。

C项，道家，代表人物老子、庄子，主要思想是"无为而治"，凡事"顺天之时，随地之性，因人之心"。

D项，墨家，代表人物墨子，主要思想是"兼爱""非攻""尚贤""尚同""节用""节

葬”“天志”“明鬼”“非乐”“非命”。

23. A 【解析】俗话说:“一寸光阴一寸金,寸金难买寸光阴。”光阴称“寸”,缘于古人用“晷”来测算时间,“晷”又称作“日晷”。

24. D 【解析】自从张骞开辟通往西域的道路后,汉朝和西域的使者开始相互往来,东西方的经济文化交流日趋频繁。通过这条道路,汉朝的丝绸、漆器等物品,以及开渠、凿井、铸铁等技术传到西域;西域的核桃、葡萄、石榴、苜蓿、良种马、香料、玻璃、宝石等,以及多种乐器和歌舞等传入中原。丝绸之路是古代东西方往来的大动脉,对于中国同其他国家和地区的贸易与文化交流,起到了极大的促进作用。中国是世界公认的大豆起源地,具有五千年的悠久种植历史。古语中称“稻、黍、稷、麦、菽”为“五谷”,其中的菽即大豆。本题为选非题,A、B、C 三项排除。故正确答案为 D。

25. C 【解析】根据频率分布直方图中,中位数的左右两边频率相等,列出等式,可求出中位数。$0.02\times5+0.04\times5=0.3<0.5$,$0.3+0.08\times5=0.7>0.5$,故中位数应在 20 ~ 25 内,设中位数为 $x$,则 $0.3+(x-20)\times0.08=0.5$,解得 $x=22.5$,即这批产品长度的中位数是 22.5。

26. B 【解析】文档的左右页边距可以插入页码,单击插入—页码—页边距—普通数字,选择大型(左侧)或大型(右侧)即可。本题为选非题,故选 B 项。

27. D 【解析】在幻灯片浏览视图下,在多张幻灯片中选定一张并拖动,可以实现移动此张幻灯片。

28. A 【解析】通过观察可知,这组数列的规律为第三个数等于前两个数的和再加上 3,则空缺处数字为 $9+16+3=28$,验证可得 $28+16+3=47$,故本题选 A。

29. B 【解析】从题干所给图形的形状、位移、叠加等方面分析,无明显规律。当题干图形之间差异较大时,可考虑从数量方面分析图形。第一组图中,第一个图形有 6 个内角,第二个图形有 7 个内角,第三个图形有 8 个内角,可知第一组的三个图形的内角个数构成公差为 1 的等差数列。第二组图中,第一个图形有 9 个内角,第二个图形有 10 个内角,故第三个图形应有 11 个内角。分析选项,A 项图形有 12 个内角,B 项图形有 11 个内角,C 项图形有 12 个内角,D 项图形有 16 个内角,B 项符合规律,本题选 B。

**二、材料分析题(参考答案)**

30. 材料中李老师的做法不值得认可,我更赞同吴老师的做法,吴老师的教育行为践行了“以人为本”的学生观。

(1)学生是发展中的人,教师要用发展的眼光来认识和看待学生。每个学生都有巨大的发展潜能,在回答不出问题时,不能就此认定学生笨,打击他们的自信心,教师

应适当地启发、引导学生,激发其潜能。材料中,李老师忽视学生的发展潜能,看到学生回答不上来问题只是一味批评,这会打击学生的学习积极性;吴老师并没有因为学生回答不上来问题就批评学生,而是启发引导,调动了学生学习的主动性和积极性,促进了学生的发展。

(2)学生是独特的人,每个学生都有自身的独特性。素质教育要求教师要正视学生的个别差异,克服按照统一标准和尺度去衡量学生,追求完全趋同,整齐划一的弊病,根据学生各个方面的情况因材施教。材料中,吴老师认识到学生间的差异,根据学生不同的学习基础、学习习惯,通过变换提问角度、方式,帮助学生回忆所学内容,提高了学生学习的积极性。

(3)学生是学习的主体。素质教育强调学生在学习活动中是认识的主体、实践的主体和发展的主体,是学习的主人。教育的根本目的在于促进学生主体性的发展。在教学活动中,教师要转变角色,学生不会或想不起来时,应该提示并引导他们进行思考。材料中,吴老师对上节课的内容进行提问时,学生回答不全面,他并没有批评学生或直接告诉学生答案,而是一步一步地鼓励、启发学生自己回忆,这调动了学生的学习主动性,能使学生牢固掌握知识。

综上所述,作为教师,我们要向吴老师学习,在教学中树立正确的学生观,调动学生学习的积极性和主动性,促进学生发展。

31. 材料中,张老师的做法符合教师职业道德的相关要求,是值得肯定的。

(1)张老师的行为体现了教书育人。教书育人要求教师要遵循教育规律,实施素质教育。循循善诱,诲人不倦,因材施教。培养学生良好品行,激发学生创新精神,促进学生全面发展。不以分数作为评价学生的唯一标准。材料中,张老师针对班上学生的个性特点,开展了一系列书法练习活动,教以学生不同的书体,培养学生能力,形成良好品质,这说明张老师遵循了教书育人的师德规范。

(2)张老师的行为体现了关爱学生。关爱学生要求教师要关心爱护全体学生,尊重学生人格,平等公正对待学生。对学生严慈相济,做学生良师益友。保护学生安全,关心学生健康,维护学生权益。不讽刺、挖苦、歧视学生,不体罚或变相体罚学生。材料中,张老师关心、爱护班级中行为散漫、身体孱弱、顽皮不守规矩、性格内向等具有不同特点的学生,不放弃、不批评学生,而是认真教导学生,引导学生成长,这说明张老师践行了关爱学生的师德规范。

(3)张老师的行为体现了终身学习。终身学习要求教师要崇尚科学精神,树立终身学习理念,拓宽知识视野,更新知识结构。潜心钻研业务,勇于探索创新,不断提高专业素养和教育教学水平。材料中,张老师为教育学生,不断尝试各种书体的临摹,这

说明张老师具有终身学习的理念，不断提高其专业素养和教育教学水平。

综上所述，作为教师，我们要向张老师学习，遵守师德规范，提升专业水平，更好地促进学生发展。

32.（1）大家在知识上要求真实，他们要知道事实，寻求真理。但是抽象的真理未必可知，具体的事实却总是可知部分的。日常生活里所要应付的事，理也包含在其中，在应付事的时候，理往往是不自觉的。因此强调就落到了事实上，要求说出事实的真相。

（2）①“老实话”是不容易听到见到的。抽象的真理未必可知，具体的事实却总是可知部分的。因此强调就落到了事实上。说出事实的真相，就是“实话”。②利害的冲突导致人不肯说“老实话”。自己说出实话，让别人知道自己的虚实，容易制自己或者比自己抢先一着。③人们在情感上要求真诚，要求真心真意，要求开诚相见或诚恳的态度，要听“真话”“真心话”，心坎儿上的，不是嘴边儿上的话，这也可以说是“老实话”。但是“心口如一”向来是难得的，“口是心非”恐怕大家有时都不免会有。④真话不一定关于事实，主要的是态度。但说真话也分人，交浅不能言深。

三、写作题（参考范文）

33. 读万卷书，也行万里路

《履园丛话》中说：“‘读万卷书，行万里路’，二者不可偏废。”这说明，古人都把“读万卷书，行万里路”作为一种境界，一种追求。“读万卷书，行万里路”是人们获得真知的途径，强调的是读书学习和亲身实践的关系。我认为，二者都能使人开阔眼界，增长知识和能力，二者不可分开。

读万卷书就是要博览知识学问。关于读书，中外先哲有过许多脍炙人口的箴言：刘向曾说“书犹药也，善读之可以医愚”；杜甫曾说“读书破万卷，下笔如有神”；高尔基曾说“书籍是人类进步的阶梯”；莎士比亚曾说“生活里没有书籍，就好像没有阳光；智慧里没有书籍，就好像鸟儿没有翅膀”，等等。这些名言都旨在告诉我们一个道理：开卷有益，读书有益。读书能让人透过别人的视角看世界，书里有漫长的历史，有精彩的故事，有广博的智慧，有那些因时间和空间的阻碍我们无法亲听、亲见的一切。书籍，为我们的心灵开了一扇窗，在读书的过程中，我们能够有所得，有所悟。

“纸上得来终觉浅，绝知此事要躬行。”读书，是以最低的成本了解世界间接经验的方式，而“行万里路”，是对实践经验的积累。“物有甘苦，尝之者识；道有夷险，履之者知。”不经蜀道，不知蜀道之难；不见长江，不知长江之急；不登华山，不知山峰之险。世上有很多的路，而只有自己亲身走过的路，才是真正属于自己的路。人是在行走中遇见不同坐标的，在行走的路上，我们会经历未曾经历的，体验未曾体验的，遇到很多

未知的人和事。他们会告诉我们不同的故事和人生,这远比书上的文字鲜活生动。行走是一种进入生活的态度,只有切己体察,身体力行,有了丰富的人生经历之后,人们才会学会分析和判断,并从中找出一条最适合自己的路,才能把书中的知识升华为自己独有的能力和智慧。

明代圣人王阳明提出了著名的“知行合一”的思想。知行合一,知是指知识,行是指实践,知与行的合一,既不是以知来吞并行,认为知便是行,也不是以行来吞并知,认为行便是知。我们不仅要认识,而且要不断实践。只有把“知”和“行”统一起来,才能称得上“善”。只有知行合一,去看、去听、去感觉,才能真正认识这个世界,感悟这个世界。只行路,不读书,即使面朝大海,春暖花开,也会感到迷惘。所以我们要做到知行合一,边读书边行路,把书上读到的在行路中印证,把路上看到的在读书中领悟;用读书来指导行路的方向,用行路加深对读书的理解。这样才能有广博的知识和深刻的见地。

清代的学者梁绍壬说:“读万卷书,行万里路,有耀自他,我得其助。”这句话意为:阅读了万卷书,行走过万里路,拿出来炫耀的自然是他人,我通过它受益良多。无论是读书还是行路,都是为了增长见识,对世界、对人生有自己的深刻体会,二者不可偏废。

## 国家教师资格考试预测试卷(十二)

**一、单项选择题**

**1.** B 【**解析**】A 选项,借题发挥、冷嘲热讽容易激发师生矛盾,导致课堂纪律更加混乱;C 选项,在课堂上直接对学生进行教育,容易耽误教学进度,不利于教学顺利开展;D 选项是课下的做法,无法解决课堂上现存的问题。B 选项,老师幽默地将话题引回课堂,一方面维持了课堂纪律,另一方面保证了教学的顺利进行;另外,在课后找相关同学谈心,从根源上解决该问题。

**2.** A 【**解析**】题干中孟老师说“不能用同样的水准要求学生,也不能揠苗助长”体现了关注到学生具有差异性和注重学生发展的顺序性。孟老师坚信“学困生是‘迟开的花朵’,早晚都会开放”体现了关注到学生具有发展性。学生发展的整体性是指学生是完整的人。在教育活动中,学生不仅具备全部的智慧力量和人格力量,而且体验着全部的教育生活。题干未体现,故答案选择 A 项。

**3.** B 【**解析**】教师劳动的创造性主要是由劳动对象的特点决定的。教师劳动的创造性主要表现在以下三个方面:(1)因材施教。(2)教学方法上的不断更新。“教学有法,教无定法”是对教师劳动创造性的最好注解。(3)教师需要“教育机智”。故本

题选 B。

4. D 【解析】学生是发展中的人，具有巨大的发展潜能。教师应坚信每个学生都是有培养前途的，是追求进步和完善的，是可以获得成功的，因而对教育好每一个学生应充满信心。题干中李老师把作业从难到易分成三类，说明李老师看到了学生的差异性，但是不允许学生“跳级”做作业，说明李老师没有看到中等生、学困生的学习潜力。故选 D 项。

5. D 【解析】根据《中华人民共和国教师法》第二十七条规定，地方各级人民政府对教师以及具有中专以上学历的毕业生到少数民族地区和边远贫困地区从事教育教学工作的，应当予以补贴。题干中张敏老师主动要求调往山区偏远中学任教，当地政府应对张敏老师予以补贴，故选 D 项。

6. B 【解析】《中华人民共和国宪法》第三十五条规定，中华人民共和国公民有言论、出版、集会、结社、游行、示威的自由。A 项表述正确。

第三十六条规定，中华人民共和国公民有宗教信仰自由。任何国家机关、社会团体和个人不得强制公民信仰宗教或者不信仰宗教，不得歧视信仰宗教的公民和不信仰宗教的公民。B 项表述错误。

第四十六条规定，中华人民共和国公民有受教育的权利和义务。C 项表述正确。

第四十三条规定，中华人民共和国劳动者有休息的权利。国家发展劳动者休息和休养的设施，规定职工的工作时间和休假制度。D 项表述正确。

7. C 【解析】根据《中小学教育惩戒规则(试行)》第七条规定，学生有下列情形之一，学校及其教师应当予以制止并进行批评教育，确有必要的，可以实施教育惩戒：(一)故意不完成教学任务要求或者不服从教育、管理的；(二)扰乱课堂秩序、学校教育教学秩序的；(三)吸烟、饮酒，或者言行失范违反学生守则的；(四)实施有害自己或者他人身心健康的危险行为的；(五)打骂同学、老师，欺凌同学或者侵害他人合法权益的；(六)其他违反校规校纪的行为。因此，A、B、D 三项属于应该进行教育惩戒的情形，答案选 C 项。

8. C 【解析】根据《中华人民共和国预防未成年人犯罪法》第十八条规定，学校应当聘任从事法治教育的专职或者兼职教师，并可以从司法和执法机关、法学教育和法律服务机构等单位聘请法治副校长、校外法治辅导员。题干中学校让音乐教师兼职讲授法治教育知识，这一做法违反了相关法律规定，是不正确的，学校应该让从事法治教育的人员专职或兼职讲授。本题选 C。

9. C 【解析】《中华人民共和国未成年人保护法》第六十一条规定，任何组织或者个人不得招用未满十六周岁未成年人，国家另有规定的除外。所以该食堂允许 15

岁的小张在食堂打工的做法是违法的。

10. D 【解析】《中华人民共和国教育法》第四十三条规定，学生有“在学业成绩和品行上获得公正评价”的权利。因此，题干中教师的做法是错误的，侵犯了学生在学业成绩上获得公正评价的权利。

11. C 【解析】《中华人民共和国义务教育法》第十一条规定，适龄儿童、少年因身体状况需要延缓入学或者休学的，其父母或者其他法定监护人应当提出申请，由当地乡镇人民政府或者县级人民政府教育行政部门批准。故本题选 C。

12. A 【解析】《学生伤害事故处理办法》第十六条规定，发生学生伤害事故，情形严重的，学校应当及时向主管教育行政部门及有关部门报告；属于重大伤亡事故的，教育行政部门应当按照有关规定及时向同级人民政府和上一级教育行政部门报告。

13. B 【解析】“关爱学生”的师德规范要求教师关心爱护全体学生，尊重学生人格，平等公正对待学生。对学生严慈相济，做学生良师益友。保护学生安全，关心学生健康，维护学生权益。不讽刺、挖苦、歧视学生，不体罚或变相体罚学生。题干中，汪老师把一些爱打闹、不能按时交作业的学生看成“坏学生”并设立榜单，这种行为会伤害学生的自尊心，没有做到尊重学生的人格尊严。本题选 B。

A 项，题干中并未提及汪老师备课、上课过程，无法判断其教学态度是否认真，排除。

C 项，教师严格要求学生要做到严而有理、严而有度、严而有方、严而有恒，而汪老师的做法会伤害学生，其行为不合理。

D 项说法错误，汪老师的做法可能会导致师生关系紧张，学生不尊敬、信赖教师，不利于维护教师权威。

14. C 【解析】教师劳动的示范性指教师的言行举止等都会成为学生学习的对象。题干内容说明了教师要为人师表，要为学生做出榜样，发挥表率作用，体现了教师职业道德独特的示范性。

15. D 【解析】爱国守法的教师职业道德规范要求教师全面贯彻国家教育方针，自觉遵守教育法律法规，依法履行教师职责权利。题干中李老师的行为遵循了“自觉遵守教育法律法规，依法履行教师职责权利”的要求。

16. A 【解析】处理与家长关系时，教师要做到：尊重家长，理解家长；经常家访，互通情况；密切配合，教育学生。教师和学生家长在人格上是完全平等的，不存在尊卑之分。题干中李老师经常打电话批评学生家长、让家长到校听他训话等做法是不正确的，没有做到与家长平等交流。

17. C 【解析】东汉张仲景的《伤寒杂病论》总结了药物灌肠术、舌下给药法、胸

外心脏按压术、人工呼吸和急救护理等医护措施。本题选 C。A 选项《千金要方》是孙思邈的著作;B 选项《本草纲目》是李时珍的著作;D 选项《神农本草经》是中国第一部完整的药物学著作,是中医药物学理论发展的源头。

**方法技巧**:华佗、扁鹊、张仲景、孙思邈和李时珍都是我国古代著名的医学家,他们的医学成就见下表。

| 医学家 | 成就 |
| --- | --- |
| 扁鹊 | 精通望、闻、问、切四诊,尤以望诊和切脉著称 |
| 华佗 | 精通内、外、妇、儿、针灸各科,尤以外科著称;发明麻沸散,并使用麻沸散施行腹部手术;创造"五禽戏",进行体育锻炼 |
| 张仲景 | 在前人医书的基础上,结合自己的医疗经验,写成了《伤寒杂病论》,奠定了理、法、方、药的理论基础,被尊称为"医圣" |
| 孙思邈 | 精通内科,擅长外科、妇产科、儿科、五官科等;最早描述了下颌骨脱臼的手法复位,并一直沿用到现在;著有《千金要方》;被尊称为"药王" |
| 李时珍 | 历时 30 多年,写成《本草纲目》一书,对药物进行了分类,被尊称为"药圣" |

18. C 【解析】黄金分割是指事物各部分间一定的数学比例关系,即将整体一分为二,较大部分与较小部分之比等于整体与较大部分之比,其比例为 1∶0.618,即长段为全段的 0.618。0.618 被公认为是最具有审美意义的比例数字。这个比例是最能引起人的美感的比例,因此被称为黄金分割。

19. C 【解析】《潇湘图》为董源创作,是中国山水画史上的代表性作品。A 项,荆浩善画北方山水,代表作有《匡庐图》。B 项,关仝师从荆浩,作品有《山溪待渡图》和《关山行旅图》等,具有"笔愈简而气愈壮,景愈少而意愈长"的艺术特点。D 项,巨然是董源的弟子,善于表现野逸之景,代表作有《万壑松风图》等。

20. A 【解析】朦胧诗以诗人寒露、舒婷、北岛、顾城、梁小斌、江河、食指、芒克等先驱者为代表。故该题选 A。马原、莫言、残雪、格非、孙甘露、苏童、余华等人是先锋文学代表作家;池莉、刘震云等人是新写实主义小说作家。

21. D 【解析】2022 年 11 月 29 日,中国申报的"中国传统制茶技艺及其相关习俗"在摩洛哥拉巴特召开的联合国教科文组织保护非物质文化遗产政府间委员会第 17 届常会上通过评审,列入联合国教科文组织人类非物质文化遗产代表作名录。

22. B 【解析】2022 年 12 月 20 日,世界在建规模最大水电工程——白鹤滩水电站最后一台百万千瓦机组投产发电,这标志着世界最大清洁能源走廊全面建成。

23. C 【解析】张骞是汉朝出使西域的使者;玄奘促进的是中印文化的交流;甘英在汉朝时出使大秦(即罗马帝国)。唐朝时,鉴真东渡日本,促进了中日文化的交流与发展。故该题选 C。

24. D 【解析】"秋处露秋寒霜降"指秋季的六个节气,分别是立秋、处暑、白露、秋分、寒露、霜降。《说文解字》曰:"处,止也。"处暑表示气温由炎热向凉爽过渡的变化趋势,意味着暑气终结、炎热结束。

25. B 【解析】A 项,井冈山精神最重要的方面是:坚定信念、艰苦奋斗,实事求是、敢闯新路,依靠群众、勇于胜利。

B 项,红船精神的主要内容为:开天辟地、敢为人先的首创精神,坚定理想、百折不挠的奋斗精神,立党为公、忠诚为民的奉献精神。

C 项,长征精神的主要内容为:把全国人民和中华民族的根本利益看得高于一切,坚定革命的理想和信念,坚信正义事业必然胜利的精神;为了救国救民,不怕任何艰难险阻,不惜付出一切牺牲的精神;坚持独立自主、实事求是,一切从实际出发的精神;顾全大局、严守纪律、紧密团结的精神;紧紧依靠人民群众,同人民群众生死相依、患难与共、艰苦奋斗的精神。

D 项,西柏坡精神的主要内容为:谦虚谨慎、艰苦奋斗的精神,敢于斗争、敢于胜利的精神,依靠群众、团结统一的精神。

故本题答案选 B 项。

26. C 【解析】分页符是分页的一种符号,是在上一页结束以及下一页开始的位置插入。操作 Word 时,在页眉中不能插入分页符。

27. A 【解析】在 Excel 工作表中如果没有预先设置整张工作表的对齐方式则字符型数据默认左对齐,数值型数据默认右对齐。

28. B 【解析】题干中的词项是交叉关系:影星可能是江西人,也可能不是江西人。选项 B 中,专家可能是军人,也可能不是军人,与题干逻辑关系相同。

29. A 【解析】根据题干数字可得:$45-36=9=3^2$,$70-45=25=5^2$,$119-70=49=7^2$,$200-119=81=9^2$,由此可知,相邻两数字的差构成平方数底数是公差为 2 的等差数列。故 $11^2=121=?-200$,$?=321$,本题选择 A。

二、材料分析题(参考答案)

30. 白老师的做法是正确的,符合素质教育的基本要求。

(1)素质教育是面向全体学生的教育。素质教育倡导人人有受教育的权利,强调在教育中每个人都得到发展,而不是只注重一部分人,更不是只注重少数人的发展。材料中,白老师没有因为小楷腼腆、不爱说话就忽视对他的培养,反而积极关注小楷的

成长，并夸赞小楷说话的声音好听，说明教师关注到了每一位学生的成长，做到了面向全体学生。

(2)素质教育是促进学生个性发展的教育。每一位学生都有其个别性，因此教育要尊重并充分发展学生的个性。材料中，白老师针对小楷说话声音好听的特点，鼓励小楷多表达，做到了因材施教，使小楷得到了充分的发展。

(3)素质教育是促进学生全面发展的教育。教师要全面教育学生，促进学生生动活泼地发展，不能偏废其中任何一方。材料中，白老师不仅引导小楷多说话，关注小楷的情感体验，而且帮助小楷与他人建立起了良好的同伴关系，说明白老师做到了促进小楷的全面发展。

总之，白老师的做法体现了新课程背景下的素质教育观，值得提倡和学习。

31. 冯老师的教育行为践行了教师职业道德规范，值得肯定和学习。

(1)教书育人要求教师要遵循教育规律，实施素质教育；循循善诱，诲人不倦，因材施教；培养学生良好品行，激发学生创新精神，促进学生全面发展；不以分数作为评价学生的唯一标准。材料中的冯老师针对学生的个体差异在班内开设各种专栏展示学生的作品，以此激励学生，不仅体现了因材施教原则，而且有利于促进学生的全面发展。

(2)关爱学生要求教师要关心和爱护全体学生，尊重学生人格，平等公正对待学生；对学生严慈相济，做学生良师益友。材料中的冯老师为每个学生建立成长档案，并且将小华的成长档案寄给了其常年不在家的爸爸，这体现了冯老师关心爱护每一位学生。

(3)为人师表要求教师要坚守高尚情操，知荣明耻，严于律己，以身作则。作风正派，廉洁奉公。自觉抵制有偿家教，不利用职务之便谋取私利。材料中的冯老师并没有收下小华爸爸的土特产，而是将这些特产又悄悄寄给了小华的奶奶，体现了其廉洁从教，不从学生身上谋取私利。

综上所述，冯老师的行为体现了崇高的教师职业道德，值得广大教师学习。

32. (1)“如来佛的掌心”指的是社会规律、正常的文化秩序。没有人有绝对的自由，一旦违反规律和秩序就将受到惩罚。

(2)①刚开始，他是一个不受任何的社会束缚，摆脱一切社会关系的原生态的人。然后，他寻仙问道，提升了个人能力，也拓展了无穷的生存空间。接着，他从生死簿中勾掉自己的名字，获得时间上的自由。最后，他的精神自由被唤醒，开始追求名利。当他知道“弼马温”只是一个小小的官职时，开始希望做玉皇大帝，个人的欲望不断膨胀。②个人欲望极端膨胀的孙悟空，之所以能够成为“斗战胜佛”，是因为他在受到社

会的惩罚之后，仍然能够融入社会之中，历经九九八十一难，保护唐僧取得真经。在困难中仍旧追求自由、追求平等、追求成功的人生意义。

**三、写作题（参考范文）**

**33. 因材施教**

美国教育心理学家布卢姆指出："许多学生在学习中未能取得优异成绩，主要问题不是学生智力、能力的缺失，而是由于未得到适当的教学条件和合理的帮助。"这启示我们，应最大限度地为不同层次的学生提供"合理的帮助"，就如同"学游泳"的故事，要根据学生的不同特点，发掘潜质，因材施教。

"尺有所短，寸有所长。"鸭子天生会游泳，一下水便驾轻就熟。兔子擅长短跑，松鼠擅长爬树，这是他们的特性所定。然而硬让他们去做自己不擅长的事情，即便费尽心思，付出十足努力，收效也不会很大。这就像让农夫去造机器，让教师去打针一样，即使努力，也必定弄出乱子，无法完成任务。

学校教育的对象是学生，每个学生都有着自己的性格和特点，他们对于学习也有着不同的态度和选择。这就要求教育必须注重个性发展，促进和引导学生个性化，培养学生的个性意识、自主精神和创新精神。再者，社会的繁荣发展需要各行各业、各个层次的人才，这也需要发展个性的教育，在学生先天禀赋的基础上，培养出各有特长的人，从而满足社会发展的需求。素质教育是十分重视张扬个性的教育，其目的就是要让学生的个性能够得到充分的发挥，特长得到最充分的施展。

有一次，孔子讲完课，回到自己的书房，学生公西华给他端上一杯水。这时，子路匆匆走进来，大声向老师讨教："先生，如果我听到一种正确的主张，可以立刻去做吗？"孔子看了子路一眼，慢条斯理地说："总要问一下父亲和兄长吧，怎么能听到就去做呢？"子路刚出去，另一个学生冉有悄悄走到孔子面前，恭敬地问："先生，我要是听到正确的主张应该立刻去做吗？"孔子马上回答："对，应该立刻实行。"冉有走后，公西华奇怪地问："先生，一样的问题你的回答怎么相反呢？"孔子笑了笑说："冉有性格谦逊，办事犹豫不决，所以我鼓励他临事果断。但子路争强好胜，办事鲁莽，考虑不周全，所以我就劝他遇事多听取别人的意见，三思而行。"

在不同的学习场合，不同类型、不同能力水平的学生，其学习表现也是不尽相同的，需要教师凭着自己的经验和智慧灵活地设计教法，因材施教。教师要留意观察，分析学生学习的特点。教师要根据学生的学习风格，在教学中有针对性地选择教学方式，而且要引导学生认识自己的学习风格特点，促使学生把学习风格转化为学习策略。

苏霍姆林斯基说过："每个学生都是一个独一无二的世界。"每一个学生都是与众不同的，都有自己的特点和长处。花有花的香，树有树的美，晴有晴的美，雨有雨的趣。

因材施教是教学中一项重要的教学原则。在教学中,教师要根据学生的认知水平、学习能力以及自身素质的差异,进行有针对性地教学,发挥学生的长处,弥补学生的不足,激发学生的兴趣,树立学习的信心,从而促进学生全面发展。

## 国家教师资格考试预测试卷(十三)

### 一、单项选择题

1. C 【解析】素质教育担负着三大基本任务:第一大任务是培养学生的身体素质;第二大任务是培养学生的心理素质;第三大任务是培养学生的社会素质。本题为选非题,故选 C 项。

2. B 【解析】学生是自我教育和发展的主体,是具有主观能动性的人,不是被动的客体。因此,A 项错误。

学生是发展中的人,学生的身心发展是有规律的。作为发展中的人,也就意味着学生还是一个不成熟的人,是一个正在成长的人。因此,B 项正确,C 项错误。

学生是具有独立意义的人,每个学生都是独立于教师的头脑之外,不以教师的意志为转移的客观存在。教师必须尊重学生的个体独立性,不能把自己的个人意志强加于学生的思想之上。因此,D 项错误。

3. A 【解析】A 项所述做法既让学生充分发挥自己的想象,表达自己的意见,又引导学生进行有效的讨论,故选择 A 项。B 项做法会降低学生对教学内容的学习兴趣,排除。C 项做法不利于促进学生创新精神,排除。D 项做法会打击学生的自信心,削弱学生的学习主动性,排除。

4. D 【解析】行动研究是指为弄清课堂上遇到的问题的实质,探索用以改进教学的行动方案,教师以及研究者可以进行调查和实验研究。行动研究强调从实际中来,到实际中去。题干中,张老师记录的问题来源于实际课堂教学,最终又用于改进课堂教学,这种研究方法符合行动研究法的特点。D 项正确。

A 项,叙事研究强调抓住人类经验的故事性特征进行研究并用故事的形式呈现研究结果。

B 项,文献研究指对文献进行查阅、分析、整理,从而找出事物本质属性。

C 项,教育随笔主要是写教育过程中某一点体会的心得。

5. A 【解析】《中华人民共和国宪法》第六十四条规定,宪法的修改,由全国人民代表大会常务委员会或者五分之一以上的全国人民代表大会代表提议,并由全国人民代表大会以全体代表的三分之二以上的多数通过。故选 A。

6. D 【解析】根据《学生伤害事故处理办法》第二十二条规定，事故处理结束，学校应当将事故处理结果书面报告主管的教育行政部门；重大伤亡事故的处理结果，学校主管的教育行政部门应当向同级人民政府和上一级教育行政部门报告。因此，根据题干中的描述可知，学校处理事故后，应当向主管的县级教育行政部门报告。

7. D 【解析】根据《中华人民共和国义务教育法》第四十一条规定，国家鼓励教科书循环使用。本题选 D。

第四十条规定，教科书价格由省、自治区、直辖市人民政府价格行政部门会同同级出版主管部门按照微利原则确定。A 项排除。

第三十九条规定，国家实行教科书审定制度。教科书的审定办法由国务院教育行政部门规定。未经审定的教科书，不得出版、选用。B 项排除。

第三十八条规定，教科书根据国家教育方针和课程标准编写，内容力求精简，精选必备的基础知识、基本技能，经济实用，保证质量。国家机关工作人员和教科书审查人员，不得参与或者变相参与教科书的编写工作。C 项排除。

8. C 【解析】根据《中华人民共和国教师法》第七条规定，教师享有“从事科学研究、学术交流，参加专业的学术团体，在学术活动中充分发表意见”的权利。因此，张老师利用周末自费参加专业学术会议，提高自身业务水平的行为，是在行使教师权利。张老师利用周末参加学术会议，并未影响教育教学工作，故学校给予张老师警告处分的做法是错误的，侵犯了张老师的合法权益，C 项说法正确。

9. B 【解析】根据《中华人民共和国教育法》第八十条规定，任何组织或者个人在国家教育考试中有下列行为之一，有违法所得的，由公安机关没收违法所得，并处违法所得一倍以上五倍以下罚款；情节严重的，处五日以上十五日以下拘留；构成犯罪的，依法追究刑事责任；属于国家机关工作人员的，还应当依法给予处分：(一)组织作弊的；(二)通过提供考试作弊器材等方式为作弊提供帮助或者便利的；(三)代替他人参加考试的；(四)在考试结束前泄露、传播考试试题或者答案的；(五)其他扰乱考试秩序的行为。题干中强调在国家教育考试中组织作弊，且情节严重，因此应处五日以上十五日以下拘留。本题选 B。

10. C 【解析】《中华人民共和国未成年人保护法》第七十六条规定，网络直播服务提供者不得为未满十六周岁的未成年人提供网络直播发布者账号注册服务；为年满十六周岁的未成年人提供网络直播发布者账号注册服务时，应当对其身份信息进行认证，并征得其父母或者其他监护人同意。本题选 C。

11. C 【解析】根据《中华人民共和国预防未成年人犯罪法》第六十一条规定，公安机关、人民检察院、人民法院在办理案件过程中发现实施严重不良行为的未成年人

的父母或者其他监护人不依法履行监护职责的，应当予以训诫，并可以责令其接受家庭教育指导。根据第三十八条规定可知，恐吓他人属于严重不良行为。故选 C 项。

12. D 【解析】根据《中华人民共和国教育法》第八条规定，教育活动必须符合国家和社会公共利益。国家实行教育与宗教相分离。任何组织和个人不得利用宗教进行妨碍国家教育制度的活动。题干中教师李某在办公室宣扬宗教思想，违背了国家教育和宗教相分离的政策，故选 D。

13. C 【解析】《新时代中小学教师职业行为十项准则》第九条规定，坚守廉洁自律。严于律己，清廉从教；不得索要、收受学生及家长财物或参加由学生及家长付费的宴请、旅游、娱乐休闲等活动，不得向学生推销图书报刊、教辅材料、社会保险或利用家长资源谋取私利。因此，题干所述冯某的做法违背了坚守廉洁自律的教师职业行为准则。本题选 C。

14. D 【解析】教书育人要求教师遵循教育规律，实施素质教育。循循善诱，诲人不倦，因材施教。培养学生良好品行，激发学生创新精神，促进学生全面发展。题干中方老师针对有钢琴特长的晓光不爱学习的问题，教育他要重视文化知识的学习，既有利于发展学生特长、培养学生的兴趣爱好，又有利于学生学习科学文化知识，能促进学生的全面发展。方老师的做法是合理的，A、B 两项错误，D 项正确。C 项错误，“全面发展”不等于“平均发展”。

15. B 【解析】《中小学教师违反职业道德行为处理办法》第四条规定，应予处理的教师违反职业道德行为如下：（一）在教育教学活动中及其他场合有损害党中央权威、违背党的路线方针政策的言行。（二）损害国家利益、社会公共利益，或违背社会公序良俗。（三）通过课堂、论坛、讲座、信息网络及其他渠道发表、转发错误观点，或编造散布虚假信息、不良信息。（四）违反教学纪律，敷衍教学，或擅自从事影响教育教学本职工作的兼职兼薪行为。（五）歧视、侮辱学生，虐待、伤害学生。（六）在教育教学活动中遇突发事件、面临危险时，不顾学生安危，擅离职守，自行逃离。（七）与学生发生不正当关系，有任何形式的猥亵、性骚扰行为。（八）在招生、考试、推优、保送及绩效考核、岗位聘用、职称评聘、评优评奖等工作中徇私舞弊、弄虚作假。（九）索要、收受学生及家长财物或参加由学生及家长付费的宴请、旅游、娱乐休闲等活动，向学生推销图书报刊、教辅材料、社会保险或利用家长资源谋取私利。（十）组织、参与有偿补课，或为校外培训机构和他人介绍生源、提供相关信息。（十一）其他违反职业道德的行为。A、C、D 三项排除，故本题答案选 B。

16. C 【解析】赵老师每次备课一丝不苟体现了其严谨治学；在不同班级上同一节课时往往采取不同的授课方式，体现了潜心钻研教学、因材施教。题干并未体现出

赵老师对待学生严慈相济，本题为选非题，故选 C。

17. D 【解析】“每逢佳节倍思亲”出自王维的《九月九日忆山东兄弟》，全诗为：“独在异乡为异客，每逢佳节倍思亲。遥知兄弟登高处，遍插茱萸少一人。”我国每年的农历九月初九为重阳节，有登高的传统。因此本题选 D 项。

**方法技巧**：此题需要考生具有一定的文学素养或生活常识，再或者通过抓关键词的方法做题。

(1)春节(农历正月初一)

习俗：放鞭炮、守岁、贴春联、贴窗花、倒贴“福”字、贴年画、拜年等。

相关诗词：

“千门万户曈曈日，总把新桃换旧符。”——王安石(北宋)《元日》

“半盏屠苏犹未举，灯前小草写桃符。”——陆游(南宋)《除夜雪》

(2)清明节(公历四月五号前后)

习俗：扫墓祭祖、踏青、插柳、禁火、寒食等。

相关诗词：

“清明时节雨纷纷，路上行人欲断魂。”——杜牧(唐)《清明》

“梨花风起正清明，游子寻春半出城。”——吴惟信(南宋)《苏堤清明即事》

(3)元宵节(农历正月十五)

习俗：闹花灯、猜灯谜、吃元宵等。

相关诗词：

“千门开锁万灯明，正月中旬动帝京。”——张祜(唐)《正月十五夜灯》

“东风夜放花千树。更吹落，星如雨。宝马雕车香满路。凤箫声动，玉壶光转，一夜鱼龙舞。”——辛弃疾(南宋)《青玉案·元夕》

(4)中秋节

“但愿人长久，千里共婵娟。”——苏轼(北宋)《水调歌头·明月几时有》

“今夜月明人尽望，不知秋思落谁家？”——王建(唐)《十五夜望月》

18. D 【解析】福州船政学堂是中国第一所近代海军学校，它培养出了中国的第一批近代海军军官和第一批工程技术人才。福州船政学堂毕业的学生成为中国近代海军和近代工业的骨干中坚。本题选 D。

19. D 【解析】《金匮要略》是我国东汉著名医学家张仲景所著《伤寒杂病论》的杂病部分，也是我国现存最早的一部论述杂病诊治的专书。本题为选非题，故选 D 项。

20. C 【解析】君主立宪制是以世袭的君主为国家元首，但其权力由宪法规定、受

到一定限制的政权组织形式,它是资产阶级同封建贵族妥协的产物。世界上的君主立宪制国家有英国、日本、西班牙、荷兰、比利时、丹麦等。民主共和制是国家最高权力机关和国家元首由选举产生,并有一定任期的国家管理形式。世界上的民主共和制国家有意大利、德国、奥地利、印度、新加坡、美国等。故答案为C项。

21. A 【解析】颜真卿自创“颜体”,代表作《勤礼碑》《多宝塔碑》《祭侄文稿》;柳公权自创“柳体”,代表作《玄秘塔碑》《神策军碑》《冯宿碑》。本题选A。

22. A 【解析】处暑,即为“出暑”,是炎热离开的意思,A项错误。惊蛰,古称“启蛰”,标志着仲春时节的开始。此前,动物入冬藏伏土中,不饮不食,称为“蛰”;到了“惊蛰节”,天上的春雷惊醒蛰居的动物,称为“惊”。故惊蛰时,蛰虫惊醒,天气转暖,春雷始鸣,中国大部分地区进入春耕季节。冬至日是北半球各地一年中白昼最短、黑夜最长的一天。小满是夏季的第二个节气。其含义是夏熟作物的籽粒开始灌浆饱满,但还未成熟,只是小满,还未大满。BCD项的含义正确。

23. B 【解析】浮力指物体在流体(包括液体和气体)中受到的向上的力。热气球内部充满热空气,因为热空气的密度比空气的小,所以充满热空气的热气球受到了空气的浮力从而飘浮在空中。故本题选B。A项,重力是指由于地球的吸引而使物体受到的力。C项,弹力是指发生弹性形变的物体,由于要恢复原状,对接触它的物体产生的力。D项,磁力是磁场对放入其中的磁体和电流的作用力。

24. D 【解析】题干的诗句出自曹操的《龟虽寿》。“挟天子以令诸侯”的故事说的是东汉末年,汉室日益衰弱,董卓废汉少帝刘辩立献帝刘协。曹操将献帝迎至许昌,并以皇帝的名义号令诸侯。①正确。

官渡之战,是东汉末年“三大战役”之一,也是中国历史上著名的以弱胜强的战役之一。公元200年,曹操军与袁绍军相持于官渡,在此展开战略决战。曹操奇袭袁军在乌巢的粮仓,继而击溃袁军主力。②正确。

208年,孙权、刘备于赤壁以少胜多战胜曹操,史称“赤壁之战”。③正确。

八王之乱是西晋年间司马氏同姓王之间为争夺中央政权而爆发的混战,与曹操无关,④错误。故选D。

25. B 【解析】步打球,又称“步打”,是一种徒步以杖击球的球类运动,类似于今天的曲棍球;“蹴鞠”是古人以脚蹴、蹋、踢皮球的活动,类似今日的足球。早在战国时期汉族民间就流行娱乐性的蹴鞠游戏,而从汉代开始又成为兵家练兵之法,宋代出现了蹴鞠组织与蹴鞠艺人;跳丸,是杂技艺人用手熟练而巧妙地抛接玩弄丸铃的一种游戏;角抵,是一种类似现在摔跤、相扑一类的两两较力的活动。从图片看出是一群人用脚踢球,所以正确答案是B项。

26. C 【解析】在 Word 里,“改写”状态时,输入的文字会替换光标后面原有的文字。本题选 C。

27. A 【解析】在 Excel 中,如果单元格中的内容为数字或字符时,拖动填充柄进行填充时相当于复制。故单元格内容为“1”时,拖放填充 6 个连续的单元格,填充的单元格内容为连续 6 个“1”。

**易错提示:**在 Excel 中,数据填充有两种形式。

(1)使用填充柄。选定初始值所在的单元格,拖动填充柄时经过的区域就被自动填充了,填充的内容是事先定义好的填充序列。出现填充柄的单元格称为“种子”,“种子”可以是多个单元格的区域。输入的“种子”如果是字符或者数字,在填充时相当于复制;输入的“种子”为文字和数据的混合时,文字不变,数字发生变化;输入的“种子”正好是系统设定好的序列中的一员,则按照序列填充。

(2)填充系列。填充可以实现等差、等比等多种填充形式,具体操作为:选中要填充的单元格,选择“开始”选项卡,在“编辑”功能区中选择“填充”→“系列”命令,在出现的“序列”对话框中可以设定“等差序列”或者“等比序列”。

28. B 【解析】教师与陕西人是交叉关系,青年和学生是交叉关系。C、D 两项均为并列关系,故本题选 B。

29. C 【解析】第一个杯子上和第四个杯子上所写的话是矛盾的,必有一真一假,故真话就在二者之间,那么第二个杯子和第三个杯子上的话就是假话,说明第三个杯子里面有巧克力,故答案选 C。

**二、材料分析题(参考答案)**

30. 材料中张老师的教学行为是正确的,践行了新课程倡导的教师观,值得学习。

(1)教师是学生学习的促进者。材料中张老师在科学课上,开展“将杯子放入水中而纸不湿”的实验活动,充分调动学生的积极性和创造力,引导学生积极探究,培养了学生善于思考和动手实践的能力,促进了学生的全面发展。

(2)教师是教育教学的研究者。材料中张老师在教育教学中设计有趣的科学实验,在课后又认真反思总结,提高了自己的教学能力和水平,也培养了学生思考质疑和探究科学的品质。

(3)从教师教学行为上来看,新课程要求教师在对待师生关系上,强调尊重、赞赏学生。在对待教学上,强调帮助、引导学生。材料中张老师及时肯定和鼓励学生的发现,并适时地引导、启发学生,使得学生快乐地完成了本节课的学习任务,体验到了科学实验的乐趣。

综上所述,张老师的教学行为符合新课程倡导的教师观的要求,促进了学生发展,

值得肯定。

31. 张老师认真备课、努力提高教学技能的行为是正确的，值得肯定；但其批评并掌掴部分学生的行为是错误的，应当反思并改正自身错误行为。

（1）张老师的做法符合爱岗敬业的教师职业道德规范。“爱岗敬业”要求教师对工作高度负责，认真备课上课，认真批改作业，认真辅导学生。不得敷衍塞责。材料中的张老师每天认真备课、讲课体现了这一师德规范。

（2）张老师的做法符合终身学习的教师职业道德规范。“终身学习”要求教师潜心钻研业务，勇于探索创新，不断提高专业素养和教育教学水平。材料中的张老师努力提高自己的教学技能，还综合运用多媒体教学和网络教学手段进行授课，这些行为符合终身学习的教师职业道德规范。

（3）张老师的做法违背了关爱学生的教师职业道德规范。“关爱学生”要求教师关心爱护全体学生，尊重学生人格，平等公正对待学生。对学生严慈相济，做学生良师益友。保护学生安全，关心学生健康，维护学生权益。不讽刺、挖苦、歧视学生，不体罚或变相体罚学生。材料中的张老师把没有完成默写的 37 名学生一一叫上讲台，批评的同时还对其进行掌掴，没有尊重学生的人格。

（4）张老师的做法违背了教书育人的教师职业道德规范。“教书育人”要求教师循循善诱，诲人不倦，因材施教。材料中的张老师对没有完成默写的 37 名学生直接进行批评，还对其进行掌掴的做法，表明张老师没有做到对学生循循善诱。

（5）张老师的做法违背了爱国守法的教师职业道德规范。“爱国守法”要求教师自觉遵守教育法律法规，依法履行教师职责权利。不得有违背党和国家方针政策的言行。材料中的张老师对没有完成默写的 37 名学生进行体罚，违背了《中华人民共和国教育法》等相关法律法规。

综上所述，我们要辩证看待张老师的教育行为。张老师也应当认真反思并改正自己的错误行为，践行教师职业道德规范。

32. （1）“逼真”侧重于自然有生气，生动传神。“如画”更侧重于带有普遍性，具有典型性。

（2）从“逼真”的角度来看，这段有大量的外貌描写：头发全白；脸上瘦削不堪，黄中带黑；眼珠间或一轮；一手提着竹篮，内中一个破碗，空的；一手拄着一支比她更长的竹竿，下端开了裂。这些都是对祥林嫂外貌的描写，写实且生动传神。从“如画”的角度来看，写祥林嫂消尽了先前悲哀的神色，仿佛是木刻似的，使祥林嫂受压迫的形象具有典型性，还有对空的破碗，开裂的长竹竿的描写，都使祥林嫂身心受到沉重打击而内心痛苦万分的形象跃然纸上，让受到封建陋习压迫的妇女形象更加具有普遍性。

三、写作题(参考范文)

33. 知行合一 贵于行之

华盛顿儿童博物馆墙上有句格言:“我听见了就忘记了,我看见了就记住了,我做过了就理解了。”这句话诉说着这样一个道理——学贵于知之,更贵于行之。

西汉文学家刘向说过:“耳闻之不如目见之,目见之不如足践之。”千百年来,多少思想家、教育家都在为我们阐述一个亘古不变的真理:百闻不如一见,百见不如一做,即知行合一,重于实践。其实把听与见结合而论便是知,一个胸无点墨的人怎能有所作为?古人常讲:“博观而约取,厚积而薄发。”如果没有博观或者博闻,想必无论是谁都无处可取。伟大的人民教育家陶行知先生指出了“行是知之始,知是行之成”的主张。“行知”之名也正代表了他的“行动—知识—再行动”的教育思想,告诉我们要通过观察、通过听闻获得知识。

教师在教学过程中应该讲究“与可画竹时,胸中有成竹”这样的一种境界。齐白石学画虾时,曾终日蹲坐在虾池旁观察虾的动态;徐悲鸿的奔马图,是他常在马厩观马的结果;达·芬奇为了完成《最后的晚餐》,曾用两年半的时间到酒馆、市集去搜寻人物形象,观摩人物神态。这些名人的事例无不启迪着我们要学有所成,就必须有“知”在肚里,“知”是“行”的前提和基础。

在教学过程中,要达到教师传播知识,学生掌握知识的目的,单有“知”是不行的,要紧的是“行”,是做。如果只有学知,有远见,但只是空论,那不但不会美名远扬,反会被他人认为是“空水瓶”,没有真才实学。荀子曰:“吾尝终日而思矣,不如须臾之所学也。”孔子也曾曰:“吾尝终日不食,终夜不寝,以思,无益,不如学也。”光是知之,而不行之,想必其所学所知会胎死腹中吧。李时珍为确保所著医术的准确详尽,亲自到深山采取草药,向药农询问情况;徐霞客为完成游记,跋山涉水,遍游名川大山,历经许多城市;巴尔扎克为了使书中人物具有狮子般品性和毅力,曾亲自到非洲猎狮;托尔斯泰为了刻画逼真的战争场面,曾亲自前去战场观察。所有的事例一再证明:实践出真知,唯有“行”了,方可验证所“闻”所“见”,只有“行”了,才能掌握真正意义上的“知”。在教学活动中,通过参与课外活动、观察自然环境等方式,使学生体验生活、体验自然,是最好的知行合一途径。想到和得到,中间还有两个字便是做到。懒于动手实践,只会运用书本知识空发议论,那只会给人留下笑柄。昔有赵括纸上谈兵,最终败北;今有学生空谈理想,最终无所成就。

学习知识,不能只是听,只是接受,更应该用眼、耳、手、脑等多个感官参与学习,实现闻、见、知、行的统一,才能达到理想的效果。

## 国家教师资格考试预测试卷(十四)

### 一、单项选择题

1. B 【解析】题干中的学校针对学生的不同兴趣爱好,开设不同的兴趣小组,目的是针对学生的个性特长,有的放矢地进行教育,促进学生的个性发展。

2. C 【解析】学生在学习活动中是认识的主体、实践的主体和发展的主体,是学习的主人。题干中陈老师若是将学生的提问布置成课外探究作业,不仅肯定了学生的课堂发问行为,促进了学生主体性的发展,还有利于学生自主学习、合作学习和探究学习。本题选 C。

A 项,陈老师对学生提问不予理睬,会导致学生学习的积极性下降,教学效果变差,排除。

B 项,学生提出问题这一行为并不代表着上课分心,只是正常地提出自己对知识的疑问。针对这种情况,教师可以通过恰当的方式引导学生思考,加深学生对该知识点的印象。排除。

D 项做法说明陈老师并未做到严谨治学,属于敷衍塞责学生。排除。

3. C 【解析】A 项,陈老师针对学生的疑问展开教学,体现了他关注学生主体。

B 项,陈老师从学生预习中所提出的疑问出发,对教学进行了重构,展开“问题导向式”教学。这体现了他善于教学重构。

C 项,题干中没有体现“信息技术”。

D 项,陈老师在发现教学效果不好后,主动进行反思,从而改善了教学效果,这体现了他勤于教学反思。

本题为选非题,综上所述,本题选 C 项。

4. D 【解析】新课程倡导的教师观强调,教师应是学生学习的促进者。其内涵主要包括以下两个方面:(1)教师是学生学习能力的培养者;(2)教师是学生人生的引路人。题干中张老师提出问题引导学生通过小组讨论积极思考如何解决问题,这一教学行为促进了学生对知识的学习,培养了学生的思考能力和团队合作能力,体现了教师是学生学习的促进者,故本题答案为 D。

5. D 【解析】根据《中华人民共和国预防未成年人犯罪法》第五十八条规定,刑满释放和接受社区矫正的未成年人,在复学、升学、就业等方面依法享有与其他未成年人同等的权利,任何单位和个人不得歧视。故 A 项错误。

第五十三条规定,对被拘留、逮捕以及在未成年犯管教所执行刑罚的未成年人,应

当与成年人分别关押、管理和教育。对未成年人的社区矫正，应当与成年人分别进行。对有上述情形且没有完成义务教育的未成年人，公安机关、人民检察院、人民法院、司法行政部门应当与教育行政部门相互配合，保证其继续接受义务教育。故 B 项错误，D 项正确。

第五十九条规定，未成年人的犯罪记录依法被封存的，公安机关、人民检察院、人民法院和司法行政部门不得向任何单位或者个人提供，但司法机关因办案需要或者有关单位根据国家有关规定进行查询的除外。依法进行查询的单位和个人应当对相关记录信息予以保密。故 C 项错误。

6. C 【解析】根据《中华人民共和国教师法》第三十五条规定，侮辱、殴打教师的，根据不同情况，分别给予行政处分或者行政处罚；造成损害的，责令赔偿损失；情节严重，构成犯罪的，依法追究刑事责任。所以 C 项符合题意。

7. D 【解析】根据《中华人民共和国义务教育法》第二十五条规定，学校不得违反国家规定收取费用，不得以向学生推销或者变相推销商品、服务等方式谋取利益。题干中贺老师的做法属于向学生推销商品，是违法行为。本题选 D。

8. D 【解析】根据《中华人民共和国教师法》第三十二条规定，社会力量所办学校的教师的待遇，由举办者自行确定并予以保障。故本题选 D。

9. B 【解析】根据《中华人民共和国预防未成年人犯罪法》第三十五条规定，未成年人无故夜不归宿、离家出走的，父母或者其他监护人、所在的寄宿制学校应当及时查找，必要时向公安机关报告。收留夜不归宿、离家出走未成年人的，应当及时联系其父母或者其他监护人、所在学校；无法取得联系的，应当及时向公安机关报告。

10. D 【解析】根据《中华人民共和国宪法》第六十七条第一项的规定，全国人民代表大会常务委员会拥有“解释宪法，监督宪法的实施”的职权。ABC 项都属于全国人民代表大会行使的职权，D 项符合题意。

11. C 【解析】根据《学生伤害事故处理办法》第十三条规定，在放学后、节假日或者假期等学校工作时间以外，学生自行滞留学校或者自行到校发生的造成学生人身损害后果的事故，学校行为并无不当的，不承担事故责任。题干中，小张在假期期间自行到学校温习功课，不幸在楼梯口踩空摔伤，这是由小张自身行为引发的人身损害事故，故应该承担责任的主体是小张及其监护人。

12. D 【解析】我国公民拥有肖像权，有权禁止他人未经允许制作和使用自己的肖像。题干中该教育辅导机构未经小丽的允许，就私自使用小丽的照片做宣传，该机构侵犯了小丽的肖像权。

13. A 【解析】《中小学教师职业道德规范》中关于“爱岗敬业”方面所规定的具

体职业行为要求有：对工作高度负责，认真备课上课，认真批改作业，认真辅导学生。不得敷衍塞责。题干中“教案和课件‘十年如一日’”违背了认真备课上课；“学生作业交由课代表批改”违背了认真批改作业；“对学生的提问也是草草回答、敷衍了事”违背了认真辅导学生、不得敷衍塞责。故本题选A项。

14. A 【解析】教师在处理与家长关系时应遵循的职业规范包括：尊重家长，理解家长；经常家访，互通情况；密切配合，教育学生。题干中的陈老师直接当众指责李同学的家长，没有做到尊重学生家长的人格，这种做法是不恰当的。对于李同学头发过长的问题，陈老师应该首先与家长积极进行沟通和交流，讲明学生的仪表规范要求，取得家长的认同，从而共同致力于李同学的教育问题。

15. D 【解析】根据《中小学教师违反职业道德行为处理办法》第七条第三项规定，开除处分，公办学校教师由所在学校提出建议，学校主管教育部门决定并报同级人事部门备案。民办学校教师或者未纳入人事编制管理的教师由所在学校决定并解除其聘任合同，报主管教育部门备案。

16. C 【解析】教师之间要做到：互相尊重，切忌嫉妒；相互学习，取长补短；平等相待，不卑不亢；乐于助人，关心同事。作为同事，首先应该尊重小李，既不能笑话他，也不能视若无睹，可以发扬助人为乐精神，想一些具体的方法来帮助小李克服困难。

17. C 【解析】1937年7月7日晚，日军借故炮轰宛平城，驻宛平城及附近的卢沟桥的中国守军奋起抵抗，史称“七七事变”或“卢沟桥事变”。七七事变标志着抗日战争的全面爆发。本题选C。

A项，九一八事变，1931年9月18日夜，日本关东军炸毁柳条湖附近南满铁路的一段铁轨，反诬中国军队破坏铁路，并借此炮轰中国东北军驻地北大营和沈阳城，是谓“九一八事变”。九一八事变标志着中国局部抗战的开始，揭开了第二次世界大战东方战场的序幕。

B项，淞沪战役是中国抗日战争中第一场大型会战，也是抗日战争中进行的规模最大、战斗最惨烈的一场战役。

D项，华北事变是九一八事变东北沦陷后，1935年日本侵略华北地区的一系列事件。

18. B 【解析】“黑脸”表示正直公道，如包公；“白脸”表示阴险奸诈，如曹操；“红脸”表示意志坚强，如关羽。

19. A 【解析】“丝绸之路”是以长安（今西安）为起点，经甘肃、新疆，到中亚、西亚，并联结地中海各国的陆上通道。“莫高窟”位于甘肃敦煌，是“丝绸之路”上的著名古迹。云冈石窟在山西大同，龙门石窟在河南洛阳，平遥古城在山西晋中，均不在“丝

绸之路”上。故 A 项正确。

20. A 【解析】2023 年 5 月 28 日，中国东方航空使用全球首架交付的 C919 大型客机，执行 MU9191 航班，从上海虹桥机场飞抵北京首都机场，圆满完成这一机型全球首次商业载客飞行。C919 大型客机是我国首次按照国际通行适航标准研制、具有完全自主知识产权的喷气式干线客机。故本题答案为 A。

21. B 【解析】增大摩擦力的办法有：增大压力，增大接触面的粗糙程度等。AD 项能够通过增加汽车轮胎与地面之间接触面的粗糙程度来增大摩擦力，C 项能够通过增大压力来增大摩擦力。向地面泼水会减小汽车轮胎与地面之间的摩擦力，故选 B。

22. B 【解析】秦始皇统一六国之后，提出“书同文”，文字统一，书体统一。秦始皇命丞相李斯等人统一文字，制定笔画规整的小篆，作为通用文字颁行全国。故本题选 B。

23. B 【解析】京剧《贵妃醉酒》又名《百花亭》，取材于中国唐朝历史人物杨贵妃的故事，源自洪昇的《长生殿》。本题选 B。

A 项，《桃花扇》是清初戏曲作家、诗人孔尚任的代表作，也是昆曲的经典曲目。

C 项，《牡丹亭》是明代剧作家汤显祖的代表作之一，也是昆曲的经典曲目。

D 项，《南柯梦》改编自与《牡丹亭》《紫钗记》《邯郸记》合称“临川四梦”的《南柯记》，出自明代剧作家汤显祖笔下。

24. D 【解析】东汉南阳太守杜诗发明水力鼓风冶铁工具——水排。利用水力鼓风冶铁的机械水排，提高了冶铁生产率，是中国古代一项伟大的发明。

25. A 【解析】众数是指在次数分布中出现次数最多的数值，题干中教练在小翔 20 次训练中发现的出现频率最高的数据属于众数。

26. D 【解析】行距决定段落中各行文字之间的垂直距离。段落间距决定段落上方和下方的空间。行距选项有以下六种：(1)单倍行距，将行距设置为该行最大字体的高度加上一小段额外间距。额外间距的大小取决于所用的字体。(2)1.5 倍行距，此选项为单倍行距的 1.5 倍。(3)2 倍行距，此选项为单倍行距的 2 倍。(4)最小值，此选项设置适应同行上最大字体或图形所需的最小行距。(5)固定值，此选项设置固定行距。(6)多倍行距，此选项设置按指定的百分比增大或减小行距。若选择“固定值”，则行距固定，所有行的间距相等。题干中要在“段落”对话框中设置行距为 20 磅的格式，应选择“行距”列表框中的“固定值”。

27. C 【解析】在 Excel 中，饼图可以显示一个数据系列中各项的大小与各项总和的比例，若要反映每个对象的一个属性值在总值当中所占比例大小，应该选择的图

表类型是饼图。柱形图用于比较数据间的数量关系;折线图一般用来反映数据间的趋势关系;XY 散点图用于分析两个数值变量间的关系。

**易错提示**:Excel 表格中的各个图表有不同的用途和适用场景,考生注意区分。

| 图表类型 | 特点 |
|---|---|
| 柱形图 | 通过高度直观反映数据的差异 |
| 折线图 | 通过线条直观反映数据的变化趋势 |
| 饼图 | 通过面积大小显示各项目在总体中的占比、分布,强调部分与整体间的比较 |
| 条形图 | 通过长度显示各个项目之间的比较情况,项目名字较长时适用 |

28. A 【解析】题干中高粱和玉米是并列关系。A 项中金鱼和鲢鱼也是并列关系。其他选项不符合题意。

29. B 【解析】由题干数列可知,$(2\times4)+4=12$,$(4\times12)+4=52$,$(12\times52)+4=628$,$(52\times628)+4=32660$,因此空缺处数字为 628。故选 B。

**二、材料分析题(参考答案)**

30. 材料中的郑老师践行了"以人为本"的学生观,值得肯定。

(1)"以人为本"的学生观强调学生是具有独立意义的人,是学习的主体。教育的根本目的在于促进学生主体性的发展。材料中,郑老师让学生自主讨论拟定写作主题,学生踊跃发言,写作热情高涨,这说明郑老师尊重了学生的主体地位,调动了学生的积极性、主动性。

(2)"以人为本"的学生观强调学生是发展中的人,具有巨大的发展潜能,教师应坚信每个学生都是可以积极成长的,是有培养前途的,是追求进步和完善的,是可以获得成功的,因而对教育好每一个学生应充满信心。材料中,沉默寡言的小玲的理想是当律师,郑老师并没有嘲笑、打击小玲,而是鼓励小玲并对其提出要求,积极促进小玲的发展,帮助小玲实现理想,这表明郑老师能挖掘出学生的发展潜能,用发展的眼光看待学生。

(3)"以人为本"的学生观强调学生是独特的人,每个学生都有自身的独特性。教师要正视学生的个别差异,根据学生各个方面的情况进行因材施教。材料中,郑老师针对情况不同的小玲和小宏给予了不同的指导,这说明郑老师能够正确分析学生的学习特点,做到了因材施教。

总之,郑老师尊重学生主体地位,能用发展的眼光看待学生,因材施教,积极促进学生的发展,我们要向郑老师学习。



31. 材料中李老师在刚上班时虚心向同事请教、认真备课、工作高度负责的做法

是值得肯定的,但是随着对工作的熟悉与社会交往的增多,李老师的做法又违背了教师职业道德规范的相关要求。

(1)材料中李老师的做法违背了爱岗敬业的师德要求。爱岗敬业要求教师对工作高度负责,认真备课上课,认真批改作业,认真辅导学生。不得敷衍塞责。李老师不认真备课、敷衍塞责是违背爱岗敬业要求的表现。

(2)材料中李老师没有做到真正地关爱学生。关爱学生要求教师要做到关心爱护全体学生,尊重学生人格,平等公正对待学生,不讽刺、挖苦、歧视学生,不体罚或变相体罚学生。李老师把对校长和学生评教结果的不满都撒到学生身上,对学生进行讽刺挖苦,这严重地伤害了学生的自尊心,没有尊重学生的人格尊严。

(3)材料中李老师违背了爱国守法的师德要求。爱国守法要求教师全面贯彻国家教育方针,自觉遵守教育法律法规,依法履行教师职责权利。不得有违背党和国家方针政策的言行。李老师挖苦讽刺学生的行为侵犯了学生的人格尊严权,把学生赶出教室的行为侵犯了学生的受教育权,没有遵守教育法律法规。

综上所述,李老师的行为是错误的,他应当反思并改正自己的行为。

32. (1)"刀法"比喻教育方法。"万像"比喻众多教育对象。"万龙点睛"比喻使众多教育对象成才。

(2)教育的最大成功:师生合作创造出值得彼此崇拜之活人。

教育者要注意的问题:①要敢于创造;②要有献身创造的精神;③要明确教育的创造目标;④要探索创造理论和创造技术;⑤要鼓励学生创造;⑥要注意师生合作创造;⑦要注意集体创造的特点。

**三、写作题(参考范文)**

**33. 尽力与用心,成就人生传奇**

人生犹如一座山峰,我们都是攀登者。上山时有险阻,一次登不上去,可以退下来再登,有时还可以绕过去,另觅他途,最终通过奋力攀爬,一路披荆斩棘,到达顶峰,领略大好河山;而下山就不一样了,下山不太需要花费力气,轻松洒脱,却一步都不能走错,一步走错就身临绝地,一脚踏空就命丧悬崖。故上山须尽力,下山须用心,这样方能做到能上能下,能屈能伸,成就人生的传奇。

历史上的很多名人都在实践中践行着"上山容易,下山难",为我们树立了典范。在美国历任总统中,华盛顿是受后人崇敬的最伟大的总统,也是美国历史上第一个,同时还是最后一个全票当选的总统。华盛顿终身不恋权、不恋钱,他在当权之前踌躇再三,在当权之际屡屡表示去意,最后以一席告别辞,断然拒绝任何劝留之声,创立了美国总统任期不超过两届的先例。华盛顿之所以名垂青史,不仅是因为他为获得权力而

做的努力，更是因为他对权力所持的回避态度。同样，林则徐位居高官时为国为民，在被发配到新疆伊犁后，他没有沉沦，继续不忘为民造福。他以犯人的身份，拖着老弱病躯，带领民众挖掘水渠，引天山雪水灌溉土地，变荒地为良田。华盛顿和林则徐的事例告诉我们，奋斗如爬山，要尽心尽力，而在人生达到顶峰或者跌落低谷时更应宠辱不惊、谨慎小心。

“上山容易，下山难”警示我们要把握“度”，做到前期尽力，后期不懈怠。“度”，换句话说，就是时刻保持良好的态度。做一件事不可畏难，要尽自己最大的努力，即使到达高峰也不自我懈怠。古今中外，无数的人都在警示着我们。项羽力拔山兮气盖世，一路所向披靡，却在后来赏罚不明，刚愎自用，最终自刎于乌江。唐玄宗早年励精图治，政治清明，晚年却昏聩不堪，导致安史之乱发生，大唐由盛转衰。拿破仑本是一个矮小的法国士兵，但他不甘沉沦，努力拼搏，愈战愈勇，最终创立了法兰西帝国，盛极一时，无人可敌。这无疑是拿破仑的上山之路。但经历了滑铁卢之役，拿破仑最终战败并遭流放，这便是他的下山之路吧。倘若他在高高的皇帝宝座上，能怜悯众生，体恤百姓，又怎会身死孤岛？这告诫我们：上山须尽力，下山更须用心，如此才能成就事业的辉煌。

上山时要尽心尽力，不怕失败，勇于重新挑战；而下山时则需要更加谨慎小心，需要学会放下，学会转变，完成人生的蜕变。

我们每个人都有自己的人生之山，有成功，也有失败。成功时不要被骄傲冲昏头脑，要时刻保有宁静欣赏的心情，这样才能继续走下去；失败时不要气馁丧失斗志，保持一颗积极向上的心，就有力量再次起身。在顺境或逆境中，都要保持平和，保持慈悲之心，不要给他人带来伤害，这样才能和谐地走完人生之路。

所以，唯有上山尽力，下山用心，才能在逆境中不屈服，顺境中不跑偏。人生如山，只有上山脚踏实地，下山谨慎用心，才能一览人生的风景，成就人生传奇。

## 国家教师资格考试预测试卷（十五）

### 一、单项选择题

**1. A 【解析】**“以人为本”的学生观强调学生是发展中的人，要用发展的观点认识学生。作为发展中的人，意味着学生还是不成熟的人，是一个正在成长的人。没有缺陷，就没有发展的动力和方向。把学生作为发展中的人来对待，就要理解学生身上存在的不足，就要允许学生犯错误。当然，更重要的是要帮助学生解决问题，改正错误，从而不断促进学生的进步和发展。题干中的张老师没有指责存在不足的李鹏，而

是鼓励他继续努力,相信李鹏能取得更大的进步,就体现了这一观点。

2. B 【解析】教师劳动的复杂性主要表现在劳动性质、劳动对象、劳动任务、劳动过程和劳动手段五个方面。教师劳动对象的复杂性要求教师根据每个学生的实际情况施教。丁老师从其他老师那里学到的经验和方法,不一定适用本班学生,还需结合本班学生的实际情况施教。题干这种现象主要是因为丁老师无视教学工作的复杂性。

3. A 【解析】新课程倡导民主、开放、科学的课程理念,同时确立了国家、地方、学校三级课程管理政策,这就要求课程与教学相互整合,教师必须在课程改革中发挥主体作用。教师不仅是课程实施的执行者,更应成为课程的开发者和建设者。蒋老师的做法说明他在教学中善于利用身边的资源创生和开发课程。所以,蒋老师具有课程开发的意识。

4. D 【解析】"以人为本"的学生观强调:(1)学生是发展中的人,具有巨大的发展潜能;(2)学生是独特的人;(3)学生是具有独立意义的人,是学习的主体。素质教育强调为学生的发展奠定基础,学生的发展应是全面的发展,同时又要发展学生的个性。但全面发展并不是平均发展。本题为选非题,故答案选 D。

5. B 【解析】《中华人民共和国宪法》第十九条规定,国家发展社会主义的教育事业,提高全国人民的科学文化水平。国家举办各种学校,普及初等义务教育,发展中等教育、职业教育和高等教育,并且发展学前教育。本题为选非题,故答案选 B。

6. D 【解析】根据《中华人民共和国未成年人保护法》第十一条规定,任何组织或者个人发现不利于未成年人身心健康或者侵犯未成年人合法权益的情形,都有权劝阻、制止或者向公安、民政、教育等有关部门提出检举、控告。故本题选择 D 选项。

7. A 【解析】根据《中华人民共和国教师法》第七条规定,教师有进行教育教学活动,开展教育教学改革和实验的权利。题干所述梁老师的做法是正确的。

8. C 【解析】根据《学生伤害事故处理办法》第九条规定,因"学校的校舍、场地、其他公共设施,以及学校提供给学生使用的学具、教育教学和生活设施、设备不符合国家规定的标准,或者有明显不安全因素"造成的学生伤害事故,学校应当依法承担相应的责任。题干中,学生李阳在体育课上因地面不平摔倒受伤,这主要是由于学校提供给学生的场地存在明显的不安全因素造成的。因此,学校应承担事故的主要责任。

9. D 【解析】根据《中华人民共和国预防未成年人犯罪法》第三十一条规定,学校对有不良行为的未成年学生,应当加强管理教育,不得歧视;对拒不改正或者情节严重的,学校可以根据情况予以处分或者采取管理教育措施。题干中,学校要求各班主

任“重点关照”那些有不良行为的学生，是不合法的，学校不得歧视有不良行为的未成年人。

10. A 【解析】学校和教师必须尊重学生的人格尊严，严禁对学生实施体罚、变相体罚或其他侮辱人格尊严的行为。张老师因为本班的平均成绩排名靠后而骂自己的学生，此做法侵犯了学生的人格尊严权。

11. B 【解析】根据《中华人民共和国义务教育法》第十四条规定，根据国家有关规定经批准招收适龄儿童、少年进行文艺、体育等专业训练的社会组织，应当保证所招收的适龄儿童、少年接受义务教育；自行实施义务教育的，应当经县级人民政府教育行政部门批准。故 B 项做法正确。

12. C 【解析】《中华人民共和国教育法》第七十三条规定，明知校舍或者教育教学设施有危险，而不采取措施，造成人员伤亡或者重大财产损失的，对直接负责的主管人员和其他直接责任人员，依法追究刑事责任。

**易错提示：**《中华人民共和国教育法》中关于某一行为应承担的法律责任，考生可通过以下方法进行区分和记忆。

(1)刑事责任。实施犯罪行为是刑事责任产生的前提，只有达到犯罪程度的违法行为才追究刑事责任。

(2)民事责任。教育法的民事责任是指教育法律关系主体违反教育法律、法规，破坏了平等民事主体之间正常的财产关系或人身关系，依照法律规定应承担的法律责任。

(3)行政责任。行政责任是指行政法律关系主体因违反行政法律规范所规定义务而依法应当承担的法律责任。根据我国的教育法律、法规的有关规定，承担违反教育法的行政法律责任的方式主要有两类：行政处罚和行政处分。

①行政处罚是国家行政机关依法对违反行政法律规范的组织或个人进行的行政制裁。教育行政处罚主要有申诫罚、行为罚和财产罚三大类。

②行政处分是由国家机关或企事业单位对其所属人员作出的惩戒措施，属于内部行政行为，处分对象是作为公民的个体，包括警告、记过、记大过、降级、降职、撤职、留用察看和开除。

13. C 【解析】《中小学教师职业道德规范》中“教书育人”要求教师要遵循教育规律，实施素质教育。循循善诱，诲人不倦，因材施教。面对学生的不良行为，题干中的班主任老师对学生失去了信心，没有做到循循善诱、诲人不倦，不符合教师职业道德规范中“教书育人”的要求。

14. C 【解析】教师之间要互相尊重，切忌嫉妒；相互学习，取长补短；平等相待，

不卑不亢;乐于助人,关心同事。题干中,江老师作为导师手把手教导青年教师,体现了他团结协作和甘为人梯的精神。

15. B 【解析】根据《中小学教师违反职业道德行为处理办法》第三条规定,本办法所称处理包括处分和其他处理。处分包括警告、记过、降低岗位等级或撤职、开除。警告期限为6个月,记过期限为12个月,降低岗位等级或撤职期限为24个月。是中共党员的,同时给予党纪处分。其他处理包括给予批评教育、诫勉谈话、责令检查、通报批评,以及取消在评奖评优、职务晋升、职称评定、岗位聘用、工资晋级、申报人才计划等方面的资格。取消相关资格的处理执行期限不得少于24个月。

16. B 【解析】李老师利用休息时间到个别学生家里家访,体现了其对工作高度负责,凸显了爱岗敬业精神;平时与家长保持电话联系,让家长及时了解学生的情况,给家长讲一些教育学生的知识,体现了其尊重家长,符合为人师表的要求;到个别学生家里家访,通过家校联系来更好地教育学生,符合关爱学生的要求。题干中并未涉及李老师严谨治学的行为,故本题选B。

17. A 【解析】传说中炎帝教人农耕、尝遍百草、发明医药,是中华原始农业和医药学的创始人,号称神农氏。本题选A。

B项,伏羲氏是古代传说中的中华民族人文始祖,他发明创造了占卜八卦,教人结网捕兽捕鱼。

C项,燧人氏是华夏人工取火的发明者,结束了远古人类茹毛饮血的历史。

D项,相传有巢氏是人类原始巢居的发明者,教人构木为巢,以防御天气风雨寒热和猛兽的侵袭。

18. A 【解析】《史记》是西汉著名史学家司马迁撰写的一部纪传体史书,是中国历史上第一部纪传体通史,记载了上至上古传说中的黄帝时代,下至汉武帝太初四年间共3000多年的历史。本题选A。

B项,《吕氏春秋》是秦国丞相吕不韦组织属下门客集体编纂的杂家著作,全书共160篇,成书于秦始皇统一中国前夕。此书集先秦诸子百家之大成,是战国末期杂家的代表作。

C项,《左传》是我国第一部记事详备的编年体史书,也是先秦历史散文中思想性和艺术性最为突出的著作,为春秋时期左丘明所著。

D项,《资治通鉴》是由北宋著名史学家、政治家司马光主持编写,是一部编年体史学巨著,记述了从战国到五代共1300多年的历史,纵贯中国16个朝代。《资治通鉴》与《史记》被誉为“史学双璧”。

**方法技巧**:关于我国古代记叙历史事件的史书体例主要有以下几种。

| 体例 | 概念 | 代表作品 |
| --- | --- | --- |
| 编年体 | 以年代为线索编排有关历史事件 | 《春秋》《左传》《资治通鉴》 |
| 纪传体 | 记叙人物活动反映历史事件 | 《史记》(第一部纪传体史书) |
| 国别体 | 以国家为单位,分别记叙历史事件 | 《国语》(第一部国别体史书)、《战国策》 |

19. C 【解析】《乌尔纳姆法典》是迄今所知历史上最早的一部成文法典,C 项符合题目要求。《汉谟拉比法典》是世界上现存的第一部比较完备的成文法典。《摩奴法典》是古印度国家有关宗教、道德、哲学和法律的汇编之一。《摩西五经》是《圣经·旧约》最初的五部经典。

20. A 【解析】白化病是由于酪氨酸酶缺乏或功能减退引起的一种皮肤及附属器官黑色素缺乏或合成障碍所导致的遗传性白斑病。患者视网膜无色素,虹膜和瞳孔呈现淡粉色,怕光。皮肤、眉毛、头发及其他体毛都呈白色或黄白色。白化病属于家族遗传性疾病,患有白化病的幼儿被称为"月亮娃娃"。故本题选择 A 选项。

B 项,戈谢病即葡萄糖脑苷脂病,是一种家族性糖脂代谢疾病,为常染色体隐性遗传疾病,是溶酶体沉积病中最常见的一种。由于葡萄糖脑苷脂酶的缺乏而引起葡萄糖脑苷脂在肝、脾、骨骼和中枢神经系统的单核—巨噬细胞内蓄积而发病,产生相应的临床表现。

C 项,血友病为一组遗传性凝血功能障碍的出血性疾病,其共同的特征是活性凝血活酶生成障碍,凝血时间延长,终身具有轻微创伤后出血倾向,重症患者没有明显外伤也可发生"自发性"出血。

D 项,脆骨症又称瓷娃娃病,其特征为骨质脆弱、蓝巩膜、耳聋、关节松弛,是一种由于间充质组织发育不全,胶原形成障碍而造成的先天性遗传性疾病,是一种先天性骨骼病。

21. D 【解析】《人间喜剧》是法国批判现实主义作家巴尔扎克的作品。本题选 D。

A 项,雨果是法国作家,其代表作品有《巴黎圣母院》《悲惨世界》等。

B 项,司汤达是法国作家,其代表作品有《阿尔芒斯》《红与黑》等。

C 项,莫泊桑是法国批判现实主义作家,与俄国契诃夫和美国欧·亨利并称为"世界三大短篇小说巨匠",其代表作品有《项链》《羊脂球》《我的叔叔于勒》等。

22. A 【解析】地球表面包围着一层空气,空气中含有许多微小的尘埃、冰晶、水滴等。太阳光是由赤、橙、黄、绿、青、蓝、紫等多种颜色的光组成的,当太阳光通过地球

表面的空气时,波长较长的红色光透射力最大(其次是橙、黄色光),它能透过大气中的微粒而射向地面;而波长较短的青、蓝、紫等色光,很容易被悬浮在空气中的微粒散射开来,使天空呈现蓝色。

23. B 【解析】粤绣是广州刺绣(广绣)和潮州刺绣(潮绣)的总称,是中国四大名绣之一。粤绣纹样有"百鸟朝凤""孔雀开屏""三阳开泰"等。

24. A 【解析】哥特式建筑盛行于12至15世纪,它的建筑风格为高耸削瘦且带尖,巴黎圣母院是典型的哥特式建筑。中国故宫属于中国古代建筑;麦加清真寺属于伊斯兰教建筑;罗马圆形大剧场属于古罗马建筑。

25. C 【解析】采用二值记分法计算试题的难度公式为 $P = \frac{R}{N}$,R 为答对该题的人数,N 为参加测验的总人数。故此题的难度值 $= \frac{32}{100} = 0.32$。

26. D 【解析】Word 文档中的"粘贴"按钮,一般是配合"复制"按钮和"剪切"按钮使用,是将复制或剪切到剪贴板中的内容复制到文档中的当前插入点,也就是光标所在处。

27. C 【解析】在 Excel 中,一个工作簿默认有3个工作表。删除工作表的具体操作为:鼠标右键单击一个工作表标签,在弹出的对话框中选择删除操作。工作表被删除后,数据全部被删除,且不能用"撤消"来恢复。故本题选 C。A 项,对工作表中的单元格数据进行删除操作时,可用"撤消"来恢复被删除的数据。B 项,工作表被隐藏时,数据仍然保存在内存里,不再显示。D 项,整个工作簿被删除时会进入回收站,可去回收站将被删除工作簿恢复。

28. B 【解析】题干中的示例是种属关系,即自信是一种心理状态。B 项中矿泉水是一种饮料,与题干逻辑关系相符。故选 B 项。

29. C 【解析】整体考虑阴影的移动无法发现规律,将第一组每个图形平均分成左右两部分后,会发现两部分的黑色方块在各自的区域均顺时针移动一个方格。第二组图形也是按此规律变化。故本题选 C。

**二、材料分析题(参考答案)**

30. 材料中李老师的行为是恰当的,符合新课程倡导的教师观。

(1)从教师与学生的关系看,教师是学生学习的促进者。教师是学生学习能力的培养者。教师不仅传授知识,而且是学生学习的激发者,各种能力和积极个性的培养者。材料中,李老师在学生们发现蜗牛后能够因势利导,提出和学生们一起研究蜗牛,说明李老师能够有意识地促进、支持学生的学习。

(2)从教学与研究的关系看,教师是教育教学的研究者。教师即研究者,意味着

教师在教学过程中要以研究者的心态置身于教学情境之中，以研究者的眼光审视和分析教学理论与教学实践中的各种问题，对自身的行为进行反思，对出现的问题进行探究，对积累的经验进行总结，最终形成规律性的认识。材料中，李老师课后研究查阅蜗牛的相关资料，并找来关于蜗牛的科普视频和学生们一起观看，说明李老师能够积极探究教育教学问题。

(3)从教学与课程的关系看，教师是课程的开发者和建设者。新课程倡导民主、开放、科学的课程理念，同时确立了国家、地方、学校三级课程管理政策，这就要求课程与教学相互整合，教师必须在课程改革中发挥主体作用。材料中，李老师将蜗牛引入课堂，和学生们一起观察、记录蜗牛的生活，通过查阅资料、分享资料展开以“蜗牛”为主题的系列活动，说明李老师能够自主开发、建设学生感兴趣的课程。

(4)在对待师生关系上，新课程强调尊重、赞赏。“为了每一位学生的发展”是新课程的核心理念。为了实现这一理念，教师必须尊重每一位学生做人的尊严和价值。同时，还要学会发现学生的闪光点，学会赞赏每一位学生。材料中，当学生提出问题时，李老师能够采取积极的态度及时给予赞赏，说明李老师善于发现学生的闪光点。

(5)在对待教学关系上，新课程强调帮助、引导。教的本质在于引导。引导的特点是含而不露、开而不达、引而不发。材料中，针对学生发现的问题，李老师能够启发学生思考，并帮助学生寻找、搜集学习资源，找到解决问题的方法，说明李老师能够通过引导促进学生的发展。

总之，李老师的教育行为体现了新课程倡导的教师观，值得我们借鉴和学习。

31. 材料中，王老师的教育行为践行了教师职业道德规范，值得肯定和学习。

(1)爱岗敬业要求教师对工作高度负责，认真备课上课，认真批改作业，认真辅导学生。不得敷衍塞责。材料中，班级卫生扣分事件发生后，王老师抓住时机对全班学生进行教育，最终取得了很好的效果。这说明王老师对工作认真负责，做到了爱岗敬业。

(2)关爱学生要求教师关心爱护全体学生，尊重学生人格，平等公正对待学生；对学生严慈相济，做学生良师益友。材料中，王老师没有直接批评劳动委员和值日生，而是通过召开主题班会的形式来教育全体学生，这体现了王老师对学生的尊重。王老师既肯定了劳动委员和值日生的努力，又指出他们的不足，并对他们今后的工作提出了严格要求，这是严慈相济的表现。这些都表明王老师遵循了关爱学生的师德规范。

(3)教书育人要求教师遵循教育规律，实施素质教育；循循善诱，诲人不倦，因材施教。针对班级卫生扣分事件，王老师召开主题班会，找班干部谈话，分析得失，统一认识，引导班委和全班同学深刻反省自我，找劳动委员和值日生谈心，最终提高了全体

学生的认识,也增强了同学们的班级认同感。

总之,王老师的教育行为符合教师职业道德规范的要求,值得广大教师学习。

**方法技巧:**关于考查教师职业道德的材料分析题,考生阅读时要注意材料中的关键词句,找准教师行为所对应的师德规范。

| 师德规范 | 关键词或信息 |
| --- | --- |
| 爱国守法 | 正面:遵守学校规章制度、遵守法律法规 |
| | 负面:违反教育法律法规、侵犯学生的合法权益 |
| 爱岗敬业 | 正面:认真备课、上课、辅导学生、无私奉献 |
| | 负面:做事态度敷衍、应付了事、工作时不耐烦 |
| 关爱学生 | 正面:关注学生身心发展、关爱和帮助弱势学生、关注全体学生、对待学生公平公正 |
| | 负面:偏心、侵犯学生合法权益、体罚或讽刺挖苦学生 |
| 教书育人 | 正面:因材施教、培养良好品行、不唯分数论 |
| | 负面:唯分数论、对后进生不闻不问 |
| 为人师表 | 正面:以身作则、尊重同事家长、不收礼、言行举止文明 |
| | 负面:言行粗俗、着装邋遢、不尊重同事家长、有偿家教 |
| 终身学习 | 正面:积极学习新知识和新技能、钻研教学、参加培训 |
| | 负面:得过且过、不思进取、毫无反思 |

32.(1)①从传统中来却不满并质疑一切;②创造中融入了更新更有益的养分。

(2)相同点:都有反抗和批判的性格;都是新时代和新潮流的推动者。

不同点:①陈独秀等人是狂飙突进的猛将,高举文化批判的旗帜,面对中国系统而顽固的旧文化和旧礼教,指出它阻碍中国前进的保守性,以惊电迅雷的气势进行扫荡;他们"五四精神"的本质是隐藏着和潜伏着的。

②冰心先生具有建设精神。温情的和人性的"五四"本质在冰心那里更明显。冰心先生创造了崭新的抒情文体,是儿童文学热情的支持者和实践者。

三、写作题(参考范文)

33. 要有海一样的胸怀

"大肚能容,容天下难容之事"是人们给弥勒佛写的一副对子的上联,说的是弥勒佛笑口常开,因为他能容人,能容事。一句话,他宽容。

学会宽容是当今时代的强音,人们强烈地呼唤宽容。

作为以教育下一代为己任的人民教师,首先应该在这方面做学生的表率,做学生的楷模,成为学生学习的榜样。

但是，在现实的教育教学活动中，有些教师由于各种原因，总会做出一些不宽容的事，给学生们留下不太美好的印象。

有位初中语文老师，有着 10 多年的教龄，在当地还算小有名气。由于其能力比较强，被选拔去教高中。因为有 10 多年没有再去重温当年所学的知识，在上课时，这位老师偶尔会出现一些知识上的小错误。开始时，学生们也不太在意。可是，到了高三，随着教学内容越来越难，这位老师出的差错也就越来越多。班上学生的意见也越来越大。最后，全班 50 多位学生联合签名，把要求撤换该老师的信件交给了县里的主管领导和学校的校长。结果，可想而知，这位老师被撤换下来了。后来，该老师生病在家。那些当时要求撤换她的学生觉得对不起老师，大家就买了水果等礼品，一起去探望老师。令这些学生失望的是，老师竟把他们买来的水果全部丢到了大门外。学生一看这情形，傻眼了，只好一个个灰溜溜地走了出来。在回家的路上，同学们议论纷纷，大家都说："原来老师也有素质差的！"这件事情影响很大。

老师，请不要忘记，你这一扔，扔掉的是学生的一片心意、一片情意；扔掉的是学生对你的尊敬。尽管他们原先可能伤害过你，使你失去了自尊，失去了面子，失去了工作，但学生有权利选择更适合的老师。

一名优秀的教师肯定是一个懂得宽容的老师。懂得宽容的老师，他（她）不仅懂得教育，更懂得享受教育。宽容学生是以人为本、全面发展的客观要求。要做到宽容学生，教师必须摈弃高高在上的指挥者的角色，放低姿态，把自己放在与学生平等的位置上，经常走到学生的中间，尽量零距离与他们接触，消除他们对老师的恐惧感。

老师的胸怀，应该比大海还要宽广，这样才能够容纳学生的缺点和错误，才能够不计前嫌。要知道，学生还是成长中的孩子，在成长的道路上经常会犯错误，他们还没有成人，他们还需要老师去教他们怎样做人。从这个意义上来说，老师本身就应该比学生更懂得如何尊重人、理解人、宽容人。

宽容，并非人的本性，从来就没有谁敢放言自己从小就知道怎么去宽容别人，包括老师。重要的是，应该去学，应该在实践中去学，从自己的成功与失败中去学。

其实，每一个老师都应该反思自己，在对待学生时，宽容过他们的错误吗？你宽容了他们，他们高兴了吗？

老师，请记住："你的教鞭下有瓦特，你的冷眼里有牛顿，你的讥笑中有爱迪生。"请你学会宽容吧！

## 国家教师资格考试预测试卷(十六)

一、单项选择题

1. B 【解析】个体身心发展的阶段性指个体身心发展在不同的年龄阶段表现出不同的总体特征及主要矛盾,面临着不同的发展任务。个体身心发展的阶段性规律,决定了教育工作必须根据不同年龄阶段的特点分阶段进行,不能搞"一刀切",同时要注意各阶段间的衔接与过渡。

**易错提示:**考生注意辨别区分不同规律的教育要求。

| 规律 | 教育要求 |
| --- | --- |
| 顺序性 | 遵循身心发展的客观规律,循序渐进施教,不能"揠苗助长" |
| 阶段性 | 根据不同年龄阶段的特点有针对性地施教 |
| 不平衡性 | 抓住学生发展的关键期,适时而教 |
| 互补性 | 长善救失,扬长避短 |
| 个别差异性 | 因材施教 |
| 整体性 | 教学要着眼于学生的整体性,促进学生的一般发展 |

2. A 【解析】素质教育是促进学生全面发展的教育。学校教育不仅要抓好智育,更要重视德育,还要加强体育、美育、劳动技术教育和社会实践,使诸方面的教育相互渗透、协调发展,促进学生的全面健康成长。题干中,该校能够将中华传统文化和学科教学相结合,既注重知识的传授,同时又注重学生的品德培养,体现了素质教育促进学生全面发展的教育理念。故本题选 A。

3. A 【解析】学生是独特的人,学生与成人之间存在着巨大的差异,学生的观察、思考、选择和体验,都和成人有明显不同。所以,"应当把成人看作成人,把孩子看作孩子"。卢梭认为,儿童是有其特有的看法、想法和感情的,如果想用成人的看法、想法和感情去代替儿童的看法、想法和感情,那简直是最愚蠢的事情,儿童在成人之前就要像儿童的样子。这是学生的独特性的体现。

4. B 【解析】素质教育是面向全体学生的教育。"挑选适合教育的学生"说明教育只是针对部分学生,而"适合学生的教育"说明教育的范围是全体学生,符合素质教育面向全体学生的理念。

5. D 【解析】《中华人民共和国教师法》第七条规定,教师享有下列权利:(一)进行教育教学活动,开展教育教学改革和实验;(二)从事科学研究、学术交流,参加专业

的学术团体,在学术活动中充分发表意见;(三)指导学生的学习和发展,评定学生的品行和学业成绩;(四)按时获取工资报酬,享受国家规定的福利待遇以及寒暑假期的带薪休假;(五)对学校教育教学、管理工作和教育行政部门的工作提出意见和建议,通过教职工代表大会或者其他形式,参与学校的民主管理;(六)参加进修或者其他方式的培训。题干中某中学规定老师们晚上 11 点才能下班且没有加班报酬,侵犯了教师的合法权益。

6. C 【解析】根据《中华人民共和国教育法》第三十六条规定,学校及其他教育机构中的管理人员,实行教育职员制度。学校及其他教育机构中的教学辅助人员和其他专业技术人员,实行专业技术职务聘任制度。

7. B 【解析】根据《学生伤害事故处理办法》第十条规定,学生或者其监护人知道学生有特异体质,或者患有特定疾病,但未告知学校而造成学生伤害事故,学生或者未成年学生监护人应当依法承担相应的责任。

8. D 【解析】根据《中华人民共和国未成年人保护法》第七十五条规定,网络游戏经依法审批后方可运营。国家建立统一的未成年人网络游戏电子身份认证系统。网络游戏服务提供者应当要求未成年人以真实身份信息注册并登录网络游戏。网络游戏服务提供者应当按照国家有关规定和标准,对游戏产品进行分类,作出适龄提示,并采取技术措施,不得让未成年人接触不适宜的游戏或者游戏功能。网络游戏服务提供者不得在每日二十二时至次日八时向未成年人提供网络游戏服务。

9. C 【解析】根据《中华人民共和国义务教育法》第二条规定,国家实行九年义务教育制度。义务教育是国家统一实施的所有适龄儿童、少年必须接受的教育,是国家必须予以保障的公益性事业。实施义务教育,不收学费、杂费。故 A、B 两项表述正确。第四条规定,凡具有中华人民共和国国籍的适龄儿童、少年,不分性别、民族、种族、家庭财产状况、宗教信仰等,依法享有平等接受义务教育的权利,并履行接受义务教育的义务。故 D 项表述正确。第七条规定,义务教育实行国务院领导,省、自治区、直辖市人民政府统筹规划实施,县级人民政府为主管理的体制。故 C 项表述错误。

10. B 【解析】我国《宪法》第八十九条规定,国务院行使“根据宪法和法律,规定行政措施,制定行政法规,发布决定和命令”的职权。

11. B 【解析】《中华人民共和国预防未成年人犯罪法》第三十七条规定,未成年人的父母或者其他监护人、学校发现未成年人组织或者参加实施不良行为的团伙,应当及时制止;发现该团伙有违法犯罪嫌疑的,应当立即向公安机关报告。题干中的小强经常和社会上的不良团伙在上下学路上打劫同学的财物,这属于严重不良行为,也属于违法犯罪行为。因此张老师应当及时向公安机关报告。

**方法技巧：**考生做题时要谨记，单项选择题选最佳，当多个选项都无法排除时，选择其中最符合题意、最切合考点的选项。对于法律法规题，即使四个选项说法都合理，但如果某一选项表述与法条原文最相似，一般情况下该选项即为最佳选项。

12. D 【解析】名誉是对民事主体的品德、声望、才能、信用等的社会评价。任何组织或者个人不得以侮辱、诽谤等方式侵害学生的名誉权。题干中的小豪给小佳取了“肥猪佳”的绰号，还煽动其他同学一起取笑小佳，这是用侮辱的形式侵犯小佳名誉权的行为。

13. D 【解析】教师职业行为规范要求教师之间要做到：互相尊重，切忌嫉妒；相互学习，取长补短；平等相待，不卑不亢；乐于助人，关心同事。题干中各科老师都来帮忙录制视频，体现了教师与教师之间的团结互助精神。

14. A 【解析】A 选项，“学为人师，行为世范”的意思是：所学要为世人之师，所行应为世人之范。这句话与“为人师表”的内涵是一致的。故本题选 A。

B 选项，“凡学之道，严师为难”的意思是：凡是为学之道，以尊敬教师最难做到。

C 选项，“德无常师，主善为师”的意思是德没有不变的榜样，以善为准则就是榜样。

D 选项，“仰之弥高，钻之弥坚”的意思是越仰望越显得高远，越钻研它越显得坚固。

15. A 【解析】“终身学习”的师德规范要求教师崇尚科学精神，树立终身学习理念，拓宽知识视野，更新知识结构。潜心钻研业务，勇于探索创新，不断提高专业素养和教育教学水平。题干中的王老师认为自己快要退休了就不用学习，不用参加培训，这说明他缺乏终身学习的理念。

16. D 【解析】教育人道主义原则，是指教师在教育劳动过程中，应当从社会主义人道主义原则出发，尊重人、关心人、爱护人，协调自己与他人之间的关系，并以人道主义的言行影响、培养学生。题干中“保护学生幼小的心灵”体现了对学生的尊重和关爱，因而体现了教育人道主义原则。

17. C 【解析】美杜莎和宙斯都是古希腊神话传说中的人物；湿婆是印度教三神之一；刑天是我国神话传说中的战神。

18. C 【解析】苏格拉底和他的学生柏拉图，以及柏拉图的学生亚里士多德并称为“希腊三贤”。故选 C。

19. C 【解析】酸雨是指 pH 值小于 5.6 的雨雪或其他形式的降水。雨、雪等在形成和降落过程中，吸收并溶解了空气中的二氧化硫（$SO_2$）、氮氧化合物等物质，形成了 pH 值低于 5.6 的酸性降水。

20. D 【解析】题干诗句出自《端正好·碧云天》，是元代剧作家王实甫代表作《西厢记》中的一首唱曲，此曲通过崔莺莺对暮秋郊野景色的感受，抒发了因离别产生的痛苦压抑的心情。

21. A 【解析】A 项，西汉时期，人们已经懂得了造纸的基本方法。东汉蔡伦又改进了造纸工艺，用树皮、麻头、破布、旧渔网等材料造成便于书写的纸，人称“蔡侯纸”。造纸术的发明，使书写的载体发生了革命性的变化，也为书法艺术的进一步发展提供了物质条件。人们对书法美的不懈追求，推动了书法艺术的持久发展。故 A 项正确，D 项错误。

B 项，活字印刷术是由北宋时期的匠人毕昇发明的。北宋在东汉之后，且两个朝代相隔久远，故排除 B 项。

C 项，汉字本身的形成与发展并非书法成为艺术的物质条件，C 项排除。

22. A 【解析】《女神》在诗歌形式上，突破了旧格套的束缚，创造了雄浑奔放的自由诗体，为“五四”以后自由诗的发展开拓了新的天地，成为中国新诗的奠基之作，强烈体现了“五四”时期狂飙突进的时代精神，及彻底地反帝反封建、热切追求自由解放和光明新生的精神。故选 A 项。

B 项，《野草》写于“五四”后期，是鲁迅唯一的一本散文诗集，反映了鲁迅彷徨、思索、坚韧战斗的心路历程。

C 项，胡适的《尝试集》是中国现代文学史上第一部白话诗集，开新文学运动之风气，是胡适里程碑式的著作。《尝试集》中主要是表现个性解放、人道主义和民主自由的诗，具有反封建的时代色彩和积极意义。

D 项，《红烛》是闻一多的诗集，该诗集题材广泛，内容丰富，或抒发诗人的爱国之情，或批判封建统治下的黑暗，或反映劳动人民的苦难，或描绘自然的美景。

23. B 【解析】A 项，舒曼是 19 世纪德国作曲家、音乐评论家。

B 项，海顿是奥地利作曲家，维也纳古典乐派代表人物。

C 项，贝多芬出生于波恩，是维也纳古典乐派代表人物之一。

D 项，李斯特是匈牙利著名作曲家、钢琴家、指挥家，浪漫主义前期最杰出的代表人物之一。

24. D 【解析】由二十四节气歌可知，处于秋季的节气有“处暑”“寒露”“霜降”。“小满”是处于夏季的节气。

**方法技巧：**考生可通过以下方法记忆二十四节气。春——春雨惊春清谷天；夏——夏满芒夏暑相连；秋——秋处露秋寒霜降；冬——冬雪雪冬小大寒。

25. A 【解析】中位数又称中数、中值，是指按顺序排列在一起的一组数据，若该

组数据为奇数个，位于中间位置的数是中位数；若该组数据为偶数个，位于中间两个数的平均数就是中位数。平均数指在一组数据中所有数据之和再除以这组数据的个数。将这组数据从小到大排序为：87，89，90，91，92，93，94，96。故中位数为$\frac{91+92}{2}=91.5$，平均数为$\frac{87+89+90+91+92+93+94+96}{8}=91.5$。

26. C 【解析】A 项，排序是将所选数据按照升序、降序等方式进行排列。

B 项，数据筛选将显示数据中满足条件的数据，不满足条件的数据暂时被隐藏起来（没有被删除）。

C 项，分类汇总是对数据按某字段进行分类，将字段值相同的记录作为一类，进行求和、平均、计数等汇总运算，且分类汇总一般是在作为分类汇总的关键字段的数据已分组排列的基础上进行的。

D 项，合并汇总是指汇总报表中不同单元格区域内的数据，并在单个输出区域中显示合并计算结果。故按照班级统计出某门课程的平均分所采用的方式为分类汇总。

27. C 【解析】当 Excel 工作簿中既有工作表又有图表时，执行“保存文件”命令则将工作表和图表文件一起保存。

28. A 【解析】芝麻是香油的原材料，并且制造过程中涉及化学变化。

A 项，面粉是制作面包的原材料，并且制作过程中涉及化学变化，符合题干逻辑。

B 项，纸张是笔记本的组成部分，不是原材料，不符合题干逻辑。

C 项，干冰和二氧化碳是同一物质的不同状态，不符合题干逻辑。

D 项，手指是手的一部分，不是原材料，不符合题干逻辑。

29. A 【解析】观察数列可知，第一项 + 第二项 + 5 = 第三项（即 6 + 9 + 5 = 20），第二项 + 第三项 + 5 = 第四项（即 9 + 20 + 5 = 34）。那么第五项为 20 + 34 + 5 = 59，即空缺处数字是 59。验证第六项为 34 + 59 + 5 = 98，与题干一致。故正确答案为 A。

**二、材料分析题（参考答案）**

30. 材料中胡老师的做法体现了“以人为本”的学生观。“以人为本”的学生观将学生视为发展中的人，尊重学生的独特性，并在教育教学过程中将学生放在学习的主体位置，真正实现学生的全面发展。

（1）学生是发展中的人，教师要用发展的观点看待学生。材料中胡老师在教学过程中注重学生良好学习习惯的养成，将学生看作处于发展过程中的人、正在成长中的人，有助于促进学生的不断进步、不断发展。

（2）学生是学习的主体。材料中胡老师在教学过程中充分调动学生学习的积极性和主观能动性，开展探究性学习，努力提高学生的学习能力，是尊重学生主体地位的

表现。

(3)学生是完整的人。学生并不是单纯的、抽象的学习者,而是有着丰富个性的完整的人。在教育活动中,作为完整的人而存在的学生,不仅具备全部的智慧力量和人格力量,而且体验着全部的教育生活。材料中胡老师在教学过程中注重基础知识与基本技能的培养,注重学生创新意识的培养,并且能够在教学中将人文知识与学生的生活体验有机结合起来,说明胡老师将学生当作完整的个体来看待。

总之,胡老师在教育教学中践行了"以人为本"的学生观,尊重学生主体地位,重视学生体验,促进了学生的良好发展,值得肯定。

31. 张老师的行为有对有错,我们应辩证看待。

(1)爱岗敬业的教师职业道德规范要求教师对工作高度负责,认真备课上课,认真批改作业,认真辅导学生。不得敷衍塞责。材料中的张老师从教30年来,一直兢兢业业,认真讲课,每天都要给四五个班上课等符合爱岗敬业的教师职业道德规范要求。

(2)为人师表的教师职业道德规范要求教师坚守高尚情操,知荣明耻,严于律己,以身作则。衣着得体,语言规范,举止文明。关心集体,团结协作,尊重同事,尊重家长。作风正派,廉洁奉公。自觉抵制有偿家教,不利用职务之便谋取私利。材料中的张老师深受学生们的爱戴,被同事们评价为一位勤勤恳恳的老师,给学生做了很好的榜样,符合为人师表的教师职业道德规范要求。

(3)关爱学生的教师职业道德规范要求教师关心爱护全体学生,尊重学生人格,平等公正对待学生。对学生严慈相济,做学生的良师益友。保护学生安全,关心学生健康,维护学生权益。不讽刺、挖苦、歧视学生,不体罚或变相体罚学生。材料中的张老师发现学生身体不舒服后,让她独自回宿舍休息,忽视了学生在回宿舍途中的安全,而且在课后没有跟任何人提起此事,说明张老师没有进一步关心学生的健康,这违背了关爱学生的教师职业道德规范要求。

综上所述,张老师爱岗敬业、以身作则的行为是值得肯定的,但张老师对学生关心不足,没有做到关爱学生。故张老师应该反思并改进自身不足,认真践行教师职业道德规范。

32. (1)①第一个阶段:阿兰·图灵从数理逻辑上为人工智能用上"机械大脑"开创了理论先河;维纳抓住了人工智能核心——反馈;约翰·麦卡锡说服大家使用人工智能这一术语;达特茅斯会议正式确立了AI这一术语,并且开始从学术角度对AI展开了严肃而精专的研究。②第二个阶段:人工智能在受人追捧而蓬勃发展的同时,也备受批评,且遭受两次严重挫折,史称"两次人工智能寒冬"。在此期间,人工智能程

序在问题求解、语言处理方面取得了一些进展;1980 年,人工智能中专家系统的商用价值被广泛接受。③第三个阶段:人们开始对 AI 抱有客观理性的认识,人工智能技术进入平稳发展时期,并于 2006 年再次取得突破。

(2)①认为人工智能的发展利大于弊,会为我们带来巨大的进步;②认为人工智能的发展弊大于利,人工智能的过度发展将会给人类带来巨大的危机;③认为人工智能的发展有利有弊,一方面我们要看到人工智能对商业革命和现代文明带来的巨大影响,另一方面我们也要对人工智能的研究进行合理的监管,避免对人类造成危害。

(三个角度任选其一,回答言之有理即可)

**三、写作题(参考范文)**

**33.　　耕种自己的土地**

曾几何时,"我不相信"的北岛在自己精神的土地上耕种、质疑;曾几何时,"面朝大海"的海子在自己灵魂的土地上耕种、渴望;曾几何时,"我以我血荐轩辕"的鲁迅在自己思想的土地上耕种、呐喊!

再看当下的中国文坛,是否还有人在耕种"自己"的土地?

鲁迅先生曾说:"中国作家对社会现实是没有正视的勇气的,甚至仰视、斜视都不能。"当民族的危难已殆散,当"文革"的动荡已淡去,在改革开放的今天,我们却悲哀地发现太多的文人无法耕种属于自己的土地。当今文坛,似乎弥漫着"文化"的韵味:有些人习惯了写一些心灵散文愉悦大众,习惯了配制一点"文化快餐"以赚取口腹之需,对于社会敏感的话题,不敢正视,甚至不敢仰视、斜视。他们不敢表露自己真实的想法,于是只能学学陶潜,打着"文化"的旗号,"采菊东篱下",优哉游哉。是的,陶冶情操的文章固然需要,然而为何很少有人像鲁迅那样直面现实、针砭时弊,剖析"国民的劣根性"以引起大众"疗救的注意"?

两岁女童小悦悦被无情的车轮碾过,无助地躺在那儿,7 分钟内 18 名路人经过却无一人伸出援手,最终,一位拾荒阿姨将小悦悦抱到路边。悲哀啊!18 比 1 的冰冷数字昭示着人情的冷漠!为什么?民众道德的缺失是毋庸置疑的事实,然而作家们是否也应该反思,叩问民众良知的文章是否也应该写写了?是否也应该"放出眼光"、拿出勇气耕种属于自己的真实思想的土地?

中国文坛的弊病,主要体现在思想与文化独立性的缺失上!

记得有一位张口即"之乎者也"以思辨著称的专家,动辄说"西方某某著作支撑起我的精神世界"。呜呼!"人是有思想的芦苇",一个人的精神依靠非本民族的著作支撑,这是个人更是时代的悲哀!还有一篇报道,某天才自幼在英国读书,立志成为中国

第一位诺贝尔文学奖得主，并称“读完大英博物馆的所有藏书”是完成理想的第一步。悲哉！中国第一位“诺贝尔文学奖得主”竟只读外国文学，中国五千年灿烂的文化，他可懂得分毫？再看看现今的文化市场，舶来品充斥：肯德基之类的快餐文化正在吞噬传统的饮食文化，摇滚布鲁斯的节奏震断了古琴弦，歌剧比京剧更受欢迎，甚至屈原和西施都戴上了高丽人的帽子……

我们五千年厚重文化的土地上，耕种的可是我们自己思想、文化的种子？

诚然，兼容并蓄、海纳百川是必需的，然而为何异邦文化充斥中国市场，为何中国自己的传统文化日渐隐没？

该好好耕种我们自己的土地了！

当然我们也欣喜地看到：以韩寒为代表的一批年轻人，毫不避讳地表达着自己对社会的看法；周杰伦的《青花瓷》引发了一阵“中国风”；国家规定了传统节日为法定假日。是的，已有越来越多的人警醒，并尝试着耕种我们自己的土地！

我们需要耕种自己的思想土地，需要传承自己的民族文化！只因我们对自己的这片土地，爱得深沉！

## 国家教师资格考试预测试卷（十七）

### 一、单项选择题

1. A 【解析】当代教学观的变革趋势之一是从重视教师的教向重视学生的学转变。依据题干描述，夏老师过于注重知识的传授，重视教的方面，没有做到让学生学会学习，故夏老师应从重视教师的教法转变为重视学生的学法。

2. B 【解析】题干中老师对学生富有想象力的答案给予了否定，说明这位老师忽视了学生独特的想象力，忽视了学生的创造性。

3. C 【解析】叶澜等人从“自我更新”取向角度对教师专业发展阶段进行了深入研究，将它划分为“非关注”阶段、“虚拟关注”阶段、“生存关注”阶段、“任务关注”阶段、“自我更新关注”阶段五个阶段。其中，处于“虚拟关注”阶段的一般是师范学习阶段的学生或实习期教师，他们对合格教师的要求开始思考，在虚拟的教学环境中获得某些经验，对教育理论及教师技能进行学习和训练，有了对自我专业发展反思的萌芽。题干中的李明通过学习教育理论，获得教学技能技巧，参加教育见习等，对教师职业有了初步认识，这可以推断出他的教师专业发展处于“虚拟关注”阶段。

4. A 【解析】教学反思被认为是“教师专业发展和自我成长的核心因素”。新课程提出，教师在对待自我上应强调反思。题干的表述体现了钟老师对自己的教育方法

进行了反思。

5. A 【解析】根据《中华人民共和国未成年人保护法》第五十九条规定，任何人不得在学校、幼儿园和其他未成年人集中活动的公共场所吸烟、饮酒。学校是未成年学生集中活动的公共场所，教师张某在学校操场的角落里吸烟的行为是错误的，违反了我国《未成年人保护法》的相关规定，本题答案选 A 项。

6. B 【解析】根据《中华人民共和国教师法》第五条规定，国务院教育行政部门主管全国的教师工作。国务院有关部门在各自职权范围内负责有关的教师工作。学校和其他教育机构根据国家规定，自主进行教师管理工作。

7. C 【解析】根据《中华人民共和国义务教育法》第五十八条规定，适龄儿童、少年的父母或者其他法定监护人无正当理由未依照本法规定送适龄儿童、少年入学接受义务教育的，由当地乡镇人民政府或者县级人民政府教育行政部门给予批评教育，责令限期改正。亮亮是处于义务教育阶段的学生，亮亮父母让其辍学的做法是错误的，故当地乡镇人民政府应对亮亮的父母进行批评教育，责令其父母限期改正。

8. B 【解析】根据《中华人民共和国教育法》第七十二条规定，结伙斗殴、寻衅滋事，扰乱学校及其他教育机构教育教学秩序或者破坏校舍、场地及其他财产的，由公安机关给予治安管理处罚；构成犯罪的，依法追究刑事责任。题干中李明家长及其他相关人员的行为扰乱了学校教学秩序，但并未构成犯罪，所以应由公安机关给予治安管理处罚。

9. B 【解析】《中华人民共和国宪法》第三十四条规定，中华人民共和国年满十八周岁的公民，不分民族、种族、性别、职业、家庭出身、宗教信仰、教育程度、财产状况、居住期限，都有选举权和被选举权；但是依照法律被剥夺政治权利的人除外。A 项和 D 项，二人均未满十八周岁，排除。C 项，被剥夺政治权利的人没有选举权和被选举权，排除。故选 B。

10. D 【解析】根据《学生伤害事故处理办法》第九条规定，因学校的校舍、场地、其他公共设施，以及学校提供给学生使用的学具、教育教学和生活设施、设备不符合国家规定的标准，或者有明显不安全因素而造成的学生伤害事故，学校应当依法承担相应的责任。题干中学校提供给学生使用的实验设备有明显的不安全因素，以致电伤学生，在这起事故当中，学校应该承担主要责任。

11. B 【解析】《中华人民共和国教师法》第十四条规定，受到剥夺政治权利或者故意犯罪受到有期徒刑以上刑事处罚的，不能取得教师资格；已经取得教师资格的，丧失教师资格。B 项，罗某被剥夺政治权利，故罗某不能取得教师资格，本题选 B 项。

12. C 【解析】根据《中华人民共和国预防未成年人犯罪法》第三十八条规定，本法所称严重不良行为，是指未成年人实施的有刑法规定、因不满法定刑事责任年龄不予刑事处罚的行为，以及严重危害社会的下列行为：（一）结伙斗殴，追逐、拦截他人，强拿硬要或者任意损毁、占用公私财物等寻衅滋事行为；（二）非法携带枪支、弹药或者弩、匕首等国家规定的管制器具；（三）殴打、辱骂、恐吓，或者故意伤害他人身体；（四）盗窃、哄抢、抢夺或者故意损毁公私财物；（五）传播淫秽的读物、音像制品或者信息等；（六）卖淫、嫖娼，或者进行淫秽表演；（七）吸食、注射毒品，或者向他人提供毒品；（八）参与赌博赌资较大；（九）其他严重危害社会的行为。故本题选择 C 选项。

13. A 【解析】教师在处理与家长关系时要做到：尊重家长，理解家长；经常家访，互通情况；密切配合，教育学生。万老师情急之下打学生的做法是不对的，应先向小夏及小夏母亲道歉。

14. C 【解析】爱岗敬业要求教师对工作高度负责，认真备课上课，认真批改作业，认真辅导学生。不得敷衍塞责。题干中高老师对待课堂上有可能引发争议的问题，事先运用试验、检验假设、请教学者等方式以求得到问题的正确解答。这是一种求真务实的精神。

15. A 【解析】"君子之教，喻也"的意思是：高明的教师善于用启发的方法教育学生，体现了启发性教育理念。

A 项的意思是：开导学生，但不要牵着学生走；对学生提出较高的要求，但不能使学生灰心；指导学生学习的门径，而不把答案直接告诉学生。这也体现了启发性教育理念，符合题意。本题选 A。

B 项的意思是：教学如果不按一定的顺序，杂乱无章地进行，学生就会陷入紊乱而没有收获。这体现了循序渐进的教育理念。B 项排除。

C 项的意思是：听别人说而自己没有见到，那么听得再多也还是会有错误的。这体现了直观性教育理念。C 项排除。

D 项的意思是：知道就是知道，不知道就是不知道，这才是聪明的。这体现了踏实认真的学习态度。D 项排除。

16. C 【解析】该教师通过改变教学方式激发学生的学习兴趣，这体现了教师劳动的创造性特点。

17. C 【解析】"鸿雁传书"源自苏武牧羊的故事。

A 选项，"文姬归汉"源自《后汉书》，讲的是蔡文姬回归故国汉朝的事。

B 选项，"霸王别姬"出自《史记》，讲的是秦末项羽兵败被困时，慷慨悲歌，与爱妾

虞姬和爱马诀别的故事。

D 选项,“楚汉相争”讲的是西楚霸王项羽、汉王刘邦为争夺政权而进行的一场大规模战争,最终以项羽的西楚败亡,刘邦建立汉朝而告终。

18. B 【解析】A 项,“人法地,地法天,天法道,道法自然”出自《老子》。

B 项,“天行健,君子以自强不息;地势坤,君子以厚德载物”出自《周易》。

C 项,“君子有大道,必忠信以得之,骄泰以失之”出自《大学》。

D 项,“老吾老,以及人之老;幼吾幼,以及人之幼”出自《孟子》。故 B 项正确。

19. C 【解析】“把酒问姮娥:被白发、欺人奈何?”出自宋代辛弃疾的《太常引·建康中秋夜为吕叔潜赋》,诗句描述的是中秋节。“兴怀何限兰亭感,流水青山送六朝。”出自明末清初诗人龚鼎孳的《上巳将过金陵》,诗句描述的是上巳节。“传闻宴客端阳前,妙舞清歌进金凿。”出自清代诗人汪懋麟的《秦淮灯船歌》,诗句中的“端阳”指端午节。结合选项得出本题答案为 C。

20. D 【解析】定滑轮的实质是等臂杠杆,使用它不能省力,A 选项说法错误;一般情况下使用动滑轮能省一半的力,但是如果动滑轮的重力大于物体的重力,使用它反而费力,B 选项说法错误;使用滑轮组可以省力,但不能省距离,所以 C 项错误、D 项正确。

21. D 【解析】北斗卫星导航系统标志由正圆形、写意的太极阴阳鱼、北斗星、网格化地球和中英文文字等要素组成。圆形构型象征中国传统文化中的“圆满”,A 项错误。

太极阴阳鱼蕴含了中国传统文化,C 项错误。

北斗星是自远古时起人们用来辨识方位的依据。司南是中国古代发明的世界上最早的导航装置,两者结合既彰显了中国古代科学技术成就,又象征着卫星导航系统星地一体,为人们提供定位、导航、授时服务的行业特点,同时还寓意着中国自主卫星导航系统的名字——北斗。网格化地球和中英文文字代表了北斗卫星导航系统开放兼容、服务全球。故 B 项说法错误,D 项说法正确。本题选 D。

22. D 【解析】《本草纲目》虽为中药学专书,但涉及范围广,对植物学、动物学、矿物学、物理学、化学、农学等内容亦有很多记载,故本题选 D。

《黄帝内经》是我国现存较早的重要医学文献,被称为“医之始祖”。

《伤寒杂病论》集秦汉以来医药理论之大成,并广泛应用于医疗实践,是我国医学史上影响最大的古典医著之一,也是我国第一部临床治疗学方面的巨著。

《千金要方》是中国古代综合性临床医学著作,被誉为中国最早的临床百科全书。

23. C 【解析】《辛丑条约》的签订使中国完全陷入半殖民地半封建社会的深渊。

**方法技巧**：考生需要注意中国旧民主主义革命时期和外国列强签订的不同条约。

| 条约 | 签订时间 | 涉及战争 | 意义 |
| --- | --- | --- | --- |
| 《南京条约》 | 1842年 | 鸦片战争 | 中国近代史上第一个丧权辱国的不平等条约，中国开始沦为半殖民地半封建社会 |
| 《天津条约》 | 1858年 | 第二次鸦片战争 | 中国的独立、主权和领土完整受到了严重侵犯，使中国半殖民地半封建化的程度加深 |
| 《北京条约》 | 1860年 | | |
| 《马关条约》 | 1895年 | 甲午中日战争 | 进一步把中国社会推到了半殖民地半封建社会的深渊 |
| 《辛丑条约》 | 1900年 | 八国联军侵华战争 | 中国近代史上主权丧失最严重、赔款数目最庞大的不平等条约，标志着中国半殖民地半封建社会完全形成 |

24. B 【解析】胡笳是我国古代少数民族的一种乐器，形似笛子。胡笳管身下部开有三个圆形按音孔，上端管口不设簧片。演奏时，管身竖置，双手持管，两手食指、中指分别按放三个音孔。上端管口贴近下唇，吹气发音。A项是箫（或笛），C项是葫芦丝，D项是埙。

25. D 【解析】众数是指在次数分布中出现次数最多的那个数的数值。根据甲班学生成绩的众数是85，得出 $x=5$。在一组数据中所有数据之和除以这组数据的个数所得出的数值，即平均数。根据乙班学生成绩的平均分为81，得出 $y=4$。所以 $x+y=9$，故选D。

26. B 【解析】打印操作的最小单位是页，B项正确。

单击“文件”中的“打印”命令，出现“打印”设置窗口，分为左侧的打印设置区域和右侧的打印预览区域，在打印设置区域中，默认“打印所有页”，单击右侧的下拉三角按钮，弹出的下拉列表，可打印文档（打印所有页、打印所选内容、打印当前页面、打印自定义范围）和文档属性（文档属性、标记列表、样式、自动图文集输入、键分配），A、C项错误。

当文档处于编辑状态时是可以打印的，D项错误。

27. A 【解析】在Excel默认状态下，单元格是常规输入格式，输入以零开头的数字时，第一个数值“0”不显示。若要完整输入以零开头的数字字符串，有两种方法：(1)将单元格格式设置为文本格式，再输入数字字符串；(2)在输入数值前，先输入一个英文状态下的单引号“ ' ”，再输入数字字符串。所以，要在默认状态下完整输入数字字符串070615，正确的输入序列是'070615。

28. C 【解析】题干中“橙子”和“橘子”是全异关系，是两种不同的水果。A 项，“土豆”和“马铃薯”是全同关系；B 项，“桃子”与“水蜜桃”是包含关系；D 项，“萝卜”和“红萝卜”是包含关系；C 项，“芒果”和“火龙果”是全异关系，与“橙子”和“橘子”的逻辑关系相同，故选 C。

29. A 【解析】从题干可以看出前面三位数字与后面的数字有一定的对应关系。以题干中“3 +4 +9→122736”为例，条件为 3 +4 +9，由 3、4、9 三个数字组成，结果为 122736，把结果从左到右分为三组，依次为 12、27、36，12 =3 ×4，27 =3 ×9，36 =4 ×9，故规律为：第一组数字为条件中第一、第二位数字的乘积，第二组数字为条件中第一、第三位数字的乘积，第三组数字为条件中第二、第三位数字的乘积。据此对各项分析后可得 A 项正确，具体如下：8 ×5 =40，8 ×2 =16，5 ×2 =10，故 8 +5 +2→401610。

**二、材料分析题（参考答案）**

30. 材料中李老师的教育行为符合新课程倡导的教师观，值得我们学习。

（1）在对待师生关系上，强调尊重、赞赏。教师应尊重每一位学生做人的尊严和价值。材料中李老师在听到学生表达的不同意见时，没有急于反驳，而是与学生交谈，了解学生的想法，尊重学生的意见，并在之后的活动中与学生们合作，这是李老师尊重学生意见的表现。

（2）在对待教学关系上，新课程强调帮助、引导。教师“教”的职责在于帮助学生检视和反思自我，明了自己想要学习什么和获得什么，确立能够达成的目标；帮助学生寻找、搜集和利用学习资源；帮助学生设计恰当的学习活动并形成有效的学习方式。材料中的李老师，开始的时候是学生活动和行为的决定者，而后来放手让学生去做，自己做参谋，这体现了李老师向帮助者和引导者角色的转变。

（3）在对待自我上，强调反思。新课程非常强调教师的教学反思。材料中李老师在听到新宇同学的意见后，反思自己对学生“包办代替”的行为，将选择的权利交给学生，并和学生合作，这才有了课本剧表演的成功，这体现了李老师具有自我反思的意识。

作为一名教师，要充分实践新课程倡导的教师观，以学生为中心，认真听取学生的意见，促进学生的全面发展。

31. 材料中余老师的教育行为践行了教师职业道德规范，值得肯定和学习。

（1）余老师的教育行为体现了关爱学生的师德要求。关爱学生要求教师关心爱护全体学生，尊重学生人格，平等公正对待学生。材料中，小华是新手，余老师仍然耐心鼓励、帮助他，体现了对学生的关爱。

（2）余老师的教育行为体现了为人师表的师德要求。为人师表要求教师坚守高

尚情操,知荣明耻,严于律己,以身作则。材料中,余老师以身作则,克服自己腰不好的情况,亲自示范动作,给学生做了很好的榜样。

(3)余老师的教育行为体现了爱岗敬业的师德要求。爱岗敬业要求教师忠诚于人民教育事业,志存高远,勤恳敬业,甘为人梯,乐于奉献。对工作高度负责。材料中,余老师每次比赛力争好成绩,在学生有困难时认真指导学生,帮助学生短期内学会班级韵律操,体现了爱岗敬业的师德要求。

(4)余老师的教育行为体现了教书育人的师德要求。教书育人要求教师对学生循循善诱、诲人不倦。材料中,余老师面对特殊情况亲自示范并不断鼓励学生,循循善诱,耐心地教育、引导学生,这体现了教书育人的师德要求。

总之,余老师的行为符合师德规范的要求,值得赞扬和学习。

32.(1)①不仅注重方法,而且注重原则;②重视改作业和当堂回答学生问题,启发学生深入思考;③教给学生"由薄到厚""由厚到薄"的读书方法。

(2)观点一:有道理。华罗庚的改动很有创造性。

①"弄斧必到班门",敢于与高手过招,才能得到帮助与指教,提高自己;②"观棋不语非君子",发现别人的研究有不足,应主动指出来;③"落子有悔大丈夫",发现自己的研究有缺点,一定要及时修正。

观点二:没有道理。华罗庚的改动会造成人们对这些熟语的误解。

①"班门弄斧"只是告诫人们不要在行家面前卖弄本领,善于藏拙,才能扬长避短;②在比赛场上,必须尊重棋手,"观棋不语真君子";③遵守比赛规则,"落子无悔大丈夫"。

观点三:两种说法都有道理,但又都有特定的适用范围。

①为人做事,切忌"班门弄斧";求知问学,"弄斧必到班门";②赛场观战,"观棋不语真君子";乐于助人,"观棋不语非君子";③弈棋对决,"落子无悔大丈夫";知错即改,"落子有悔大丈夫"。

(观点明确,言之有理即可)

**三、写作题(参考范文)**

33. **文明韧性的光辉**

祖先造字之初,便深谙生活的玩味。单看"韧"字的构成,便给人一种难以言表的折磨与难以挣脱之感。或许与"韧"字相关的,都是需要坚强的意志以及不屈不挠的抗争——无论于外人或是于自己——才能实现,做到尽善尽美。

而韧性,在我看来,是中国人深入骨髓的性情。中国历史源远流长而且内涵丰富,提到我们的文明,绝不仅仅指那些可知可感的宏伟建筑或是遗留下来的璀璨的瑰宝,

最值得为人道也的，是我们的民族性格——敦厚、勤劳、善良、奋进，最重要的是，百折不屈的韧性。我为近代中国被西方列强侵略之时，即便已经濒临绝望与崩溃，但仍可以重新起立，复兴中国的精神与毅力所动容。很多西方人曾用“中国人没有信仰”为名对我们大肆批驳，但事实上，我们可以铿锵有力地回复他们——我们没有统一的宗教，但中华文明是我们共同的心理纽带，这种文明的指引，就是将我们中华民族凝聚在一起的最崇高的信仰。作为文明唯一延续至今未曾中断的四大文明古国之一，中国值得这份殊荣。

几千载漫漫风雨征程，中华民族逆风前行，在无数外力以及内我的挑战与威胁中，保持中国人的品格、文化与意志岿然不动——这就是我们的韧性的光辉。

除了历史沧桑变迁中中国向世界所展现的坚韧，于中华民族的内部性格而言，这份韧性更是民族发展中最本质的精神基石。若勇敢被定义为抵御外部困难时的不放弃与勇于面对，那韧性较之更为伟大的是对个人所长期坚持的理念的否定与价值观的重塑。这可能在外人看来是一种对过去的放弃与抛弃，看似微不足道甚至令人惋惜，但事实上，敢于直面自身的缺陷，并且敢于动摇自身以换取更强的生命力以及社会更加积极正向的发展，这份心，就是我所赞颂的“韧”。我们不能否认，世界是不断发展的，我们只有与时俱进才能先于时代而不是被时代的洪流裹挟或吞没。

我景仰那些先哲——商鞅、王安石等变革家，都是在向已现颓势却深入人心的制度与社会生活方式宣战，与他们相对抗的，不仅仅是利益的相关者，更是如大山般沉重的陈旧观念。而现代的重大改革，更是展现了中国人和中华民族性格中的韧性——我们可以改变，甚至可以颠覆，但最本质的精髓始终是中华民族的璀璨文明，目的也统一于中国社会的蓬勃发展。如同邓小平的“改革开放”的伟大决策，是他顶着巨大的压力所做，市场化于社会主义而言是不可相容的，但是为了中国人民的幸福、中国经济的腾飞，他和他们所有人，愿意承受这份风险。他们相信，这是巨大的改变，但一定不会带来毁灭。而我们勇毅坚韧的中国人，更是逐渐适应了这样翻天覆地的变化，用自己的奋斗，构建了更美好的家园——唯有这份韧性，才能如此处变不惊，我们的国家才会走向复兴。

韧性于中国，像是一种与生俱来又后天不断坚定的信念。正因这种坚韧，我们的文化才能至今愈加灿烂；正是这种柔中带刚，让我们的人格完善而强大，得以构成更加美好的家园。

# 国家教师资格考试预测试卷(十八)

## 一、单项选择题

1. D 【解析】学生是发展中的人,具有巨大的发展潜能。教师要坚信每个学生都是可以积极成长的,是有培养前途的,不能因为学生的小错误,将学生完全否定,而是要看到学生未来的发展潜力,帮助学生更好地发展。题干中的班主任仅仅因为陈功考试失败就讽刺他,没有看到学生未来的发展潜能,说明该班主任没有认识到学生是发展中的人。

2. B 【解析】“不陵节而施”的意思是:不超越学生的接受能力进行教学,这要求教育要遵循学生身心发展的顺序性,循序渐进地促进人的发展。

3. B 【解析】每一个学生都有其个别性,有不同的欲望需求、不同的兴趣爱好、不同的创造潜能,教师要尊重学生的个性差异。在组织书法兴趣小组时,马老师规定每个同学都必须参加,这种做法忽视了学生的个性差异。

**方法技巧:**关于素质教育的内涵,考生可通过“国民两全,一个一重点”来记忆。(1)“国民”即以提高国民素质为根本宗旨;(2)“两全”即面向全体学生和促进全面发展;(3)“一个”即促进个性发展;(4)“一重点”即以创新精神和实践能力为重点。

4. B 【解析】新课程倡导交往与互动的教学观。教学不只是教师教、学生学的过程,更是师生交往、积极互动、共同发展的过程。在这个过程中,教师与学生分享彼此的思考、经验和知识,交流彼此的情感、体验与观念,丰富教学内容,求得新的发现,从而达成共识、共享、共进,实现教学相长和共同发展,彼此形成一个真正的“学习共同体”。袁老师邀请学生分享自己掌握知识点的方法及对该知识点的困惑之处,然后再对学生的分享进行点评并解答学生的疑惑,这一过程体现了师生之间的交往、互动,符合“教学是师生交往、积极互动、共同发展的过程”这一教学观。

5. D 【解析】根据《学生伤害事故处理办法》第九条规定,学校组织学生参加教育教学活动或者校外活动,未对学生进行相应的安全教育,并未在可预见的范围内采取必要的安全措施,造成学生伤害事故,学校应当依法承担相应的责任。在学校运动会中,志愿者李某被参赛选手王某的球砸中,说明学校未在可预见的范围内采取必要的安全措施,所以学校是承担赔偿责任的主体。

6. C 【解析】根据《中华人民共和国预防未成年人犯罪法》第三十四条规定,未成年学生旷课、逃学的,学校应当及时联系其父母或者其他监护人,了解有关情况;无正当理由的,学校和未成年学生的父母或者其他监护人应当督促其返校学习。所以,

A 项说法错误。

《中华人民共和国未成年人保护法》第五十九条规定,禁止向未成年人销售烟、酒、彩票或者兑付彩票奖金。所以,B 项说法错误。

《中华人民共和国未成年人保护法》第一百零八条规定,未成年人的父母或者其他监护人不依法履行监护职责或者严重侵犯被监护的未成年人合法权益的,人民法院可以根据有关人员或者单位的申请,依法作出人身安全保护令或者撤销监护人资格。所以,C 项说法正确。

根据《中华人民共和国义务教育法》第二十七条规定,对违反学校管理制度的学生,学校应当予以批评教育,不得开除。学校不能开除小明,学校也没有罚款权,所以,D 项说法错误。

7. B 【解析】根据《中华人民共和国教师法》第十四条规定,受到剥夺政治权利或者故意犯罪受到有期徒刑以上刑事处罚的,不能取得教师资格;已经取得教师资格的,丧失教师资格。故答案选 B 项。

根据《中华人民共和国教师法》第十一条规定可知,取得高级中学教师资格和中等专业学校、技工学校、职业高中文化课、专业课教师资格,应当具备高等师范院校本科或者其他大学本科毕业及其以上学历。故 A 项说法错误。

根据《中华人民共和国教师法》第十八条规定,非师范学校应当承担培养和培训中小学教师的任务。故 C 项说法错误。

根据《中华人民共和国教师法》第十三条规定,普通高等学校的教师资格由国务院或者省、自治区、直辖市教育行政部门或者由其委托的学校认定。故 D 项说法错误。

8. A 【解析】《中华人民共和国教育法》第七十七条规定,在招收学生工作中滥用职权、玩忽职守、徇私舞弊的,由教育行政部门或者其他有关行政部门责令退回招收的不符合入学条件的人员;对直接负责的主管人员和其他直接责任人员,依法给予处分;构成犯罪的,依法追究刑事责任。

9. D 【解析】根据《中华人民共和国预防未成年人犯罪法》第二十八条规定可知,多次旷课、逃学,沉迷网络属于不良行为。《中华人民共和国预防未成年人犯罪法》第三十一条规定,学校对有不良行为的未成年学生,应当加强管理教育,不得歧视;对拒不改正或者情节严重的,学校可以根据情况予以处分或者采取以下管理教育措施:(一)予以训导;(二)要求遵守特定的行为规范;(三)要求参加特定的专题教育;(四)要求参加校内服务活动;(五)要求接受社会工作者或者其他专业人员的心理辅导和行为干预;(六)其他适当的管理教育措施。排除 A、B、C 项。

《中华人民共和国预防未成年人犯罪法》第四十一条规定，对有严重不良行为的未成年人，公安机关可以根据具体情况，采取以下矫治教育措施：（一）予以训诫；（二）责令赔礼道歉、赔偿损失；（三）责令具结悔过；（四）责令定期报告活动情况；（五）责令遵守特定的行为规范，不得实施特定行为、接触特定人员或者进入特定场所；（六）责令接受心理辅导、行为矫治；（七）责令参加社会服务活动；（八）责令接受社会观护，由社会组织、有关机构在适当场所对未成年人进行教育、监督和管束；（九）其他适当的矫治教育措施。故D项属于严重不良行为的教育措施，本题选D项。

10. C **【解析】**《中华人民共和国宪法》第六十七条规定，全国人民代表大会常务委员会决定驻外全权代表的任免。故答案选C。

11. B **【解析】**根据《中华人民共和国义务教育法》第十七条规定，县级人民政府根据需要设置寄宿制学校，保障居住分散的适龄儿童、少年入学接受义务教育。故本题答案选B项。

12. C **【解析】**根据《中华人民共和国教育法》第七十二条规定，结伙斗殴、寻衅滋事，扰乱学校及其他教育机构教育教学秩序或者破坏校舍、场地及其他财产的，由公安机关给予治安管理处罚；构成犯罪的，依法追究刑事责任。题干中跳舞群众播放的歌曲已经严重影响学校的正常教学，这属于扰乱学校教学秩序的行为，因此，学校可向公安机关报案。

13. A **【解析】**爱岗敬业要求教师忠诚于人民教育事业，志存高远，勤恳敬业，甘为人梯，乐于奉献。对工作高度负责，认真备课上课，认真批改作业，认真辅导学生。不得敷衍塞责。题干中李老师即使面临困难，依旧坚持给学生上好每一堂课，这表明李老师做到了爱岗敬业。

14. B **【解析】**《中小学教师职业道德规范》指出，教师应"自觉抵制有偿家教，不利用职务之便谋取私利"。图中学生的礼物有鲜花、红包、自制的小贺卡等，涉及钱财的，无论是在什么场合，教师都不能接受，否则就违背了为人师表的师德规范。但教师也不该全部拒绝，若学生送的是自己制作的小贺卡，教师可以适当接受，并表达赞美和谢意，这有利于营造和谐的师生关系。

**易错提示：**关于教师职业道德规范的试题，考生需要仔细阅读题干及选项，抓住关键词，选择最佳选项。本题的选项迷惑性较强，考生要注意区分，教师索要或收受钱财、利用职务为自己谋取私利、教育教学方式不当等都属于违背师德规范。关于学生送老师礼物，如果礼物不涉及钱财，仅是学生爱师、尊师表现的一种象征物，比如学生亲手制作的贺卡、手写信件等，教师收取这类物品不算违反师德规范。

15. C **【解析】**终身学习要求教师崇尚科学精神，树立终身学习理念，拓宽知识视

野，更新知识结构。潜心钻研业务，勇于探索创新，不断提高专业素养和教育教学水平。题干中马老师从教20多年，仍积极参加教师培训，创新教学方法，以不断提高自己的职业素养和教学水平。这表明马老师遵循了终身学习的职业道德规范。

**16.** B 【**解析**】教育爱是指教师在教育过程中所表现出来的一种高尚的道德境界、敬业精神和富有人道性的教育艺术，它是从教师尊重关爱学生这一职业道德规范中引申出来的一个教育学的概念和伦理学概念，其内涵不仅指教师对学生的尊重、关心、爱护，而且还包括教师用爱的情感和言行来感化学生，陶冶学生，引导学生，教育学生，以及各种具有教育性的爱的方式。教育爱具有人道性、广泛性、引导性、理智性和纯洁性、爱与严的结合性等特点。

A项，教育爱的理智性，要求教师对学生的爱应该是理性和明智的，而不应是盲目冲动的。与题干不符，排除。

B项，教育爱的纯洁性要求教师对学生的爱要正直、公正、坦荡、无私；要以为祖国培养人才的高度责任感来爱学生，对学生爱的情感和行为，应当是真诚的而不能有半点虚伪，应当真心实意而不是虚情假意。题干中的教师在教学中容易偏爱优等生，忽视后进生，没有公正地对待学生，违背了教育爱的纯洁性。本题选B。

C项，教育爱的引导性，指教师对学生的爱要具有教育意义，要体现对学生发展的良好期待和对学生给予良好的教育上的引导。与题干不符，排除。

D项，教育爱的人道性，在思想上要求对学生的爱必须要建立在对学生人格及其尊严尊重的基础之上，体现出人格的平等性，体现出对学生合法权益的尊重性。违背了人道性，爱也会变成鞭挞人性、摧残人性甚至是残害人性的凶手。例如，部分教师那些“宁给好心、不给好脸”“恨铁不成钢”“打是疼、骂是爱”的行为，是不具有人道意义的。与题干不符，排除。

**17.** C 【**解析**】六部的职能分别为：吏部负责全国文职官员的任免、考核、升降、调动，验封封爵、世职、恩荫，为官员办理丁忧守制手续，为新科举子、进士分配官职，为退休官员办理退休手续等；户部则掌管全国户籍管理、土地测量、流民管理以及赋税、钱粮等财政事宜；礼部掌管礼仪、祭祀等事，并负责管理全国学校事务及科举考试，另外还要负责和藩属、外国往来之事；兵部掌管全国武官任免以及招兵、武器、后勤、发布军令等事宜；刑部负责全国司法机构的运转以及法令的颁布，并经常直接审理大案、要案；工部则负责各项工程、工匠、屯田、水利、交通等事宜。故本题选C。

**18.** B 【**解析**】“月有阴晴圆缺”从科学角度解释就是地球绕太阳转动，而月球绕地球转动，在转动过程中，由于地球和月球两者的转速不一样，出现了偏角，地球挡住了月球的一部分，从而产生了“阴晴圆缺”的现象。

19. B 【解析】1860 年 10 月,英法联军对北京西北郊著名的皇家园林圆明园进行了大肆抢劫,之后又放火烧毁。圆明园的焚毁是第二次鸦片战争留给中国人的永久创伤。

20. C 【解析】“民为贵,社稷次之,君为轻。”这是孟子提出的一个重要思想。孟子认为,“诸侯之宝三:土地、人民、政事”,“得乎丘民而为天子”。所以,君主要注意民心向背,尊重民意,收取民心,进而获取天下。

21. C 【解析】王羲之是东晋书法家,有“书圣”之称,其代表作《兰亭序》,被称为“天下第一行书”,并与颜真卿的《祭侄文稿》、苏轼的《黄州寒食诗帖》并称为“天下三大行书”。

22. D 【解析】题干中的词句摘自《三国演义》的开篇词《临江仙》(杨慎):“滚滚长江东逝水,浪花淘尽英雄。是非成败转头空,青山依旧在,几度夕阳红。白发渔樵江渚上,惯看秋月春风。一壶浊酒喜相逢,古今多少事,都付笑谈中。”

23. C 【解析】C 项,“湖光秋月两相和,潭面无风镜未磨”出自刘禹锡的《望洞庭》,描写了洞庭湖的优美景色,洞庭湖位于湖南省,本题为选非题,故选 C。

A 项,“湖上春来似画图,乱峰围绕水平铺”出自白居易的《春题湖上》,描写了三面群山环抱的西湖春景。

B 项,“孤山寺北贾亭西,水面初平云脚低”出自白居易的《钱塘湖春行》,钱塘湖即西湖。

D 项,“水光潋滟晴方好,山色空蒙雨亦奇”出自苏轼的《饮湖上初晴后雨》,描绘了西湖晴天和雨天的不同美景。

24. C 【解析】A 项出自唐代王维的《九月九日忆山东兄弟》,农历“九月九日”为重阳节,民间有登高、插茱萸、饮菊花酒等习俗。

B 项出自宋代王安石的《元日》,描写了春节除旧迎新的景象。

C 项出自唐代白居易的《问刘十九》,此诗描写了诗人邀请朋友前来喝酒的情景,表达的是朋友间亲密的情谊,并未涉及节日。

D 项出自唐代苏味道的《正月十五夜》,此诗描写了元宵之夜的欢乐景象。

25. C 【解析】普利策奖,又称普利策新闻奖,是根据美国报业巨头约瑟夫·普利策的遗愿设立的奖项,后发展成为美国新闻界的最高荣誉奖,被誉为“新闻界的诺贝尔奖”。故选 C 项。

26. A 【解析】Word 中“撤消”功能的意思是返回上一步操作,当用户在编辑文本时,如果对以前所进行的操作不满意,可以单击“撤消”按钮或者通过键盘的“Ctrl + Z”恢复到操作前的状态。

27. D 【解析】三八妇女节只给女性发放过节费，只需要在表格中筛选出所有女性员工，然后一起添加，就能在表格中快速完成女性员工工资变化的操作。

28. B 【解析】题干等值于没有理想的人生→不是有意义的人生，否后则否前，即有意义的人生→有理想的人生，D 项错误；还等值于"只有有理想的人生才是有意义的人生"，B 项正确；肯后不能肯前，否前不能否后，A、C 项均错误。

29. D 【解析】每组图形的构成元素完全相同，只是所处的位置不同，考虑图形的整体变换。第一组第一个图形顺时针旋转 90°得到第二个图形，第二个图形左右翻转得到第三个图形；第二组图形也具有相同的规律。故本题选 D。

二、材料分析题（参考答案）

30. 材料中张老师的教育行为很好地践行了"以人为本"的学生观。

（1）学生是发展中的人，学生具有巨大的发展潜能，教师要用发展的眼光看待学生。材料中，张老师并没有因为王红的数学成绩差就放弃她，而是从学习方法、学习兴趣和自信心等方面入手逐步提高王红的数学成绩，提高王红学习数学的积极性。

（2）学生是独特的人。每个学生都有自身的独特性，教师要针对每个学生的不同特点因材施教，这样才能产生更好的教学效果。材料中，张老师根据王红的优点引导她归纳总结英语、语文的学习方法并应用到数学学习上，帮助王红克服了学习数学的畏惧感；同时张老师结合王红数学学习基础薄弱的特点，通过搭建"脚手架"，引导她逐步地完成作业。

（3）学生是具有独立意义的人。学生是学习的主体，作为教师要调动学生学习的积极性和主动性。材料中，张老师通过方法的引导和自信心的树立，激发起王红学习数学的兴趣，引导王红主动学习，从而使王红的数学成绩得到了大幅度提高。

因此，作为教师，在学生"偏科"的情况下，要结合"以人为本"的学生观，积极地促进学生的全面发展。

31. 李老师的行为有对有错，我们应当辩证看待。

（1）李老师的行为符合"爱岗敬业"的师德规范。"爱岗敬业"要求教师对工作高度负责，认真备课上课，认真批改作业，认真辅导学生。不得敷衍塞责。材料中，李老师备课认真、课堂上讲解清晰明确、课外作业坚持全批全改、每次测验都进行细致的质量分析等行为体现了爱岗敬业的要求。这是值得肯定的地方。

（2）李老师的行为违背了"关爱学生"的师德规范。"关爱学生"要求教师关心爱护全体学生，尊重学生人格，平等公正对待学生。不讽刺、挖苦、歧视学生，不体罚或变相体罚学生。材料中，李老师发现作业上有错误就要求学生订正并罚抄 20 遍、每年挑选几位成绩优秀的学生利用周末时间进行辅导等行为违反了关爱学生的师德规范要

求。李老师周末只辅导成绩优秀的学生,说明他没有平等公正对待所有学生。李老师罚学生抄20遍错题,是变相体罚学生的表现。

(3)李老师的行为违背了“教书育人”的师德规范。“教书育人”要求教师遵循教育规律,实施素质教育。循循善诱,诲人不倦,因材施教。不以分数作为评价学生的唯一标准。材料中,李老师发现作业上有错误就要求学生订正并罚抄20遍、在班上公布每位学生的成绩和排名等行为违反了教书育人的师德规范要求。

(4)李老师的行为违背了“为人师表”的师德规范。“为人师表”要求教师作风正派,廉洁奉公。自觉抵制有偿家教,不利用职务之便谋取私利。依据材料所述,李老师没有拒绝家长们的礼物,表明李老师没有做到严于律己、自觉抵制有偿家教。

综上所述,李老师认真备课、批改作业的行为是值得肯定的,但其公布学生成绩排名、让学生罚抄错题、挑选优秀学生进行辅导并收礼的做法是错误的。故李老师应当反思并改正其错误行为,保持其良好行为,践行教师职业道德规范。

32.(1)①增强说服力,进一步突出王文显剧作别有一番幽默,肯定他喜剧创作的能力和影响;②引出下文对王文显任代理校长时行事风格的叙写,形成对比,以突出王文显治校的持重务实,一丝不苟。

(2)①(表层方面)王文显身上体现了清华的特质与精神,在清华有着重要的地位;②(深层方面)严谨的治学精神和包容的治校理念,是清华的灵魂。坚守学术性和包容性,清华就不会因为任何变革而改变;反之,清华将不再是清华。

**三、写作题(参考范文)**

**33.　　以爱为魂,唱响师生和谐曲**

棉被虽然给不了我们温暖,却可以保存我们的温暖;棉被没法主动给予我们温暖,但当我们主动付出时,它却能将温暖回馈给我们。正如教师对学生倾心付出后,就会温暖学生,也会被学生温暖着。爱是最好的教育语言,爱是教育的灵魂。人们常说,教师是人类灵魂的工程师和塑造者,教师要塑造学生的灵魂,必得先塑造自己的灵魂,而这种塑造的核心在于爱。

教师要用爱激发学生的学习热情。教师应用爱紧紧地包裹住学生,让学生学会信任,学会自信,学会友爱同学,学会对自己负责。如果将这种爱真正地内化到学生心中,将会最大程度地激发他们的学习热情,促使他们收获丰硕的学习成果。

教师要用爱挖掘学生的潜能。每个学生都是一支潜力股,如何把学生的潜力激发出来,需要教师极大的关心和指导。一个学生如何学好,如何改进,如何变得更加优秀,关键在于教师的“教”,而“教”字中就包含着教师丰富的爱。有这样一个教学案例:某学生是班级的倒数第一名,老师为了鼓励他上进,对他说:“你身上有一种潜力,

只要肯挖掘，一定会发挥出来！”话刚说完，那学生黯淡的眼神中透出了一丝光亮，随后老师发现这个顽皮、固执的学生一下子变得上进起来，上学比之前都要早，听课比其他学生都要专心。老师从中悟出了道理，于是接下来对该学生更加上心，他叮嘱学生家长不要伤害孩子自尊，并且积极帮助该学生解决学习上的困惑，有心将班上学习成绩好的同学调成该学生的同桌。一段时间后，这个学生的成绩果然突飞猛进，名列前茅。可见，教师只要付出爱，每天挖掘学生的一个宝藏，每天对学生说一句鼓励的话，学生就会变得更棒，以更大的进步和更好的成绩回馈老师。

教师要用爱关注每一个学生。有这样一个故事：一禅师的弟子在筛米，禅师说："这是施主的米，不要撒了。"弟子回答说："我没有将米撒出来。"这时，禅师弯下腰在地上捡起一粒米，对弟子说："你看这是什么？你不要小看这一粒米，它的作用可大得很呢。"从表面上看这则故事是教导人们要珍惜每一粒米，但从教育的角度看，也是在提醒广大教师要关注每一个学生。有些学生光芒耀眼，有些学生默默无闻，但只要用心观察，就会发现其中不乏"晶莹饱满的米粒"，身为教师，一定要平等对待，善加引导，才能把他们培养成有用之才。

教师之爱如暖暖春风，吹拂着每一个学生浮躁的心灵；教师之爱如夏日细雨，滋润着每一个学生干涸的心田；教师之爱如秋日暖阳，照耀着每一个学生迷茫的内心；教师之爱如冬日炉火，温暖着每一个学生受伤的灵魂。作为教师，只要愿意付出爱，定会手留余香，桃李满天下。

## 国家教师资格考试预测试卷(十九)

**一、单项选择题**

**1. C 【解析】**教师的在职培训主要是为了适应教育改革与发展的需要，为在职教师提供适应于教师专业发展不同阶段所需要的继续教育。依据题干描述，王老师工作了两年多，说明王老师是在职教师，王老师在职期间参加"国培计划"，说明是在接受继续教育，故题干中有效促进王老师专业发展的途径是在职培训。

**2. B 【解析】**素质教育是促进学生全面发展的教育。实施素质教育必须坚持德育、智育、体育、美育和劳动技术教育并举，促进学生生动活泼地发展。题干中的学校占用音体美上课时间的做法是错误的，不利于学生的全面发展。

**3. B 【解析】**素质教育是依据人的发展和社会发展的实际需要，以全面提高全体学生的基本素质为根本目的，以尊重学生主体性和主动精神，注重开发人的智慧潜能，形成人的健全个性为根本特征的教育。题干中孙老师的教学方式依然是传统的灌输

式，忽略了学生的主体性。

4. A 【解析】每个学生都有自身的独特性，教师要在教育过程中贯彻因材施教的教学原则，“一把钥匙开一把锁”。题干中，韩老师在了解班级每个学生的情况后，制定了适合每位学生的发展规划，这说明韩老师关注学生个体发展的差异性，能够因材施教，本题选 A。

5. D 【解析】根据《学生伤害事故处理办法》第十二条规定，因学生自杀、自伤造成的学生伤害事故，学校已履行了相应职责，行为并无不当的，无法律责任。D 项中的老师在发现杨某郁郁寡欢后及时给予了开导，其行为并无不当或失责，故学校不应当承担相应的法律责任。根据《学生伤害事故处理办法》第九条规定，A、B、C 三项所述情形造成的学生伤害事故，学校应当依法承担相应的责任。

**易错提示：**考生易混淆学生发生伤害事故时，学校是否应承担责任。考生在遇到此类试题时，应首先确定事故发生的时间、地点和性质，如假期或上、下学途中，因不可抗力因素造成的，学生自杀、自伤的，可根据《学生伤害事故处理办法》中第十二条、第十三条的规定，判定学校不承担责任。其次应确定事故的致害人，直接致害人承担相关法律责任。若直接致害人是教师，则还需判断教师的行为是否是职务行为。若教师的行为是职务行为，则应由学校承担责任；若教师的行为是非职务行为，则应由教师承担责任。最后需确定学校在管理过程中是否尽到了管理、教育职责，从而判断学校是否应承担相应的补充责任。

6. B 【解析】《中华人民共和国未成年人保护法》第五十八条规定，营业性歌舞娱乐场所、酒吧、互联网上网服务营业场所等不适宜未成年人活动场所的经营者，不得允许未成年人进入。第一百二十三条规定，相关经营者违反本法第五十八条、第五十九条第一款、第六十条规定的，由文化和旅游、市场监督管理、烟草专卖、公安等部门按照职责分工责令限期改正，给予警告，没收违法所得，可以并处五万元以下罚款；拒不改正或者情节严重的，责令停业整顿或者吊销营业执照、吊销相关许可证，可以并处五万元以上五十万元以下罚款。

7. B 【解析】《中华人民共和国宪法》第一百三十二条规定，最高人民法院是最高审判机关。最高人民法院监督地方各级人民法院和专门人民法院的审判工作，上级人民法院监督下级人民法院的审判工作。

8. D 【解析】根据《中华人民共和国教育法》第六十九条规定，中国境外个人符合国家规定的条件并办理有关手续后，可以进入中国境内学校及其他教育机构学习、研究、进行学术交流或者任教，其合法权益受国家保护。

9. C 【解析】荣誉是一个人受到外部给予的荣誉称号，每个学生在学校应有平等

的获得机会。题干中班主任取消了小伟评定奖学金的资格,侵犯了小伟的荣誉权。

A 项,健康权是指学生以自己的机体生理机能的正常运作和功能的完善发挥,维持人体生命活动的利益为内容的具体人格权。

B 项,姓名权是学生对其姓名享有的权利。学生享有姓名权,有权依法决定、使用、变更或者许可他人使用自己的姓名,但是不得违背公序良俗。

D 项,财产权是指具有物质财富内容,直接和经济利益相联系的民事权利。

10. D 【解析】《中华人民共和国义务教育法》第二十二条规定,县级以上人民政府及其教育行政部门应当促进学校均衡发展,缩小学校之间办学条件的差距,不得将学校分为重点学校和非重点学校。学校不得分设重点班和非重点班。

11. D 【解析】根据《中华人民共和国预防未成年人犯罪法》第四十五条规定,未成年人实施刑法规定的行为、因不满法定刑事责任年龄不予刑事处罚的,经专门教育指导委员会评估同意,教育行政部门会同公安机关可以决定对其进行专门矫治教育。

12. A 【解析】根据《中华人民共和国教师法》第九条规定,为保障教师完成教育教学任务,各级人民政府、教育行政部门、有关部门、学校和其他教育机构应当履行下列职责:(一)提供符合国家安全标准的教育教学设施和设备;(二)提供必需的图书、资料及其他教育教学用品;(三)对教师在教育教学、科学研究中的创造性工作给以鼓励和帮助;(四)支持教师制止有害于学生的行为或者其他侵犯学生合法权益的行为。

13. C 【解析】教师职业道德要求的双重性体现在教师职业道德的发展始终贯穿着教书和育人的双重要求。“师也者,教之以事而喻诸德者也”的意思是:教师的职责是既要教学生有关具体事物的知识,又要让学生知晓立身处世的品德。即体现了教师职业道德的教书与育人要求的双重性特点。

14. B 【解析】孔子这句话的意思是:以前我对人的态度是,只要听到他说的话,便相信他的行为;现在我对人的态度是,听到他说的话,还要考察他的行为,才能相信。这表明孔子认为行为比言语更重要,反映在教学过程中,就是身教重于言教。

15. D 【解析】教师与家长交往要做到:尊重家长,理解家长;经常家访,互通情况;密切配合,教育学生。教师应该以真诚与平等的态度对待学生家长。题干中张老师对待不同学生的家长有不同的态度,没有做到以平等和真诚的态度对待学生家长。

16. A 【解析】为人师表的教师职业道德规范要求教师做到尊重同事,尊重家长。作风正派,廉洁奉公。自觉抵制有偿家教,不利用职务之便谋取私利。题干中教师践行了为人师表的教师职业道德规范。A 选项,“大厦之成,非一木之材也;大海之阔,

非一流之归也”的意思是高大的房屋的建成,不是靠一棵树的木材原料就能做到的;大海的辽阔不是靠一条河流的水注入就能形成的。这句话强调的是团结与合作,与为人师表的教师职业道德规范不符,BCD 选项都有“廉洁奉公”的意思,与为人师表的师德相符合,故本题选择 A。

17. B 【解析】仰韶文化遗址位于河南省三门峡市,是中国最早发掘的新石器时代文化遗址,它的发现为人们揭示出中国新石器时代中晚期黄河流域主流文化的面貌。仰韶文化的典型器物是彩绘陶器,以粟等为主要栽培作物。

18. C 【解析】三国时,吴国名医董奉,常年为人免费治病,只需病人种植杏树若干棵,久之成为一片杏林,于是筑庐隐居其中。后人于是用“杏林”称颂医生,用“杏林春暖”“杏林满园”或“誉满杏林”等来赞扬医生的高明医术和高尚医德。

19. B 【解析】青藏高原是世界上海拔最高的高原,被称为“世界屋脊”。A 项,巴西高原是南美洲东部位于巴西境内的广阔高原,是世界上面积第二大的高原(仅次于南极的冰雪高原)。C 项,伊朗高原是亚洲西南部的高原地带,由小亚细亚和高加索开始,一直向东延伸,包括现今阿富汗的绝大部分和巴基斯坦的很大部分。D 项,帕米尔高原地跨中国新疆西南部、塔吉克斯坦东南部、阿富汗东北部,是昆仑山、喀喇昆仑山、兴都库什山和天山交会的巨大山结地区。

20. C 【解析】《大卫》是意大利雕塑家米开朗基罗创作的大理石雕塑,现收藏于意大利佛罗伦萨美术学院。菲狄亚斯是古希腊著名的雕塑家、建筑设计师,雅典人,主要作品有《普罗迈乔司的雅典娜》《利姆尼阿的雅典娜》《宙斯》。米隆是古希腊雕刻家,《掷铁饼者》是其代表作。达·芬奇是意大利文艺复兴时期的画家、科学家、发明家,他的作品有《蒙娜丽莎》《最后的晚餐》等。

21. B 【解析】北宋沈括的《梦溪笔谈》是以笔记体裁形式写成的科学典籍,《梦溪笔谈》最早记载了人工磁化的一种简便方法,即“以磁石磨针锋”造指南针。

**方法技巧:**关于《齐民要术》《梦溪笔谈》《天工开物》《农政全书》这四本书内容的所属领域,考生在做题时,可根据以下方法进行区分和记忆。

《齐民要术》——“齐民”是指平民百姓,“要术”是指谋生的方法。我国古代是自给自足的小农经济,土地是百姓赖以生存的根本,此书即与农业有关。

《天工开物》——“天工”出自《尚书》的《尧典》,表示自然的力量;“开物”则出自《周易》的《系辞》,表示人力对自然的开发利用。即可联想到本书与农业和手工业有关。

《农政全书》——按内容大致上可分为农政措施和农业技术两部分,即与农业有关。

《梦溪笔谈》——北宋沈括晚年在梦溪园所作之书，全书科技方面的条目占了三分之一以上，内容涉及数学、天文、历法、物理、化学、地理、冶金、建筑、动植物等十多个科技领域。

22. A 【解析】1943 年 11 月，中、美、英三国的首脑在开罗会晤，并于 12 月初发表《开罗宣言》。宣言明确规定：日本所窃取的中国领土，例如东北地区、台湾及其附属岛屿、澎湖群岛等，归还中国。

23. C 【解析】不同物质彼此进入对方的现象称为扩散现象，它是由分子的无规则运动产生的。离心现象是指做圆周运动的物体，在所受向心力突然消失，或者不足以提供圆周运动所需的向心力的情况下，产生的逐渐远离圆心移动的物理现象。丁达尔现象是指当一束光线透过胶体，从垂直入射光方向可以观察到胶体里出现的一条光亮的“通路”。布朗运动是指悬浮在液体或气体中的微粒所做的无规则运动。

24. B 【解析】“悟空号”是我国暗物质观测卫星，量子科学实验卫星为“墨子号”。

25. B 【解析】太阳系中八颗行星按照离太阳由近到远的顺序依次为水星、金星、地球、火星、木星、土星、天王星、海王星。木星的“左邻右舍”为火星和土星。

26. A 【解析】幻灯片中文字的播放设置可以在“动画”选项卡中进行设置。

27. D 【解析】在 Excel 中，工具栏上的“f(x)”是插入函数按钮，单击时可打开函数对话框，选择需要的函数并设置参数。

28. C 【解析】由“身体素质好的有 3 人”“乙、丙身体素质一样好”和“丙、丁身体素质不都是好的”可以推出甲、乙、丙身体素质好，而丁身体素质不好。由“技术能力优秀的有 1 人”和“有一人同时具备了三优”可知，技术能力优秀者同时具备三优，所以丁技术能力不优秀。进而由“每个人至少具备一优”可知丁政治觉悟优秀。再结合“政治觉悟优秀的有 2 人”和“甲、乙政治觉悟一样”可知，甲、乙政治觉悟均不优秀。则同时具备三优的只可能是丙。

29. C 【解析】观察题目中给出的数列，可以发现数字是递减的，可以尝试用加减法来对数列进行推算，推出数列的规律为：前一项数字 - 后一项数字 + 3 = 第三项数字，即 36 - 24 + 3 = 15，24 - 15 + 3 = 12，15 - 12 + 3 = 6，得出空缺处的数字为 6。可以用最后一个数字进行验证：12 - 6 + 3 = 9。故选 C。

**二、材料分析题(参考答案)**

30. 王老师的教育行为体现了“以人为本”的学生观，值得肯定和学习。

(1)“以人为本”的学生观认为，学生是发展中的人，具有巨大的发展潜能。材料中的王老师让学生自己设计作业，激发了学生的学习兴趣，同学们也交出了丰富多彩的作业，这在一定程度上能够开发学生的潜能。

(2)“以人为本”的学生观认为，学生是独特的人，每个学生都有自身的独特性。材料中学生各式各样的“自设作业”，表明每一个学生都有其独特性，王老师改进之后的教学方法做到了因材施教，促进了学生的个性健康发展。

(3)“以人为本”的学生观认为，学生是具有独立意义的人，是学习的主体。材料中的王老师能够放手让学生自己设计作业，并指导学生把“自设作业”和语文学习结合起来，充分促进了学生主体性的发展。

综上所述，教师要持有“以人为本”的学生观，尊重学生的主体地位，促进学生全面、个性的发展。

31. 材料中汤老师的教育行为违背了教师职业道德规范的相关要求，是值得我们反思的。

(1)材料中汤老师的行为违背了“关爱学生”的职业道德规范要求。“关爱学生”要求教师要“关心爱护全体学生，尊重学生人格，平等公正对待学生。对学生严慈相济，做学生良师益友。保护学生安全，关心学生健康，维护学生权益。不讽刺、挖苦、歧视学生，不体罚或变相体罚学生”。材料中，汤老师当众将小李的情书念出来引起全班同学哄堂大笑，伤害了小李的自尊，是不尊重小李的表现。

(2)材料中汤老师的行为违背了“教书育人”的职业道德规范要求。“教书育人”要求教师要“遵循教育规律，实施素质教育。循循善诱，诲人不倦，因材施教。培养学生良好品行，激发学生创新精神，促进学生全面发展。不以分数作为评价学生的唯一标准”。材料中，汤老师因为小敏学习成绩差而禁止其进行擅长的篮球运动，未能做到因材施教，发挥小敏优势，并且汤老师只看重学生的学业成绩，忽视了学生的全面发展。

(3)材料中汤老师的行为违反了“爱国守法”的职业道德规范要求。“爱国守法”要求教师要“全面贯彻国家教育方针，自觉遵守教育法律法规，依法履行教师职责权利。不得有违背党和国家方针政策的言行”。材料中，汤老师当众念出小李写的情书，这侵犯了小李的隐私权，违反了法律规定。

(4)材料中汤老师的行为违背了“爱岗敬业”的职业道德规范要求。“爱岗敬业”要求教师要“对工作高度负责，认真备课上课，认真批改作业，认真辅导学生。不得敷衍塞责”。材料中，汤老师在自己的工作时间内不在教室值班而偷偷外出，快放学时才回，违背了爱岗敬业的职业道德规范要求。

作为一名教师，汤老师应该反思自己的行为，严于律己，关心爱护学生的人格和身心健康，保护学生的合法权益，履行教师的义务，促进学生健康发展。



32. (1)①人们失去了对理想信念和信仰的执着；②人们放弃了日常的道德坚守

和对社会公义的敬畏;③人们不相信自己有能力甚至还有耐心去做创造性的思考和劳动。

(2)①唤回热爱生活、理解生活、渴望改变生活的热情与真诚;②摆脱数字化看待事物的眼光、模式化的生活轨迹和对生活对理想对精神的不屑一顾的态度。

**三、写作题(参考范文)**

**33. 冷漠旁观终损己,互助和谐共休戚**

鲁迅先生说:“无穷的远方,无数的人们,都和我有关。”生存于世,每个人都与周边、与远方紧密相关。当航行之舟漏洞进水,危急时刻,你会出手相救,患难与共?还是“事不关己,高高挂起”?不同的答案彰显不同的价值取向,但不可否认的是,社会的小舟需要每个人补漏补缺,才会推动和谐社会的巨轮破浪前行,扬帆致远。

冷漠旁观终损己。

漫漫人生途中,我们总会看到一些人处于危难之中,拼尽全力自我解救。或许有人会抱着侥幸心理冷眼旁观,庆幸事情与自己无关。但你要知道“发生在别人身上的都是故事,发生在自己身上的全是事故”。你的消极冷漠终有一天会化作打脸的巴掌,给你一记响亮的耳光。危急时刻,我们应竭尽全力,奋勇相助,团结协作才是面对困难的正确态度。

冷漠旁观终损己,要互帮互助,助人助己。

纵观古今,多少人在帮助他人的同时开创了人生的新篇章,又有多少人在冷漠待人中丢失了命运的橄榄枝。在 2021 年 7 月 20 日,河南部分地市遭遇了持续性强降雨,郑州及周边市县群众受灾严重。一方有难,八方支援。国产运动品牌鸿星尔克在自身经营状况欠佳的情况下,仍宣布捐赠 5000 万物资驰援河南,帮助河南人民共克时艰。此事一经网络曝光,唤起了全国民众的感动之情,大家化感动为消费动力,纷纷抢购“鸿星尔克”的产品予以支持,鸿星尔克的诸多产品卖到脱销。可以说,鸿星尔克的这一举动,既帮助了受灾人民,也收获了广大群众的支持,使得公司的经营状况有了极大好转。而与鸿星尔克的善举相反的是,在特大暴雨当天,郑州一酒店借机涨价,一间房的住宿费最高涨到了两千多元。该酒店的举动不仅引起了民愤——诸多人表示此后不会再入住这家“无良”酒店,酒店也受到了政府惩治,被郑州市场监督管理局处以 50 万元罚款。由此可见,面对困难,互帮互助,助人才是助己。

互助协力,休戚与共,天下大同。

每个人都不是一座孤岛。互帮互助,小到个人,大到国家。人与人之间友爱互助,如左手拉右手理所当然。大家互助协力,我们的社会才会更加和谐,国家才会繁荣进步,新时代领路人提出的“命运共同体”理念才会被贯彻落实,人类发展的新篇章才会

掀开崭新的一页。

有福同享，有难同当，同舟共济，直抵远方。我们的前路潜伏着暴雨狂风，也布满了阳光彩虹，只有学会分享阳光，分担风雨，同舟共济，我们的漫漫旅途才不会孤寂，我们的人生才会更加绚丽多彩；也正是每个人贡献出的爱与欢乐，才使命运的枝条缠绕出最美的蓝天。

云霞出海曙，梅柳渡江春。美好的新生活正在向我们招手，摒弃冷漠姿态，尽心尽力，互帮互助，共渡难关，我们“和谐社会”的巨轮才会劈波斩浪，驶向远方。

## 国家教师资格考试预测试卷(二十)

### 一、单项选择题

1. D 【解析】题干中，“不是每个学生都能考上大学”说明了个体与个体之间存在差异，C 项不选。“学习上暂时落后并不代表永远落后”说明陈老师明白个体身心发展存在不平衡性和阶段性，有人“早慧”，发展得快，在学习方面占有优势；有人则大器晚成，发展较为滞后，在学习上暂时落后于他人。A、B 项不选。题干中的话并未体现出陈老师重视学生发展的顺序性，故本题选 D。

2. C 【解析】福勒和布朗根据教师的需要和不同时期所关注的焦点问题，把教师的成长划分为关注生存、关注情境和关注学生三个阶段。其中，关注学生阶段的教师将考虑学生的个别差异，认识到不同发展水平的学生有不同的需要，根据学生的差异采取适当的教学，促进学生发展。题干中张老师关注学生的学习过程，给予学生许多展示自己见解的机会，体现出张老师处于关注学生阶段。故本题答案为 C。

3. D 【解析】新课程提倡教师不仅是课程实施的执行者，更应成为课程的开发者和建设者。题干中张老师利用校内资源给学生上生物课，体现了其课程资源的开发者角色。

4. A 【解析】素质教育是促进学生全面发展的教育。实施素质教育必须坚持德育、智育、体育、美育和劳育“五育”并举，促进学生生动活泼地发展。题干中，于老师认为没必要开设综合实践活动课，而是要多上语文、数学课，这表明他过分注重智育，忽视了学生其他方面的发展，违背了素质教育促进学生全面发展的理念。

5. D 【解析】根据《中华人民共和国教师法》第二十二条规定，学校或者其他教育机构应当对教师的政治思想、业务水平、工作态度和工作成绩进行考核。

6. D 【解析】根据《中华人民共和国义务教育法》第五十一条规定，国务院有关部门和地方各级人民政府违反本法第六章的规定，未履行对义务教育经费保障职责

的，由国务院或者上级地方人民政府责令限期改正；情节严重的，对直接负责的主管人员和其他直接责任人员依法给予行政处分。故选 D 项。

7. A 【解析】《中华人民共和国宪法》第三条规定，中华人民共和国的国家机构实行民主集中制的原则。全国人民代表大会和地方各级人民代表大会都由民主选举产生，对人民负责，受人民监督。国家行政机关、监察机关、审判机关、检察机关都由人民代表大会产生，对它负责，受它监督。中央和地方的国家机构职权的划分，遵循在中央的统一领导下，充分发挥地方的主动性、积极性的原则。

8. C 【解析】根据《学生伤害事故处理办法》第十四条规定，因学校教师或者其他工作人员与其职务无关的个人行为，或者因学生、教师及其他个人故意实施的违法犯罪行为，造成学生人身损害的，由致害人依法承担相应的责任。题干中，李老师在学校晨读期间，让学生夏某到校外为自己买早点，从而间接造成学生夏某遭遇车祸，这是由教师与其职务无关的个人行为造成的，故对于该事故李老师应该承担一定的责任；车祸肇事方作为事故的加害者，也应当承担责任。因此，本题答案选 C 项。

9. D 【解析】根据《中华人民共和国未成年人保护法》第十七条规定，未成年人的父母或者其他监护人不得实施“允许、迫使未成年人结婚或者为未成年人订立婚约”的行为。故题干中张某和李某的做法是不合法的。

10. C 【解析】根据《中华人民共和国预防未成年人犯罪法》第三十九条规定，未成年人的父母或者其他监护人、学校、居民委员会、村民委员会发现有人教唆、胁迫、引诱未成年人实施严重不良行为的，应当立即向公安机关报告。根据第三十八条规定可知，“吸食、注射毒品，或者向他人提供毒品”属于严重不良行为。根据题干中的描述可知不良青年正在蛊惑小君吸食毒品，因此小君父母发现这一行为后应当立即向公安机关报告。

11. D 【解析】教师有参加进修培训的权利，也有获取报酬待遇的权利，学校及其他教育机构不得克扣或变相克扣教师的工资。题干中的学校变相克扣了张老师的绩效工资，这显然侵犯了张老师获得报酬待遇的权利。

12. B 【解析】题干中，王老师有权批评和管教学生，其放学后归还手机的做法是正确的，但不能删除邹某的游戏账号和所购装备，游戏账号和所购游戏装备属于虚拟财产，是邹某的合法财产，故王老师的做法侵犯了邹某的财产权。

13. A 【解析】团结协作是指谦虚谨慎、尊重同志，相互学习、相互帮助，维护其他教师在学生中的威信。关心集体，维护学校荣誉，共创文明校风。题干中的陈老师不让新任教师李老师去听自己的课，说明陈老师缺乏团结协作的精神。

14. B 【解析】示范性指教师的言行举止等都会成为学生学习的对象。题干中的

班主任上早读课迟到，却训斥同样迟到的李明，引起了学生的不满，这反映出教师劳动具有一定的示范性，教师必须以身作则、为人师表。

15. C 【解析】终身学习要求教师崇尚科学精神，树立终身学习理念，拓宽知识视野，更新知识结构。潜心钻研业务，勇于探索创新，不断提高专业素养和教育教学水平。题干中的教师在评上高级职称后仍坚持不断提升专业水平，表明该教师具有终身学习的意识。

16. C 【解析】教师在处理与家长关系时，要做到：尊重家长，理解家长；经常家访，互通情况；密切配合，教育学生。马老师的做法是可行的，体现出其注重沟通技巧，既尊重家长又爱护学生。

17. B 【解析】蒸汽机的改良和使用是18世纪英国工业革命的标志。

**方法技巧：**考生可针对性地记忆三次科技革命的标志。

| 项目 | 标志 |
|---|---|
| 18世纪第一次科技革命 | 蒸汽机的改良及应用 |
| 19世纪第二次科技革命 | 电力的应用和内燃机的发明 |
| 20世纪第三次科技革命 | 原子能、航天技术、计算机的应用 |

18. A 【解析】石器是人类最早使用的工具，盛行于人类历史的初期阶段。

19. C 【解析】缺铁性贫血是由于体内储存铁被用尽，导致血红蛋白合成减少而引起的贫血。饮食上，缺铁性贫血的人群，应当适量多摄取富铁食物，如动物肝脏及血制品、瘦肉等。故选C。

20. A 【解析】《颜氏家庙碑》是盛唐书法家颜真卿的作品。《兰亭序》是东晋书法家王羲之的代表作；《神策军碑》是唐朝中后期柳公权的代表作；《黄州寒食诗帖》是北宋文学家苏轼的作品。所以最能体现盛唐气度的应该是《颜氏家庙碑》。

21. A 【解析】公元前256年，秦国蜀郡郡守李冰主持，在成都附近的岷江上修建了都江堰。都江堰是一座综合性的水利枢纽，使堤防、分洪、排沙、控流等功效合成为一个系统，发挥出防洪、灌溉、水运等多方面的作用。故A项正确。

B项，商鞅通过变法使秦国的国力大为增强，史称“商鞅变法”。

C项，李春是隋代造桥匠师，设计并主持建造的赵州桥，是世界上现存最古老的石拱桥之一。

D项，白起是战国时期杰出的军事家、统帅，他与廉颇、李牧、王翦并称为“战国四大名将”。

22. D 【解析】帕特农神庙是希腊全盛时期建筑与雕刻的主要代表，有“希腊国

宝”之称。意大利的著名建筑有米兰大教堂、罗马斗兽场、比萨斜塔等。

23. C 【解析】昆曲在2001年被联合国教科文组织列入“人类口述和非物质文化遗产代表作”,是我国戏曲类别中最早被联合国列入非物质文化遗产名录的。《保护非物质文化遗产公约》(下文简称《公约》)于2003年经联合国教科文组织第32届大会通过,该《公约》中的第八章“过渡条款”第三十一条规定,委员会应把在本公约生效前宣布为“人类口头和非物质遗产代表作”的遗产纳入人类非物质文化遗产代表作名录。

黄梅戏于2006年经国务院批准被列入“第一批国家级非物质文化遗产名录”。

粤剧在2009年被列入“人类非物质文化遗产代表作名录”。

京剧在2010年被联合国列入“人类口述和非物质文化遗产代表作”。

24. D 【解析】《红高粱》于1988年获第三十八届柏林国际电影节最佳影片金熊奖,是中国第一部获得该奖项的电影。

25. A 【解析】米隆是希腊著名雕塑家,著名雕塑《掷铁饼者》是其作品。罗丹是法国著名雕塑家,代表作有《巴尔扎克》《思想者》等;米开朗基罗是意大利画家、雕刻家,代表作有《哀悼基督》《大卫》《摩西像》;拉斐尔是意大利著名画家,代表作有《西斯廷圣母》《雅典学院》等。

26. D 【解析】统计函数COUNT用来计算区域中包含数值的单元格个数。C3到C8一共有6个单元格,故本题选择D。

27. C 【解析】在PowerPoint的空白幻灯片中,不可以直接插入文字,在插入字符前要先插入文本框。

28. D 【解析】A项:孔融让梨的典故对应的是礼,不符合;B项:季札还愿是说人应讲诚信,不符合;C项:毛遂自荐是说人应该勇于展示自己,对应的不是礼,不符合;D项:尾生抱柱用来比喻坚守信约,与信字对应,符合。

29. A 【解析】题干所给图片元素组成不同,优先考虑属性规律。题干图形均有3个封闭区域。四个选项的封闭区域个数分别为3,2,2,4,故选A。

**二、材料分析题(参考答案)**

30. 我们应该辩证看待材料中张老师的教育行为。

(1)从教师与学生的关系看,教师是学生学习的促进者。教师是学生学习能力的培养者。教师不仅传授知识,而且重在检查学生对知识的掌握程度。教师应成为学生学习的激发者,各种能力和积极个性的培养者。材料中张老师在考试后分析试卷,讲解每一道小题,没有认识到不同学生之间的个体差异,不仅没有对优等生起到帮助作用,也不利于对后进生因材施教。

(2)从教学与研究的关系看，教师是教育教学的研究者。教师即研究者，意味着教师在教学过程中要以研究者的心态置身于教学情境之中，以研究者的眼光审视和分析教学理论与教学实践中的各种问题，对自身的行为进行反思，对出现的问题进行探究，对积累的经验进行总结，最终形成规律性的认识。材料中张老师经过几天的反思，认识到教学中存在的问题，且勇敢承认错误，让学生提意见，表明张老师以研究者的身份看待教学问题。

(3)在对待师生关系上，强调尊重、赞赏。教师不仅要尊重每一位学生，还要学会发现学生的闪光点，学会赞赏每一位学生。材料中张老师“火冒三丈”，批评训斥学生的做法是不正确的，没有做到尊重学生。

(4)在对待自我上，强调反思。教学反思被认为是“教师专业发展和自我成长的核心因素”。新课程非常强调教师的教学反思，教学反思有助于教师形成和培养自我反思的意识和自我监控的能力。材料中张老师在学生提出问题后进行反思，承认不足并积极改正，做到了自我反思。

综上所述，作为教师，我们应该践行新课程倡导的教师观，引导学生学会学习，健康成长。

**方法技巧：**考查职业理念的材料分析题，一般是给出一个教师的教学实例，要求考生结合材料评析教师的行为。“评”需要考生给出评价，“析”主要体现在考生要结合材料分析教师的行为。针对此类材料分析题，可采用“总分总”的结构进行作答。

首先，表明态度和看法。如材料中教师的行为值得肯定、提倡或是不正确的或是需要辩证看待等。

其次，逐条结合材料进行分析阐述。主要分两步，第一步是点明理论，第二步是结合材料阐述教师的行为是如何体现或违背了该理论的。

最后，总结收尾。注意描述不要过长，简明扼要，一两句话即可。

如果材料中不止一位教师，考生可从两位教师的行为差异进行分析比较。

31. 郑校长践行了教师职业道德规范，其行为值得肯定。

(1)郑校长践行了爱国守法的教师职业道德规范。“爱国守法”要求教师全面贯彻国家教育方针，自觉遵守教育法律法规，依法履行教师职责权利，不得有违背党和国家方针政策的言行。材料中，郑校长组织全体教职员工系统学习教育法律法规，提高教师的思想认识，践行了这一职业道德规范。

(2)郑校长践行了爱岗敬业的教师职业道德规范。“爱岗敬业”要求教师对工作高度负责，认真备课上课，认真批改作业，认真辅导学生，不得敷衍塞责。材料中，郑校长工作兢兢业业，坚持深入教学第一线，践行了这一职业道德规范。

(3)郑校长践行了为人师表的教师职业道德规范。“为人师表”要求教师坚守高尚情操,知荣明耻,严于律己,以身作则;衣着得体,语言规范,举止文明;作风正派,廉洁奉公。材料中,郑校长对于各项规章制度,以身作则,模范遵守;为人和蔼可亲,善于沟通激励,并且公平公正,铁面无私,对于违纪的老师拒绝熟人说情,践行了这一职业道德规范。

(4)郑校长践行了终身学习的教师职业道德规范。“终身学习”要求教师崇尚科学精神,树立终身学习理念,拓宽知识视野,更新知识结构。潜心钻研业务,勇于探索创新,不断提高专业素养和教育教学水平。材料中,郑校长积极参加进修学习和课题研究,努力提高自身科学管理水平,践行了这一职业道德规范。

综上所述,郑校长的行为符合教师职业道德规范的要求,值得肯定和赞扬。

**32.** (1)“这”指的是:他给旧的乐式注入惊人的活力和激情,包括产生于一定思想、信念的那种最高的激情。

(2)①巴赫:只讲究乐式,如巴赫的序曲,精美动听。②莫扎特:既讲究乐式,又表达感情,如莫扎特的《天神交响乐》最后一章,从头到尾交织着一种不寻常的悲伤之美。③贝多芬:把音乐完全用作表现心情的手段,完全不把设计乐式本身作为目的。如他的《英雄交响曲》前面使用了几个漂亮的乐式,且这些乐式被赋予了巨大的内在力量。到了乐章的中段,这些乐式就全被不客气地打散了,使人听不出在感情的风暴下竟还有什么乐式存在。

**三、写作题(参考范文)**

**33.　　坚定理想信念,奋斗青春华年**

回望近代中国历史,青春的光芒穿越时空,映照民族复兴的漫漫征途。作为当代青年,应燃烧青春,自强不息,坚定理想信念,奋斗青春华年。

“让青春在为祖国、为民族、为人民、为人类的不懈奋斗中绽放绚丽之花”。总书记在清华大学考察时寄语广大青年。殷殷期许振奋人心,更引发思考:青春何以才能绚丽?人生如何才有意义?百年沧桑,一代又一代青年在为民族振兴、国家富强、人民幸福的矢志奋斗中,作出了铿锵有力的回答。那是平均年龄28岁的中共一大代表酝酿的“开天辟地的大事变”;是一代代共产党人和优秀青年的奋斗牺牲;是青年邓稼先放弃国外优越条件,回国投身国防科研事业的报国之志;是排雷战士杜富国在生死关头的挺身而出;是新冠肺炎疫情来袭时大批“90后”和“00后”医务人员的逆行出征……当代中国青年是与新时代同向同行、共同前进的一代,可谓“生逢盛世,肩负重任”。

理想指引人生方向,信念决定事业成败。青年志存高远,才能激发奋进潜力、把准

人生航向。青年理想远大、信念坚定,一个国家、一个民族就拥有源源不绝的活力和动力。民族危亡之际,“匡复有吾在”的青春誓言振聋发聩;改革开放之初,“振兴中华”的青春呐喊催人奋进。只有把自己的小我融入祖国的大我、人民的大我之中,与时代同步伐、与人民共命运,才能更好实现人生价值、提升人生境界。坚定理想信念,让青春在创新创造中闪光,新时代的广阔天地大有可为。

“才者,德之资也;德者,才之帅也”。时代发展日新月异,既为青年施展才华、竞展风采提供了巨大空间,也对青年能力素质提出了新的更高要求。成才从无捷径,唯有勤学苦练、真抓真干。没有“板凳甘坐十年冷”的踏实专注,就难有学术研究的突飞猛进;没有“放使干霄战风雨”的磨砺摔打,就难有真正的成长进步。珍惜韶华、不负青春,在孜孜不倦的学习中增长知识、锤炼品格,在兢兢业业的工作中增长才干、练就本领,新时代青年就能以真才实学服务人民,以创新创造贡献国家。

奋斗是青春最亮丽的底色。理想的风帆要靠奋斗来扬起,梦想的蓝图要靠奋斗来实现。没有广大人民特别是一代代青年前赴后继、艰苦卓绝的接续奋斗,就没有如今幸福美好的一切。今天,我们的生活条件好了,但奋斗精神一点都不能少,艰苦奋斗的好传统一点也不能丢。新征程上,面对艰巨繁重的改革发展任务,尤其需要广大青年积极奋斗,发挥实干精神和苦干精神,做好每一件小事、完成每一项任务、履行每一项职责,在劈波斩浪中开拓前进,在攻坚克难中创造业绩,为建设社会主义现代化国家贡献青春力量。

担当的青春最精彩,奋斗的年华最美丽。勇做走在时代前列的奋进者、开拓者、奉献者,这个伟大的时代,属于英姿勃发的中国当代青年!

# 图书反馈

**重磅！真题有奖征集！**

**「凡提供当年度考试真题者，根据真题完整度，可获得500元以内现金奖励。」**

具体请联系QQ:1831595423

（温馨提示：所提供真题须是当年度考试真题，且真实有效。）

联系方式：400-600-3363　　研发部QQ：1831595423

招教网
招考资讯平台

山香官网
考编服务平台

山香网校
线上学习平台

图书订正链接
勘误更新平台